FRANCISCO DE ASSIS

MICHAEL J. P. ROBSON (Org.)

Francisco de Assis
História e herança

EDITORA
SANTUÁRIO

DIREÇÃO EDITORIAL:
Pe. Fábio Evaristo Resende Silva, C.Ss.R.

CONSELHO EDITORIAL:
Pe. Ferdinando Mancilio, C.Ss.R.
Pe. Marlos Aurélio, C.Ss.R.
Pe. Mauro Vilela, C.Ss.R.
Pe. Victor Hugo Lapenta, C.Ss.R.

COORDENAÇÃO EDITORIAL:
Ana Lúcia de Castro Leite

TRADUÇÃO:
Alessandra Siedschlag

COPIDESQUE E REVISÃO:
Leila Cristina Dinis Fernandes

DIAGRAMAÇÃO E CAPA:
Bruno Olivoto

Título original: The Cambridge Companion to Francis of Assisi
© Cambridge University Press, 2012
ISBN 978-0-521-75782-9

**Dados Internacionais de Catalogação na Publicação (CIP)
(Câmara Brasileira do Livro, SP, Brasil)**

Francisco de Assis: história e herança / (org.) Michael J. P. Robson. – Aparecida, SP: Editora Santuário, 2015.

Título original: The Cambridge companion to Francis of Assisi
ISBN 978-85-369-0409-2

1. Francisco, de Assis, Santo, 1181 ou 2-1226 I. Robson, Michael J. P.

15-10709   CDD-271.3

Índices para catálogo sistemático:
1. Franciscanismo: História 271.3

3ª impressão

Todos os direitos reservados à **EDITORA SANTUÁRIO** – 2022

Rua Pe. Claro Monteiro, 342 – 12570-000 – Aparecida-SP
Tel.: 12 3104-2000 – Televendas: 0800 - 0 16 00 04
www.editorasantuario.com.br
vendas@editorasantuario.com.br

SUMÁRIO

COLABORADORES | 7

AGRADECIMENTOS | 11

CRONOLOGIA | 13

ABREVIATURAS | 15

INTRODUÇÃO | 17
Michael J. P. Robson

PARTE I – Francisco de Assis | 31

1. Francisco e o movimento franciscano (1181/2-1226) | 33
   Michael F. Cusato
2. Os escritos de Francisco | 49
   Michael J. P. Robson
3. A *Regra* e a vida dos frades menores | 65
   William J. Short
4. Francisco e sua tradição hagiográfica | 83
   Michael W. Blastic
5. Simplicidade voluntária: a atitude de Francisco em relação ao
   aprendizado nas primeiras biografias | 99
   Neslihan Şenocak
6. Francisco e a tradição historiográfica na ordem | 115
   Annete Kehnel

7. Francisco e Clara e a emergência da Segunda Ordem | 129
   Jean François Godet-Calogeras

8. Francisco e o encontro com o sultão (1219) | 141
   Steven J. McMichael

9. Francisco e a criação | 155
   Timothy J. Johnson

PARTE II – A herança de Francisco de Assis | 171

10. Francisco e a busca pelo conhecimento | 173
    Bert Roest

11. Os primeiros franciscanos e as primeiras cidades | 189
    Jens Röhrkasten

12. A Terceira Ordem de Francisco | 203
    Ingrid Peterson

13. Ideais franciscanos e a família real da França (1226-1328) | 217
    Sean L. Field

14. Os franciscanos como enviados reais e papais aos tártaros (1245-1255) | 233
    Peter Jackson

15. Missões franciscanas | 249
    E. Randolph Daniel

16. Papa João XXII, a ordem franciscana e sua *Regra* | 265
    Patrick Nold

17. O apelo ecumênico de Francisco | 279
    Petà Dunstan

ÍNDICE REMISSIVO| 293

COLABORADORES

Michael W. Blastic, OFM, é professor adjunto e chefe da cátedra de Franciscan Theology and Spirituality Studies (Estudos de Espiritualidade e Teologia Franciscanos) na Washington Theological Union, em Washington DC. Ele é coeditor de uma série de volumes de estudos sobre as primeiras fontes franciscanas, a ser publicada pelo Instituto Franciscano, Universidade St. Bonaventure, Nova York.

Michael F. Cusato, OFM, é diretor do Instituto Franciscano, Universidade St. Bonaventure, Nova York, coeditor de *That Others May Know and Love: Essays in Honor of Zachary Hayes, OFM* (1997) e *Defenders and Critics of Franciscan Life: Essays in Honor of John V. Fleming*, The Medieval Franciscans 6 (2009), e autor de *The Early Franciscan Movement (1205-1239): History, Sources and Hermeneutics* (2009).

E. Randolph Daniel é professor emérito de História Medieval na Universidade do Kentucky, em Lexington. Ele é o autor de *The Franciscan Concepto f Mission in the High Middle Ages* (1975) e produziu uma edição crítica dos primeiros quatro livros de *Liber de Concordia*, de Joaquim de Fiore (1983). David Burr e ele traduziram *Angelo Clareano, A Chronicle or History of the Seven Tribulations of the Order of Brothers Minor* (2005).

Petà Dunstan é membro do St. Edmund's College e bibliotecária da Faculdade de Divindade, na Universidade de Cambridge. Ela é autora de *This Poor Sort: A History of the European Province of the Society of St. Francis* (1997) e *The Labour of Obedience: A History of the Benedictines of Pershore, Nashdom, Elmore* (2009).

Sean L. Field é professor adjunto de História na Universidade de Vermont e autor de *The Writings of Agnes of Harcourt: The Life of Isabelle of France and the Letter on Louis IX* (2003) e *Isabelle of France: Capetian Sanctity and Franciscan Identity in the Thirteenth Century* (2006).

Jean François Godet-Calogeras é professor de Estudos Franciscanos na Universidade St. Bonaventure, Nova York, e editor de *Franciscan Studies*. Ele é internacionalmente conhecido por suas publicações sobre os primeiros documen-

Francisco de Assis

tos franciscanos, em particular os escritos de Francisco e Clara de Assis, por suas palestras e workshops sobre a história franciscana antiga e por sua participação na elaboração da nova *Regra* da Terceira Ordem Regular de São Francisco.

PETER JACKSON é professor de História Medieval na Universidade Keele. Seus interesses de pesquisa abrangem as Cruzadas e o Oriente Latino, o Império Mongol e suas relações com a Europa, e o mundo islâmico oriental na Idade Média. Suas publicações incluem *The Mongols and the West, 1221-1410* (2005) e *The Seventh Crusade, 1244-1254: Sources and Documents* (2007).

TIMOTHY J. JOHNSON é professor de Religião e presidente do Departamento de Humanas no Flagler College, em St. Augustine, Flórida. Bolsista *Fulbraight* germano-americano, doutorado em Teologia Sacra pela Pontifícia Universidade Gregoriana. Dr Johnson lecionou na América do Norte, na Europa e na África, é autor e editor de vários livros, publicou em vários jornais norte-americanos e europeus. Ele é teólogo sênior, coeditor de *Franciscan Studies* e membro do Bonaventure Texts in Translation Editorial Board do Instituto Franciscano.

ANNETTE KEHNEL é professora de História Medieval da Universidade Mannheim. É autora de *Clonmacnois: The Church and Lands of St. Ciarán* (1997) e coeditora de *Generations in the Cloister* (2008) e *Institution un Charisma* (junto com F. Felten e S. Weinfurter, 2009).

STEVEN J. MCMICHAEL, OFM Conv., é professor adjunto do Departamento de Teologia da Universidade de Saint Thomas (Saint Paul, Minnesota). Publicou na área das relações medievais judaico-cristãs, particularmente sobre os escritos de Alonso de Espina (morto em 1464). Atualmente pesquisa e escreve sobre o tópico da ressurreição de Jesus (literatura sobre teologia medieval, pregação e polêmica inter-religiosa) e questões teológicas entre cristãos e muçulmanos no século XV.

PATRICK NOLD é professor adjunto de Ciências Sociais no Departamento de História em The University, em Albany (SUNY). É autor de *Pope John XXII and His Franciscan Cardinal: Bertrand de la Tour and the Apostolic Poverty Controversy* (2003) e *Marriage Advice for a Pope: John XXII and the Power to Dissolve* (2009).

INGRID PETERSON, OSF, foi premiada pelo Instituto Franciscano com a Medalha Franciscana em 2001, por se destacar academicamente em estudos franciscanos. Ela é autora de *Clare of Assisi: A Biographical Study* (1993) e coautora de *Praying with Clare of Assisi* (com Ramona Miller, 1996) e *The Franciscan Tradition: Spirituality in History* (com Regis J. Armstrong e outros, 2010).

MICHAEL J. P. ROBSON, OFM Conv., é diretor de Estudos sobre Divindade no St. Edmund's College, Cambridge, e autor de *Saint Francis of Assisi: The Legend and the Life* (1997), *The Franciscans in the Medieval Custody of York* (2997) e *The Franciscans in the Middle Ages* (2006). Com Jens Röhrkasten, coeditou o primeiro volume de *Canterbury Studies in Franciscan History* (2008) e *Franciscan Organisation in the Mendicant Context: Formal and Informal Structures of the Friars' Lives and Ministry in the Middle Ages* (2010).

BERT ROEST é professor de História na Universidade de Groningen, Holanda. É autor de *A History of Franciscan Education (c. 1210-1517)* (2000) e *Franciscan Literature of Religious Instruction before the Council of Trent* (2004). Com Stephen Gers, coeditou *Medieval and Renaissance Humanism* (2003).

JENS RÖHRKASTEN, anteriormente editor de *Midland History*, é professor de História Medieval na Universidade de Birmingham, autor de *Die englischen Kronzeugen, 1130-1330* (1990) e *The Mendicant Houses of Medieval London 1221-1539* (2004), e editor de *The Worcester Eyre of 1275*, Worcestershire Historical Society, new series, 22, 2008. Com Michael J. P. Robson, coeditou o primeiro volume de *Canterbury Studies in Franciscan History* (2008) e *Franciscan Organisation in the Mendicant Context: Formal and Informal Structures of the Friars' Lives and Ministry in the Middle Ages* (2010).

NESLIHAN ŞENOCAK é professora adjunta de História Medieval, Universidade Columbia, Departamento de História. Publicou artigos em *Frate Francesco, Archivum Franciscanum Historicum, Scriptorium* e *The Journal of Religious History*, e tem sua monografia intitulada *The Rise of Learning in the Franciscan Order 1210-1310*.

WILLIAM J. SHORT, OFM, é professor de Espiritualidade Cristã na Escola Franciscana de Teologia, Berkeley. Foi um dos três editores de *Francis of Assisi: Early Documents* (1999-2002) e autor de *The Franciscans* e *Poverty and Joy: The Franciscan Tradition* (1999). Ele também é editor da série da Academia de História Franciscana Americana, *United States Documents in the Propaganda Fide Archives: A Calendar.*

AGRADECIMENTOS

D r. Kate Brett, editora comissionada em teologia da Cambridge University Press, foi quem primeiro leu o prospecto de minha edição deste volume. Com seus costumeiros profissionalismo e perseverança, presidiu aos primeiros estágios do projeto. Sra. Laura Morris a sucedeu a partir do meio até a conclusão do livro, e devo muito a seus conselhos, encorajamento, flexibilidade e paciência em trazer o livro a sua realização. Sr. Christopher Jackson foi um revisor muito eficiente, cujo profissionalismo e vigilância melhoraram a obra.

CRONOLOGIA

1181/2: nascimento de Francisco, filho de Pedro e Pica Bernardone, em Assis.

1193/4: nascimento de Clara, filha de Favarone di Offreduccio e Ortulana.

1199-1200: guerra civil em Assis.

1202, novembro: batalha de Collestrada, entre Assis e Perúgia.

1202-1203: Francisco é mantido prisioneiro de guerra em Perúgia.

1206: conversão de Francisco, através de uma série de eventos fora de Assis.

1208, abril: conversão de Bernardo de Quintavalle. Ele e Francisco consultam o texto do Evangelho na igreja de São Nicolau.

1209: aprovação inicial da forma de vida de Francisco e sua fraternidade por Inocêncio III.

c. 1212: Clara faz sua profissão de penitência na Porciúncula, perto de Assis.

1215, novembro: o quarto Concílio de Latrão acontece em Roma.

1216, 16 de julho: Francisco está presente no leito de morte de Inocêncio III.

1219-1220: Francisco alcança a Terra Santa durante a quinta Cruzada, quando prega ao Sultão Malik-al-Kâmil.

1220, janeiro: martírio dos cinco frades no Marrocos.

c. 1220: Hugolino dei Conti di Segni, bispo cardeal de Ostia, que já havia intervindo na vida da nova ordem, torna-se seu protetor, representando seus interesses na corte papal.

1221: a antiga *Regra* (*Regula non bullata*).

1222, 15 de agosto: sermão de Francisco na praça de Bolonha.

1223, 29 de novembro: aprovação formal da *Regra* de Francisco por Honório III.

1223, 24-25 de dezembro: Francisco celebra o Natal em Greccio e reencena o presépio.

1223-1224: Francisco nomeia Antônio de Pádua para ensinar teologia a seus frades, contanto que não extinguisse o espírito da oração.

1224, setembro: em seu retiro em La Verna, Francisco recebe os estigmas, as cinco chagas que marcaram o corpo do Cristo crucificado.

1225: Francisco é cuidado em São Damião e compõe orações e exortações no vernáculo.

1226, 3 de outubro: morte de Francisco na Porciúncula.

1226, 4 de outubro: o corpo de Francisco é levado a Assis para ser sepultado na igreja de São Jorge, onde ele havia estudado.

13

Francisco de Assis

1227, 19 de março: Cardeal Hugolino é eleito papa como Gregório IX.

1228, 16 de julho: Francisco é canonizado por Gregório IX na praça de São Jorge.

1228-1229: Tomás de Celano compila sua primeira biografia de Francisco, por ordem de Gregório IX.

1230, 30 de maio: transporte solene do corpo de Francisco para a Basílica de São Francisco.

1230, 28 de setembro: *Quo elongati*, a primeira exposição papal da *Regra* de Francisco.

ABREVIATURAS

AFH – Archivium Franciscanum Historicum.

AP – *The Beggining or Founding of the Order and the Deeds of Those Lesser Brothers Who Were the First Companions of Blessed Francis in Religion* (The Anonymous of Perugia) por João de Perúgia (1240-1241), in *FAED*, vol. II, p. 34-58.

CA – *The Assisi Compilation*, in *FAED*, vol. II, p. 118-230.

FAED – R.J. Armstrong, J. A. W. Hellmann e W. J. Short (eds.), *Francis of Assisi: Early Documents*, 4 vols. (Nova York, 1999-2002).

FS – Franciscan Studies, série nova.

Jordão de Jano – *The Chronicle of Brother Jordan of Giano*, in *XIIIth Century Chronicles: Jordan of Giano, Thomas of Eccleston and Salimbene degli Adami*, p. 1-77. (Ver abaixo.)

LM – The Major Life (Legenda Maior) *of Saint Francis* (1260-1263) por Bonaventure, in *FAED*, vol. II, p. 525-683.

LSCA – The Legend of St. Clare, in R. J. Armstrong (ed. e trad.), *Clare of Assisi: Early Documents Revised and Expanded* (Nova York, 1993), p. 259-308.

MP – *A Mirror of the Perfection, Rule, Profession, Life, and True Calling* (The Lemmens edition, 1901) e *A Mirror of the Perfection of the Status of a Lesser Brother* (1318) (The Sebatier edition, 1928), in *FAED*, vol. III, p. 214-372.

OMT – Oxford Medieval Texts.

RB – a *Regra* de Francisco, que foi formalmente aprovada por Honório III, em 29 de novembro de 1223, in *FAED*, vol. I, p. 99-106.

RNB – A *Regra* de Francisco de 1221, que não foi formalmente aprovada pelo papa, in *FAED*, vol. I, p. 63-86.

Salimbene – *The Chronicle of Salimbene de Adam*, eds. e trad. J.L. Baird, G. Baglivi e J.R. Kane, Medieval and Renaissance Texts and Studies, 40 (Binghamton, NY, 1986).

SC – *The Sacred Exchange between Saint Francis and Lady Poverty*, in *FAED*, vol. I, p. 529-54.

Tomás de Eccleston – *The Chronicle of Thomas of Eccleston*, in *XIIIth Century Chronicles: Jordan of Giano, Thomas of Eccleston and Salimbene degli Adami*, p. 79-191. (Ver abaixo.)

Francisco de Assis

1 Cel. – *The Life of Saint Francis* por Tomás de Celano (1228-9), in *FAED*, vol. I, p. 180-308.

2 Cel. – *The Remembrance of the Desire of a Soul (The Second Life of Saint Francis* por Tomás de Celano (1245-7), in *FAED*, vol. II, p. 239-393.

3 Cel. – *The Treatise on the Miracles of Saint Francis* por Tomás de Celano (1250-2), in *FAED*, vol. II, p. 399-468.

3 Soc. – *The Legend of the Three Companions* (1241-7), in *FAED*, vol. II, p. 66-110.

XIIIth Century Chronicles (Crônicas do Século XIII) – *Jordan of Giano, Thomas of Eccleston and Salimbene degli Adami*, trad. do latim por P. Hermann, com introdução e notas de M.-T. Laureilhe (Chicago, 1961), p. 91-191.

INTRODUÇÃO
Michael J. P. Robson

O jovem Francisco de Assis, filho de um próspero mercador, sonhava em ganhar fama como um intrépido e distinto cavaleiro, cujos feitos seriam louvados e celebrados em seu lar e além dos confins de sua Úmbria nativa, alastrando-se pelas províncias vizinhas. Sua aspiração sobreviveu a seu período como prisioneiro de guerra em Perúgia, após a batalha de Collestrada em novembro de 1202, quando ele deve ter presenciado atos horríveis. Quando libertado, seus interesses, modos e espírito estavam notadamente diferentes. A nova inquietação e o crescente desapego não poderiam ser explicados apenas por um período de cárcere como prisioneiro de guerra. Apesar deste persistente senso de desorientação, a esperança de se tornar um cavaleiro ousado e destemido persistiu e levou Francisco a se juntar a um nobre de Assis, que estava preparando-se para partir para a Apúlia, no sul da Itália, onde Walter de Brienne liderava a milícia papal contra Markwald de Anweiler, o senescal do imperador germânico. Em meados de 1204/1205, Francisco saiu de casa e viajou para longe, até a cidade de Spoleto, onde um sonho sobre armas e seu uso o fez abandonar as ambições militares e retornar para casa. Em sua viagem de volta a Assis, ele sem dúvida ponderou o declínio de suas ambições militares com seu ardente desejo de ganhar renome e honra. O próximo estágio de sua vida não estava claro. Apesar dos sentimentos de desapontamento e frustração, as sementes de outra vocação estavam sendo imperceptivelmente disseminadas, com uma forma de vida que lhe traria celebridade e clamor universal, embora de uma maneira inesperada.

A incerteza sobre a nova direção da vida de Francisco continuou existindo por um desconfortante e longo período de tempo, de pelo menos dois anos. Durante esse período, ele passava cada vez mais tempo em oração e reflexão, em crescente ascese. Sua busca inquietante por uma pista sobre sua vida futura o levou a visitar igrejas e capelas com mais frequência, onde rezava com um novo fervor e ansiosamente esperava um sinal sobre seu futuro. Apesar de a cronologia não ser clara, foi nesse período que ele encontrou o leproso, ouviu a voz do crucifixo na igreja de São Damião, instruindo-o a reformar a antiga igreja, e vendeu suas roupas dadas por seu pai na praça do mercado adjacente à catedral de São Feliciano,

17

Francisco de Assis

em Foligno. Esta sequência de eventos, particularmente o último, acabou com a paciência de seu pai, Pedro Bernardone, que, desconcertado, estava profundamente perplexo com o comportamento cada vez mais imprevisível e excêntrico de seu filho mais velho. A ruptura das relações foi consolidada durante a audiência na corte de Guido I, bispo de Assis, que teria um papel significativo no desenvolvimento da nova vocação de Francisco e na evolução de um novo tipo de fraternidade religiosa. O quinto afresco sobre a vida de Francisco, na basílica superior de Assis, retrata-o devolvendo suas roupas a seu pai e renunciando à herança de sua família, enquanto sua nudez é ocultada pelo manto do bispo, um prelado cuja conduta anterior o tornara um improvável aliado e protetor.

A nova forma de vida de Francisco gradualmente se cristalizou após um período em que viveu como ermitão fora de Assis e gastou seu tempo restaurando igrejas rurais dilapidadas. Nesse período, ele lutou para corrigir seus erros anteriores apoiando sua vida nas Escrituras, que começou a interpretar de forma literal; sua disposição continuaria a ser uma característica do respeito que ele devotava à Palavra de Deus; de vez em quando, ficava feliz em consultar o texto sagrado de forma aleatória. A ordem de restaurar a igreja de São Damião o impeliu a juntar pedras para sua reforma, tornando sua figura ridícula aos olhos de seus antigos companheiros, os jovens de Assis; seus velhos amigos o acusavam de estar acometido de alguma forma de loucura e, insensíveis, eles o ridicularizavam. Sua mudança de atitude era atribuída a estar apaixonado (1 Cel., 7). Ele estava determinado a corrigir sua antiga insensatez com uma maior atenção aos ensinamentos da Bíblia. A celebração da missa em Santa Maria dos Anjos, uma das três igrejas que ele reformou com suas próprias mãos, ofereceu uma perspectiva mais ampla de sua ordem para restaurar a igreja de São Damião; agora ele pensava em renovar a Igreja perpetuando o ministério dos apóstolos, conclamando as pessoas à penitência. A proclamação do Evangelho o desafiou a revitalizar a Igreja, abraçando uma vida de penitência e vivendo de acordo com os ensinamentos de seu divino mestre. Este processo começaria em sua cidade natal e não em algum território missionário remoto e distante. Imediatamente, ele retornou a Assis para proclamar o Evangelho e exortar os cidadãos à penitência por suas indiscrições e falhas. Sua nova visão era transmitida por meio de seus sermões e exortações.

O esclarecimento da vocação de Francisco foi acompanhado de um crescente foco e maturidade espirituais. Ele estava decidido a viver no estilo dos apóstolos. Como eles, ele seria livre e estaria pronto a levar a mensagem de seu mestre para o povo de Assis e, então, para toda a Úmbria. Depois disso, o ímpeto passou de uma imitação dos apóstolos para o seguimento literal de seu divino

Introdução

professor. Francisco desejava andar sobre as pegadas de Jesus Cristo, que havia conclamado as pessoas a rejeitar seus erros prévios (*metanoia*). Esta reflexão sobre a virtude da pobreza também se nutria dos Salmos e do Antigo Testamento. O espírito de renovação era alimentado por suas frequentes meditações sobre o presépio e a cruz, os dois momentos fundamentais no drama da redenção que pavimentaram o caminho para a ressurreição. Seus biógrafos devotaram-se a esses dois momentos decisivos na salvação da raça humana. Sua reflexão orante sobre as circunstâncias da Encarnação o levou a se concentrar na pobreza da vida e da morte do Filho de Deus. Este aspecto da vida de Jesus Cristo desafiou Francisco a renunciar não apenas a suas posses, mas também a seu próprio eu. Francisco, ele também, esvaziar-se-ia e render-se-ia à influência e ao empenho divinos de seguir a vontade de Deus em tudo. Este autoesvaziamento era simbolizado pela nudez no presépio e na cruz, um gesto que significava sua mais profunda identificação com a vontade de Deus Pai; e o que se tornou o tema preferido por Francisco e seus biógrafos.[1]

A extensa meditação sobre a vida de Jesus e sobre o modo da redenção humana permitiu que Francisco adentrasse esse sagrado mistério, levando-o às lágrimas ao relembrar a paixão e a crucificação. A doação total de Jesus estava resumida na pobreza voluntária que ele abraçou. A pobreza evangélica tornou-se uma virtude central para Francisco, um voto de existir ao lado da obediência, da castidade e da estabilidade da vida religiosa. Isto não estava totalmente explicado pela renúncia implícita na conversão monástica de conduta; não estava meramente confinado à rejeição das posses, como a décima quarta Admoestação atesta. Era um conceito mais amplo e muito mais rico: a pobreza evangélica era uma força redentora e enobrecedora, que inspirou Francisco a se despir interiormente, imitando Jesus; esse processo altruísta é descrito na carta de São Paulo aos Filipenses (2,6-11). O abandono de todas as posses materiais deveria ser ligado a um ato interno de renúncia, que encontra sua expressão no termo de que os frades deveriam viver sem nada que fosse seu *(sine proprio)*. A pobreza da Encarnação enriquecia uma humanidade penitente, como Francisco explica em sua *Carta a todos os fiéis*. A pobreza voluntária trazia consigo um sentido de liberação e liberdade para investir na busca do desenvolvimento espiritual. O voto de Francisco criou as condições para o desenvolvimento e enriquecimento interior, oferecendo solo fértil para o desabrochar das virtudes cristãs. Ao adotar a pobreza evangélica, foi-lhe permitido florescer, na forma mais dramática.

---

[1] Cf. L. S. Cunningham, "Francis Naked and Clothed: A Theological Meditation", in J. M. Hammond (ed.), *Francis of Assisi: History, Hagiography and Hermeneutics in the Early Documents* (Nova York, 2002), p. 164-178.

Francisco de Assis

Uma dimensão radicalmente nova foi trazida à história da vida religiosa na Igreja ocidental pela renúncia de Francisco a todas as formas de posse e sua rejeição às formas costumeiras de apoio financeiro para uma comunidade de frades. Ele e seus seguidores viviam em pobreza, tanto individual quanto organizacional, um começo significativo para uma comunidade religiosa. Este frescor reflete-se nos comentários dos cronistas sobre a penúria em que os frades viviam. Ao mesmo tempo em que se clamava que Francisco havia injetado um novo tema no discurso da vida religiosa, a pobreza evangélica e seus benefícios tinham raízes profundas na história da Igreja; ela aparecia em alguns textos patrísticos e estava começando a aparecer com mais frequência nos escritos e ensinamentos dos reformistas monásticos do século XI, como São Guilherme de Volpiano (962-1031), que revitalizou numerosas comunidades monásticas, buscando pobreza e santidade.[2] Os reformistas do século XII buscavam voltar a uma forma mais simples e mais autêntica de vida religiosa e teciam comentários sobre a pobreza do Filho de Deus. Penitentes como Ranieri (1118-1161), santo patrono de Pisa, anteciparam características da disciplina de Francisco, ascetismo e pobreza voluntária, e a hagiografia cisterciense inconscientemente falava sobre a pobreza das condições de vida dos monges.[3]

Assim como os reformistas anteriores, Francisco inicialmente considerava a vida dos apóstolos como o ápice da observância cristã, apesar de o foco ter mudado da idílica comunidade reunida em Jerusalém (Atos 2,42-47) para a pregação itinerante do Evangelho. Esta imagem desenvolvia-se no curso do século XX, quando novas ideias sobre a perfeição religiosa emergiam. Francisco era o herdeiro dessas reflexões, e sua decisão de "abandonar o mundo" estava condicionada a um comprometimento de propagar o Evangelho.[4] Seus ideais, que servem como o auge desse movimento de renovação, eram derivados principalmente das Escrituras, e ele as expandiu, tornando-as a base de sua nova vocação. Seu ensinamento era encarado como profundamente inovador, e os contemporâneos viam seu testemunho à pobreza evangélica como algo novo, o retorno a uma virtude por muito tempo negligenciada (2 Cel., 55).

Francisco era muito consciente da total presença divina, fazendo com que todo o mundo fosse um anfiteatro para o louvor ao Criador. A igreja da paróquia não era mais considerada o único lugar onde as coisas de Deus aconteciam. As biografias de *il poverello* mostram como o Evangelho migrou para a praça e outros locais onde as pessoas costumavam se reunir. Francisco encontrou as divinas pegadas em todos os

---

[2] *Rodulfus Glaber Opera*, J. France, N. Bulst e P. Reynolds (eds.), OMT (Oxford, 1989) p. 268-269: *pauperiem... vel extremitatem*.
[3] *The Life of Ailred of Rievaulx by Walter Daniel*, F. M. Powicke (ed.), Nelson Medieval Texts (Londres, 1950), p. 11.
[4] C. H. Lawrence, *The Friars: The Impact of the Early Mendicant Movement on Western Society* (Londres, 1994), p. 15-19.

Introdução

lugares e desejava levar seus vizinhos a um maior reconhecimento de seu Criador. A harmonia foi restaurada para a ordem criada. Assim, a antiga tradição hagiográfica do santo reflete a nova sede do leigo por princípios de espiritualidade, que antes eram vistos como reservados a uma elite claustral. A retórica monástica que dizia respeito à excelência e à supremacia da vida religiosa estava cedendo terreno a novos modelos de piedade leiga. Esta prevalência da qual o Professor Lawrence chamou de *piedade fugitiva*, abarcando o hábito monástico diante da morte, estava sendo contestada.[5] Novos padrões e suposições foram manifestados na canonização de Homobono por Inocêncio III, em 1199, como um ato que assinalava a crescente autoconfiança dos leigos no campo da espiritualidade. Estas novas correntes de asceticismo e piedade encontraram expressão na proliferação de grupos penitenciais nas primeiras décadas do século XIII.

Enquanto o ensinamento de Francisco era dirigido aos frades, sua mensagem não se limitava ao claustro. Seu conselho salutar era especialmente pertinente e oportuno em uma sociedade que se excitava com novas oportunidades econômicas para o acúmulo de posses materiais e riquezas. Era uma mensagem sob medida para a vida dos residentes dos centros comerciais recém-expandidos, a comunidade mercantil, figuras como o desonesto Ciappelletto do Prato, de Giovanni Boccaccio.[6] Tais mercadores estavam inclinados a investir uma quantia desmedida de tempo e energia procurando sua salvação por meio de bens materiais, os falsos deuses. A literatura hagiográfica, apoiada pelo material dos registros de sucessão, aborda os perigos à espreita nos centros urbanos, onde a honestidade e a probidade da vida ludibriavam muitos, e a avareza e a usura ameaçavam outros. Por exemplo, Ugolino Cavaze testemunhou em 29 de março de 1237 que seu pai, um cidadão de Bolonha, havia acumulado ilícita e desonestamente muitas coisas, tanto por meio da usura quanto por outros meios.[7] As orações, a humildade e a pobreza voluntária dos frades eram consideradas um remédio divinamente inspirado para o vício da avareza. Em cinquenta anos, Francisco seria apresentado como o santo padroeiro dos mercadores.[8]

Ecoando o conceito monástico do peregrino, o sexto capítulo da *Regra* de Francisco exortava seus discípulos a viver com um espírito de desapego; eles deveriam ser como peregrinos e estrangeiros em um mundo de mudanças (IPedro

---

[5] E.g., *Chronicles of the Reigns of Stephen, Henry I and Richard I*, R. Howlett (ed.), 4 vols., Rolls Series, 82 (Londres, 1884-9), vol. III, p. 140.

[6] *Giovanni Boccaccio, Decameron, Filocolo, Ameto, Fiametta*, E. Bianchi, C. Salinari e N. Sapegno (eds.), La Letteratura Italiana: Storia e Testi, 8 (Milão, 1952), vol. 1, 1, p. 25-38.

[7] *Acta Franciscana e Tabulariis Bononiensibus deprompta*, B. Giordani (ed.), Analecta Franciscana (Quaracchi, 1927), vol. IX, n. 1165, 1668, p. 592, 593.

[8] *Les Sermons et la visite pastorale de Federico Visconti archevéque de Pise (1253-1277)*, N. Bériou (ed.), Sources et documents d'histoire du Moyen Âge publiés par le École française de Rome, 3 (Roma, 2001), n. 12, p. 778-779.

Francisco de Assis

2,11). O mesmo conselho salutar é aplicável a todos os cristãos, cuja consciência da transitoriedade da vida deve moldar seus valores e decisões. Cristãos são exortados a trabalhar pelos valores que perdurem para a vida eterna (João 6,27). A pobreza evangélica era, além disso, vestida de uma dimensão escatológica, e isto confirma o fato de que as posses materiais deviam ser usadas de uma maneira desapegada, equilibrada, responsável. Desde o começo dos anos 1230, pregadores como Robert Grosseteste, então mestre de teologia na escola de frades em Oxford, consideravam esse voto uma amostra da harmonia celestial, em que tudo seria compartilhado. Não está claro se Francisco estava ciente de uma tradição patrística que conectava a Queda com a instituição da propriedade privada. Ironicamente, este debate patrístico foi revivido nas discussões a respeito da ordem e sua observância do voto de pobreza.

A genialidade de Francisco foi reconhecer o poder absoluto e a persuasão do instinto aquisitivo, a ânsia por acumular posses e riquezas na busca ilusória por segurança absoluta do lado de cá do túmulo. Como um jovem de origem rica e privilegiada, ele estava profundamente consciente da conexão entre a riqueza, a influência, o poder e a violência, a própria antítese do Filho de Deus, que voluntariamente viveu em pobreza para abastecer a humanidade de dons espirituais em abundância. Profundamente consciente do poder desagregador do dinheiro, Francisco ensinou que as posses materiais não deveriam tornar-se a causa da disputa e da discórdia entre as pessoas. Por causa de seu intenso desejo de mergulhar o mais fundo possível com o Filho de Deus, ele se recusou terminantemente a se comprometer a aceitar moedas por seu trabalho ou a caridade dispensada pelos frades; isto explica sua insistência para que os frades de forma alguma tocassem em dinheiro, como ordena a *Regra*. Além disso, ele salientava que a posse e a riqueza, em si, eram incapazes de oferecer felicidade. Em algumas situações, elas constituíam um impedimento para a segurança, a harmonia, a caridade e o amor. Esta limitação é articulada por Iris Origo, que se preparou para a ocupação germânica de sua casa toscana em Val d'Orcia. Em seu diário se lê, em 11 de outubro de 1943:

> Nossas trinta e duas caixas, cuidadosamente embaladas, com o nome impresso claramente em cada uma delas, agora estão prontas, armazenadas e trancadas. Quando o último tijolo foi colocado no lugar, começamos a nos lembrar das coisas que esquecemos de recolher, bem como nos lamentar por aquelas que embalamos, mas de que provavelmente vamos precisar. Entretanto, é impossível atribuir importância a qualquer posse material neste momento. Um pouco de afeto vital é tudo o que se quer.[9]

---

[9] I. Origo, *War in Val d'Orcia: An Italian War Diary, 1943-1944*, com introdução de D. Mack-Smith (Londres, 1947, 1984), p. 93-94.

Introdução

As posses são contíguas à vida, e sua tendência a colocar em perigo a busca pela vida eterna é comunicada pela evocação de Francisco da cena do leito de morte, onde as preocupações materiais arruínam as expectativas celestiais do moribundo, que pode ter sido um mercador. O apego às coisas materiais, não importando quão grande ou pequeno seja seu valor, é capaz de poluir as relações humanas, violar amizades e destruir famílias. A inclinação de se construir um muro protetor de posses em torno de nossas vidas pede soluções corretivas. O ensinamento de Francisco tem um frescor atemporal, que faz com que ele seja tão incisivamente pertinente hoje como era há 800 anos. Seus insights vão de encontro à tentação de sempre obter um maior número de bens materiais e de medir a vida pelas propriedades, posses, objetos de valor e dinheiro. A má distribuição do material finito e dos recursos financeiros do planeta põe em risco a harmonia e a coexistência pacífica das nações. A natureza transitória das posses é demonstrada pelo pedido do moribundo Francisco, *il poverello*, de ser colocado sobre a terra nu enquanto aguardava a Irmã Morte, em Santa Maria dos Anjos, em 3 de outubro de 1225 (2 Cel., 214). Este gesto o associou a uma tradição eclesiástica anterior, em que os clérigos e os prelados seguiam para a morte nus, como o exemplar Ralph Luffa, bispo de Chichester (1091-1123). Ao se deitar para morrer, ele entregou todas as suas posses para os pobres, incluindo suas roupas de cama e colchão.[10]

O *Companion a Francisco de Assis* oferece uma série de estudos sobre uma das figuras mais fascinantes e amáveis na vida da Igreja medieval e moderna. Um volume deste tamanho tem o limitado objetivo de apresentar Francisco e explicar alguns dos aspectos-chave de sua vida e pensamento. Não é uma biografia do santo, nem uma história da ordem que ele fundou. Seu foco é duplo. Em primeiro lugar, o apelo magnético do fundador, e isto é tratado nos primeiros oito estudos, que exploram traços como sua vida, a partir de sua conversão até sua morte e canonização. A segunda parte do volume, dos capítulos 9 ao 17, é dirigida a sua influência sobre os frades e seu legado. Ela trata primeiramente do duradouro impacto do santo sobre a vocação dos frades e de sua ampla contribuição à vida da Igreja. O século seguinte à morte de *il poverello* é a estrutura histórica para estes ensaios. O último estudo é a exceção cronológica e reflete a dimensão ecumênica do apelo de Francisco a cristãos de tradições diversas.

Francisco foi sepultado na igreja de São Jorge, sua primeira escola, onde mais tarde pregou seu primeiro sermão (1 Cel., 23); a igreja subsequentemente foi absorvida pela Basílica de Santa Clara. Em um curto período de tempo após a morte de

---

[10] *William of Malmesbury, Gesta Pontificum Anglorum, The History of the English Bishops*, M. Winterbottom, com a assistência de R. M. Thomson (eds.), 2 vols., OMT (Oxford, 2007), vol. 1, livro 2, c. 96, p. 322-323. Cf. R. Newhauser, *The Early History of Greed: The Sin of Avarice in Early Medieval Thought and Literature*, Cambridge Studies in Medieval Literature, 41 (Cambridge, 2000).

Francisco de Assis

Francisco, milagres lhe foram atribuídos, e estes relatos atraíram peregrinos a sua tumba em busca de cura. Os atormentados e doentes vinham de todas as partes da Úmbria e de terras mais distantes ainda. Os milagres foram suficientemente numerosos para que Gregório IX, antes Cardeal Hugolino, examinasse-os e canonizasse Francisco em um tempo comparativamente curto, ou seja, em 16 de julho de 1228 (1 Cel., 124). O laço inseparável entre a vida do santo e a gênese de sua fraternidade é explorado por Michael F. Cusato no estudo de abertura do livro. As circunstâncias da conversão dramática de Francisco, causadas por uma série de eventos em que Deus falou com ele com uma crescente clareza, são narradas pelo *Testamento*. O encontro inesperado de Francisco com o leproso reorientou sua vida completamente, levando-o para o meio dos doentes e dos marginalizados da vizinhança. Sua coleção de escritos e exortações, comparativamente pequena, forma a base do segundo capítulo, que mapeia a nova direção da vida de Francisco. Uma parte importante desses escritos foi para a *Regra*, cuja evolução e conteúdo são descritos por William J. Short. A nova visão do santo e sua originalidade resplandecem na *Regra*, a primeira a ser aprovada entre a *Bula* de São Benedito (c. 480-c. 550) e as constituições de Santo Inácio de Loyola em meados do século XVI.[11] A *Regra* era vista como um acréscimo significativo para os códigos mais antigos da vida religiosa e foi copiada verbatim por Matthew Paris, o cronista monástico de Santo Albano.

Os escritos de Francisco foram citados e sumarizados pela tradição hagiográfica antiga da nova ordem. Citações do *Testamento* e outros escritos imbuíram a obra de Tomás de Celano de uma nova autoridade. O primeiro biógrafo escreveu a pedido de Gregório IX em conexão com a cerimônia de canonização e completou sua tarefa em seis meses. Celano mostra sua familiaridade com os trabalhos padrão da hagiografia, as vidas de Santo Antão, o eremita, e de São Martinho de Tours, os diálogos de São Gregório Magno e as *Confissões* de Santo Agostinho. A complexidade da hagiografia franciscana durante a primeira metade do século XIII é explorada por Michael W. Blastic, que apresenta os textos seminais que deixaram uma indelével marca na tradição subsequente. Os vinte anos seguintes à morte de *il poverello* testemunharam a produção de uma série de textos que incorporam vários relatos de sua vida e ensinamentos. Esses relatos refletem as várias percepções e as crescentes diferenças ideológicas entre os frades; eles espelham a formação de partidos ou grupos contendo as sementes da divisão da ordem, que se tornou cada vez mais visível ao fim do século XIII, pavimentando o caminho para os reformistas observantes do século XIV.

---

[11] D. Knowles, *From Pachomius to Ignatius: A Study of the Constitutional History of the Religious Orders* (Oxford, 1996), p. 46.

Introdução

Um exemplo de como a tradição biográfica reflete a discussão entre os frades aparece nos relatos da atitude do santo em relação aos breviários e manuscritos, que eram itens caros na Idade Média. Debates a respeito da aquisição dos livros necessários para estudo e pregação entraram na tradição hagiográfica no século I, como demonstra Neslihan Snocak. As biografias do santo são suplementadas por uma rica tradição na composição de crônicas, um assunto tratado por Annette Kehnel, que peneira as evidências oferecidas pelos três principais cronistas, Jordão de Jano, Tomás de Eccleston e Salimbene de Adam, que registram uma imensa quantidade de detalhes sobre as missões para a Alemanha e a Inglaterra e as várias contribuições dos frades para a vida das comunas e províncias italianas. Salimbene ressalta que Francisco passou vinte anos a serviço de Deus. Entretanto, ele não podia deixar de se gabar a respeito de seu conhecimento dos frades famosos e influentes. Ele retratou Bernardo de Quintavalle como seu amigo íntimo, ressaltando que foram membros da comunidade de Siena durante um inverno. O primeiro frade a ser recebido na ordem contou a Salimbene muitas coisas sobre o fundador, que devem ter escapado à rede hagiográfica.[12]

A impactante mensagem de renovação pregada por Francisco atraiu um amplo espectro da sociedade umbra. Uma das pessoas tocadas por seus sermões incisivos e ardentes foi uma jovem aristocrata, Clara di Favarone di Offreduccio, que o ouviu pregar na igreja catedral de São Rufino. Uma das ironias da história franciscana é o fato de que essa mulher nobre de Assis se tornaria a leal e heroica defensora do ideal de pobreza evangélica, desde 3 de outubro de 1226 até sua morte, 27 anos depois. Sua inabalável firmeza de propósito foi uma repreensão aos frades, alguns dos quais estavam preparados a adaptar, se não a comprometer, o ideal da pobreza evangélica. O desdobramento de sua vocação como a primeira figura mulher seguidora e a primeira abadessa de São Damião é analisado por Jean François Godet-Calogeras. A missão de Jesus de conseguir a reconciliação da raça humana inspirou Francisco, antigo prisioneiro de guerra, a estender sua mensagem de paz a todos que encontrasse; frades eram considerados os únicos religiosos que ofereciam essa exortação a todos os que conhecessem, pressagiando seu ministério crucial, o de restaurar a paz nas cidades da Itália. O conceito de caridade e respeito universais enriquecia ainda mais o desenvolvimento espiritual de Francisco, e não havia exceções. Isto talvez seja mais bem ilustrado por suas relações iluminadoras e cordiais com o sultão do Egito, al-Malik-al-Kâmil, durante a quinta Cruzada, um gesto dramático que o recomendou como um modelo de

---

[12] *The Chronicle of Salimbene de Adam*, ed. e trad. Joseph L. Baird, G. Baglivi e John R. Kane, Medieval and Renaissance Texts and Studies, 40 (Binghamton, NY, 1986), p. 9-10, 13.

Francisco de Assis

diálogo ecumênico mais amplo. Esse encontro forma a base do estudo de Steven J. McMichael. A mesma abertura a qualquer forma de vida esclarece os vibrantes relatos da relação fácil de Francisco com o mundo dos animais, evocando a antiga tradição celta. Sua exortação aos pássaros em Bevagna é narrada por Tomás de Celano, e figura de forma proeminente na antiga iconografia da ordem no painel de Boaventura Berlinghieri a São Francisco, Pescia, em 1235. Esta respeitosa disposição em relação a todas as obras do Criador é revista por Timothy J. Johnson. Acadêmicos parisienses, como Boaventura de Bagnoregio, ofereceriam uma moldura teológica para a meditação sobre o santo, a fonte da vida, beleza e harmonia.

Historiadores tratam o aparecimento dos frades como uma resposta providencial às falhas que afetavam a Igreja medieval. Em um tempo em que muitos dos clérigos paroquiais eram mal-equipados e despreparados para expor o ensinamento do Novo Testamento para seus paroquianos, os frades cumpriam esse ministério de forma persuasiva, atraente e convincente. Suas palavras de exortação e seu exemplo pessoal levavam seus ouvintes a um amor mais profundo a Deus e ao próximo. Os padres que haviam sido admitidos na fraternidade foram autorizados a pregar e a tomar confissões. A ortodoxia, o fervor e a força de seus sermões tiveram papel central em muitas províncias da Igreja a partir do século XIII. A eficácia dos frades é resumida pelo primeiro biógrafo de Antônio de Pádua (1195-1231), um padre excepcionalmente popular que aplicava os princípios do Evangelho às práticas e aos costumes do mercado. Como resultado de seus sermões, em Pádua, os desgarrados foram conduzidos à paz; prisioneiros foram libertados; conseguiu-se restituição para tudo o que havia sido pego por meio de usura ou violência; e muitos que haviam hipotecado suas casas e terras prestavam contas do que haviam ganhado de forma ilícita, através de extorsão ou suborno.[13] O impacto dos frades sobre as cidades e povoados da Europa ocidental é considerado por Jens Röhrkasten, que se concentra na natureza urbana do ministério da ordem e seus laços com a comunidade local. Enquanto os frades semeavam a Palavra de Deus nas igrejas de uma cidade, seu ministério não estava confinado a barreiras paroquiais ou urbanas. Eles ministravam para aqueles de fora da rede paroquial; Simone da Collazzone, por exemplo, pregava aos leprosos.[14] Uma das razões para a eficácia absoluta do programa de renovação pastoral dos frades era sua sólida preparação teológica e moral. Suas qualidades os recomendavam para apostolados especializados, como a campanha contra a heresia no norte da Itália e no sul da França; eles deviam prestar contas daquilo em que criam (IPedro 3,15), uma citação mencionada no começo do tratado de

---

[13] *Life of St. Anthony "Assidua" by a Contemporary Franciscan*, trad. B. Przewozny (Pádua, 1984), c. 13, n. 11-12, p. 18-19.
[14] E. Menestò, *Simone da Collazzone Franciscano e il suo processo per la sua canonizzazzione (1952)* (Spoleto, 2007), c. 43, p. 53.

Introdução

Santo Anselmo sobre a Encarnação, *Por Que Deus se Fez Homem*. A emergência de estudos teológicos na ordem era encarada por alguns frades com cautela e apreensão; antes do fim do século XIII, já atraía algumas críticas eloquentes. Bert Roest diagrama a gênese dos estudos teológicos na ordem a partir dos anos 1220 e destaca o aparecimento anterior de escolas, começando com Antônio de Pádua, o primeiro leitorado da nova ordem.

Os penitentes que geraram a Terceira Ordem são descritos por Ingrid Peterson, ao recontar a história desse movimento, que atraiu inúmeros homens e mulheres. Suas atividades devocionais invadem, de tempos em tempos, a hagiografia e as crônicas da ordem. O catálogo dos santos da família franciscana inclui muitos membros da Terceira Ordem, alguns dos quais foram sepultados nas igrejas da ordem. Homens e mulheres de extraordinária santidade foram levados a esse movimento leigo, incluindo São Luquésio de Poggibonsi († 1251), um homem avarento antes de seu encontro com São Francisco, e que passava pela cidade toscana em 1221. Os frades pregavam sermões nas festas dos membros canonizados da Terceira Ordem, como São Pedro Pettinaio († 1289), conhecido por seu cuidado com os necessitados e enfermos de Siena. Este movimento era embelezado pelas vidas de algumas mulheres excepcionais que já atraíram muito interesse acadêmico em décadas recentes, Santa Isabel de Hungria (morta em 1231), Rosa de Viterbo (morta em 1251), Margarida de Cortona (morta em 1297) e Ângela de Foligno (morta em 1309).[15]

Da mesma forma que o ideal de Francisco teve grande apelo para uma ampla variedade de pessoas de várias origens, seus seguidores também pareciam onipresentes e levaram sua mensagem de penitência e renovação às paróquias da Igreja ocidental e seu território missionário. Desde o início, estabeleceram fortes laços com as famílias reais da Europa ocidental, com a notável exceção de Frederico II (morto em 1250), o imperador, que se opunha a Gregório IX e depois a Inocêncio IV. Tomás de Celano notou a devoção da família real francesa em relação ao novo santo, cujo travesseiro ela venerava (1 Cel., 120). As ligações da ordem com as famílias reais da Europa ocidental são ilustradas por Sean L. Field com particular referência à corte de Luís IX e seus sucessores imediatos. Por exemplo, o primo mais novo de Luís, do outro lado do Canal da Mancha, Eduardo I, deu esmolas aos pobres durante a festa de São Francisco em 1300.[16] Em razão da íntima ligação do fundador com Inocên-

---

[15] E.g., O. Gecser, "The Lives of St. Elizabeth: Their Rewritings and Diffusion in the Thirteenth Century", *Analecta Bollandiana*, 127 (2009), 49-107; J. Cannon e A. Vauchez, *Margherita of Cortona and the Lorenzetti: Sienese Art and the Cult of a Holy Woman in Medieval Tuscany* (Pensilvânia, 1999); e *Angela of Foligno: Complete Works*, tradução e introdução Paul Lachance, pref. Romana Guarnieri, Classics of Western Spirituality (Nova York, 1993).

[16] British Library, MS. Add. 35291, f. 22r.

Francisco de Assis

cio III, Honório III e figuras da cúria, tais como Leão Brancaleone, o padre cardeal da Santa Cruz em Jerusalém, os frades estavam engajados na corte papal como capelães, confessores, penitenciários e mestres de teologia durante o século XIII. Um deles, Arnolfo, um penitenciário papal, teve um papel crucial na destituição de Elias de Cortona do Capítulo Geral de Roma, em 1239. As ligações da ordem com a cúria facilitavam seu compromisso como emissários, enviados e mensageiros papais, a partir da metade do século. Inocêncio IV enviou João de Plano Carpini ao império mongol em 1245; em dez anos, Luís IV da França despachou Guilherme de Rubruck como mensageiro e missionário. Peter Jackson mostra como os frades estiveram a serviço de Inocêncio IV e Luís IX. Ao mesmo tempo em que Francisco estava comprometido com a reevangelização do povo da Itália, ele também nutria o desejo de contribuir com a diligência missionária da Igreja, o que foi exemplificado por sua visita a Damieta, em 1219. Uma das características marcantes de sua *Regra* era estabelecer que os frades fossem despachados pela Europa ocidental e então para os campos missionários da Terra Santa e do Marrocos. Esta dinâmica movimentação é pesquisada por E. Randolph Daniel.

A *Regra* de Francisco é reconhecida como a força vinculativa do novo movimento. Quando o Capítulo Geral de 1230 em Assis foi incapaz de resolver dúvidas sobre a interpretação apropriada do foral dos frades, eles se voltaram a Gregório IX para uma decisão vinculativa, criando uma nova fonte de autoridade. As interpretações papais da *Regra* a partir dos anos 1230 em diante lutavam com as implicações práticas da renúncia da ordem aos meios tradicionais de apoio às ordens religiosas, e estes documentos geraram uma nova onda de glosas e comentários dos frades. A solução de investir os bens da ordem nas mãos do papado levou a situações não previstas por Inocêncio IV. As polêmicas mudanças que aconteceram em meados do século XIII levantaram questões sobre a base canônica e teológica da vocação dos frades. A Bula de Nicolau III (*Exiit qui seminat*), de 14 de agosto de 1279, oferecia uma solução definitiva para os problemas dos 40 anos anteriores. Apesar das boas intenções de Nicolau III, as disputas continuavam inexoráveis e foram intensificadas nas décadas seguintes, expondo os frades a muita controvérsia e escárnio. Essas situações foram exacerbadas pela própria retórica de excelência dos frades e uma perturbadora propensão a invocar a lei em vez de buscar uma solução. Enquanto João XXII inicialmente foi levado a disputas a respeito do crescente número de frades que desejavam viver pela *Regra* em toda a sua simplicidade, mais tarde foi compelido a encarar a lógica da ordem para a pobreza evangélica. A complexidade dessas mudanças e a série de regras que ele promulgou são narradas por Patrick Nold.

Introdução

Os dezesseis primeiros estudos deste volume concentram-se no fundador e no primeiro século da vida e do apostolado de seus primeiros discípulos. O último capítulo pertence à era moderna e ao mundo do ecumenismo, ao qual Francisco é uma figura tão atraente. Petà Dunstan reconta os movimentos históricos dos séculos recentes e mergulha no entusiasmo e no amor inglês por Francisco de Assis. O interesse renovado pela figura história do santo deve muito ao academicismo de Paul Sabatier (morto em 1928), o pastor protestante suíço cuja *Vie de S. François d'Assise* reacendeu a busca pelo retrato autêntico de *il poverello* a partir de 1894. Seu bastão foi passado para uma sucessão de acadêmicos excepcionais na Inglaterra, notadamente Dr. Andrew George Little, Bispo John Moorman e Dra. Rosalind Brooke. Sua erudição jogou luz sobre a pessoa de Francisco e o movimento que ele inspirou durante a segunda e a terceira décadas do século XIII. A imensa contribuição desses distintos acadêmicos reflete a amplitude do apelo do santo aos cristãos de todas as tradições e comunidades. Os gestos ecumênicos inspirados por Francisco levaram a uma série de iniciativas em Assis, onde a antiga capela de São Gregório foi posta à disposição de peregrinos anglicanos. Um deles foi o estabelecimento do Centro Nórdico, que floresceu nos anos 1970, e outro foi a formação de uma comunidade de frades da Sociedade Anglicana de São Francisco na cidade. O trabalho pioneiro de Fr. Maximilian Mizzi, OFM Conv. (morto em 2008) neste campo de ecumenismo foi reconhecido pela Igreja Anglicana. Uma ilustração da profundidade da influência de Francisco e de seu apelo é refletida nas circunstâncias da morte de Bispo Moorman, em 13 de janeiro de 1989. Esse eminente acadêmico e prelado recebeu a Irmã Morte enquanto o vigário de St. Oswald, em Durham, lia o *Cântico das Criaturas* em italiano, em seu leito de morte.[17]

---

[17] M. Manktelow, *John Moorman* (Noruega, 1999), p. 139.

Parte I
Francisco de Assis

I. FRANCISCO E O MOVIMENTO FRANCISCANO (1181/2-1226)

Michael F. Cusato

HISTORIOGRAFIA E HERMENÊUTICA

Francisco de Assis é um dos santos mais populares e atraentes da história cristã. E ainda assim existe o desafio para aqueles que tentam de forma autêntica compreender tanto Francisco como o movimento que se formou em torno dele. Em tratados populares e acadêmicos, Francisco e sua conquista espiritual são frequentemente compreendidos de forma isolada em relação às realidades e condições históricas que deram vida ao homem e ao movimento por ele inspirado. Tais obras se concentram ou em suas virtudes heroicas e santas de simplicidade, humildade e pobreza, ou então em seu destino como vítima isolada de clérigos manipuladores, cuja intenção era usar seu movimento para favorecer seu próprio programa eclesiástico. Em ambos os casos, concentram-se no homem em detrimento do multifacetado movimento.

A razão para isso não é apenas nosso genuíno fascínio por *il poverello*. Também está ligada ao fato de que nossa compreensão sobre ele ou foi construída de forma ampla pelas fontes hagiográficas dos séculos XIII e XIV, que o enxergavam através das lentes de sua canonização como santo em 1228, ou de forma alternativa, a partir das reminiscências pessoais de seus companheiros, que refletiam as polêmicas lutas dentro da ordem em torno de sua identidade e de sua fidelidade às intenções do fundador. Em todo caso, quando o leitor se concentra de forma muito exclusiva na pessoa e na santidade de Francisco, então o movimento que ele fundou é ofuscado e desconsiderado em nossa compreensão das conquistas desse notável homem. Mas compreender Francisco sem seu movimento é compreender muito pouco da figura histórica. Pois é, de forma última e precisa, a interação de Francisco com seus irmãos e irmãs naqueles primeiros e formadores anos o que deu vida ao carisma único que constitui o fenômeno franciscano. O foco deste ensaio é apresentar Francisco dentro do contexto do movimento que se formou em volta dele e as circunstâncias históricas que deram vida a ambos.

A validade desta ótica mais ampla e integrativa depende, além disso, das fontes consideradas as mais apropriadas para transmitir as origens históricas de Francisco e seu movimento. Seguindo o caminho aberto durante as últimas décadas do século XX, mais notadamente por David Flood, afirmamos que quaisquer dessas pesquisas devem dar prioridade a duas fontes em particular: a Antiga *Regra* (1208-1221) e o *Testamento* de Francisco, ditado alguns dias antes de sua morte.[1] Estas fontes emolduram o início da história franciscana, sendo os primeiros e os últimos documentos abrangendo a vida e o carisma de Francisco e seus irmãos. Seus próprios escritos podem então ser usados de forma confiável para preencher a estrutura histórica que provém dessas duas fontes fundamentais. E o conteúdo dos testemunhos e das vinhetas encontrado na literatura hagiográfica e polêmica que emerge durante o século seguinte pode ser aceito e utilizado como histórico, à medida que complemente o quadro histórico já estabelecido por essas fontes privilegiadas.

AS ORIGENS DE FRANCISCO E SEU MOVIMENTO (1198-1210)

Nascido em 1181/2, filho de Pedro Bernardone, um próspero mercador, e Pica, uma mulher de procedência incerta, Francisco era membro da classe média de mercadores que estava em ascensão na pequena, mas antiga, cidade de Assis. Sua aparição na cena histórica ocorreu simultaneamente aos tumultuosos acontecimentos que deram origem ao nascimento da comuna livre de Assis. Assis e sua poderosa vizinhança localizavam-se no ducado de Spoleto e levados a lutar em meio à concorrência pela soberania que acontecia durante o último quarto do século XII.[2] Nesta tentativa de reiterar suas reivindicações sobre as cidades do ducado, em 1173 o Imperador Frederico I nomeou Cristiano de Mainzduque de Spoleto e conde de Assis seu representante pessoal na região. No ano seguinte, ele foi substituído por Conrado de Urslingen, que construiu a Rocca Maggiore, no alto de Assis. Em 1198, aproveitando um vazio de poder criado pela súbita morte do imperador germânico, Henrique VI, e a menoridade de seu filho, Frederico Roger, a classe média de Assis levantou-se para derrubar ambas as suseranias, atacando a Rocca Maggiore, expulsando Conrado da cidade e pilhando as propriedades urbanas da nobreza, forçando os nobres ao exílio. Esses mercadores começaram a impor sua autoridade na zona rural, ao longo das terras da nobreza. Em novembro de 1202, uma dessas invasões, nas terras perto de Collestrada que pertenciam

---

[1] D. Flood e T. Matura, *The Birth of a Movement: A Study of the First Rule of St. Francis*, trad. P. Lachance e P. Schwartz (Chicago, 1975).

[2] P. V. Riley, "Francis' Assisi: Its Political and Social History, 1175-1225", *Franciscal Studies*, 34 (1974), p. 393-424.

1. Francisco e o movimento franciscano (1181/2-1226)

ao clã Ghislieri, sofreu, entretanto, uma emboscada por parte dos aliados dessa nobre família, resultando em uma esmagadora derrota militar da classe mercadora e o retorno de parte da nobreza à cidade. Esta mudança de acontecimentos é refletida em uma Carta de Paz assinada na praça pública em novembro de 1203, entre representantes de ambas as classes. Assim, o movimento para a independência de Assis foi temporariamente arrefecido. Em novembro de 1210, entretanto, a situação novamente mudou, já que essa data marca a assinatura de um novo acordo entre as duas principais classes de Assis, e pela primeira vez são chamadas de os *maiores* (maiores) e os *minores* (menores): cada grupo comprometia-se com a lealdade e a cooperação com o outro, para o bem "da glória e da prosperidade de Assis". Esta carta de independência criou a comuna livre de Assis e marcou o fim das contendas internas da cidade.[3] Isto foi significativo por duas outras razões. Primeira, os membros da classe dos mercadores agora podiam comprar, por certo preço, sua liberdade dos *maiores*. E segundo, a cidadania era definida pela quantidade de riquezas que possuía. A pessoa era *maior* ou *menor* dependendo de sua riqueza comprovável; e a riqueza tornou-se o critério distintivo para a cidadania. Não havia na carta qualquer menção a aproximadamente três quartos da população: a classe camponesa de trabalhadores. Tais indivíduos e suas famílias eram, por definição, não cidadãos – poder-se-ia até chamá-los de "não pessoas" –, virtualmente invisíveis aos poderes que governavam Assis: aqueles que Francisco logo identificaria como "os pobres, os fracos, os doentes, os leprosos, aqueles que mendigam à beira do caminho" (RNB, 9, 1-2).

Foi em meio a essa agitação socioeconômica que nasceu Francisco Bernardone. Na eclosão da grande revolta de 1198, ele já teria 17 anos de idade: certamente consciente – se não participante – daqueles acontecimentos memoráveis. Ele participou da invasão de Collestrada, o que resultou em sua captura e prisão por cerca de um ano em Perúgia (até que ele pudesse ser resgatado por seu pai). Mas o isolamento e as agruras da prisão começaram a temperar esse impetuoso e ambicioso jovem. Entretanto, fora do cativeiro, ele logo foi recrutado como marceneiro em uma nova expedição militar, seguindo para a Apúlia, na companhia de Walter de Brienne. Porém, em uma jornada perto de Spoleto, algo começou a perturbar sua consciência. O hagiógrafo oficial da ordem, Tomás de Celano, conta-nos que Deus apareceu para Francisco em sonho e lhe perguntou: "A quem é melhor servir: ao Senhor ou ao servo?". Na manhã seguinte, Francisco abandonou sua missão e voltou para casa, muito humilhado, mas também com muita agitação interior.

---

[3] L.A. Bartoli, "La realtà sociale assisiana e il patto del 1210", *Assisi al tempo di san Francesco*, Società internazionale di studi francescani, 6 (Assis, 1978), p. 271-336, Flood e Matura, *Birth of a Movement*.

35

1ª Parte - Michael F. Cusato

Esse e outros acontecimentos são as sementes para o que pode ser chamado de a conversão de Francisco: o período em que esse jovem começou a mudar sua vida para uma direção radicalmente diferente, com prioridades e valores totalmente diversos. Este processo complexo e oculto de transformação interior veio a ser destilado em sua própria mente em um momento-chave: seu encontro inesperado com um leproso. Este foi o momento que provocou uma mudança completa em sua maneira de avaliar o que era importante e correto e o que, ao contrário, não era importante e pecaminoso. Seu coração já havia sido preparado na época de Collestrada; agora esse evento chegou para simbolizar o momento em que Deus o colocou em um caminho completamente diferente.

Os relatos hagiográficos nos contam que Francisco encontrou Cristo em meio a esses leprosos. E isto é verdade. Mas também é crucial apontar que Francisco também encontrou e *viu*, talvez pela primeira vez em sua vida, seres humanos em sofrimento, postos à margem por sua cidade natal e abandonados em miséria e isolamento.[4] Por meio das obras da graça, Francisco agora veio a descobrir o insight cardeal de sua vida: o de que todos os homens e mulheres são irmãos e irmãs, uns aos outros, criados iguais na dignidade e dignos do mesmo Deus Criador. Esta é a descoberta de Francisco da fraternidade universal de todas as criaturas e, mais importante, o caráter sagrado da vida humana. Além disso, tudo o que rompe os laços desta fraternidade sagrada desejada por Deus para a vida humana é aquilo a que Francisco chama de "pecado". E compreender o que ele quer dizer com "pecado" é alcançar o que ele quer dizer quando nos conta que a partir daquele momento ele começou a "fazer penitência". Isto joga luz sobre o conteúdo de sua pregação penitente no mundo.[5]

Historiadores postulam que esse famoso encontro possivelmente ocorreu na primavera de 1206. Sua forma de vida começou a tomar forma concreta quando ele encontrou habitações em áreas remotas, fora de Assis, em igrejas decrépitas, como as de São Damião e Santa Maria dos Anjos. Mas foi apenas em 1208 que Francisco começou a atrair alguns companheiros de sua cidade natal. Estes homens – pessoas como Bernardo de Quintavalle, Pedro de Catânia e Egídio (Giles) – saíram principalmente das classes mais alta e média e se voltaram para a forma de vida de Francisco. Alguns certamente tinham a intenção de descer para a classe mais baixa: escolhendo, de forma consciente, viver entre os pobres e miseráveis de Assis, como eles e por eles. Outros, talvez de forma mais simples, enxergavam nessa forma

---

[4] R. Manselli, "San Francesco dal dolore degli uomini al Cristo crocifisso", *Analecta T.O.R.*, 16 (1985), p. 191-210.
[5] M. F. Cusato, "To Do Penance/*Facere Penitentiam*", in Cusato, *The Early Franciscan Movement (1205-1239): History, Sources, and Hermeneutics*, Saggi, 14 (Spoleto, 2009) (orig. publ. in *The Cord*, 57.1 (2007), 3-24); G. Miccoli, "The Christian Proposal of Francis of Assisi: A Problem of Interpretation", *Greyfriars Review*, 3.2 (1989), p. 127-172 (orig. publ. como "La proposta cristiana di Francesco di Assisi", *Studi medievali*, 3a. série, 24 (1983), p. 17-83).

1. *Francisco e o movimento franciscano (1181/2-1226)*

radical de vida uma maneira de viver verdadeiramente como Cristo. Tais homens se tornaram seus seguidores, bem como companheiros de viagem na nova estrada dessa vida cristã renovada, levando sua mensagem de respeito, paz e arrependimento aos outros. Depois de algum tempo e com experiências tanto positivas quanto negativas, começaram conscientemente a pensar e a escrever sobre o que Deus os chamava a ser e fazer no mundo: as linhas gerais de sua *forma vitae* (forma de vida).

O amplo escopo dessas missões de pregação além do vale de Spoleto e de Assis provavelmente foi o que levou esses irmãos, na primavera de 1209, a pedir a Inocêncio III, em Roma, a aprovação de sua forma de vida. Este evento assinala um divisor de águas na história do movimento franciscano. Pois não só seu *propositum vitae* (propósito de vida) foi aprovado pelo papa, que também os autorizou a espalhar sua mensagem de penitência na forma de pregação moral, mas também sua aprovação oral – já que, como ermitãos itinerantes, Roma não tinha um formulário específico para lhes oferecer – deu a eles legitimidade oficial e assim abriu a porta para um influxo súbito e mais rápido de seguidores cada vez mais numerosos, além dos vales umbros.

O que eles levaram a Roma para aprovação que agora cativava pessoas além de Assis com uma mensagem cristã mais universal de renovação para que elas, também, decidissem alterar radicalmente sua forma de vida e vivessem a visão de Francisco e seus irmãos? Esta visão está contida na Antiga *Regra* dos Frades Menores. Pesquisas recentes sobre essa importante fonte sugerem que o documento é um texto que começou com uma visão central ou afirmação original de intenção: o *propositum vitae* apresentado a Inocêncio III. Historiadores têm como hipótese que esse material central era composto de uma afirmação introdutória, grande parte do capítulo 1, parte do capítulo 7 e todo o capítulo 14. Este material corresponde profundamente ao que Francisco nos diz em seu *Testamento*: a saber, que ele o compôs "de forma simples e com poucas palavras", usando "palavras do Santo Evangelho... e [inserindo] algumas outras coisas necessárias para uma forma santa de vida" (1 Cel., 32).

Essas três passagens apresentam uma afirmação positiva de intenção, anunciando o desejo dos irmãos de "seguir o ensinamento e as pegadas de nosso Senhor Jesus Cristo". Mas o que, exatamente, isso significava no mundo real? Enquanto os irmãos tentavam viver esses elevados ideais, experimentando privação, desejo e fome, enquanto recebiam escárnio e desprezo de seus conterrâneos, eles eram forçados a definir de forma mais profunda para si mesmos o que esta vida evangélica realmente significava na prática. Como resultado, o material central original começou a crescer, a se desenvolver e se expandir com o tempo. Estas amplificações, admoestações e advertências representam discretas camadas de material nos capítulos 7 a 9, que podem ser detectadas por uma cuidadosa análise no texto da Antiga *Regra*, como o temos hoje.

1ª Parte - Michael F. Cusato

O carisma do movimento franciscano – aquele que caracteriza de maneira única sua *forma vitae* e o distingue de outros grupos de inspiração similar – não é encontrado apenas em seu *propositum* original, mas especialmente na segunda e na terceira camadas da *Regra*. É aqui que reside a especificidade de sua forma particular de vida evangélica.

O conteúdo destes primeiros capítulos e sua expansão lidam diretamente com três assuntos: trabalho, dinheiro e esmolas, e moradia. Para os primeiros irmãos que haviam deixado para trás a segurança de suas famílias e subsistência, encontrar trabalho de algum tipo era absolutamente essencial. Eles trabalhavam primeira e principalmente para se sustentar. Inicialmente, todo o trabalho que pudesse ser feito "sem perigo a suas almas" era permitido. Muitos deles frequentemente encontravam emprego em *leprosaria* ou asilos locais. E ainda assim, como logo descobriram, nem todas as formas de trabalho eram consoantes com sua nova forma de vida. Qualquer trabalho que os envolvesse novamente com o uso de dinheiro era proibido (RNB, 7). E eles também não se permitiram receber dinheiro como remuneração pelo trabalho. Porque o dinheiro, apesar de ser um meio de troca cada vez mais comum nos centros urbanos da Itália, era visto pelos frades como um instrumento pernicioso usado pelos ricos e poderosos para explorar os pobres no local de trabalho, bem como no mercado. Usá-lo ou recebê-lo era legitimá-lo como um meio apropriado de troca entre os seres humanos.[6]

Os frades também não podiam "comandar" esses locais onde trabalhavam e às vezes moravam. Esta proibição só pode ser entendida à luz de seu valor contrário. Porque, enquanto muitos se disporiam alegremente a trabalhar como administradores nas *leprosarias* ou enfermarias, poucos escolheriam colocar-se de joelhos para dar banho nos leprosos ou cuidar deles, para ser o retrato do Cristo compassivo àqueles deixados de lado, como repugnantes ou inúteis. Mas esta era a vocação especial desses frades.

Eles também não podiam chamar qualquer lugar de seu ou defendê-lo contra qualquer pessoa. Em vez disso, deveriam considerar e usar todas as coisas como vindas da mão de Deus, destinadas para o uso de todas as criaturas e para serem usadas com base na honesta necessidade humana. Esta ética positiva do uso apropriado da criação é o significado original e essencial da pobreza de acordo com os primeiros franciscanos.

Todos esses valores radicais tinham como premissa as lições ensinadas por Francisco em seu encontro com leprosos. Esta experiência então se tornou o fundamento do início da fraternidade. Fazendo votos de viver ao lado de seus desafortunados irmãos e irmãs, os frades pretendiam criar um tipo de sociedade

---

[6] M. F. Cusato, "The Early Franciscans and the Use of Money", in D. Mitchell (ed.), *Poverty and Prosperity: Franciscans and the Use of Money, Spirit and Life*, 14 (St. Bonaventure, Nova York, a ser publicado).

1. Francisco e o movimento franciscano (1181/2-1226)

alternativa, construída sobre os princípios de amor, respeito e misericórdia de Cristo, onde nenhuma criatura de Deus seria negligenciada, explorada ou humilhada pelos atos ou atitudes deliberados dos outros. Esses desafortunados eram os verdadeiros *minores* de sua sociedade. E os irmãos empenhavam-se para viver em meio a eles, não apenas como companheiros *minores*, mas também como seus irmãos. Em resumo, eles seriam os Frades Menores.

Esta postura radical então é resumida nas primeiras frases do nono capítulo da Antiga *Regra*, que serve como um tipo de inclusão da identidade dos Menores. Escrita para encorajar uns aos outros, talvez num tempo de grande dificuldade e dúvida sobre sua vocação, eles incitam uns aos outros a perseverar no caminho da vida que Deus os chamou a viver:

> E que todos os irmãos se esforcem para seguir a humildade e a pobreza de nosso Senhor Jesus Cristo; e que se lembrem de que devemos não ter nada mais no mundo todo, exceto, como diz o Apóstolo, "o sustento e com que nos cobrir, estaremos contentes" (I Timóteo 6,8). E que se regozijem quando se encontrarem entre aqueles infames e desprezados, entre os pobres, os fracos, os doentes e leprosos e aqueles que mendigam pelo caminho (RNB, 9, 1-2).

Seu encorajamento vem da lembrança de que a vida que prometeram é a mesma vida que o próprio Jesus viveu. Mas nós agora podemos reconhecer que esse famoso descreve muito mais que agradáveis virtudes espirituais da vida de Cristo, mas sim posturas sociais profundamente espirituais. Porque a humildade de Jesus é vivida em meio aos *minores* da sociedade; a pobreza de Cristo é uma vida devotada ao uso da criação com base na necessidade, de acordo com as intenções de seu Criador, assegurando que os outros também tenham suas necessidades vitais supridas. Isto é o que constitui o carisma dos Menores.

O CRESCIMENTO E DESENVOLVIMENTO DO MOVIMENTO DOS MENORES (1210-1219)

Depois de Inocêncio III aprovar o *propositum vitae*, os freis escolheram a igreja restaurada de Santa Maria dos Anjos como sua base de obras. Esta pequena capela serviria não apenas como uma residência temporária em Assis, mas também como um ponto para partida e chegada das missões de pregação, nas quais os irmãos embarcavam.

A legitimidade conferida a esse pequeno grupo pela aprovação do *propositum vitae* por Inocêncio III levou a visão dos Menores sobre a vida cristã a outros, que, por inúmeras razões, não podiam juntar-se fisicamente aos irmãos nesta nova aventura. Deve-se incluir, nesse período, a dramática história de uma mulher nobre de Assis, Clara, da poderosa família Offreduccio, que deixou sua família para viver a *forma vitae* como uma *minor*. A pregação de Francisco e seus frades tocou certas pessoas de recursos, como João Vellita (Giovanni di Vellita) e Orlando, conde de Chiusi, que usaram suas riquezas e posses de uma maneira mais justa, oferecendo La Verna e Greccio para o uso dos frades como locais de retiro e oração. A Senhora Jacoba dei Settesoli, da grande família Frangipani de Roma, de forma parecida também foi levada a uma longa contenda com o papado. Tomás de Celano também narra (1 Cel, 58-71) que a pregação deles afetou da mesma forma profunda os pobres.

Foi nesta época que a pregação de Francisco tomou um novo e dramático foco. Durante o verão de 1212, logo após as notícias da retumbante vitória cristã contra as forças muçulmanas em Las Navas de Tolosa, no sul da Espanha, Francisco e muitos companheiros decidiram atravessar o Mediterrâneo para pregar a fé e a penitência cristãs aos sarracenos na Terra Santa. A formulação de Celano é interessante: o desejo deles não era apenas levar a mensagem cristã, mas também levar a mensagem da penitência, ou seja, a visão central do movimento dos Menores a respeito da fraternidade universal de todas as criaturas. Esse desejo foi frustrado por uma violenta tempestade, que os fez naufragar na costa da Dalmácia, forçando-os a voltar para a Itália. No ano seguinte, Francisco novamente tentou relacionar-se com o mundo muçulmano, desta vez indo para o oeste da Espanha, com a esperança de encontrar o Miramolin do Marrocos. Mas novamente foi forçado, desta vez por motivo de doença, a voltar para casa.

Um importante acontecimento na vida da nova fraternidade ocorreu no quarto Concílio de Latrão, que teve início em 11 de novembro de 1215. Convocado por Inocêncio III, tinha três objetivos principais: lançar uma nova cruzada para retomar os lugares sagrados de Jerusalém; a erradicação da heresia – notadamente aquela dos cátaros, que negavam a validade dos sacramentos católicos, especialmente a Eucaristia; e a reforma da Igreja em suas estruturas e práticas, bem como a santidade de seus membros. Há ao menos duas conquistas importantes do conselho que teriam influência direta sobre o movimento franciscano.

Um dos decretos mais importantes do concílio foi o cânon 13, que acabou com a recente política de Inocêncio III de reconhecer novos movimentos religiosos, ordenando que aqueles sem uma *Regra* aprovada adotassem uma ou se unissem a uma ordem já existente. A fraternidade franciscana não tinha uma *Regra* oficialmente aprovada; seu *propositum* havia sido aprovado oralmente, sem receber selo papal algum. E mesmo assim eles não apenas continuaram a existir após o concílio, como também não tiveram de abandonar sua *Regra* em desenvolvimento. Há, entretan-

1. *Francisco e o movimento franciscano (1181/2-1226)*

to, poucas evidências documentais que ajudem a compreender como isso pode ter ocorrido. Pode-se conjecturar que isso se deveu em parte à intervenção de prelados cordiais, mais provavelmente o Cardeal Hugolino dei Conti di Segni. Mas o único testemunho sólido é que a fraternidade foi aprovada "em consistório", ou seja, fora das sessões plenárias do concílio, durante uma das reuniões curiais (3 soc. 52). Caso isso não tivesse acontecido, o experimento dos Menores teria tido um fim abrupto.

Francisco foi influenciado por algumas dessas correntes de reforma, especialmente em relação à centralidade da Eucaristia e ao respeito e cuidado que deveriam ser concedidos a seus sacramentos.[7] Mas é inegável que o terceiro propósito do concílio teve um impacto dramático sobre ele, por ter confirmado o tema da conversão e da penitência. De fato, Francisco adota como seu o símbolo usado por Inocêncio para retratar os três objetivos do concílio: o símbolo do Tau. Esta imagem, tirada do Livro de Ezequiel (9,4) na forma do "X" hebraico, simboliza a passagem do anjo vingador sobre aqueles cujas vidas se mantiveram fiéis à aliança e que sustentavam a marca do Tau no dintel de suas casas. No Livro do Apocalipse (14,1), a mesma letra hebraica "X" transforma-se em um "T", em grego, que os eleitos sustentam em suas testas. Este sugestivo sinal agora começa a ser usado virtualmente por Francisco como sua própria assinatura, tão profundamente pessoal era a convicção de que o cristão autêntico deve viver uma vida renovada pelos valores do Evangelho de Jesus Cristo, exemplificados nesta nova cruz, cruz que dá a vida ("T"). Entretanto, também é crucial ressaltar que Francisco nem por uma vez associou essa cruz de Tau – como fizeram o papa e seu concílio – à Cruzada. De fato, ela era o símbolo da quinta Cruzada, colocada sobre os cruzados, cuja passagem física por ela era considerada abençoada por Deus. O total silêncio de Francisco sobre esse assunto é notável; ele não poderia concordar.[8]

Depois da conclusão do Concílio de Latrão, a antiga fraternidade franciscana tentou – de acordo com o cânon 12 – começar a ter mais reuniões formais com seus membros na forma de um capítulo anual. Mas com o contínuo crescimento do número de homens vindos de todas as partes da Itália e com a convicção cada vez mais profunda da importância universal da visão dos Menores sobre a penitência e a pobreza, Francisco e seus irmãos começaram a crer que era chegada a hora de levar a mensagem para além da Itália. O capítulo de 1217, assim, marca um ponto de virada crítico na vida da comunidade antiga. Foram enviadas missões para a França, Espanha, Alemanha e Terra Santa, e eles estavam, em sua maioria, malpreparados. Os frades que foram enviados para a Alemanha, sem o

---

[7] Isto fica evidente de forma mais particular nas cartas escritas por Francisco após seu retorno da Terra Santa (1220).
[8] M. F. Cusato, "The Tau", in Cusato, *Early Franciscan Movement*, p. 69-80 (publ. orig., in *The Cord*, 57-63 (2007), p. 287-301).

1ª Parte - Michael F. Cusato

benefício da língua e ignorantes sobre as condições no norte dos Alpes, viram-se perseguidos e brutalizados como hereges, logo batendo em retirada para casa.[9] Sobre a missão de Elias de Cortona para o Levante, sabe-se pouco. O próprio Francisco partiu "para a França", mas foi impedido em Florença pelo Cardeal Hugolino de seguir adiante, para que sua fraternidade não ficasse sem um pastor e orientações necessárias em uma época de desenvolvimento. A missão francesa pode ter recomeçado o ano seguinte sob a direção do Irmão Pacífico, que liderou o grupo a Saint-Denis, na periferia de Paris.

Além da extensão da missão franciscana como resultado desse capítulo, houve uma segunda transição crítica. O envio de missões a esses lugares remotos obrigou os frades a se assegurar de que alguém serviria de organizador da missão e líder espiritual do grupo. O capítulo, pela primeira vez, foi forçado a criar estruturas organizacionais de autoridade dentro da fraternidade. Essas estruturas delineavam várias zonas de ação para essas missões chamadas "províncias" e designavam certos indivíduos para servir como líderes dos itinerantes grupos de frades. Esta importante mudança é capturada em três capítulos que foram elaborados e por fim adicionados ao texto da Antiga *Regra*: capítulos 4 a 6.[10]

Esses capítulos dizem muito pouco sobre o que esses novos líderes deveriam realmente fazer. Seus papéis eram duplos: oferecer aos frades um lugar para ficarem e ocasionalmente visitá-los para encorajá-los e vigiar suas vidas espirituais. O conteúdo desta reflexão franciscana sobre a autoridade está mais focado em como exercer autoridade entre os frades. Isto se reflete no próprio título que Francisco deu a essas novas figuras de autoridade na fraternidade. Em duas palavras (Mateus 20,26-27), esses frades devem ser "os ministros e servos".

> Da mesma forma, todos os irmãos não tenham nisto poder ou dominação, especialmente entre si mesmos. Porque assim como o Senhor diz no Evangelho: "Os príncipes dos povos os dominam, e os que são maiores exercem poder sobre eles; mas não será assim entre" os irmãos. E todo aquele que quiser entre eles ser o maior seja seu "ministro" e "servo", e quem é o maior entre eles faça-se como o menor (RNB, 5).

Tal passagem reflete a intensa consciência de que os frades tinham da maneira pela qual o poder era frequentemente usado e os efeitos deletérios que tal exercício tinha especialmente sobre os mais fracos e vulneráveis na sociedade. Este conhecimento seria usado com bons resultados dentro da fraternidade agora

---

[9] Sobre esta missão, ver Jordão de Jano, c. 5. A cronologia das missões relatada por Jordão nesses capítulos deve ser tratada com grande cautela.
[10] M. F. Cusato, "Guardians and the Use of Power in the Early Franciscan Movement", in Cusato, *Early Franciscan Movement*, p. 249-281.

1. Francisco e o movimento franciscano (1181/2-1226)

que eles estavam sendo forçados pelas circunstâncias a criarem suas próprias estruturas de autoridade entre si. O remédio para a tendência de dominar é orientar o uso do poder para o serviço: lavar os pés, especialmente daqueles que pecaram ou estão tendo dificuldades de se manter fiéis à vida que prometeram viver. Então, cada ministro é um guardião, cuja incumbência especial era vigiar e guardar seu irmão contra quedas. Estas passagens representam algumas das mais eloquentes do corpus franciscano antigo.

FLORESCIMENTO E RUPTURA DA VISÃO FRANCISCANA (1219-1221)

Dois anos depois, os frades novamente se reuniram em capítulo, em Assis. O capítulo de 1219 teve intenções similares, se não até mais ambiciosas, já que a principal conquista dessa reunião não era apenas mandar novas missões para a Hungria e para a França, mas também deslocar um esforço triplo para o engajamento no mundo muçulmano. Cinco irmãos foram enviados a Coimbra para um avanço missionário para a Sevilha muçulmana, uma expedição que por fim os levaria ao Marrocos. Irmão Egídio foi enviado à Tunísia. E o próprio Francisco estava determinado a partir para a Terra Santa e o Egito.

Alguns historiadores teorizam, além disso, que Francisco pode ter tentado explicar aos frades suas razões para partir, já que isso poderia acarretar a morte dele entre os muçulmanos do Leste. O rastro de tal afirmação de intenção – que David Flood chama de "o *Testamento* de 1219" – pode ser encontrado hoje incorporado na RNB, nos primeiros quatro versos do capítulo 22. A mensagem para os frades era esta: aqueles que a Igreja e o mundo afirmam serem nossos inimigos são, na verdade, afirma Francisco, nossos amigos. Mas Francisco não está falando sobre o sentimento de amizade; em vez disso, aquele que é considerado o inimigo é, na verdade, um irmão ou irmã. E Francisco desejava ir e viver esta visão entre os muçulmanos, mesmo que este testemunho evangélico lhe custasse a vida. E se assim fosse, a vida eterna seria sua, já que ele teria sido absolutamente fiel. Seu dramático encontro com o Sultão al-Malik-al-Kâmil é analisado por Steven J. McMichael no capítulo 8.

Assim que Francisco e Illuminato retornaram ao Acre, algumas notícias alarmantes sobre acontecimentos recentes na Itália lhes foram apresentadas.[11] Os dois vigários que eles deixaram temporariamente a cargo da fraternidade, Gregório de Nápoles e Mateus de Narni, tomaram a atitude de mudar as práticas de jejum dos

---

[11] As questões são enumeradas em Jordão de Jano, c. 11-13.

1ª Parte - Michael F. Cusato

frades para estar mais alinhados com a religião "real". Felipe, o Longo, delegado por Francisco para prover as necessidades das clarissas, foi forçado a pedir ao papado cartas de proteção para impedir interferência indeterminada em suas vidas. Os rumores davam conta de que João de Capela estava começando uma ordem separada (ou talvez apenas uma confraternidade de penitentes?) composta dos leprosos de Assis. Havia bastante preocupação sobre a indiscriminada aceitação de candidatos não testados nesta fraternidade de pregadores itinerantes. Francisco voltou para casa com seus irmãos para confrontar e resolver esses novos problemas.

Em meados de setembro, ele havia ido de Veneza a Viterbo, onde a cúria então estava. Após o que deve ter sido uma sequência de sérias reuniões, Honório III emitiu a bula *Cum secundum consilium*, impondo um ano de noviciado para todos os futuros aspirantes da fraternidade. Pois na opinião de um crescente número de eclésias, a extraordinária liberdade concedida a essa ordem supradiocesana de padres penitentes exigia um escrutínio e uma disciplina mais cuidadosos. Diante de tais críticas, Francisco cedeu. Pode ter sido também neste momento que Francisco foi convidado a receber o diaconado, para ajudar a trazer mais legitimidade a sua autoridade como líder da comunidade crescente e cada vez mais diversificada.[12]

Qualquer que fosse o propósito original de se conclamar uma reunião de emergência dos frades em Assis, em um momento que normalmente teria sido reservado para um capítulo provincial local, o resultado foi que, em sua conclusão, Francisco renunciou sua posição de "ministro e servo", passando a liderança funcional a Pedro de Catânia. Por que Francisco teria renunciado em um momento tão crítico da história da ordem, quando sua liderança era mais necessária? As fontes póstumas dão duas razões. Celano afirma que ele renunciou devido à doença. Ele realmente tinha voltado do Leste com malária e outras enfermidades relacionadas que teriam piorado progressivamente e levado a sua morte em 1226 (2 Cel., 143). A tradição da Companhia (CA, 11) afirma que, ao mesmo tempo em que usava a doença como a razão ostensiva para se afastar, Francisco estava profundamente decepcionado com os "desvios" apresentados por esses frades que, tendo entrado na comunidade apenas recentemente, não estavam familiarizados com a dinâmica social do período de fundação e estavam tentando virar o manche na direção de formas mais tradicionais de vida religiosa. Este conflito de visões entre a *forma vitae* original e uma forma de vida mais alinhada com as comunidades monásticas apostolicamente inclinadas explodiu neste capítulo. O famoso relato (CA, 18) do confronto entre Francisco,

---

[12] M. F. Cusato, "Francis of Assisi, Deacon? An Examination of the Claims of the Earliest Franciscan Sources 1229-1235", in Cusato e G. Geltner (eds.), *Defenders and Critics of Franciscan Life: Essays in Honor of John V. Fleming*, The Medieval Franciscans, 6 (Leiden, 2009), p. 9-39.

1. Francisco e o movimento franciscano (1181/2-1226)

Hugolino e os clérigos provavelmente ocorreu aqui. De fato, Jordão de Jano nos conta que Francisco pregou para os frades sobre o texto do Salmo 143 (144), usando sua frase de abertura como seu tema: "Bendito seja o Senhor, meu Deus, que me adestra as mãos para a batalha e os dedos para a guerra". O Salmo continua, alertando sobre aqueles "estrangeiros" que "falam mentiras". Atordoados pelas visões discordantes em disputa dentro da fraternidade e oprimido pelo que ele deveria fazer para trazer a ordem de volta a sua forma original de vida, Francisco então escolheu renunciar como ministro: talvez o momento mais amargo de sua vida, com o qual demorou anos para se reconciliar (2 Cel., 158).

Francisco ainda tentou servir como uma influência formadora na vida dos frades: oferecendo-se como um exemplo de como se manter fiel à *forma vitae*, começando a escrever aos frades e a outros sobre os fundamentos do carisma dos Menores e suas ramificações concretas para uma vida cristã renovada. Seu primeiro esforço foi a *Carta aos Fiéis*, em sua versão longa: um tipo de *summa* do chamado à penitência enviado ao clero, aos religiosos e aos laicos, realmente "todos no mundo inteiro". Uma versão destilada dessa famosa carta foi elaborada um pouco depois e enviada especificamente àqueles penitentes agora se unindo em confraternidades urbanas, desejando viver a vida cristã de acordo com os valores dos Menores. Pois, de forma similar ao que havia feito com as clarissas em 1219, Hugolino havia escrito para eles em 1221 uma *Regra* genérica de vida, que não tinha uma conexão óbvia com a vida franciscana. Esta versão curta de uma crescente Terceira Ordem era a palavra de Francisco a respeito dos Menores para os penitentes.[13]

OS ÚLTIMOS ANOS E AS ATIVIDADES FINAIS DE FRANCISCO DE ASSIS (1221-1226)

Pedro de Catânia morreu seis meses após tomar posse. O capítulo de 1221 o substituiu por Elias de Cortona e enviou uma vigorosa e nova missão para a Alemanha. Francisco agora voltava sua atenção para outro assunto importante. As experiências aterrorizantes recontadas por Jordão sobre as missões na Alemanha (1217) e na Hungria (1219) foram amplamente exacerbadas pelo fato de que os frades não tinham uma *Regra* oficialmente aprovada para mostrar às autoridades, provando sua legitimidade e ortodoxia. As bulas papais emitidas em seu nome, em 1219 e 1220, ao mesmo tempo em que úteis, eram aparentemente insuficientes. Mais importante, da perspectiva da cúria, esta *Regra* não aprovada passou de uma

---

[13] M. F. Cusato, "The Letters to the Faithful", in Cusato, *Early Franciscan Movement*, p. 153-207 (a ser publicado em *Essays on the Early Franciscan Sources*, vol. 1, ed. M. Blastic, J. Hammond e W. Hellmann (St. Bonaventures, a ser publicado).

afirmação geral de intenções em 1209 para uma incoerente coleção de admoestações, exortações, regras legislativas, orações e uma superabundância de citações das Escrituras, em 1221. Era necessária uma *Regra* otimizada, mais juridicamente precisa, que merecesse uma aprovação papal oficial. Francisco passou quase dois anos trabalhando com Hugolino e outros oficiais da cúria para destilar a essência da *forma vitae* em algo mais aceitável em Roma, sem violar as intenções da Antiga *Regra*. O resultado foi uma *Regra* completamente nova na Igreja Romana.

Com esse trabalho exaustivo – e talvez frustrante – sobre a *Regra* agora completo e com sua promulgação oficial na bula, Francisco começou a cada vez mais se retirar para locais ermos, na companhia de poucos e confiáveis, nos vales de Spoleto e Rieti. Estes são os companheiros que cuidaram dele e rezaram com ele durante seus dolorosos últimos anos. Um dos episódios mais famosos durante essa época foi sua memorável celebração de Natal, na ermida de Greccio, onde ele tentou dar vida, de forma visual e palpável, às condições concretas de pobreza e humildade experienciadas por Jesus de Nazaré. Mais que uma experiência entre leprosos, isto representa a realização da espiritualidade profundamente encarnada de Francisco e expõe sua capacidade única de transmitir as realidades da fé para um público popular e sem instrução.

No verão de 1224, uma tempestade precipitava-se novamente sobre a Europa: uma nova campanha militar estava sendo organizada contra al-Malik-al-Kâmil no Egito, pelo Cardeal Pelágio, com o apoio de Honório III e agora com as poderosas forças do Sacro Imperador Romano, Frederico II. Programada para ser lançada em abril seguinte, os presságios da empreitada eram de mais derramamento de sangue na Terra Santa. Francisco, profundamente angustiado com essa perspectiva e desanimado pelos recentes acontecimentos dentro da ordem, acompanhado de um grupo de companheiros escolhidos, decidiu ir até La Verna para fazer uma "Quaresma de São Miguel": um jejum de 40 dias, a partir da festa da Assunção (15 de agosto) até 29 de setembro. "Durante ou perto da festa da Exaltação da Cruz" (14 de setembro), Francisco experienciou um tipo de transporte místico, cujo conteúdo e significado só podem ser conjeturados. Ao fim dessa profunda e mística experiência, ele sustentava o que veio a ser chamado de estigmas: marcas parecidas com as cinco chagas de Cristo, em suas mãos, seus pés e seu flanco. Muito se escreveu sobre esse crucial momento na vida de Francisco; numerosos artistas tentaram retratar a linguagem usada por seus biógrafos para descrever essa inefável experiência. Sua meditação sobre o mistério da cruz de Cristo era tão profunda que ele se tornou o objeto de sua oração: Cristo Crucificado.[14]

---

[14] M. F. Cusato, "Of Snakes and Angels: The Mystical Experience behind the Stigmatization Narrative of I Celano", in Cusato, *Early Franciscan Movement*, p. 209-248 [publ. orig. in *The Stigmata of Francis of Assisi: New Studies, New Perspectives* (St. Bonaventures, 2006), p. 29-74].

1. *Francisco e o movimento franciscano (1181/2-1226)*

Como consequência imediata, ele escreveu em um pequeno pedaço de pergaminho uma oração de graças a Deus pela dor e pelo consolo que lhes foram dados nessa experiência reveladora. Estes são os *Louvores a Deus*: uma oração que alguns autores acreditam que pode ser equiparável a sua própria versão dos *Noventa e Nove Belos Nomes de Alá*. Ele orava de uma maneira islâmica. Esta oração foi escrita na parte da frente da famosa *chartula*, mais tarde entregue ao Irmão Leão. De acordo com esse irmão, Francisco então virou a *chartula* e, em seu verso, escreveu a bênção de Aarão do Livro dos Números, uma cruz de Tau e um cabeçalho com várias palavras esparsamente colocadas sobre e por cima da cruz do Tau. Opiniões acadêmicas recentes debatem a configuração e o significado desses elementos. A chave para o conjunto parece ser o enigmático cabeçalho. De acordo com alguns, o cabeçalho é, na realidade, uma representação do sultão, al-Malik--al-Kâmil, e a oração por proteção (Números 6,24-27) é para o bem-estar de seu amado irmão no Egito. Mais: Francisco também orava pela conversão do sultão, que ele confessasse a cruz, antes que fosse tarde demais e ele estivesse perdido na morte por toda a eternidade. Finalmente, Francisco teria anexado uma curta e inteligente bênção para o próprio Leão que, após esses acontecimentos, se voltou a seu pai com o espírito atordoado. Se precisos, esses acontecimentos em La Verna intensificam da forma mais profunda a visão dos Menores, revelada pela primeira vez ele e que ele viveu durante toda a sua vida: a de que todos os homens e mulheres são criaturas de Deus, vêm da mesma mão de um Criador bom e amoroso, irmãos e irmãs uns dos outros e estão em uma viagem de volta para o mesmo Deus, e que cada um deles tem uma responsabilidade, dada por Deus, de ajudar os outros ao longo do caminho.[15]

Os últimos dias de Francisco foram difíceis, cheios de sofrimento e dor física. Apesar disso, ele conseguiu compor um de seus escritos mais exaltantes: o *Cântico das Criaturas*, um hino místico de louvor escrito nas profundezas de seu próprio sofrimento para um Deus gracioso que é louvado através de cada criatura vivendo seu propósito de criação. O objetivo de todas as vidas era louvar a Deus em palavras e atos. Então, após primeiro recusar e depois aceitar um tratamento frustrado de sua enfermidade ocular, ele voltou a Assis e à Porciúncula, onde sua jornada havia começado. Ele conseguiu compor várias obras para Clara e suas irmãs, inclusive um *Último Desejo e Testamento*, em que ele definia explicitamente sua busca pela perfeição evangélica como "a pobreza e a vida mais santa de nosso Senhor Jesus Cristo". E, após ditar um testamento final e admoestação para que

---

[15] Ibid.

1ª Parte - Michael F. Cusato

seus irmãos se mantivessem inabaláveis à *forma vitae* que Deus lhe havia revelado e que ele lhes transmitiu desde o começo – mesmo quando outros diziam o contrário, dentro ou fora da ordem –, Francisco rendeu seu espírito de volta a Deus, de onde ele havia vindo e a quem agora retornava para louvar para todo o sempre.

CONCLUSÃO

O Evangelho de Marcos começa com as palavras declamatórias: "Princípio do Evangelho de Jesus Cristo, o filho de Deus". A formulação era elaborada de forma a anunciar que a vida e a morte de Jesus de Nazaré apenas representam o começo das boas novas da revelação de Deus Nele. O Evangelho continua na vida de seus discípulos lutando para manter fidelidade a suas palavras e ensinamentos. De forma similar, o carisma de Francisco e seus irmãos continuaria na vida da família franciscana.[16] Entretanto, a compreensão desse carisma, ao menos desde o capítulo de 1220, não mais era uniforme entre os frades. Já no capítulo geral de 1230, controvérsias significativas afloravam sobre a compreensão precisa das palavras usadas na *Regra* definitiva e a intenção de Francisco. Na realidade, as sementes das futuras controvérsias sobre a observância da pobreza evangélica já eram lançadas nesse famoso capítulo. A história franciscana a partir desse ponto em diante para sempre será marcada pela inquietação e coexistência dessas duas formas, bem diferentes, da vida e do trabalho franciscanos: cada uma desafiando a outra a se manter fiel ao carisma fundador ou a se abrir às necessidades da Igreja a qualquer dado momento. Porque ambos os aspectos já estavam, de alguma forma, presentes na pessoa de Francisco.

---

[16] Cf. 1 Cel. 37.

2. OS ESCRITOS DE FRANCISCO
Michael J. P. Robson

Francisco de Assis explicou os mistérios do Evangelho de uma forma atraente e persuasiva. Uma boa descrição disso foi feita por Tomás, arquidiácono de Split, que esteve presente em um sermão de Francisco na praça de Bologna em 15 de agosto de 1222. Suas vestes e sua aparência pessoal contrastavam com o vigor e a força de suas palavras, que restauravam a harmonia e a paz em uma cidade dividida e conturbada.[1] Dra. Rosalind Brook descreve Francisco como "um professor imaginativo, sutil, consciente", que comunicava o Evangelho com uma clareza reveladora.[2] Palavras, símbolos e gestos eram habilmente usados para transmitir o ensinamento de Jesus Cristo. Tomás de Celano nota que Francisco transformava seu corpo inteiro em uma língua, a serviço do Cristianismo (1 Cel., 97). O conjunto de cartas de Francisco é minúsculo em comparação com a volumosa correspondência de Anselmo de Canterbury (c. 1033-1099), de Claraval (Clairvaux) (1090-1153) e Pedro, o Venerável (1092-1156).[3] Além da *Regra*, seus escritos tomam a forma de exortação para a observação do Evangelho como algo totalmente possível, enquanto algumas cartas lidam com assuntos específicos, como a implementação da instrução de Honório III, *Sane cum olim*, em 22 de novembro de 1219. Há dois textos autografados: primeiro, a carta ao Irmão Leão, e segundo, os louvores a Deus e uma bênção sobre o mesmo frade.[4] Cópias dos escritos de Francisco foram guardadas e distribuídas com sua bênção. Elas circularam durante sua vida e não muito depois de sua morte,[5] formando a base da antiga tradição manuscrita e a edição crítica de suas obras.[6] Os biógrafos de Francisco citam o cânon de seus escritos e reproduzem sumários de seus ensinamentos ou comentários. Os quatro temas seguintes – seu encontro decisivo com o

---

[1] Thomas, arquidiácono de Split, "History of the Bishops of Salona and Split", in *FAED*, vol. II, p. 807-808.

[2] *Scripta Leonis, Rufini et Angeli Sociorum S. Francisci. The Writings of Leo, Rufino and Angelo, Companions of St. Francis*, R. B. Brooke (ed.), OMT (Oxford, 1970, reimpressão corrigida, 1990), p. 22.

[3] *S. Anselmi Cantuariensis archiepiscopi opera omnia*, F. S. Schmitt (ed.), 6 vols. (Roma e Edimburgo, 1938-1968), vol. III, p. 93 – vol. V, p. 423; *Sancti Bernardi Opera*, J. Leclercq, C. H. Talbot e H. M. Rochais (eds.), 8 vols. (Roma, 1957-1977), vols. VII e VIII; e *The Letters of Peter the Venerable*, ed. com introdução e notas de Giles Constable, 2 vols. (Cambridge, Mass., 1967).

[4] A. B. Langeli, *Gli autografi di frate Francesco e di frate Leone*, Corpus Christianorum Autographa Medii Aevi, 4 (Turnhout, 2000).

[5] Cf. P. Zutshi e M. J. P. Robson, "An Early Manuscript of the *Amonitions* of St. Francis of Assisi", *Journal of Ecclesiastical History*, 62 (2011), 217-254.

[6] C. Paolazzi, "Nascita degli 'Scritti' e costituzione del canone", in A. Cacciotti (ed.), *Verba Domini Mei: Gli Opuscula di Francesco d'Assisi a 25 anni dalla edizione di Kajetan Esser, OFM*, in Medioevo, 6 (Roma, 2003), p. 55-87.

49

leproso, sua nova vida de acordo com o Evangelho, a formação de uma família de penitentes dentro da Igreja e o movimento em direção a uma fraternidade universal – oferecem uma amostra da riqueza de seu pensamento.

FRANCISCO E O LEPROSO

O *Testamento* aponta o momento decisivo de sua conversão, narrando as circunstâncias de sua mais completa resposta ao Evangelho. Francisco estava a cavalo, na planície logo abaixo de Assis, quando de repente encontrou um leproso, símbolo de horror e de contágio potencial. Seu instinto seria recuar de pavor e bater em retirada. Neste momento, suas reações normais foram obnubiladas e uma energia nova e misteriosa entrou em ação. Ele apeou de seu cavalo e beijou o leproso, um gesto espontâneo e generoso que mostrou que seu senso anterior de repulsa estava começando a dar lugar a uma nova sensibilidade espiritual. Pela primeira vez ele viu o leproso como um ser humano semelhante, assolado por dor e sofrimento. Olhando para além de seus medos, ele viu um homem por quem Jesus deu sua vida, um irmão que teria negada a cortesia que lhe era devida. Esse encontro provavelmente aconteceu na vizinhança do *lazaretto* de São Rufino d'Arce. O novo autodomínio de Francisco foi demonstrado por sua decisão de trabalhar em meio aos leprosos. Agora, guiado pela graça, ele banhava e cuidava das feridas desses homens e mulheres que haviam sido rejeitados e excluídos de Assis. Doravante, os leprosos seriam tratados como cristãos, para lembrar Francisco da dignidade deles e de sua própria falibilidade anterior.

O encontro mostrou que os valores e as suposições de Francisco eram profundamente falhos. Foi um momento de correção e de cura, que expôs sérias *lacunae* em sua compreensão dos ensinamentos de Jesus. Uma mistura de medo e preconceito havia distorcido sua percepção de mundo. Apesar de ele ter sido criado em uma sociedade profundamente orgulhosa de sua identidade cristã e do heroísmo de seus bispos martirizados, ficou dolorosamente claro para ele que o ensinamento de Jesus não havia sido aplicado em toda a sua vida. Agora ele considerava sua experiência anterior um período em que seus ouvidos não estavam perfeitamente afinados com as Escrituras. Sua conduta tinha de ser modificada no nível mais profundo e trazida para uma conformidade maior com o Evangelho, por meio da penitência. Suas disposições defeituosas refletiam sua natureza maculada, que o havia blindado a suas responsabilidades em relação aos que sofriam e aos prejudicados socialmente. Sua conversão começa com a iniciativa divina; as primeiras duas frases do *Testamento* começam com a palavra "Senhor".

2. Os escritos de Francisco

A mudança de percepção é articulada em frases como "quando eu estava em pecado" para distinguir os acontecimentos anteriores à conversão de Francisco. Há um duro contraste entre as duas fases de sua vida: a amargura de sua visão antiga sobre os leprosos e a resultante doçura de mente e corpo causada pela graça. A primeira posição é mostrada na primeira recensão de sua *Carta aos Fiéis*, em que Francisco afirma que as pessoas podem ter a ilusão de que há prazer no pecado e uma correspondente amargura em servir a Deus.[7] Até agora, Francisco havia compartilhado as suposições de seus concidadãos, segregando os leprosos. A lepra excluía suas vítimas dos arredores das cidades da Europa ocidental e as forçava a viver às margens da sociedade. Mas, ao responder à graça e aos ensinamentos das Escrituras, Francisco percebeu que os afazeres e as preocupações da vida eram capazes de distrair as pessoas da carta e do espírito do Evangelho, como ele deixou claro em sua *Carta aos Reitores*. Assim como Winston Smith em sua obra *Mil Novecentos e Oitenta e Quatro*, Francisco descobriu que em momentos de crise as pessoas têm de lutar contra seus corpos, mais do que contra os inimigos externos.[8] Francisco descreve as forças da desordem como um inimigo doméstico e diz que o jejum e a oração são aliados na purificação da mente, como afirma no começo do capítulo 3 da antiga *Regra*.

Após o breve relato do momento da revelação a Francisco, vinha a afirmação de que logo depois ele não tardou a "abandonar o mundo". Esta frase denota a troca da sociedade secular e de seus valores pela clausura, onde ele seria guiado por seu divino mestre. Sua decisão, entretanto, encontrou um foco bem diferente daquele de Matilde, filha de Fulque de Anjou e esposa de Guilherme, filho de Henrique I da Inglaterra. Ela abandonou sua antiga vida e se tornou uma freira em Fontevault, sob os conselhos de Godofredo, bispo de Chartres, em 1122.[9] Em outras épocas, Francisco poderia ter abandonado Assis e partido para uma clausura distante. Agora, ele seguia seu caminho em direção a uma nova vocação, uma que devia muito aos princípios perenes do monasticismo. Novas paisagens lhe eram gradualmente abertas. O termo "abandonando o mundo" não denota uma rejeição de Francisco a Assis, uma cidade que ele amava muito e a qual ele retornou durante toda a sua vida. Um homem tão sensível ao bem do Criador não poderia desdenhar da generosidade da criação. Ao contrário, essa terminologia comum anunciava um novo e mais amplo significado: ele não dava as costas à sociedade secular mais do que o enfermo Samuel Pepys que, em uma carta em 1697,

---

[7] *FAED*, vol. 1, p. 41-44.

[8] G. Orwell, *Nineteen Eighty-Four* (Londres, 1949, 1989), p. 106.

[9] E.g., *The Ecclesiastical History of Orderic Vitalis*, M. Chibnall (ed.), 6 vols., OMT (Oxford, 1972-80), vol. VI, p. 330-331.

1ª Parte - Michael J. P. Robson

comentou que "o mundo e eu temos sido estranhos um ao outro há tempos".[10] O termo "fuga do mundo" não devia ser entendido apenas como um retiro físico da sociedade ou para o deserto, ou uma separação de sua terra natal. Ele indica que as convenções da sociedade medieval dali por diante seriam subordinadas aos ensinamentos de Jesus (Atos 5,29). Bispo Moorman reflete que Francisco não foi chamado a fugir da sociedade, "mas a se doar ao mundo".[11] Isto se refletiu mais tarde em seu retorno a Assis como uma figura penitente, que desafiaria seus antigos conterrâneos a viver o Evangelho de uma maneira mais literal. Francisco agora começava a responder ao chamado à penitência (*metanoia*) lançado por Jesus no começo de seu ministério público (Marcos 1,15). Sua primeira tarefa era a de se despojar de suas posses e de seu status social. A *Carta aos Fiéis* apresenta a noção complementar do religioso que renuncia ao mundo.[12]

O retiro de Francisco da cidade de Assis teve êxito quando ele se emancipou das expectativas de seus pais e rejeitou sua carreira prévia como mercador. A obediência que tinha a seu pai agora foi transferida para a Palavra de Deus. A vida urbana foi trocada por um retiro rural, onde ele refletiu sobre sua vida, prioridades e incertezas. Seu fino e caro guarda-roupas foi trocado pelas vestes de um penitente, e o jovem que se divertia em Assis agora se doava ao asceticismo e às longas preces. Os leprosos davam um novo foco e direção à vida de Francisco, e ele estava determinado a se distanciar dos valores que haviam precipitado essa crise em sua vida. Durante esta fase de transição, ele viveu como um oblato ou ermitão em São Damião, onde obedeceu às instruções do Cristo Crucificado para reformar a igreja dilapidada. Uma profunda consciência de que seus instintos prévios o haviam desorientado impulsionou a vida penitente que Francisco adotou; o antigo soldado sabia que tinha de viver de forma disciplinada. A penitência, com seu processo de autoesvaziamento em imitação a Jesus, permitiu que ele combatesse as consequências dos pecados originais e reais. Isto fica explícito na décima Admoestação, em que ele abençoa o religioso que subjuga o inimigo que o leva ao pecado. G. K. Chesterton sustenta que "qualquer sociedade católica deve ter uma atmosfera de penitência".[13] O chamado para a penitência se tornaria uma característica constante nas pregações dos frades, por insistência de Francisco. Os frades eram considerados homens devotados à vida de penitência e descritos como os penitentes de Assis (AP, 19c). A *Carta aos Fiéis* contrapõe aqueles que rejeitam o

---

[10] C. Tomalin, *Samuel Pepys: The Unequalled Self* (Londres, 2002), p. 365.
[11] J. R. H. Moorman, *Saint Francis of Assisi*, 2ª ed. (Londres, 1950, 1979), p.x.
[12] FAED, vol. 1, p. 45-51.
[13] G. K. Chesterton, *St. Francis of Assisi* (Londres, 1923, 1996), p. 27.

2. Os escritos de Francisco

Evangelho àqueles que abraçam um estilo de vida de penitência.[14] A vida pregressa de Francisco estava mais afinada com os primeiros, escravizados pela sociedade secular e os desejos da mais baixa natureza, sujeitando-se ao poder do demônio, cujos atos executavam. O mundo, a carne e o demônio eram identificados como os inimigos ludibriadores da humanidade e as fontes de tentação.

UMA VIDA DE ACORDO COM O EVANGELHO

O retiro de Francisco da cidade de Assis foi acompanhado de um novo compromisso com o Evangelho. Houve uma maior clareza na compreensão de sua vocação quando ele assistiu à missa na festa de um apóstolo na igreja de Santa Maria dos Anjos. Ali ele ouviu a história dos missionários enviados por Jesus (Mateus 10,9-10). Apesar de já ter ouvido essa passagem, nessa ocasião ele instantaneamente reconheceu a aplicação dela em sua vida. Daquele momento em diante, ele se comprometia com uma observação literal do Evangelho, até mesmo no detalhe de descartar seus sapatos e se vestir como um apóstolo. Seu biógrafo afirma que Francisco era um homem que não era surdo ao Evangelho (1 Cel., 22). Daquele momento em diante, Francisco portava o livro do Evangelho com a maior reverência. As palavras ditas ao homem rico que buscava a perfeição (Mateus 19,16-22) desafiaram gerações de cristãos por dois *millennia*. Uma das respostas mais conhecidas é aquela de Santo Antônio (251-356), o pai do monasticismo ocidental, que imediatamente abandonou a sociedade e abraçou a vida ascética.[15] Francisco não era exceção, porque esta foi a primeira das passagens a ser revelada a ele e a Bernardo de Quintavalle quando foram a São Nicolau em busca de orientação divina para seu futuro. O Novo Testamento foi aberto três vezes, aleatoriamente, e os textos em que seus olhos bateram formaram a base de sua fraternidade. Francisco já havia renunciado à herança paterna na presença de seu pai e do bispo de Assis. Agora Bernardo se despojava de suas posses na praça de São Jorge e, no processo, plantava as sementes para a vocação de Silvestre, um padre secular, mais velho, da cidade. Logo depois Egídio, outro homem de Assis, fez o mesmo, revivendo imagens da vida da comunidade apostólica de Jerusalém (Atos 4,32-37). O dramático efeito dessas duas cenas, sem dúvida, reforçou o desejo de Francisco de reencenar o Evangelho e de trazê-lo à vida por meio de palavras e gestos.

---

[14] *FAED*, vol. 1, p. 41-44.
[15] *Sancti Augustini Confessionum libri XIII*, Corpus Christianorum Series Latina, 27 (Turnhout, 1981), vol. VIII, 12, n. 29, p. 131.

1ª Parte - Michael J. P. Robson

A fidelidade ao Evangelho em tudo fez com que Francisco meditasse sobre as circunstâncias da vida de Jesus. A afirmação de que Jesus não tinha onde repousar sua cabeça (Mateus 8,20) contrastava com o conforto, a abundância e o excesso dos anos pregressos de Francisco. Este fator sem dúvida pesava muito sobre os homens que o seguiam: eles eram encorajados a deixar de lado a riqueza das cidades umbras e a viver de acordo com o ensinamento de Jesus. A convicção de que Jesus havia aceitado uma vida de penúria para a salvação da raça humana reforçava o ato de renúncia anterior de Francisco. Ele disse a Clara di Favarone di Offreduccio que queria imitar a pobreza de Jesus até o fim de sua vida. Assim, ele fugiu de todo tipo de posse e encarou isso como um compromisso com sua renúncia prévia. Isto explica a força de sua resposta quando ouviu os frades falando sobre propriedades perto de Rivo Torto, um abrigo fora de Assis, e Bolonha. Os contemporâneos de Francisco ficaram impressionados com sua imitação de Jesus pobre e nu e teceram comentários sobre o sofrimento e a pobreza voluntária dos frades. O cronista monástico de São Martinho de Tours comenta que os frades renunciaram a tudo e andavam à maneira dos apóstolos, ou seja, com os pés descalços.[16] Os frades eram instruídos a ser pobres em sua profissão e em seus feitos; suas túnicas de retalhos espelhavam seu comprometimento com a vida em pobreza, que não devia ser ditada pelas formas costumeiras de apoio aos religiosos por meio de propriedades, dotes e arrendamentos. Eles escolhiam viver na pobreza pelo reino dos céus. A proibição de se buscar privilégio da corte papal sugere que Francisco estava profundamente consciente das disputas e das causas de escândalos que afetavam as casas religiosas no século XII. Como discípulos de Jesus, que morreu nu na cruz, eles não deviam contar com qualquer tipo de privilégios, principalmente os que beneficiassem a riqueza. Jacques de Vitry comentou em julho de 1216 que os frades renovaram a vida da comunidade apostólica.[17] A concentração de Francisco na pobreza experienciada por Jesus era vista como algo que recuperava um elemento há muito tempo perdido no léxico cristão; ele enxergava a pobreza como algo especial a Jesus. Apesar de tanto a *Regra* de Columbano (c. 543-615)[18] quanto os sermões de Bernardo de Claraval fazerem referência à pobreza voluntária,[19] Dante Alighieri teve alguma licença artística quando observou que *il poverello* se casou com a Senhora Pobreza, viúva de seu primeiro marido, desprezada e

---

[16] "Ex chronico S. Martini Turonensis", O. Holder-Egger (ed.), in *Monumenta Germaniae Historica, Scriptorum*, vol. XXVI (Hanover, 1882), p. 458-476, 464.

[17] *Lettres de Jacques de Vitry (1160/1170-1240) évêque de Saint Jean-d'Acre, Edition critique*, R.B.C. Huygens (ed.) (Leiden, 1960), p. 75-76.

[18] *Sancti Columbani opera*, G. S. M. Walker (ed.), Scriptores Latini Hiberniae, 11 (Dublin, 1970), vol. IV, p. 126-127.

[19] E.g., *Sancti Bernardi Opera*, vol. IV, p. 182-187.

2. Os escritos de Francisco

obscura por mais de 1.100 anos.[20] O tema do místico matrimônio foi lindamente retratado sobre o altar superior da Basílica de São Francisco, em Assis, e descrito em detalhes por Giorgio Vasari.[21]

A piedade de Francisco foi nutrida por reflexões frequentes sobre a vida de Jesus e suas implicações. Ela andou lado a lado com seu desenvolvimento espiritual e seu desejo de imitar Jesus da forma mais íntima possível. Assim como São Paulo, ele veio a enxergar a pobreza voluntária como o meio de autoesvaziamento por parte de Jesus para a redenção da humanidade (Filipenses 2,6-11). O que seu mestre divino tinha conquistado tornou-se a norma para Francisco, que não apenas imitou sua pobreza, mas também adentrou o mistério do processo redentor. Uma pobreza alegre desarmava os vícios da avareza e da cupidez, como ensina a penúltima Admoestação. Há ecos de 2Coríntios 8,9 na *Carta aos Fiéis*, na qual Francisco explica que Jesus era desmedidamente rico, mas escolheu viver em pobreza com sua mãe. O ponto central desse ensinamento é refletido na *Regra*, cujas palavras de abertura ordenam que os frades sejam pobres em termos materiais. Os frades eram, entretanto, instruídos a ir além da carta da injunção dominical até a renúncia de suas vidas, não retendo nada para si mesmos. O termo "sem nada próprio" também aparece na décima primeira Admoestação, para denotar um autoesvaziamento e uma pobreza maiores, tal como é explicado na décima quarta Admoestação, baseada em Mateus 5,3. A pobreza do espírito permitia que os frades andassem sobre as pegadas de seu divino professor e enfrentava um dos vícios que agem dentro do coração, o instinto de adquirir, de possuir, em uma ilusória busca por segurança. Apesar da renúncia de Francisco a seus bens materiais, ele aconselhava seus frades a não desprezarem aqueles que se vestiam em finos trajes ou bebiam das melhores bebidas. O senso crítico dos frades devia ser treinado em si mesmos e não no próximo. Francisco mantinha estreito contato com muitos homens e mulheres que gozavam de riqueza e prestígio. Sua refeição na casa do cavaleiro de Celano foi imortalizada como a décima sexta cena no ciclo de afrescos da Basílica de São Francisco.

Ex-mercador, Francisco começou a compartilhar das desconfianças contemporâneas sobre a probidade de sua antiga profissão.[22] A experiência ensinou-lhe que dinheiro e posses eram forças potencialmente desagregadoras, erigindo e perpetuando barreiras entre as pessoas, e construindo divisas artificiais dentro da sociedade. Em um estágio

---

[20] *Dante Alighieri, La Divina Commedia, Paradiso*, N. Sapegno (ed.), La Letteratura Italiana: Storia e Testi, IV (Milão, 1957), XI, v. 64-66, p. 924.

[21] *Giorgio Vasari, Le vite de' più eccellenti pittori scultori e architettori nelle redazioni del 1550 e 1568*, vol. II, *Testo*, R. Bettarini e P. Barocchi (eds.) (Florença, 1996), p. 101.

[22] E.g., *Giovanni Boccaccio, Decameron*, I, 1. p. 26-38. A reputação dúbia do mercador esclarece a história sobre a duplicidade e a astúcia de Ser Ciappelleto da Prato.

remoto da vida da fraternidade, Guido I, bispo de Assis, exortou Francisco a moderar sua confiança absoluta na providência divina e a aceitar algumas posses como forma de segurança. Francisco magistralmente respondeu que, se ele tivesse posses, precisaria de armas para protegê-las (3 Soc., 35). Isto ilustra sua perspicácia sobre o assunto. Francisco estava suficientemente familiarizado com as formas e convenções do mercado para invocar uma desconfortável cena de leito de morte na *Carta aos Fiéis*, em que a esposa e os filhos do moribundo lhe imploravam para que colocasse seus negócios em ordem. Quando um padre foi chamado para a absolvição, seguiu-se um diálogo entre o confessor e o potencial penitente. O moribundo buscava o perdão, mas a pedra de tropeço era a reparação necessária para seus pecados. Quando exortado a se reparar, sua resposta foi de que era tarde demais porque já havia distribuído tudo para parentes e amigos. Logo depois ele morre, impenitente, entregando sua alma ao diabo, enquanto seus parentes reclamam que poderiam ter recebido mais dele.[23] Este esquete mostra a profunda mudança na visão de Francisco e sua consciência de que a avareza era capaz de se reafirmar nos últimos momentos de vida para condenar o moribundo; o vício prevalecia sobre o temor do julgamento divino, mesmo nos últimos momentos de vida. Em outras ocasiões, Francisco lamenta o destino daqueles que morrem impenitentes, os filhos do demônio (1João 3,10). A vida do antigo mercador era cada vez mais marcada pelos ensinamentos de Jesus, que o tornaram um arauto da penitência.

Uma família de penitentes dentro da Igreja

A nova disciplina de Francisco, em sua vida, e seu fervor evangélico atraíram a atenção de seus próximos. Seu *Testamento* fala sobre Deus lhe dando alguns irmãos, e ele delineia métodos para que aqueles divinamente inspirados sejam admitidos na fraternidade (RNB, 2). A vida destes penitentes era moldada por uma imitação do pobre e humilde Jesus, e eles ficaram conhecidos como Frades Menores. Enquanto Francisco e seus primeiros companheiros continuaram vivendo fora dos muros de Assis, inspirando-se nos ensinamentos de Jesus, sua missão de comunicar o Evangelho por palavra e exemplo os levou de volta à cidade. Sua primeira base comunal foi em Rivo Torto; os biógrafos de Francisco exaltam a pobreza e as condições difíceis do local. As estruturas de uma comunidade religiosa não devem ser uma questão na vida desse novo grupo; novos membros eram aceitos com a condição de que renunciassem a suas posses e doassem seus rendimentos para os pobres. Os

---

[23] *FAED*, vol. 1, p. 45-51.

2. Os escritos de Francisco

frades não eram ligados à estabilidade eterna de uma casa religiosa. Eles não tinham lares, posses ou clausuras, mas eram exortados a viver como peregrinos. Francisco era o professor e o animador desta pequena fraternidade que vivia em penitência e caridade, apesar de não ter um plano inicial para seus seguidores, com exceção do imperativo de viverem de acordo com o Evangelho. Ele estava construindo um novo caminho muito diferente das formas tradicionais de vida religiosa.

Esta nova comunidade era considerada uma família, como explica o capítulo 6 da *Regra*. Os frades deviam viver como membros de uma família; os ministros deviam ser gentis e compassivos, tendo em mente o exemplo divino de servir em vez de ser servido (Mateus 20,28). Eles deviam dirigir-se aos ministros como mestres a um servo. Francisco frequentemente descreve a si mesmo como o servo de todos. Conforme a comunidade crescia, seus líderes eram formados ministros através do exemplo de Jesus, e não dos oficiais ou superiores monásticos que administravam várias propriedades e exerciam autoridade por muitos anos ou, em alguns casos, por toda a vida. O mandato do ministro era temporário e não devia ser buscado ou cobiçado. Na *Regra para os Eremitérios*, o imaginário maternal era invocado. Os três ou quatro frades vivendo ali deviam ser divididos em mães e filhos, com os primeiros seguindo o exemplo de Marta e os últimos, de Maria. O *Testamento* insiste em que Francisco não tinha nenhum mentor que lhe mostrasse o que fazer; ele agia segundo o que Deus lhe havia revelado. A afirmação de Francisco não o impede de buscar conselhos de homens mais familiarizados com a constituição de uma comunidade religiosa saudável. Ele tinha um bom relacionamento com alguns monges, que já estavam em posição de dar conselhos na organização de uma comunidade. De forma intermitente, ele também fazia parte do conselho do Bispo Guido I e trabalhava com o Cardeal Hugolino na compilação da *Regra* e outras políticas.

Os frades eram predominantemente homens leigos autorizados a convocar as pessoas à penitência. Emprestando a linguagem da literatura cisterciense, Tomás de Celano descreve a primeira escola dos frades que eram preparados por Francisco de acordo com sua visão. Sua tarefa era moldar a mente dos homens que compartilhavam de seus ideais. Voltando-se ao Evangelho, os novos recrutas passariam por um período de reorientação; eles deviam livrar-se de seus valores seculares. Uma versão primitiva das *Admoestações* ajudou a instaurar a nova visão e os levou a trabalhar entre aqueles às margens da sociedade. Assim como muitos reformistas religiosos da Idade Média, Francisco envolveu-se com trabalhos materiais, recebendo comida como pagamento, como ele relembra em seu *Testamento*. Aceitar moedas era firmemente vetado e os frades eram estritamente proibidos a tocar em dinheiro, mesmo que por uma causa claramente boa.

1ª Parte - Michael J. P. Robson

Francisco mantinha sua família religiosa dentro das estruturas da Igreja Católica e cooperava totalmente com o papa, o bispo local e o padre da paróquia. Apesar das falhas clericais que ele conhecia tão bem, seu conservadorismo eclesiológico o distanciou de alguns reformistas do século XII que estavam em conflito com o episcopado. Sua decisão de cooperar com a hierarquia reflete-se em seu ensinamento eucarístico que era condicionado pelos decretos reformistas do IV Concílio de Latrão.[24] Professor David Knowles observa que a vida religiosa, a partir deste começo, nunca foi tão independente da autoridade eclesiástica, nem mesmo o movimento monástico no Egito e outros grupos comparáveis que se retiraram da sociedade urbana.[25] Quando a quantidade de frades alcançou o número bíblico de 12, Francisco decidiu buscar a bênção papal para sua forma de vida, que consistia de uma série de excertos do Evangelho. As antigas biografias de Francisco colocam o Bispo Guido I em um papel periférico, relatando que ele se encontrava *por acaso* em Roma ao mesmo tempo em que os frades. Francisco não teria sido recebido pelo Cardeal João de São Paulo e Inocêncio III sem o importante aval do bispo local. A garantia de Guido proporcionou a Francisco e seus companheiros uma audiência na corte papal e pavimentou o caminho para a aprovação do papa, que autorizou que eles pregassem a penitência e os instruiu a voltar quando seus números tivessem aumentado.[26] Guido abriu os púlpitos das igrejas de Assis para Francisco, que lá pregava como um diácono, começando na pequena igreja de São Jorge e então em São Rufino, quando a jovem Clara começou a se fascinar por sua inspiradora mensagem de renovação.

A reverente atitude em relação àqueles que exerciam autoridade espiritual era enraizada na devoção de Francisco aos santos patronos de Assis e de Roma, cujos túmulos ele visitava. A relação do santo patrono de uma diocese ou uma abadia é articulada na prece de Santo Anselmo, na qual o santo patrono emerge como fonte de autoridade espiritual, que é apenas exercida em seu nome por seu vigário, o prelado incumbente.[27] De acordo com isso, os bispos de Assis e de Roma apresentavam-se como vigários de São Rufino e príncipe dos apóstolos. Ao mesmo tempo em que invocava a autoridade de príncipe dos apóstolos, Inocêncio III preferia um título mais nobre, o vigário de Jesus.[28] Assim, a desobediência ao vigário acarretava o desprezo ao santo patrono. Esta era uma premissa-chave sempre que Francisco tratava com

---

[24] R. J. Armstrong, *St. Francis of Assisi: Writings for a Gospel Life* (Nova York, 1994), p. 43-49.

[25] D. Knowles, *From Pachomius to Ignatius: A Study in the Constitutional History of the Religious Orders* (Oxford, 1966), p. 38.

[26] N. D'Accunto, "Il vescovo di Assisi Gruido I presso la curia Romana", in A. Cacciotti e M. Melli (eds.), *Francesco a Roma dal signor Papa*, Atti del VI convegno storico di Greccio, Greccio, 9-10 maggio 2008 in ocasione dell'VII centenário dell'approvazione della prima regola (Milão, 2008), p. 41-60.

[27] *The Prayers and Meditations of Saint Anselm*, B. Ward (trad.) (Harmondsworth, 1973), p. 207-211.

[28] E.g., C. R. Cheney e W.H. Semple (eds.), *Selected Letters of Pope Innocent III concerning England (1198-1216)*, Nelson Medieval Texts (Londres, 1953), p. 207-211.

2. Os escritos de Francisco

os bispos de Assis e Roma. O profundo respeito pelo mandato episcopal era uma notável característica de sua eclesiologia, e ele buscava a aprovação papal de sua fraternidade como uma marca da aprovação divina; o *Testamento* afirma que o papa confirmou a *Regra* curta da fraternidade. A *Regra* ordena que os frades obedeçam ao papa e a todos os seus sucessores canonicamente eleitos, e o mandato de cardeal protetor ligava os frades à cúria romana. Leão, Rufino e Ângelo relatam que uma razão para o respeito de Francisco ao mandato episcopal era a convicção de que Deus havia falado com ele através do bispo de Assis durante o processo de sua conversão.

Os padres tiveram um papel positivo na conversão de Francisco e no desenvolvimento de sua vocação. A base desse respeito era o ofício que exerciam na preparação da Eucaristia, e isto é exemplificado pela vigésima sexta Admoestação, em que uma bênção é dada aos religiosos que confiam nos padres. Francisco lamenta o destino daqueles que desprezam os padres, ludibriados pelo pecado, e de forma astuta relembra os frades de que o julgamento é reservado a Deus; não lhes compete julgar (cf. Romanos 2,1). Se ele fosse tão sábio quanto Salomão e encontrasse um padre pobre, ainda assim se recusaria a pregar em sua paróquia contra a vontade do padre; sua observação da correta jurisdição eclesiástica também é expressa na *Regra*, que reflete o ensinamento de Francisco de que os frades deviam ser submissos ao bispo na celebração dos sacramentos e no ofício da pregação. Diferentemente dos antigos dominicanos, que eram predominantemente padres, os primeiros seguidores de Francisco eram homens leigos, cuja companhia incluía apenas um pequeno número de padres. Isto pode tê-lo estimulado a salvaguardar a ortodoxia dos frades em uma época em que vários grupos heréticos proliferavam e danificavam a Igreja. Sua *Regra* ordena que os ministros examinassem os candidatos para a admissão na fé católica e nos sacramentos. A carta para toda a ordem admoesta os frades a, ao celebrar a Missa, fazê-la com reverência à presença divina no altar, assim fazendo do sacramento um veículo para a associação pessoal com o autossacrifício redentor de Jesus na cruz. A expansão da fraternidade através da Igreja ocidental e sobre o território missionário reflete a amplitude da visão de Francisco.

EM DIREÇÃO A UMA COMUNIDADE UNIVERSAL

O foco do apostolado de Francisco diferia muito dos antigos modelos de vida religiosa. A renovação monástica tinha se concentrado em um pequeno grupo de elite que havia proclamado que a clausura era o lugar mais seguro para as pessoas buscarem a salvação. Enquanto Pedro de la Celle, abade de Saint-Remi, em Reims (1162-

1ª Parte - Michael J. P. Robson

1181), contrasta os perigos morais das escolas parisienses com a clausura onde Jesus ensina a palavra virtuosa ao coração, cerca de 42 anos após a conversão de Francisco, ele voltou a Assis, onde exortou seus velhos conterrâneos a buscar sua salvação do lado de dentro de seus antigos muros.[29] O antigo pessimismo sobre as perspectivas de salvação dos leigos já estava bem desgastado, e o novo humor é captado pela crescente crença de que "a população do céu aumentou substancialmente" durante o século XX, visão enraizada na ênfase da humanidade de Jesus e no desenvolvimento da doutrina do purgatório.[30] As riquezas da espiritualidade monástica, com sua disciplina, seu ascetismo e seus métodos de devoção, comunicavam-se com os leigos por meio de Francisco, cujos ardentes sermões atraíam recrutas: uma homilia em Ascoli Piceno trouxe 30 homens para a fraternidade. Sua solicitude com as Pobres Senhoras de São Damião reflete-se nos recrutas, incumbidos por ele do aconselhamento de Clara, abadessa de São Damião. Irmã Cecília lembrou-se de um dia em que Francisco mandou que cinco mulheres fossem recebidas na comunidade. Aquelas cuja vocação permanecia na sociedade secular encontraram satisfação espiritual em uma associação de penitentes que veio a ser conhecida como a Terceira Ordem, objeto do capítulo 12, escrito pela professora Ingrid Peterson. As três ordens estabelecidas por Francisco foram celebradas por uma das antífonas de Juliano de Espira, para a Oração da Manhã no Ofício Divino. Um hino composto por Rainiero Capocci de Viterbo, o cardeal-diácono cisterciense de Santa Maria em Cosmedin (1216-1250), apresenta Francisco como o pai dos verdadeiramente pobres e reza pela inculcação da pobreza do espírito.

Os leigos eram os irmãos e as irmãs de Francisco a quem o chamado à santidade era dirigido. Sua mensagem buscava a santificação de todas as áreas da sociedade medieval, e isto se reflete em seus sermões, que não podiam estar restritos a igrejas ou clausuras. Ele podia falar sobre as Escrituras da mesma forma cativante, tanto na praça quanto nos campos. Sua pregação o fez ficar frente a frente com as aspirações religiosas de inúmeras pessoas. Sua resposta foi ajudar essas pessoas a desenvolver suas vidas de devoção. Os conselhos dados aos penitentes refletem a *Carta aos Fiéis*, que inclui a nova visão e ensaia muitos dos temas recorrentes por todos os escritos de Francisco. Um dos principais aspectos é o conselho comum a todos, apesar de uma vez ou outra serem feitas recomendações específicas a juízes e membros de ordens religiosas. A carta é destinada a todos os que abraçam a vida penitencial e desejam viver como cristãos. Jesus torna-se irmão de todos para quem ele derrama sua vida e por quem intercede junto ao Pai. O desejo do Pai é que todos sejam salvos por meio de Jesus e que eles recebam a Eucaristia com um coração puro e um corpo casto. A pure-

---

[29] *The Letters of Peter of Celle*, J. Haseldine (ed.), OMT (Oxford, 2001), p. 656-659.
[30] R. B. e C. N. L. Brooke, *Popular Religion in the Middle Ages: Western Europe 1000-1300* (Londres, 1984), p. 59-60.

2. Os escritos de Francisco

za do coração identifica uma das disposições para que o sacramento seja abordado de forma frutuosa. Muito poucos, Francisco lamenta, estão ansiosos por serem salvos e receberem a Eucaristia. Os cristãos deveriam louvar a Deus e para Ele orar, noite e dia. Deveriam insistir em sua oração penitencial, onde um lugar de honra é concedido à oração do Senhor. Seus pecados deveriam ser confessados a um padre, que então os nutriria na mesa do Senhor. Os penitentes são aconselhados a não receber o Corpo de Cristo de uma forma rotineira. Conscientes da injunção paulina (1Coríntios 11,29), deviam enxergar com os olhos da fé e se comunicar com a disposição adequada.

Este tratado sobre a reverência apropriada à Eucaristia prefacia o conselho de amar o próximo como a si mesmo. Francisco sabia que algumas pessoas podiam considerar penoso demais o mandamento de ser caridoso. Tais pessoas eram aconselhadas a serem ministros do bem, em vez de do mal. Os penitentes deviam amar seus inimigos e agir de forma benevolente com todos. Os encarregados da administração da justiça deviam portar-se de forma piedosa. A vida dos fiéis devia ser regrada pelas virtudes da caridade e da humildade, e eles deviam dar esmolas como expiação de seus pecados. Enquanto os cristãos deixam tudo para trás neste mundo, seus atos de caridade e de dar esmolas asseguram-lhes uma recompensa na hora do juízo. Jejum era obrigatório aos penitentes, a que também deviam evitar excessos na comida e na bebida. Eles deviam ir frequentemente a igrejas; podiam ter de recitar a oração a respeito da ligação entre a cruz e sua reencenação sacramental em igrejas; esta oração estava inserida no *Testamento*. A disciplina penitente é invocada para refrear a natureza mais baixa dos seres humanos, porque ela é a fonte de muitos vícios e pecados (Mateus 15,18-19). Os penitentes deveriam renunciar a si mesmos e trazer sua natureza última, submetendo-se ao jugo da obediência. Aqueles que reconhecem suas deficiências fornecem um lar para o espírito divino. Na verdade, aqueles que fazem a vontade divina são saudados como as noivas, os irmãos e as mães de Jesus. A *Carta aos Governantes dos Povos* contém uma determinação para que Deus seja esperado com grande reverência entre seus súditos.

Durante a primeira década do século XIII, Assis estava recuperando-se de uma guerra civil e de lutas devastadoras que deixaram cicatrizes em muitas cidades e vilas da Itália. Essa experiência inspirou Francisco para anunciar a paz a todos, e isso se tornou um ingrediente central do ministério dos frades. Ao entrar em uma casa, as primeiras palavras dos frades devem oferecer uma saudação de paz (Lucas 10,5). A décima quinta admoestação pronuncia uma bênção aos que promovem a paz (Mateus 5,9). Quando Francisco estava doente em São Damião, compôs um hino de graças, o *Cântico das Criaturas*, escrito em italiano e depois traduzido para o latim (ver discussão abaixo). Relatos de uma crescente disputa

1ª Parte - Michael J. P. Robson

entre o Bispo Guido II e Oportulo di Bernardo, *podestà* (primeiro magistrado) de Assis, entristeceram Francisco, já doente. Essa desavença levou à sentença de excomunhão imposta à *podestà*, que retaliou impondo um boicote comercial ao prelado. Como resultado dessa amarga disputa, Francisco compôs outro verso nesse cântico, em louvor àqueles que perdoam pelo amor de Deus e promovem a paz. Os dois protagonistas e seus apoiadores foram convocados para uma reunião no vescovado (palácio do bispo), onde dois frades cantaram a versão vernacular do *Cântico das Criaturas*. O resultado foi a reconciliação entre os dois homens.

A dimensão global da *Regra* é refletida na norma dirigida àqueles divinamente inspirados a se tornarem missionários. O desejo de Francisco pelo martírio o levou a se preparar para partir para a Terra Santa por três vezes. Após duas vezes sem sucesso, ele conseguiu chegar à Terra Santa durante a quinta Cruzada, em 1219. Tomás de Celano lhe atribui desejos convencionais, ou seja, o desejo de pregar o Evangelho e de doar sua vida, imitando seu divino mestre. Acompanhado do Irmão Illuminato, Francisco adentrou o acampamento muçulmano e, audaz, buscou uma reunião com o sultão do Egito, al-Malik-al-Kâmil, um acontecimento dramático interpretado de formas variadas por biógrafos desde 1219.[31] Seu respeitoso diálogo com o sultão o tornou precursor e herói profético do movimento ecumênico mais amplo. Prova disso é que mais de 200 líderes religiosos de todo o mundo se encontrariam em Assis em 24 de janeiro de 2002, a convite de João Paulo II. Os momentos de Francisco no Oriente Médio e sua consciência das práticas de devoção islâmicas, especialmente o *salât*, as cinco orações diárias, podem estar por trás do pedido aos líderes civis para que criassem um clima em que Deus fosse louvado e que as horas de oração fossem anunciadas por um mensageiro.

O respeito e o amor de Francisco pelo próximo abrangiam todas as obras do Criador, e seu respeito por toda a ordem inspirou seu *Cântico das Criaturas*, um hino de graças à generosidade e à beleza de tudo criado por Deus. Este cântico celebra a unidade, a diversidade, a riqueza do universo. Os elementos sol, vento, lua, estrelas, água, fogo e morte são chamados de irmãos e irmãs. A criação tornou-se uma escada em que Francisco poderia subir para abraçar seu Criador. Sua relação com o mundo animal recuperou uma velha vertente da tradição celta, em que santos como Modwenna tinham intimidade com o reino animal, exercendo sua força espiritual sobre lobos em duas ocasiões.[32] O sermão de Francisco aos pássaros em Bevagna foi narrado por Tomás de Celano e retratado por artistas. Esta foi uma

---

[31] Cf. J. Tolan, *Saint Francis and the Sultan: The Curious History of a Christian-Muslim Encounter* (Oxford, 2009).

[32] *Geoffrey of Burton: Life and Miracles of St Modwenna*, R. Bartlett (ed.), OMT (Oxford, 2002), c. 7, 16, p. 18-21, 68-71. Maláchy Kinnerney leu um grande rascunho deste artigo e fez vários comentários úteis sobre o estilo e conteúdo, levantando muitas questões mais amplas. Quaisquer erros de interpretação são de minha responsabilidade.

das seis cenas pintadas em 1235 por Bonaventura Berlinghieri, em um painel do altar da igreja de São Francisco, em Pescia. A exortação de Francisco aos pássaros foi pintada por dois artistas em meados do século XIII: Matthew Paris retrata a cena em que o santo exorta os cinco pássaros a louvar seu Criador (Corpus Christi College, MS.16). A segunda obra, um saltério flamengo atribuído aos meados do século XIII (Chester Beatty Library, MS.W61), mostra o santo pregando a sete pássaros, um dos quais pousado em sua cabeça. O restante, inclusive um falcão e uma coruja, estão em uma árvore, com exceção de uma cegonha, que está em primeiro plano.

CONCLUSÃO

O *Testamento* de Francisco oferece um insight precioso de seu estado de espírito antes de seu encontro-chave com o leproso. Este momento de graça lhe mostrou os defeitos de sua conduta anterior; as convenções sociais e o medo do contágio haviam subvertido as normas do Novo Testamento e o cegado ao drama e sofrimento dos leprosos. Depois disso, a obediência ao Evangelho tornou-se a prioridade de Francisco. Uma série de leituras do Evangelho proporcionou-lhe uma nova orientação. Tais textos são a base de sua vocação como um evangelista urbano e foram centrais para a evolução de sua *Regra* de vida. Francisco desejava esvaziar-se para que Deus nele pudesse agir. Enquanto as formas antigas de vida religiosa se centravam na clausura, a visão de Francisco abraçava todos os povos, e isto se reflete em sua preocupação com seu próximo. Sua fraternidade de penitentes trouxe uma nova forma de vida religiosa para a Igreja ocidental, cujas reformas eclesiásticas impulsionaram sua missão pastoral. Ele desejava colaborar de perto com os bispos e o clero. Sua inspiração era olhar além dos confins da cristandade ocidental e exortar o universo inteiro a se unir em louvor a seu Criador e Senhor.

3. A *REGRA* E A VIDA DOS FRADES MENORES

William J. Short

A *Regra* e vida dos Frades Menores é esta, a saber: observar o santo Evangelho de nosso Senhor Jesus Cristo vivendo em obediência, sem propriedade e em castidade (RB, 1).

Estas linhas de abertura de sua *Regra* guiaram os seguidores de Francisco de Assis por cerca de 800 anos. "Observar" o Evangelho pode significar tanto olhar cuidadosamente para ele, como "observar" as estrelas, quanto seguir o que ele pede, como "observar" uma lei ou um princípio. A *Regra* franciscana, portanto, exige que aqueles que a professam padronizem suas vidas de acordo com o Evangelho de Cristo, colocando seus ensinamentos em prática como membros de uma ordem religiosa da Igreja Católica.

A versão mais antiga desta *Regra* seguida por Francisco de Assis e seus irmãos recebeu sua primeira aprovação em 1209. Desde essa época, inspirou muitos a se tornarem santos, assim como gerou amargas controvérsias a respeito de sua aplicação em uma circunstância de mudanças da Igreja e da sociedade.[1] Trazendo consigo uma herança tão complexa, ela continua a guiar a vida de uma multidão de seguidores de Francisco até hoje. A história e a análise completas da *Regra* de Francisco e de sua influência ao longo dos séculos necessitariam de um longo estudo, o que seria bastante desejável. Nossos propósitos aqui, porém, são mais modestos e de natureza introdutória: examinar momentos críticos no desenvolvimento dessa *Regra* e sua interpretação, de "algumas palavras escritas de maneira simples", em 1209, passando por várias redações, por sua aprovação formal em 1223 e sua interpretação pelos próprios irmãos e o papado nos anos imediatamente após a morte de Francisco.

A "REGRA" ANTERIOR E A "REGRA" POSTERIOR

Duas redações de uma *Regra* composta por Francisco de Assis e seus irmãos chegaram até nós. Uma é chamada de *Regra* Anterior, Primeira *Regra*, *Regra* de 1221 *ou Regula non bullata;* a outra é chamada de *Regra* Posterior, *Regra* de 1223

---

[1] Cf. D. Nimmo, *Reform and Division in the Franciscan Order (1226-1538): From Saint Francis to the Foundation of the Capuchins,* Bibliotheca Seraphico-Capuccina cura instituti historici ord. Fr. Min. Capuccionorum, 33 (Roma, 1987).

1ª Parte - William J. Short

ou *Regula bullata*. Além disso, temos muitos conjuntos de Fragmentos de uma *Regra* Anterior, que não são idênticos às redações de 1221 e de 1223.

O manuscrito "original" da *Regra* Anterior, se tal termo está correto, não chegou até nós. Em vez disso, temos uma tradição rica e complexa que transmite o texto da *Regra* Anterior, com 22 manuscritos que vão do século XIV ao século XV. Sua mais antiga edição impressa foi preparada pelo acadêmico franciscano irlandês Luke Wadding, em *Opuscula beati Francisci,* publicada na Antuérpia, em 1623.[2] Edições críticas modernas desse texto, com variações inevitáveis, foram publicadas por David Flood, Kajetan Esser e Carlo Paolazzi.[3]

No caso da *Regra* Posterior, os assuntos são mais diretos: temos a bula papal original contendo o texto da *Regra* como foi aprovado em 1223, bem como uma cópia autêntica nos Registros do Vaticano do pontificado de Honório III.[4] Estranhamente, existem pequenas discrepâncias mesmo entre esses dois textos. A edição padrão em latim é a de Kajetan Esser.[5]

Muitos textos fornecem citações de uma versão da *Regra* que não é a da *Regra* Anterior nem a da *Regra* Posterior. Esses Fragmentos podem ser encontrados em três coleções independentes: um manuscrito do século XIV da Worcester Cathedral Library (cod. Q 27); no trabalho do frade e autor francês Hugo de Digne, *Exposition of the* Rule *of the Friars Minor* (1245-1255); e na obra *Remembrance of the Desire of a Soul*, de Tomás de Celano (1247). O texto completo dessa versão da *Regra*, talvez desenvolvido em redações feitas entre 1221 e 1223, nunca chegou até nós em nenhum manuscrito.

A FORMA MAIS ANTIGA DA "REGRA"

Um famoso afresco na Basílica de São Francisco, em Assis, mostra o Irmão Francisco e seus primeiros companheiros sendo recebidos em Roma por Inocêncio III em São João de Latrão, em 1209. A cena, como retratada pelo artista, foi elaborada para impressionar, e assim o fez, dignatários estrangeiros, bispos visitantes, reis, peregrinos comuns. Dentro do grande complexo da Basílica de Latrão e da corte papal, o pequeno grupo daquela cidade do centro-norte da Itália, Assis,

---

[2] *B. P. Francisci Assistiatis Opuscula Nunc Primum Collecta, Notis et Commentariis Asceticis Illustrata* (Antuérpia, 1623), p. 170-177.
[3] D. Flood, *Die Regular non bullata der Minderbrüder*, Franziskanische Forschungen, 19 (Werl im Westfalen, 1967); K. Esser (ed.), *Opuscula Sancti Patris Franscisci Assisiensis denuo edidit iuxta codices mss.* Caletanus Esser, O.F.M., Bibliotheca Franciscana Ascetica Medii Aevi, 12 (Grottaferrata, 1978); C. Paolazzi, "La 'Regula non bullata' dei Frati Minori (1221), dallo 'stemma codicum' al testo critico", *AFH* 100 (2007), p. 5-148.
[4] Archivio Segreto Vaticano, *Registra Vaticana* 12, começando em 155r.
[5] Esser, *Opuscula*, p. 225-238.

3. A regra e a vida dos frades menores

era notado provavelmente apenas por suas roupas simples e por sua falta de calçados. Mas grupos de reformistas, ortodoxos ou não, inspirados pelas palavras e atos de Jesus no Evangelho, não eram estranhos àquela imponente casa. O Papa Inocêncio, astuto e cuidadoso diante de qualquer sinal de heterodoxia, era capaz de ser flexível enquanto tentava levar os movimentos religiosos e leigos que estavam em expansão durante seu pontificado (por exemplo, os *humiliati* do norte da Itália, os trinitários, os hospitalários do Espírito Santo) em direção à corrente principal da vida da Igreja.

Após o que os documentos antigos descrevem diplomaticamente como uma hesitação inicial, fica claro que Inocêncio concedeu uma "aprovação" de algum tipo para esse pequeno grupo de homens sinceros de perto da Úmbria, com o Irmão "Francesco" como seu guia. Nenhum documento da chancelaria papal menciona esta reunião ou qualquer aprovação de um "propósito de vida" (um *propositum vitae*), o texto mais básico a regular a vida e as atividades de uma comunidade nascente na Igreja.

Ao se aproximar da morte, o mesmo Irmão Francisco, agora quase cego, compôs seu *Testamento*, em que serve de testemunha principal dos acontecimentos de 1209. "O próprio Altíssimo me revelou que deveria viver segundo a forma do santo Evangelho. E eu o fiz escrever em poucas palavras, e o senhor papa confirmou para mim.[6]"

A aprovação muito provavelmente foi apenas verbal, como pode ser extraído deste antigo relato sobre a reunião escrito por Tomás de Celano, cuja obra *Vida de São Francisco* foi escrita logo depois da morte do santo:

> Informado (Inocêncio III) do desejo daqueles homens de Deus, depois de refletir, aceitou o pedido e deu-lhe despacho. Tendo-lhes feito muitas exortações e admoestações, abençoou São Francisco e seus irmãos e lhes disse: "Ide com Deus, irmãos, e conforme o Senhor se dignar inspirar-vos, pregai a todos a penitência. Quando o Senhor vos tiver enriquecido em número e graça, vinde referir-me tudo com alegria, e eu vos concederei mais coisas do que agora e, com maior segurança, eu vos confiarei encargos maiores" (I Cel., 33).

O COMEÇO A PARTIR DO EVANGELHO

Os elementos mais antigos a dar forma à *Regra* devem ser traçados a partir de fontes biográficas (hagiográficas), já que não temos textos de Francisco sobre estes primeiros estágios. No começo de sua conversão (1206-1207), Francisco aparen-

---

[6] *Test.*, 15 *FAED*, vol. I, p. 125.

1ª Parte - William J. Short

temente levava uma forma de vida reconhecida dentro da esfera da jurisdição eclesiástica, provavelmente associada com a "ordem de penitência", a vida de um laico devoto ("penitente"), que seguia uma forma de vida sóbria e em oração, de forma solitária ou em grupo.[7] O Bispo Guido de Assis indicou que considerava o jovem Francisco como estando sob a jurisdição da Igreja ao permitir uma audição sobre a disputa entre ele, Francisco, e seu pai, Pedro, na corte episcopal (1 Cel., 15). O jovem Francisco trabalhava, provavelmente com a devida aprovação, no restauro de igrejas que pertenciam aos cânones de São Rufino (a igreja de São Damião) e pelos monges beneditinos da abadia de São Bento no Monte Subásio (a capela de Santa Maria dos Anjos) (1 Cel., 21). Francisco, em algum momento, começou a se vestir com as roupas de ermitão e trabalhou em meio a leprosos, talvez no leprosário de São Rufino d'Arce, gerenciado por "penitentes" de Assis (1 Cel., 17). Não temos indicação de uma *Regra de vida*" que o jovem Francisco estivesse seguindo, a menos que esta fosse, de forma geral, a vida desses "penitentes".

A fase seguinte de desenvolvimento pode ser aquela descrita por Celano, quando Francisco ouviu a leitura do Evangelho na pequena capela de Santa Maria dos Anjos:

> No tempo em que a reformou, estava no terceiro ano de sua conversão. Por essa época, usava um hábito de ermitão, cingido com uma correia, e andava com um bastão e calçado. Leu-se certo dia, naquela igreja, a passagem do Evangelho que conta como o Senhor enviou seus discípulos a pregar. O santo de Deus estava presente e escutava atentamente todas as palavras. Depois da missa pediu encarecidamente ao sacerdote que lhe explicasse o Evangelho. Ele repassou tudo e Francisco, ouvindo que os discípulos não deviam *possuir ouro, prata ou dinheiro,* nem *levar bolsa ou sacola, nem pão, nem bastão pelo caminho, nem ter calçados ou duas túnicas,* mas pregar *o reino de Deus* e a *penitência, entusiasmou-se* imediatamente no *espírito de Deus.* "É isso que eu quero, isso que procuro, é isso que eu desejo fazer de todo o coração" (I Cel., 22).[8]

Esta amálgama de textos sinópticos (Mateus 10,9-10; Lucas 9,2; Marcos 6,12) encontraria seu lugar na *Regra* Anterior dos irmãos (capítulo 14). Aqui podemos acessar a memória de uma inspiração inicial do Evangelho como relembrado por Francisco e comunicado a seus irmãos nos anos seguintes. Naquele momento, como o relato deixa claro, Francisco estava sozinho. Esta "vida" era para ser vivida por um jovem só e cheio de entusiasmo: apenas com a chegada de seus mais antigos companheiros é que essa "vida" se tornaria o coração da *Regra* de uma ordem.

---

[7] Ver a descrição completa da vida dos penitentes na Idade Média em G. G. Meersseman, *Dossier de l'ordre de la pénitence au XIIIe siècle* (Friburgo, 1961).

[8] Esses eventos são relatados por seus companheiros, com algumas variações, em AP, 9-9; 3. Soc., 25; e *LM*, 3:1.

3. A regra e a vida dos frades menores

OS PRIMEIROS IRMÃOS CONSULTAM O EVANGELHO

Em seu *Testamento*, Francisco afirma: "E depois que o Senhor me deu frades, ninguém me ensinava o que deveria fazer, mas o próprio Altíssimo me revelou que deveria viver segundo a forma do santo Evangelho".[9] Sabemos os nomes de alguns dos mais antigos irmãos de Francisco. O primeiro a chegar foi Irmão Bernardo (de Quintavalle), seguido logo depois de um Irmão Pedro (talvez Pedro de Catânia) (1 Cel., 24). A questão de uma "forma de vida" então se fazia presente de uma forma nova, não apenas para Francisco, mas para um pequeno grupo de homens. Quando se referem à "revelação" de como viver de acordo com o Evangelho, as memórias dos companheiros de Francisco descrevem o evento em que um livro do Evangelho foi consultado (AP, 11 e 3 Soc., 29). Depois de uma oração sincera pedindo orientação divina sobre sua "forma de vida", abriram o livro três vezes e encontraram os seguintes três textos como respostas a sua oração:

> Se você quer ser perfeito, vá, venda todos os seus bens e dê o dinheiro aos pobres, e você terá um tesouro nos céus. Depois, venha e siga-me (Mateus 19,21; "todos" de Lucas 18,22).

> Se alguém quiser vir após mim, renuncie-se a si mesmo, tome sobre si sua cruz e siga-me (Mateus 16,24).

> Se alguém vier a mim e não aborrecer a seu pai, e mãe, e mulher, e filhos, e irmãos, e irmãs, e ainda também a sua própria vida, não pode ser meu discípulo (Lucas 14,26).

Esses textos provavelmente estão entre os mais antigos elementos do breve documento apresentado por Francisco e seus irmãos em sua reunião com Inocêncio III em 1209. Na década seguinte e além dela, eles foram retidos no próprio capítulo de abertura da Antiga *Regra* dos irmãos.[10]

A ANTIGA "REGRA" (1221)

Durante os 12 anos seguintes, a "forma de vida" seguida por esses irmãos gradualmente se expandiu e o documento ficou conhecido como Antiga *Regra* ou *Regula non bullata*. Ao fim de suas revisões finais no capítulo de Pentecostes dos irmãos, em

---

[9] *Test.*, 14, *FAED*, vol. 1, p. 125.
[10] RB, I. Outro texto (Mateus 19,29; Marcos 10,29; Lucas 18,30) foi adicionado a esses em uma data anterior: *Todos aqueles que tiverem deixado pai ou mãe, irmão ou irmã, mulher ou filhos, casas ou terras por minha causa, receberão cem vezes mais e a vida eterna.*

1ª Parte - William J. Short

1221, o conteúdo da *Regra* havia crescido muito em comparação com aquelas "poucas palavras" originalmente apresentadas a Inocêncio III. Um breve sumário do conteúdo da Antiga *Regra* vai ilustrar isto, sendo o texto dividido em seções temáticas.

• *A vida destes irmãos (Prólogo – capítulo 3)*

No geral, o foco desta seção é sobre o comprometimento básico exigido pela vida dos irmãos: esta vida é aprovada pela Igreja (Prólogo); é baseada no Evangelho (I); e identifica normas para a adesão (2.1-3), junto com práticas específicas de orações e jejum (3).

• *Irmãos e ministérios (capítulos 4-6)*

Os superiores ou prelados devem ser chamados de "ministros", e seu serviço aos irmãos é descrito (4.1-6), bem como a correção dos ministros e dos outros irmãos (5.1-17), recurso ao ministro em tempos de dificuldade e a evitação de outros títulos (e.g., "prior") (6.1-4).

• *Vida cotidiana dos irmãos (capítulos 7-9)*

O trabalho dos irmãos é delineado de forma geral (7.1-16), assim como a proibição de dinheiro como pagamento por seu trabalho (8.1-12). O trabalho dos irmãos é suplementado por esmolas, e todos devem cuidar das necessidades de seus irmãos (9.1-16).

• *Irmãos que são menores (capítulos 10-13)*

Cuidar dos doentes é uma tarefa importante (10: ver 7.15). O uso de palavras duras é proibido (11: ver 7.13-16). O relacionamento com mulheres é regrado, especialmente para clérigos (12: ver 7 em geral). A má conduta sexual é severamente punida (13: seguir a partir de 12).

• *Vivendo no mundo como homens evangélicos (capítulos 14-17)*

O comportamento dos irmãos no mundo é formado pelas exigências do Evangelho (14). O uso de animais por parte dos irmãos é estritamente limitado (15). O comportamento dos irmãos entre muçulmanos e outros deve ser humilde (16). O comportamento externo dos irmãos e suas atitudes internas no ministério devem refletir humildade (17).

• *Questões sobre identidade católica (capítulos 18-21)*

Os capítulos 18 e 19 podem responder a questões enfrentadas pelos ministros nas províncias e não contêm referências às escrituras. Eles podem refletir as preocupações e o vocabulário dos próprios ministros, e não têm as marcas caracterís-

3. A regra e a vida dos frades menores

ticas da escrita de Francisco. Eles também podem ser lidos como breves fórmulas para implementar os decretos do IV Concílio de Latrão, adicionados à *Regra* presumivelmente em 1216, como o primeiro capítulo dos irmãos após o Concílio. O capítulo 20 também remete ao IV Concílio de Latrão, especificamente a respeito das normas para a confissão dos pecados e da recepção da Santa Comunhão, seguidas de um texto-modelo para oração (21).

* *Tópicos sortidos (capítulos 22-24)*
Um relato da história da salvação, ou talvez um antigo *Testamento* de Francisco, é incluído (22). É seguido de um convite à oração e de uma exortação (23). Como conclusão, há uma "carta de acompanhamento" junto ao texto, após a confirmação antecipada do papa (24).

CARDEAL HUGOLINO E A QUESTÃO DE SE ADOTAR OUTRA "REGRA"

Uma figura importante no desenvolvimento da *Regra* é Hugolino, cardeal bispo de Ostia, designado por Honório III como cardeal protetor da crescente fraternidade dos Frades Menores (*frates minores*). As circunstâncias dessa designação são relatadas por Tomás de Celano nestes termos:

> São Francisco dirigiu-se ao Papa Honório, que então governava a Igreja, e lhe suplicou que nomeasse o cardeal Hugolino, bispo de Ostia, como pai e senhor dele e de seus frades. O Papa anuiu aos desejos do santo e delegou com bondade ao cardeal seu poder sobre a Ordem dos frades (I Cel., 100).

O Cardeal Hugolino servia como legado, um representante diplomático do papado, com responsabilidade especial de trazer a ordem ao tão variado mundo de novas comunidades religiosas no centro e no norte da Itália. Ele estava ativamente envolvido no aconselhamento de Francisco durante o tempo em que a *Regra* estava sendo desenvolvida. Como cardeal e, mais tarde, papa, ele também concebeu a legislação para a comunidade de Clara e suas irmãs em São Damião e usou essa legislação como base para uma "ordem de São Damião", fundada por ele (apesar de Clara não se juntar a ela).

A antiga "forma de vida" de Francisco e seus irmãos foi "confirmada" por Inocêncio III seis anos antes de a legislação restritiva sobre *Regras* religiosas ser decretada no IV Concílio de Latrão, em 1215. Seu cânon 13, "Da proibição de novas ordens religiosas" (*Ne nimis religionum prohibitis*), proibia a aprovação de

1ª Parte - William J. Short

qualquer nova *Regra* religiosa, então era importante que Francisco e seus irmãos mostrassem a aprovação papal anterior ao Concílio, como relembra Francisco, explicitamente, em seu *Testamento*. Como nos anos seguintes ao Concílio ainda não havia uma aprovação definitiva, por escrito, da *Regra* dos Frades Menores, alguns irmãos com um maior conhecimento das *Regras* religiosas, aparentemente com o apoio de Hugolino, tentaram convencer Francisco a aceitar uma *Regra* já aprovada e abandonar o projeto de uma nova *Regra* baseada nos textos do Evangelho que estava "em processo" por mais de uma década, ainda não finalizada na época do famoso Capítulo das Esteiras (datado de 1221, por muitos).

> Quando o bem-aventurado Francisco estava no capítulo geral em Santa Maria dos Anjos, que foi chamado capítulo das esteiras, e estavam presentes cinco mil frades, muitos irmãos sábios e doutos por sua ciência disseram ao senhor Cardeal, que depois foi Papa Gregório IX, que estava presente no capítulo, que convencesse o bem-aventurado Francisco a seguir os conselhos dos referidos frades sábios e deixasse que eles o guiassem de vez em quando, alegando a Regra do bem-aventurado Bento, do bem-aventurado Agostinho e do bem-aventurado Bernardo, que ensinam assim e assim a viver ordenadamente.
>
> Então o bem-aventurado Francisco, ouvindo a palavra do Cardeal sobre isso, tomou-o pela mão e o levou onde os frades estavam reunidos em capítulo e assim falou aos irmãos: "Irmãos meus, irmãos meus, Deus me chamou pelo caminho da humildade e me mostrou o caminho da simplicidade: não quero que me falem de nenhuma Regra, nem de Santo Agostinho, nem de São Bernardo, nem de São Bento. O senhor me disse que queria que eu fosse um 'moço doido' no mundo; e Deus não quis conduzir-nos por outro caminho, mas por esta ciência; mas por vossa ciência e sabedoria Deus vai confundir-vos. Mas eu confio nos esbirros do Senhor, que vai punir-vos através deles, e ainda voltareis a vosso estado, a vosso vitupério, queirais ou não".
>
> Então o Cardeal ficou estupefato e não respondeu nada. Todos os frades ficaram com medo (CA, 18).

A história, como lembrada pelos companheiros de Francisco alguns anos após o acontecimento, certamente aponta que havia a consciência, entre os irmãos, de outras *Regras* "aprovadas" e uma clara rejeição de Francisco a elas. O que as *Regras* desses três santos, Bento, Bernardo e Agostinho, significam na vida de Francisco?

Francisco conhecia os monges beneditinos, com sua abadia em São Bento acima das muralhas de Assis, nas encostas do Monte Subásio. Sua vida monástica apresentava a figura de uma comunidade de monges unidos em sua abadia, ligados pela obediência e pela estabilidade local. Sua comunidade era filiada à abadia cluniacense de Farfa, um monastério influente e próspero ao sul. Quando Clara veio a se juntar a Francisco e seus irmãos em Santa Maria dos Anjos, na noite do Domingo de Ramos, em 1212, eles primeiro a acompanharam a um mosteiro de freiras benediti-

3. A regra e a vida dos frades menores

nas, onde ela ficou por um curto tempo, São Paulo das Abadessas, na vizinha Bastia. Os monges de São Bento garantiram o uso da pequena igreja da Porciúncula à antiga fraternidade de Francisco, após ele ter trabalhado em seu restauro, no começo de sua conversão. Então não há hostilidade entre os Frades Menores e os seguidores de São Bento – bem o contrário! Mas Francisco não queria aceitar a *Regra* para os monges que orientava o monasticismo beneditino em seu tempo.

Bernardo de Claraval e os monges cistercienses seguiam a *Regra* de São Bento, então a referência à *"Regra* de São Bernardo" provavelmente tem a ver com a legislação cisterciense básica delineada na *Carta Caritatis* de Santo Estêvão Harding, no começo do século XII. Os cistercienses representavam uma forma de vida beneditina muito estimada no século XIII dentro do círculo do Cardeal Hugolino (dois cistercienses eram seus conselheiros), e estes "monges brancos" eram considerados um modelo para a vida religiosa nos pontificados de Inocêncio III e Honório III. Sua legislação, com a estipulação de reuniões de capítulos internacionais regulares, tornou-se a norma para as ordens religiosas após o IV Concílio de Latrão. A insistência da reforma cisterciense na simplicidade da arquitetura, na pobreza pessoal e no trabalho manual havia ganhado a admiração de muitos na Igreja de Roma e além dela. Mas Francisco ainda assim não queria adotar a *"Regra* de São Bernardo".

Várias comunidades de clérigos regulares seguiam a *Regra* de Santo Agostinho. Eram grupos de sacerdotes que tinham uma vida em comum moldada pelos Atos dos Apóstolos (portanto, "vida apostólica"), compartilhando a pobreza e as orações, e frequentemente se dedicando a um ministério de oração. Tais comunidades do século XII, como os Cânones de Prémontré, fundada por Norberto de Xanten, seguiam uma forma dessa "vida apostólica". Domingos de Gusmão, de forma similar, escolheu a *Regra* de Santo Agostinho quando a ordem dos Pregadores ou Dominicanos foi oficialmente reconhecida por Honório III, em 1216. Mas esta *Regra*, destinada a comunidades de clérigos, não foi escolhida por Francisco e seus irmãos.

Ao mesmo tempo em que não aceitava nenhuma dessas já testadas *Regras* para si e seus irmãos, Francisco incorporava elementos que pareceriam familiares aos membros de outras ordens: oração litúrgica compartilhada; a importância do trabalho; a obediência a um superior; reuniões regulares para a tomada de decisões. Mas também há diferenças significativas. Para os monges, apesar de viagens serem permitidas, não era a norma, já que as ocupações ordinárias e cotidianas de orações e trabalhos supõem uma vida de clausura, com ordem e tranquilidade. Francisco esperava que o movimento fizesse parte da forma de vida de seus irmãos. As pregações, neste momento, frequentemente incluíam discussões, questionamentos públicos entre lados opostos, especialmente contra a heresia, como

1ª Parte - William J. Short

era o caso dos cistercienses no sul da França e o caso de Domingos e os Frades Pregadores no contexto da heresia albigense ou cátara. Francisco proíbe a pregação desse tipo, enfatizando, ao contrário, a importância de um exemplo de mansidão e uma atitude de submissão aos outros, amigos ou adversários. E enquanto ele enfatiza a importância da obediência, aquele a quem se deve obedecer é chamado de "ministro e servo" dos irmãos, e a obediência que lhe é devida é limitada por critérios, tais como discernimento e demandas de consciência.

Da forma mais básica, Francisco e (alguns) irmãos insistiam na seguinte diferença: a inspiração de textos tirados diretamente do Evangelho como o princípio organizador de sua "vida e *Regra*". Eles insistiam em que a "forma" ou o "padrão do Santo Evangelho" (não a descrição da "Igreja Apostólica" do Livro de Atos) seria seu guia, moldando sua vida conjunta. Usar o Evangelho como base para esta "*Regra* e vida" não era inédito entre os novos movimentos religiosos da época, mas ver sua versão de uma vida baseada no Evangelho (*vita evangelica*) aprovada oficialmente foi, sim, privilégio de Francisco e seus irmãos. Para Francisco, como indica seu *Testamento*, este comprometimento com uma "vida evangélica" era questão de inspiração divina e dele exigia uma firme resistência à pressão (tanto de Hugolino quanto dos irmãos) de aceitar uma *Regra* previamente aprovada para sua fraternidade.

HONÓRIO III CONFIRMA A "REGRA" (*SOLET ANNUERE* 1223)

Mais tarde, em 1223, o "Irmão Francisco" finalmente recebeu a aprovação oficial da "*Regra* e vida" da ordem dos Frades Menores, endereçada a ele em 29 de novembro. Catorze anos havia se passado desde que ele havia apresentado a Inocêncio III aquelas "poucas palavras" que expressavam sua compreensão de uma vida "segundo a forma do Santo Evangelho", como ele explica em seu *Testamento*. A bula papal original, *Solet annuere*, aprovando a *Regra* dos Frades Menores, é mantida na Basílica de São Francisco, em Assis, consagrando, entre sua saudação e sua conclusão, o texto que ainda serve como a *Regra* da ordem.

Quando esse texto é lido com um conhecimento da *Regra* Anterior de 1221, muitas de suas características imediatamente ficam aparentes. Esta *Regra* é muito mais breve que o texto antigo (menos da metade de seu tamanho). Em vez de 24 capítulos em que a *Regra* Anterior é dividida, a *Regra* Posterior tem 12. Quase todas as citações do Evangelho e outras passagens das Escrituras foram removidas. Há alguma linguagem técnica da lei canônica e uma estrutura mais organizada, eliminando algumas das repetições e exortações longas do documento de 1221.

74

3. *A regra e a vida dos frades menores*

Quando se considera a autoria da *Regra* em suas várias formas, deve-se falar um pouco sobre a presença do Cardeal Hugolino, um protetor da ordem em seus primórdios. Muitos anos após a morte de Francisco, quando Hugolino havia se tornado papa como Gregório IX, ele emitiu um documento importante que interpretava o significado da *Regra* Posterior. Em *Quo elongati* (28 de setembro de 1230), ele descreve seu papel na composição da *Regra* nestes termos: "como resultado de nossa longa amizade com o santo confessor, conhecemos sua intenção de forma mais profunda. Além do mais, estivemos perto dele durante a redação da supracitada *Regra* e obtivemos sua confirmação pela Sé Apostólica".[11] Este papel de "estar presente" junto a Francisco durante a composição da *Regra* pode ter implicado que Hugolino-Gregório teve um papel na formulação de seu conteúdo, apesar de não ser possível determinar a partir do texto da própria *Regra* qual papel pode ter sido este.

O CONTEÚDO DA "REGRA" POSTERIOR

Em décadas recentes, acadêmicos propuseram uma divisão do texto em unidades temáticas, em vez de usar a divisão artificial de 12 capítulos (mais provavelmente escolhida com o objetivo de leituras públicas). O texto pode ser sumarizado nos seguintes cabeçalhos para cada tema:

- *"Observar o Evangelho de Jesus Cristo" (Prólogo – 1.1)*
A base da vida dos irmãos é o Evangelho (1.1); e ele é vivido na Igreja (1.2-3).

- *"Receber esta vida" (2.1-3.9)*
As demandas básicas da conversão incluem a renúncia às posses, a crença católica correta e o comprometimento com a castidade (2.1-6). Aqueles a se juntarem aos irmãos devem ter a liberdade de doar seus bens aos pobres (2.7-8). Durante o ano da provação, eles devem usar roupas pobres (2.9-10). "Ser recebido na obediência" ao professar esta *Regra* tem consequências eternas (2.11-13); as vestes dos irmãos são simples, e aqueles que se vestem de forma diferente não serão julgados (2:14-17). A oração comum aos irmãos é o Ofício Divino (3.1-4); e eles se submetem ao jejum corporal como os outros fiéis (3.5-9).

---

[11] *Quo elongati* 3, in *FAED*, vol. 1, p. 125.

1ª Parte - William J. Short

- *Os menores no mundo (3.10-14)*

Os irmãos devem ser pacíficos entre os outros, humildes, andando pelo mundo, saudando os outros com "Paz", contando com a hospitalidade dos outros.

- *Trabalho e provisão para os irmãos (4.1-5.4)*

A provisão deve ser feita para as necessidades dos irmãos, mas sem o uso de dinheiro (4.1-3). Os irmãos devem "trabalhar fiel e devotamente" para seu sustento diário (5.1-4).

- *"Herdeiros e reis do reino dos céus" (6.1-7.3)*

A renúncia e a itinerância são as marcas desta vida (6.1-6); e os irmãos devem mostrar que são membros da mesma família, irmãos no Espírito (6.7-9). A penitência para os pecados dos irmãos é acompanhada pela misericórdia (7.1-3).

- *Os ministros e os irmãos (8.1-10.6)*

O ministro-geral é eleito em um capítulo (8.1-5). A pregação dos irmãos é regulada pelo ministro (9.1-4); e a autoridade e a obediência na fraternidade devem ser governadas por esta *Regra* e as necessidades da alma (10.1-6).

- *Atitudes e comportamento dos irmãos no ministério (10.7-12)*

Os irmãos devem manter-se atentos contra o orgulho, desejando o "Espírito do Senhor" e evitando normas mundanas para o sucesso.

- *As relações dos irmãos com as pessoas que encontram (11.1-12.2)*

Os irmãos entre os crentes (leigos, religiosos, homens, mulheres) devem portar-se de uma forma íntegra, evitando escândalos (11.1-3); os irmãos devem ser "submissos e sujeitos" quando entre os sarracenos e os infiéis (12.1-2).

- *Garantindo fidelidade (12.3-4)*

Os irmãos devem ter um cardeal protetor, designado pelo papa, ajudando a garantir sua constância na identidade católica.

Uma "Regra" fixa e um contexto mutável

Os textos franciscanos antigos relatam tensões entre os irmãos no período imediatamente anterior à aprovação final da *Regra*. Há vários relatos, alguns enriquecidos com detalhes dramáticos, ilustrando uma tensão particular entre Fran-

3. A regra e a vida dos frades menores

cisco e um grupo de ministros de várias províncias ou regiões. Tomás de Celano dá um exemplo, em seu segundo relato sobre a vida e as virtudes de Francisco, *Memoriale in desiderio animae:*[12]

> há alguns prelados que os conduzem por outros caminhos, propondo-lhes exemplos dos antigos e fazendo pouco de meus avisos... Quem são esses que arrebataram de minhas mãos a religião que é minha e dos frades? Se eu for ao capítulo geral, vou mostrar-lhes qual é a minha vontade! (2 Cel., 188)

As mutações demográficas da ordem encontraram clérigos mais bem-educados, incluindo aqueles de níveis mais altos da sociedade medieval, juntando-se aos irmãos de forma maciça. O número de cinco mil irmãos estimado para o capítulo das Esteiras, datado de 1221, pode ter sido exagerado, mas havia sim um crescimento significativo nos números. Estes "irmãos mais velhos" e "prelados", retratados como aliados de Cardeal Hugolino no capítulo, representam forças que nem sempre eram favoráveis a Francisco e suas ideias. O chamado *Ditado da Perfeita Alegria*, geralmente considerado um *logion* autêntico de Francisco, retrata Francisco como alguém rejeitado no local central de encontros da ordem, Santa Maria dos Anjos, porque ele é "simples e idiota", alguém que não se adequa ao perfil da nova sociedade de irmãos.[13]

Essas tensões entre certos líderes dentro da fraternidade e Francisco, como o autor principal da *Regra*, podem ajudar a explicar a veemência com que ele escreverá seus desejos sobre a observância da *Regra* pouco antes de sua morte.

O "Testamento" e a morte de Francisco (1226)

A interpretação mais duradoura e confiável da "vida e *Regra*" dos irmãos foi lançada por Francisco em seu *Testamento*, composto pouco antes de sua morte (3 de outubro de 1226). Nele, ele explica, entre outras coisas, a abordagem que os frades devem ter na interpretação da *Regra*. Suas palavras devem ser compreendidas *simpliciter*, um termo que pode ser apresentado como "simplesmente" ou "claramente", ou "sinceramente" (todas as nuances de significado podem ser encontradas no *usus scribendi* do Irmão Francisco). A forma com que suas palavras *não devem* ser compreendidas também é indicada: *sine glossa*, ou seja, sem glosa, sem a interpretação oficial dada por uma *auctoritas* à margem do documento. Francisco pretende que

---

[12] N.T. Também são encontradas ocorrências como "Recordação pela qual a alma aspira".
[13] *FAED*, vol. 1, p. 166.

seus irmãos interpretem a *Regra* pelas lentes de seu *Testamento*, ordenando que, sempre que a *Regra* for copiada ou lida, o *Testamento* a acompanhe. Mas, ele insiste, "os irmãos não digam: 'Esta é outra *Regra*'. Porque esta é uma recordação, admoestação, exortação e meu testamento". Ele também explica a razão para esta composição: "para que mais catolicamente observemos a *Regra* que prometemos ao Senhor". Então, mesmo não sendo uma *Regra*, é um guia para se viver de acordo com a *Regra*. Os ministros não podem adicionar nada a suas palavras, nem delas subtrair nada; também devem sempre manter esse texto junto com o texto da *Regra*.

O grande cuidado mostrado por Francisco ao tentar proteger a *Regra* e seu próprio *Testamento* do trabalho dos *glossatores* revela uma preocupação real. Por suas palavras, sentimos que alguns irmãos (ou outros) tinham a perspicácia legal de interpretar ambos os textos de forma a modificar seu significado original. A intenção do *Testamento* é proibir que esses documentos sejam tratados de forma que os especialistas em leis canônicas ou teologia interpretassem os textos por meio de comentários de autoridade (*auctoritates*). Ao vincular a leitura pública do *Testamento* à leitura da *Regra*, Francisco tenta assegurar-se de que tal abordagem jamais será permitida.

Preservar certos valores básicos, baseados no próprio Evangelho, parece ser uma preocupação particular. Francisco menciona a exigência da pobreza em casas e igrejas usadas pelos irmãos, a importância do trabalho manual entre eles e a obediência dos ministros e de todos os irmãos às prescrições da *Regra*. A partir do tom enfático do *Testamento*, podemos ficar tentados a encontrar em Francisco certo medo sobre o desenvolvimento futuro da ordem e sua observância à *Regra* após a morte de seu fundador. De fato, não muito depois de sua morte, já eram necessárias que questões tanto sobre a *Regra* quanto sobre o *Testamento* fossem respondidas em níveis mais altos.

A "REGRA" APÓS A MORTE DO FUNDADOR: "QUO ELONGATI", GREGÓRIO IX, 1230

Hugolino foi o homem que, como cardeal protetor, havia servido como intermediário entre os seguidores de Francisco e a Igreja Romana. Após a morte de Honório III, em 1227, ele, Hugolino, foi eleito papa em 19 de março de 1227, com o nome de Gregório IX. Em pouco tempo, canonizou Francisco; encomendou a *Vida* do novo santo, obra composta por Tomás de Celano; e começou a se preparar para construir a grande basílica de São Francisco, em Assis, cuja pedra fundamental foi assentada em 17 de julho de 1228.

3. A regra e a vida dos frades menores

Em 1230, dois anos após sua eleição, Gregório já tinha uma séria questão a responder sobre a autoridade de Francisco, colocada por uma delegação de irmãos enviados pelo capítulo geral da ordem. Seus membros incluíam o respeitável sacerdote Antônio de Lisboa (mais tarde, de Pádua); o futuro ministro-geral, Haymo de Faversham; e Leão de Perego, futuro arcebispo de Milão. Eles haviam ido pedir a Gregório que esclarecesse certos pontos duvidosos em relação à *Regra*. Especificamente, os irmãos queriam que Gregório decidisse a rapidez com que a crescente ordem poderia fazer uso de forma legítima de propriedades, construções e materiais (livros, por exemplo), ao mesmo tempo em que se mantinha fiel ao texto da *Regra*, que proibia sua apropriação de qualquer coisa. E, para dificultar ainda mais as coisas, tinham de interpretar essas provisões da *Regra*, ao que parece, de acordo com o significado que Francisco havia dado em seu *Testamento*.

Essas questões receberam muita atenção de um papa cuja carreira havia sido construída na elaboração e na interpretação de *Regras* para comunidades religiosas reformadas ou recém-fundadas. Sua resposta, na bula *Quo elongati*, de 28 de setembro de 1230, foi o começo de uma longa série de interpretações papais de vários pontos da *Regra*, que se concluiu apenas com o pontificado de Paulo VI após o Concílio Vaticano II (1962-1965).[14]

A primeira dificuldade com a qual teve de lidar foi a força vinculativa do *Testamento* de Francisco, com sua proibição de "glosas" e explicações da *Regra*. Se essa proibição não fosse superada, não poderia mais haver reflexões sobre a *Regra*, e sua interpretação se tornaria impossível.

Gregório aborda essa questão como algo incerto: "Como vocês estão inseguros a respeito da obrigação de observar o Testamento, pediram-nos que, com nossa autoridade, afastemos a dúvida de sua consciência e da de seus irmãos".[15] Ele resolveu a questão usando o princípio de que "igual não pode impor obrigação igual", ou seja, Francisco não poderia impor obrigações àqueles que fossem segui-lo no futuro como ministros-gerais da ordem.

Além do mais, o *Testamento*, diferentemente da *Regra*, não tinha aprovação oficial de nenhuma autoridade competente, ou seja, o capítulo geral da ordem da Santa Sé: "Sem consentimento dos irmãos e principalmente dos ministros, Francisco não poderia tornar obrigatória uma questão que concerne a todos".[16] Foi um recurso profundamente sincero de Francisco, venerado como o fundador da ordem, mas não mais do que isso. Com essa declaração, Gregório abriu caminho para sucessivas interpretações da *Regra* pela própria ordem e pela Santa Sé, pelos próximos oito séculos.

---

[14] *Quo elongati*, in ibid., p. 570-575.
[15] Ibid., p. 571.
[16] Ibid.

O problema geral do que se exigia para a profissão de uma *Regra*, a observância do "Santo Evangelho de Nosso Senhor Jesus Cristo", também foi encarado e resolvido de forma bem simples: "Vocês não são obrigados pela *Regra* a observar os conselhos do Evangelho, exceto os que estão explicitamente contidos na *Regra*, aos quais vocês se comprometeram".[17]

Tendo resolvido essa questão, Gregório então passou para os problemas mais específicos que lhe foram apresentados, com atenção especial ao apoio material aos freis e a seu trabalho, que agora podiam ser respondidos, após a questão do *Testamento* e de sua autoridade ser resolvida. Ele esclareceu que a propriedade utilizada pelos frades não era deles por posse (*dominium*), mas sim de quem a havia doado, os doadores. Os frades podiam usar essas coisas (livros, construções, móveis) sem serem proprietários delas.[18] Esta resposta permitiu que os frades, em sã consciência, consentissem grandes projetos de construções para abrigar o crescente número de irmãos, inclusive muitos homens bem-educados, e solidificassem sua presença no mundo do ensino superior, nas crescentes universidades da Europa.[19]

Ao mesmo tempo em que a *Regra* permaneceu inalterada, como o é até hoje, a estrutura institucional em que a *Regra* seria vivida havia mudado substancialmente já na época em que Gregório esboçou essas respostas. No curso de cerca de 20 anos, da aprovação da "forma de vida" por Inocêncio III em 1209 até a promulgação de *Quo elongati*, o que havia sido uma resposta constantemente mutável para uma experiência de fraternidade anterior agora se tornou um texto jurídico aprovado, com comentário legal o acompanhando, a ser observado dentro de uma ordem religiosa internacional imensa e cada vez mais estável.

O "SACRUM COMMERCIUM" COMO COMENTÁRIO

Uma extensa alegoria chamada *Sacrum commercium* pode servir de comentário para a *Quo elongati* de Gregório. O trabalho de um autor anônimo, mas alguém muito bem-informado sobre o começo da ordem, *Aliança de São Francisco com a Senhora Pobreza*, apresenta a personificação da pobreza como a Amada buscada por Francisco.[20] Esta exaltação da pobreza, com um rico imaginário baseado na figura bíblica da Sabedoria, poderia representar uma crítica elaborada da interpretação da *Regra* oferecida por Gregório. Lemos: "a pobreza é algo singular, que todo homem despreza, porque não se

---

[17] Ibid., p. 572.
[18] Ibid., p. 573.
[19] Os desenvolvimentos de 1230 teriam seu ápice no começo da década seguinte, quando a experiência dos anos precedentes foi codificada na "Exposição sobre a *Regra* dos Frades Menores", pelos "Quatro Mestres" (1241): Eudes Rigaud, Alexandre de Hales, João de La Rochelle e Roberto de la Bassée. Uma leitura reverente, porém legal, da *Regra*, esta obra serviu a várias gerações futuras como um guia para a interpretação do texto. *Expositio quatuor magistrorum super regulam fratrum minorum (1241-1242)*, L. Oliger (ed.), Storia e Letteratura Raccolta di Studi e Testi, 30 (Roma, 1950).
[20] FAED, vol. 1, p. 529-554.

3. A regra e a vida dos frades menores

encontra na terra dos que vivem acomodados".[21] Mais tarde no texto, a Senhora Pobreza diz a Francisco e seus irmãos: "Mostrai-me antes a capela, a sala do capítulo, o claustro, o refeitório, a cozinha, o dormitório e o estábulo, as cadeiras bonitas, as mesas bem lisas e as casas enormes".[22] Ela fica maravilhada ao descobrir que eles não têm nada disso e que não podem nem oferecer um prato de comida, nem uma faca para cortar o pão, nem um travesseiro para a cabeça, exceto uma pedra.[23] Quando finalmente eles concordam com o desejo dela de ver seu claustro, "levaram-na para uma colina e lhe mostraram todo o mundo que podiam ver, e disseram: 'Senhora, este é o nosso claustro'".[24]

O louvor a uma vida com apenas as necessidades mais básicas, a noção de um claustro tão grande quanto o mundo e a crítica àqueles com "cozinha, dormitório e estábulo" marcam *A Aliança* como um chamado de volta a uma compreensão anterior da vida dos irmãos e, tão claramente quanto isso, uma forma anterior de compreender a *Regra*. As sementes da divisão e do desacordo sobre a forma que a *Regra* devia ser vivida já são evidentes nessa alegoria, tão cuidadosamente elaborada, de Francisco e sua Senhora.

CONCLUSÃO

Há oito séculos, a *Regra* dos Frades Menores tomou sua primeira forma, quando Francisco de Assis, de acordo com seu *Testamento*, escreveu-a "em poucas palavras e simplesmente". Por um período de mais de uma década, aquele primeiro texto se desenvolveu e mudou, deixando o relato de seu crescimento até 1221, como círculos em uma árvore, no rico e complexo texto da *Regra* Anterior. Com sua confirmação final por Honório III, mais tarde, em 1223, a *Regra* e a Vida dos Frades Menores assumiram a forma definitiva que mantém até o presente. Baseada no padrão do "Santo Evangelho de Nosso Senhor Jesus Cristo", ela foi, de acordo com Francisco, "revelada" a ele pelo Altíssimo. Relatos antigos de seus companheiros, quando descrevem a abertura do livro do Evangelho, oferecem uma descrição concreta da forma pela qual essa revelação aconteceu. Depois da morte de Francisco, a questão da interpretação da *Regra* fomentou reforma e divisão entre seus seguidores. Com seu texto inalterado, apesar de frequentemente reinterpretado pelos séculos, aquela *Regra* continua sendo a legislação fundamental para os Frades Menores em seus vários ramos (ordem dos Frades Menores, ordem dos Frades Menores Capuchinhos, ordem dos Frades Menores Conventuais) pelo mundo até o dia de hoje.

---

[21] Ibid., p. 532.
[22] Ibid., p. 551
[23] Ibid., p. 552
[24] Ibid.

4. FRANCISCO E SUA TRADIÇÃO HAGIOGRÁFICA

Michael W. Blastic

No período de dois anos após sua morte, Francisco de Assis foi celebrado como a "forma dos menores" em uma antífona litúrgica composta pelo Cardeal Rainiero Capocci. Este papel dado a Francisco daria origem a um significativo número de relatos hagiográficos nos séculos XIII e XIV, textos que continuaram a propor novamente um modelo de Francisco a ser imitado. Cada um desses relatos reflete um contexto histórico particular que determinava a forma pela qual a história de Francisco seria contada. Assim, nenhum relato hagiográfico de Francisco é igual ao outro, mesmo aqueles que usaram as mesmas fontes. Este fato frequentemente é chamado de "Questão Franciscana", cuja origem remonta a Paul Sabatier, que desafiou a imagem aceita de Francisco, naquele tempo amplamente determinada pela *Lenda Maior* de Boaventura, afirmando que aquela era uma manipulação do Francisco real, que era mais bem representado nos relatos de seus companheiros, especialmente no do Irmão Leão.

À medida que as lendas franciscanas, por muito tempo esquecidas, tornavam-se conhecidas, no começo do século XX, elas começaram a ser abordadas através de uma perspectiva filológica e investigadas com uma metodologia literária. Mais recentemente, a crítica histórica tem sido empregada para desvelar a relação desses muitos textos, e hoje os acadêmicos conseguem identificar as fontes, os contextos históricos e os autores de quase todos os relatos hagiográficos da vida de Francisco. Este artigo oferecerá uma introdução e uma síntese dos principais textos hagiográficos sobre Francisco compostos até 1253. Cada texto será contextualizado historicamente. Serão oferecidas informações sobre o autor e as fontes serão discutidas. Haverá também uma breve discussão sobre a abordagem do autor a Francisco. Com este panorama, o leitor terá as informações necessárias para investigar cada texto mais detalhadamente.

A CANONIZAÇÃO DE FRANCISCO

Francisco de Assis morreu em Santa Maria dos Anjos, na noite de 3 de outubro de 1226. Ele foi sepultado no dia seguinte, na igreja de São Jorge, dentro dos muros de Assis, a igreja onde ele havia aprendido a ler e escrever quando jovem. Seu vigário, Irmão Elias de Cortona, enviou uma carta para os irmãos informando-os da morte de Francisco e para anunciar também o novo milagre: "nosso irmão e pai parecia crucificado, *trazendo em seu corpo* (Gálatas 6,17) as cinco chagas que são realmente *os sinais de Cristo* (João 20,25)" (*FAED*, vol. 11, p. 490).[1] No período de um ano e meio após a morte de Francisco, o Cardeal Hugolino, eleito Papa Gregório IX em 19 de março de 1227, começou a planejar a canonização de Francisco, comprando terras para uma nova igreja e sepultura. A canonização ocorreu em Assis, em 16 de julho de 1228, quando Gregório IX presidiu e pregou um sermão sobre o texto de Eclesiastes 50,6-7 (*FAED*, vol. 1, p. 295). Gregório lançou a bula de canonização *Mira circa nos* (*FAED*, vol. 1, p. 565-569) em 19 de julho de 1228, em que ele celebrou Francisco como o renovador da Igreja, enviado por Deus na décima primeira hora. De acordo com Gregório, Francisco cumpriu esta missão através de sua "pregação em palavras simples", assim como Sansão destruiu os filisteus com a mandíbula de um asno (*FAED*, vol. 1, p. 567). Ao mesmo tempo em que Gregório oferecia uma narrativa alegórica para a missão de Francisco na Igreja, há poucos traços do Francisco histórico na bula papal, sem falar de toda a fraternidade que ele estabeleceu.

Uma segunda bula, um pouco mais curta, *Sicut phialae aureae*, foi lançada por Gregório IX em 12 de setembro de 1228, dirigida ao clero do norte da Itália e enviada ao mundo todo em 21 de fevereiro de 1229.[2] Enquanto *Mira circa nos* apresentava uma imagem bem construída de Francisco como um santo pregador que lutou contra hereges, *Sicut phialae aureae* o apresentava como "o fundador e o reitor da ordem dos Frades Menores", cujos grandes números agora revigoravam a Igreja com vidas que conclamavam a todos à penitência, mas sem qualquer menção à missão pregadora de Francisco. Não há evidências de que *Mira circa nos* tenha sido promulgada, e foi a imagem simples de Francisco como fundador na *Sicut phialae aureae* que se tornou popular.

---

[1] Enquanto a edição da carta apareceu pela primeira vez em William Spoelberch, *Speculum vitae beati Francisci et sociorum eius* (Antuérpia, 1620), e há redundâncias na própria carta, os acadêmicos sustentam que a primeira parte da carta (parágrafos 1-7) é autêntica.

[2] R. Armstrong, "*Mira circa nos*: Gregory IX's View of the Saint, Francis of Assis", *Greyfriars Review*, 4 (1990), p. 75-100.

4. Francisco e sua tradição hagiográfica

TOMÁS DE CELANO, "VIDA DE SÃO FRANCISCO"

Na época da canonização de Francisco, Gregório IX encarregou Tomás de Celano de produzir uma legenda hagiográfica para promover o culto do novo santo. Antes disso, existia muito pouca informação sobre o próprio Celano. Ele era da cidade de Celano, na região de Abruzzo, Itália, e juntou-se a Francisco e seus primeiros irmãos como um clérigo culto, perto de 1215, um acontecimento que ele mesmo descreve em sua obra *Vida de São Francisco* (1 Cel., 56-57).[3] Em 1221, ele fez parte de uma expedição missionária à Alemanha, onde permaneceu até a canonização, tendo talvez sido convocado a Assis especificamente para esse evento. Seu corpus hagiográfico reflete seu conhecimento dos clássicos latinos e da tradição da hagiografia eclesiástica, a que ele alude com muita frequência. Um dos 19 manuscritos existentes da *Vida de São Francisco* tem uma nota que diz que o próprio Gregório IX aprovou o texto em fevereiro de 1229, em Perúgia. Assim, levou sete meses para que Celano completasse a legenda.

Celano divide seu texto em três livros. O primeiro narra a conversão de Francisco, seu descobrimento do Evangelho na igreja de São Nicolau, em Assis, a chegada de seus primeiros companheiros, a aprovação do *propositum vitae* da fraternidade por Inocêncio III em 1209, a visita de Francisco ao Sultão al-Malik-
-al-Kâmil, no Acre, milagres feitos durante sua vida, seu amor pelas criaturas e sua capacidade de ver Cristo nos pobres e em toda a criação, concluindo com uma descrição da celebração do Natal em Greccio, em dezembro de 1223. O segundo livro abre com uma recapitulação da vida do santo através das lentes de Francisco como um novo evangelista, então descreve sua crescente doença, o acontecimento dos estigmas em La Verna, em setembro de 1224, como ele continuou a pregar mesmo com a saúde piorando, sua doença final e sua morte, seu funeral e o transporte de seu corpo para a igreja de São Jorge. O terceiro livro descreve o consistório que proclamou sua santidade e um relato testemunhal da celebração da canonização de Francisco na igreja de São Jorge, presidida por Gregório IX. O texto se conclui com uma lista de milagres de Francisco lida em sua canonização.

Dado o curto período de tempo em que Tomás de Celano teve acesso a Francisco, ou seja, entre 1215 e 1221, ele precisava confiar em testemunhas quanto à maioria dos detalhes sobre a conversão de Francisco, a fundação e o começo do crescimento da fraternidade. E, como Celano esteve fora da Itália entre 1221 e 1228, ele não estava presente nos acontecimentos significativos que aconteceram em rela-

---

[3] Uma análise sistemática e exegese da *Vita* de Tomás podem ser encontradas em R. Michetti, *Francesco d'Assisi e il paradosso della minoritas: La vita beati Francisci di Tommaso da Celano*, Nuovi Studi Storici, 66 (Roma, 2004).

85

1ª Parte - Michael W. Blastic

ção à redação da *Regra* entre 1221 e sua confirmação, em 29 de novembro de 1223, por Honório III, o que nem é mencionado no texto ou na época dos estigmas e da morte de Francisco. Para a conversão de Francisco e a vida dos primeiros irmãos, Celano seguiu a descrição dada pelo *Testamento* do santo, com outras informações tiradas das *Regras* de 1221 e 1223. Mas, mesmo depois de consultar testemunhas, como ele afirma no prólogo, ele ainda não era capaz de preencher as lacunas de seu conhecimento com as informações históricas padrão. Para preencher esse vácuo, Celano voltou-se à tradição hagiográfica, empregando textos clássicos, tais como *A Vida de Antônio*, de Atanásio; *A Vida de Martinho de Tours*, de Sulpício Severo; e *A Vida de Bento*, de Gregório Magno; bem como as *Confissões* de Agostinho.[4]

Celano apresentou Francisco como um novo tipo de santo, transpondo nele mesmo diferentes expressões da vida religiosa na Igreja. Por um lado, Francisco era um simples pregador, através de fala e exemplo, "seguindo a vida e as *pegadas* (1Pedro 2,21) dos Apóstolos" (1 Cel., 88), e um servo fiel e obediente da Igreja de Roma, gozando dos favores especiais do Cardeal Hugolino. Por outro lado, Francisco viveu a vida de um monge em oração e ascetismo, sem ficar confinado a uma clausura, mas sim levou o Evangelho para o mundo. Ele conseguiu o que as formas tradicionais da vida religiosa não conseguiram, ou seja, pregação e testemunho eficazes do Evangelho em meio ao povo.

Celano ressalta que a vida de Francisco era focada principalmente na "humildade da encarnação e na caridade da paixão" de Cristo (1 Cel., 84). De fato, o primeiro livro conclui com uma descrição da celebração do Natal em Greccio, em 1223, que Francisco quis celebrar para que o povo pudesse ver com seus próprios olhos "os apertos que a criança passou" (1 Cel., 84). O segundo livro concentra-se na paixão de Cristo, com os acontecimentos que cercam os estigmas em La Verna, onde Francisco foi marcado com "as marcas da paixão e da cruz, como se tivesse sido pregado na cruz com o Filho de Deus" (1 Cel., 90).

Sobre os estigmas, Tomás confiou na *Carta Encíclica de Elias*, para uma descrição das chagas de Francisco. Como Elias não ofereceu uma informação histórica a respeito de quando, onde ou como esse acontecimento ocorreu, Tomás teve de descrever o que até este momento havia ficado implícito. Ele situou o acontecimento perto da época da festa da exaltação da cruz, usando o relato de Lucas da agonia de Jesus no jardim como modelo, onde a luta de Jesus foi tão intensa que seu suor se tornou como sangue e Deus mandou um anjo para confortá-lo (Lucas 22,39-44). Nesta época em sua vida, Francisco sofria fisicamente, além de sua

---

[4] As notas de rodapé na edição crítica da *Vita beati Francisci* dão indicações dos textos hagiográficos que Tomás usa para apresentar Francisco como santo.

4. Francisco e sua tradição hagiográfica

própria angústia espiritual e emocional com relação à ordem. Buscando conhecer o desejo de Deus, Francisco abriu o livro do Evangelho três vezes, e a cada vez ele abria em um prenúncio da paixão do Senhor, compreendendo daí que sua vida seria marcada pelo sofrimento.

Celano descreveu os estigmas como resultantes de uma visão que Francisco teve, uma visão de "um homem na forma de um serafim de seis asas, que pairou acima dele com os braços abertos e os pés juntos, pregado a uma cruz" (1 Cel., 94). Após tentar compreender isso, e depois de a visão deixá-lo, as marcas dos cravos apareceram em suas mãos, pés e flanco, tal como ele as havia visto no homem, em sua visão. Agora marcado com essas chagas, Francisco saiu de La Verna para novamente começar sua vida de pregação e penitência. Sua doença continuava a crescer, cada vez mais intensa, e ele finalmente voltou para Santa Maria dos Anjos, onde morreu.

O terceiro livro celebra Francisco como uma nova luz, "inundando todo o mundo com uma alegria nova" (1 Cel., 119). Gregório IX é o personagem central, que "ficou exultante, festejando feliz esta renovação da Igreja de Deus em seu tempo por mistérios novos que são milagres antigos" (1 Cel., 121). Expulso de Roma pelos aliados de Frederico II, Gregório viajou a Assis para visitar o túmulo de Francisco e dali seguiu para Perúgia, para o consistório da canonização. O novo santo, Francisco de Assis, foi, portanto, apresentado por Celano ao mundo tanto como um homem evangélico quanto como um novo evangelista!

Textos dependentes da "Vida de São Francisco", de Celano

A legenda de Celano continua o ponto de referência para as informações sobre Francisco até 1241 e foi usada como base para muitas obras hagiográficas e litúrgicas. A *Legenda para Uso Coral*, atribuída a Tomás de Celano, foi escrita entre 1230 e 1232. Esta legenda era disposta em nove pequenas leituras para o ofício de Matinas para a festa de São Francisco. É uma redução radical da *Vida de São Francisco*, com algum material novo, em grande parte uma coleção de milagres póstumos e a anunciação da nova igreja que havia sido construída para receber os restos mortais de Francisco. O texto destaca os milagres operados tanto durante a vida de Francisco, entre os quais Celano relata os estigmas, quanto após sua morte. Quatro dos nove parágrafos totais são devotados aos milagres, apresentando Francisco não apenas como o fundador convertido da ordem dos Frades Menores e um pregador eficaz (até para o sultão), mas acima de tudo como um operador de milagres e intercessor!

1ª Parte - Michael W. Blastic

Perto da época da canonização, textos litúrgicos como hinos, antífonas, sequências e responsórios eram compostos por Gregório IX, Tomás de Capua e Rainiero Capocci. Esses textos eram incluídos por Juliano de Espira em seu *Ofício Divino de São Francisco*, concluído antes de 1235. Ele era o "mestre do cântico" no convento dos Frades Menores, em Paris, que estudavam na universidade. O próprio Juliano era um brilhante músico, treinado em Paris e membro do coro da capela real, até entrar para a ordem, por volta de 1224. Ele era membro da missão enviada para a Alemanha, do capítulo geral de 1227, e Jordão de Jano em sua *Crônica* o identifica como aquele que escreveu o ofício de Francisco e Antônio em um "estilo nobre".[5] Juliano estava em Paris em 1232, onde compôs o ofício, bem como sua *Vida de São Francisco*. O *Ofício* de Juliano é chamado de *historia*, uma narrativa histórica da vida de Francisco transposta para a música. Inserindo as peças litúrgicas preexistentes em sua própria composição, Juliano conta a história de Francisco, de seu nascimento até sua morte, com o arranjo para Matinas até Vésperas, com antífonas, responsórios e hinos. A maior fonte para o *Ofício* é a *Vida* de Tomás de Celano, mas Juliano traz sua própria perspectiva para abordar Francisco, que é celebrado principalmente como "o valente católico e perfeitamente apostólico" homem pobre e fundador de três ordens (*FAED*, vol. 1, p. 327, 228).[6] Enquanto a ordem dos Frades Menores certamente está presente no texto, o foco é quase que completamente voltado a Francisco e sua santidade apostólica.

Juliano de Espira também compôs uma *Vida de São Francisco* em Paris, entre 1232 e 1234. Sua posição como *magister cantus* e *corrector mensae* no convento de Paris incluía a responsabilidade de instruir os irmãos estudantes no canto e na leitura pública, e presume-se que ele tenha escrito sua *Vida* para leitura em grupo no convento. Sua primeira fonte foi a *Vida* de Tomás de Celano, que ele resumiu, eliminando principalmente os comentários e as moralizações do hagiógrafo, focando assim mais diretamente em Francisco. Juliano também emprestou da *Legenda para Uso Coral* e a *Carta Encíclica do Irmão Elias* para descrever os estigmas. São poucas as informações novas incluídas por Juliano: um relato do transporte do corpo de Francisco para a nova basílica em 25 de maio de 1230, a indicação de que tanto a ordem quanto as Damas Pobres estavam espalhadas pela Itália e a menção rápida de que Honório III havia confirmado a *Regra* para Francisco, um detalhe omitido por Tomás de Celano.

---

[5] *XIIIth Century Chronicles: Jordan of Giano, Thomas of Eccleston and Salimbene degli Adami*, trad. do latim por P. Hermann com introdução e notas de M.-Th. Laureilhe (Chicago, 1961), n. 53, 59.

[6] "The Divine Office of Saint Francis by Julian of Speyer and Others (1228-1232), in *FAED*, vol. 1, p. 327-345, 327, 328.

4. Francisco e sua tradição hagiográfica

Juliano reorganizou o material juntando as informações em capítulos temáticos. Assim, os quatro primeiros capítulos lidam com a conversão de Francisco, o estabelecimento da ordem, a aprovação da *Regra* e a formação dos irmãos. Os capítulos 5 a 11 abandonam a cronologia narrativa e abrem reflexões temáticas, tais como a pobreza de Francisco, seu desejo pelo martírio, o amor pelas criaturas, sua pregação e seus milagres, e sua oração, concluídas com uma descrição dos estigmas. Os capítulos 12 e 13 voltam à cronologia da doença final de Francisco e sua morte, seus milagres, sua canonização e o transporte de seu corpo. O efeito dessas mudanças estruturais é colocar o foco inteiramente em Francisco como modelo de virtude para os irmãos, e a história da fraternidade é de alguma forma desconectada da vida de Francisco. Isto leva a uma ênfase no ascetismo, como, por exemplo, quando Francisco se encontra com o leproso: Juliano nota que Francisco teve de ser violento consigo mesmo e conquistar a si mesmo para então beijar o leproso.[7] Juliano comenta que "o abençoado Francisco servia à ordem dos Frades Menores na perfeição de cada virtude, indo além do que lhe era pedido".[8] Este foco na pessoa de Francisco também aumentou a atenção sobre o elemento miraculoso nas ações ordinárias de Francisco; o que para Tomás de Celano era um ato heroico de Francisco, para Juliano se torna um milagre. A eloquência de Francisco na pregação é descrita como "miraculosa" por Juliano, enquanto Celano a descrevia como "grande".[9]

O prólogo de Juliano celebrava a mudança radical na vida de Francisco a partir de seu estágio inicial como uma pessoa precisando de conversão até seu comportamento final em sua vida, digno de imitação. Esta ênfase colocada no exemplo da conversão de Francisco o torna modelo para os irmãos no convento de Paris, que tiveram de assimilar a vida de Francisco sem experimentar o estilo de vida dos irmãos anteriores. Não mais itinerantes ou simples trabalhadores, os irmãos de Paris dedicavam-se aos estudos, e assim o que Francisco e os primeiros irmãos experimentaram enquanto viajavam pela Itália como arautos do Evangelho, Juliano traduzia em atos de ascetismo e mortificação para o irmão que vivia no convento.[10]

Tomás de Celano estava novamente trabalhando, no final dos anos 1230, escrevendo um texto curto chamado *A Legenda Umbra*.[11] Este trabalho começa com Francisco em La Verna e a visão do serafim, seguido da marcação das chagas do

---

[7] Ibid., 12; 1 Cel., 17.
[8] The *Life of Saint Francis* by Julian of Speyer (1232-5), 24, in *FAED*, vol. 1, p. 385.
[9] Ibid., p. 58, 1 Cel., 72.
[10] Henri d'Avranches escreveu uma *Legenda Versificada de São Francisco* para Gregório IX no começo dos anos 1230 usando as informações de Celano. Ele oferece uma leitura heroica da vida de Francisco, comparando-o com os heróis romanos e gregos, e oferece alguns comentários próprios sobre a vida medieval durante o texto.
[11] J. Dalarun, *Vers une résolution de la question franciscaine: La Légende ombrienne de Thomas de Celano* (Paris, 2007) oferece uma análise geral do texto e uma edição latina crítica e tradução em francês nas páginas 250-311. A recente edição crítica de Dalarun do texto difere daquela publicada em Analecta Franciscana, vol. X (Quaracchi, 1926-1941), que é a base para o texto em inglês em *FAED*, vol. II, p. 473-482.

89

1ª Parte - Michael W. Blastic

Cristo Crucificado; e então vai diretamente para a doença final e a morte, seu enterro e sua canonização, terminando com o transporte do corpo de Francisco para a nova Basílica de São Francisco. A parte II contém uma pequena coleção de histórias de milagres, começando com uma descrição de Francisco como o porta-voz de um grande rei, através da qual Tomás de Celano liga os milagres diretamente aos estigmas, enfatizando a santidade de Francisco, ao ressaltar seu papel único no desenvolvimento da ordem, e sugerindo que o papel de Francisco na ordem foi dado por Deus e, portanto, não pode ser deixado de lado.

Uma das características mais marcantes dessa curta narrativa é a atenção dispensada por Tomás de Celano ao Irmão Elias como o sucessor escolhido de Francisco. Elias é mencionado cinco vezes e sempre de forma positiva. Neste texto, Tomás de Celano também dá nomes aos companheiros a que ele se refere em sua *Vida de São Francisco* como seus "quatro pilares" (1 Cel., 102). São eles: Elias, Rufino, Ângelo e Leão. Clara também é citada no contexto de seu lamento sobre o corpo de Francisco enquanto ele era levado à cidade para seu enterro. Esta ênfase no papel especial de Francisco na ordem, junto com o foco nos quatro companheiros de Francisco com Clara, sugere um tom defensivo por parte do autor. Elias, o ministro-geral (1232-1239), foi deposto por Gregório IX em 1239, concluindo um processo que havia começado anteriormente, no mandato de Elias, baseado em reclamações contra ele e na insistência dos ministros do norte europeu, e focado em Paris, de que Elias precisava ser removido para que a ordem dos Irmãos Menores pudesse progredir. Parece provável que este texto tenha sido escrito por Celano, talvez com aprovação do próprio Elias, como uma afirmação do apoio a Elias, mas mais ainda com a insistência de que as intenções de Francisco a respeito da direção dos Frades Menores deviam ser respeitadas. A hipótese mais provável é, portanto, a de que essa curta narrativa tenha sido escrita entre 1237 e 1239.

O COMEÇO OU A FUNDAÇÃO DA ORDEM DOS FRADES MENORES

A deposição de Elias no capítulo geral de 1239 em Roma marcou um ponto de mudança muito importante no desenvolvimento da ordem. Alberto de Pisa, um sacerdote, foi eleito como sucessor de Elias, marcando o fim da liderança leiga dentro da ordem. Esse mesmo capítulo decretou uma série de constituições que colocavam a ordem no caminho em direção à clericalização e investiu de total autoridade o capítulo geral. Dali em diante, o ministro-geral devia implementar as políticas determinadas

4. Francisco e sua tradição hagiográfica

pelo capítulo, e o capítulo elegia a liderança nos níveis geral e provincial.[12] O texto do *Anônimo de Perúgia*, ou, como indica a *incipit*, *Começo e Fundação da Ordem*, narra a história da ordem pela perspectiva dos eventos de 1239. Em doze capítulos, o autor que hoje é identificado como Irmão João, discípulo do Irmão Egídio de Perúgia, narra o crescimento dos frades menores de uma fraternidade a um *religio* (Penitentes de Assis), até uma ordem clerical, argumentando que esta mudança no status institucional era a intenção de Francisco desde o começo. Assim, a ordem é o foco principal do texto, enquanto Francisco se mantém nos bastidores após a chegada dos primeiros irmãos, e a ordem toma uma vida independente dele e de suas intenções. A intenção do autor de marginalizar Francisco da história dos Frades Menores é refletida em sua descrição da viagem deles a Roma em 1209, em que Bernardo foi eleito líder da expedição (AP, 31). O que é enfatizado durante todo o tempo é como os Frades Menores refletiam o padrão da "igreja primitiva dos apóstolos" (AP, 27). Quando eles eram poucos, Francisco lhes disse para não se preocuparem, porque logo "virão ter conosco muitos sábios, prudentes e nobres, e ficarão conosco" (AP, 18), uma profecia cumprida na época da morte de Francisco (cf. AP, 47). O *Anônimo de Perúgia* reflete, portanto, a perspectiva dos irmãos clérigos na época de seus escritos, com indicações de ajustes em seu estilo de vida, como construir "seus próprios lugares nas cidades e aldeias" (AP, 31), afirmando que "os ministros foram eleitos" (AP, 44), que as cartas de proteção eram enviadas pelo cardeal protetor para onde quer que os irmãos encontrassem problemas (AP, 45) e incluíam uma descrição detalhada de como um capítulo deve ser celebrado e dos assuntos a serem tratados (AP, 36-40). Os estigmas de Francisco e sua morte são mencionados apenas de passagem no capítulo final, sem nenhuma menção a seus milagres. Esses detalhes, que descrevem a realidade da ordem após 1239, sugerem que esse texto foi escrito para oferecer uma história revisada do desenvolvimento da ordem que se adequaria à alteração das circunstâncias de vida em 1241. Francisco, em um sentido real, foi "usado" para validar as mudanças e para assegurar que a direção clerical da ordem era sua intenção desde o começo.

A "LEGENDA DOS TRÊS COMPANHEIROS"

Consciente da morte de tantos frades que haviam conhecido o fundador, no capítulo geral de 1244 em Gênova, o novo ministro-geral eleito, Crescêncio de Jesi, convidou frades para que lhe remetessem tudo o que pudessem saber fatualmente

---

[12] C. Cenci, "De fratrum minorum constitutionibus praenarbonensibus", AFG, 83 (1990), p. 50-95.

1ª Parte - Michael W. Blastic

sobre a vida e os milagres de Francisco. Tomás de Celano foi comissionado para receber esse material e para incorporá-lo em sua versão revista e expandida de *Vida de São Francisco*.[13] Esse pedido indicava que os irmãos não mais estavam satisfeitos com a *Vida* de Tomás de Celano, especialmente com o conhecimento da produção hagiográfica recente em torno dos eventos de 1239. Dado o fato de que a bula *Ordinem vestrum* foi expedida por Inocêncio IV em 14 de novembro de 1245, parece provável que o capítulo de 1244 tenha exigido outra interpretação papal da *Regra* com base em outras questões que surgiram a respeito da experiência dos irmãos.[14]

Os irmãos Leão, Rufino e Ângelo responderam a esse pedido em uma carta que segue anexada ao texto da *Legenda dos Três Companheiros* na tradição manuscrita. A carta, datada de 11 de agosto de 1246 e enviada de Greccio, indicava que o capítulo geral pedia "sinais e prodígios" de Francisco, mas os autores afirmavam que não se concentrariam nisso, mas sim em "fatos insignes de seu santo comportamento e a vontade do piedoso beneplácito"; também não tinham a intenção de escrever uma legenda, mas sim colher "de um prado ameno algumas flores mais bonitas"; finalmente, eles não seguiriam uma ordem cronológica (3 Soc.). Confirmando sua própria experiência com Francisco como sua fonte, eles também listam os irmãos Felipe, Illuminato, Masseo e João, companheiro de Egídio, como suas fontes.

O texto anexado à *Carta* na tradição manuscrita é, na verdade, uma *Legenda*, oferecendo uma narrativa da vida de Francisco de seu nascimento até o transporte de seu corpo para a nova basílica em Assis. A perspectiva ideológica da *Legenda dos Três Companheiros* é parecida com a do *Anônimo de Perúgia*, mas o autor recolocou Francisco em uma posição central na narrativa. O autor fez bom uso das vidas já compiladas por Tomás de Celano e Juliano de Espira, os primeiros dois biógrafos do santo de Assis.

O autor da *Legenda* conhecia bem os costumes e procedimentos da comuna de Assis e apresentou um novo relato sobre a juventude e a conversão de Francisco, focado em sua ambição de se tornar um cavaleiro (3 Soc., 4-6), o que ele conquistou ao se tornar "um novo cavaleiro de Cristo" (3 Soc., 17). Outros detalhes da conversão de Francisco incluíam a descrição da oração na igreja de São Damião, onde uma voz da cruz lamentava "Não vês que minha casa se destrói? Vai, pois, e restaura-a para mim" (3 Soc., 13). O autor também incluiu a história do sonho de Inocêncio III, que viu um pequeno homem sustentando a Basílica de Latrão poucos dias antes de Francisco e seus irmãos chegarem, em 1209, o que o convenceu de que esse seria "o homem religioso e santo, por meio do qual a Igreja de Deus será levantada e sustentada" (3 Soc., 51). Francisco claramente é indicado para ser o fundador de três ordens: a dos irmãos, a das irmãs e a dos penitentes.

---

[13] Consulte Dalarum, *Vers une résolution de la question franciscaine*, p. 204-208.
[14] *Ordinem vestrum*. Tradução para o inglês in *FAED*, vol. II, p. 775-779.

A vida de pobreza dos irmãos foi moldada naquela da Igreja apostólica, como afirma o autor: "nada reivindicavam como próprio, mas usavam em comum os livros e outras coisas recebidas, segundo a forma transmitida e mantida pelos apóstolos" (3 Soc., 43). Os dois capítulos finais da *Legenda dos Três Companheiros* se voltam a Francisco com uma descrição dos estigmas e sua importância para a vida, a morte e a canonização dele. A Basílica de São Francisco, em que o corpo de Francisco encontrou seu repouso final, foi descrita pelo autor como "cabeça e mãe de toda a ordem dos Frades Menores" (3 Soc., 72), declarada como tal por Gregório IX e todos os cardeais.

Enquanto a *Carta* está sempre anexada à *Legenda* na tradição manuscrita, a afirmação dos autores de que não escreveriam uma legenda no sentido estrito levanta a questão do que mais poderia ter sido anexado à carta de Greccio.[15] Uma resposta foi encontrada a partir do exame das obras que Tomás de Celano compôs usando este material de 1246, chamado *Memoriale in desiderio animae* (também chamada de *Segunda Vida* de Celano),[16] cuja primeira redação estava completa na época do capítulo geral de 1247, e *O Tratado dos Milagres de São Francisco* (anexado à segunda redação do *Memoriale*) em 1253.[17] Essas obras de Celano contêm uma grande quantidade de material até então não publicado, e pode-se presumir que a fonte dessas novas informações fosse o material enviado junto com a carta de Greccio. Assim, além da *Legenda dos Três Companheiros*, há uma coleção de histórias (não uma narrativa) sobre Francisco, a que a *Carta* se refere como uma "coleção de flores", frequentemente chamada por acadêmicos de *Florilegium*, que Celano usou primeiramente para o segundo livro do *Memoriale*, além de uma ampla coleção de histórias de milagres, que servem como base para os 198 parágrafos deste *Tratado dos Milagres*. De alguma forma na transmissão desse material, o *Florilegium* e a coleção de milagres se desconectaram da *Carta* e da *Legenda*.

O "FLORILEGIUM" DE 1246 – A "COMPILAÇÃO DE ASSIS"

Enquanto o texto do *Florilegium* de 1246 não sobreviveu, a posição da maioria dos acadêmicos é de que o texto da *Compilação de Assis* contenha uma versão primitiva de grande parte desse material, mas preservada em um manuscrito datado de 1311.[18] Além do material de 1246, esse manuscrito inclui perícopes do

---

[15] Cf. J. Dalarun, "Introduction", in *François d'Assise vu par les Compagnons. Du commencement de l'Ordre. Légende des trois compagnons*, introdução e tradução Jacques Dalarun. Revisão de François Delmas-Goyon (Paris, 2009), p. 31-56.
[16] *Vita secunda s. Francisci, Fontes*, p. 443-642; tradução para o inglês in *FAED*, vol. II, p. 239-393.
[17] Felice Accrocca demonstrou que os dois manuscritos que servem como base para a edição de *Memoriale* e *Tratado dos Milagres* representam redações diferentes. O manuscrito romano contém omissões e adições em relação ao manuscrito de Assis.
[18] Accrocca sugere que Celano redigiu pela primeira vez *Memoriale* na forma que tinha no manuscrito de Assis. Subsequentemente, e por exigência do ministro-geral João de Parma, completou uma segunda redação, à qual foram adicionados os milagres. Ver Accroca, "Due diverse redazioni del *Memoriale in Desiderio Animae* di Tommaso da Celano: una discussione da riprendere?", *Collectanea Francescana*, 74 (2004), p. 5-22, e "Le due redazioni del *Memoriale nel Desiderio dell'anima* di Tommaso da Celano", *Frate Francesco*, 72 (2006), p. 153-186.

1ª Parte - Michael W. Blastic

Memoriale de Celano, bem como outros textos de Leão que circulavam de forma independente do *Floregium* ("As Palavras de São Francisco", CA, 15-20; "A Intenção de São Francisco com a *Regra*", CA, 101-6). Jacques Dalarun argumentou que o compilador do manuscrito foi Ubertino de Casale, que o fez para complementar a *Legenda Maior* de Boaventura, preparando-se para as discussões, em Avignon, entre a Comunidade e os Espirituais (duas tendências ou partidos dos Frades Menores), preparando-se para o Concílio de Viena, e o material foi compilado com o direcionamento de Ubertino a partir de manuscritos contendo os textos de Leão, o *Florilegium* e o *Memoriale* de Celano.[19]

As perícopes da *Compilação de Assis* concernem principalmente a Francisco em seus últimos dias de vida, após a confirmação da *Regula bullata*, em 1223. Francisco é apresentado como a "forma e exemplo" para os irmãos, mesmo após sua renúncia como ministro, em seu retorno do Egito, no fim do verão de 1220 (CA, 11). Ele é retratado como alguém muito desconsolado por causa das mudanças na ordem, que a haviam levado para longe de sua perfeição original. Ele se aborrece frequentemente com a negligência e a preguiça dos irmãos, querendo que os irmãos trabalhem (CA, 48), peçam esmolas (CA, 51) e sirvam aos leprosos. Se por um lado Francisco louva a *Regra* aprovada por Honório III (CA, 46), por outro lado ele quis adicionar algumas coisas que haviam sido excluídas, às vezes porque os ministros não aprovaram, às vezes porque o papa não estava de acordo (CA, 108). Santa Maria dos Anjos é apresentada como o coração da fraternidade, e Francisco queria que ela fosse "modelo e exemplo" para todos os irmãos em termos de construção e estilo de vida (CA, 56). Francisco era extremamente generoso com os pobres, dando sua túnica para qualquer um mais pobre que ele mesmo, e prestava atenção às coisas mais simples, mesmo que fosse um grilo (CA, 110). Ao mesmo tempo, Francisco era maltratado e desrespeitado por alguns dos irmãos, o que fazia com que ele se voltasse às orações, para que pudesse suportar tudo isso em paz (CA, 11). Quase não há milagres, e os estigmas são mencionados apenas de passagem, já que o foco é no Francisco humano, proposto como um modelo para que todos os irmãos seguissem. Assim, o Francisco das perícopes da *Compilação de Assis* é um homem complexo e atormentado, comprometido com os princípios sobre os quais a fraternidade se baseava, mas insatisfeito com a direção que a ordem havia tomado.

---

[19] O manuscrito, Perugira MS. 1046, foi editado muitas vezes por diferentes acadêmicos, resultando em ordem e numeração diferentes nos textos. Para uma descrição, análise e estudo do manuscrito, consulte J. Dalarun, "Plaidoyer pour l'histoire de textes. A propôs de quelques sources Franciscaines", *Journal des Savants* (julho-dezembro 2007), p. 319-358.

"MEMORIALE IN DESIDERIO ANIMAE", DE CELANO

Memoriale in desiderio animae de Celano é composto de um prólogo e dois livros. O prólogo é dedicado ao trabalho de Crescêncio de Jesi, indicando que a primeira redação do texto estava completa antes do capítulo geral de 1247. Celano afirma que no primeiro livro (2 Cel., 3-35) ele incluiria alguns detalhes da conversão de Francisco que não estavam contidos em legendas anteriores, informações que ele recebeu da *Legenda dos Três Companheiros*, enquanto que o segundo livro (2 Cel., 26-223) trataria da "vontade perfeita, agradável e boa de nosso santo pai" (2 Cel., 3), com base no material extraído do *Florilegium*. Além disso, Tomás tirou material da *Vida de São Francisco*, seu e de Juliano. Entretanto, mesmo com essas conhecidas fontes, existe material no *Memoriale* cujas fontes não foram encontradas.

O primeiro livro do *Memoriale* de Celano destaca a qualidade profética de Francisco. Ao enfatizar a confirmação divina da *Regra* de Francisco, Celano notou que o papa "reconheceu sem dúvida que Cristo havia falado no homem" (2 Cel. 17). Celano destacou o papel de Santa Maria dos Anjos, que Francisco queria que fosse "como um espelho para a ordem", mas de forma anacrônica Celano afirmou que ele "deixou a propriedade para outros, reservando para si e para os seus apenas o uso" (2 Cel., 18). Celano conclui o primeiro livro com Francisco confiando a ordem à Igreja Romana.

Dada a vasta quantidade de material no *Florilegium* e como não havia indicações cronológicas ou geográficas consistentes, no segundo livro Celano apresentou Francisco como "espelho santíssimo da santidade do Senhor e uma imagem de sua perfeição" (2 Cel., 26), organizando as perícopes em unidades temáticas, começando com a profecia e então a pobreza, as seções mais longas do livro. São incluídas histórias sobre Francisco e as mulheres (2 Cel., 112-114), que refletem atitudes misóginas monásticas e que também são aplicadas à relação de Francisco com as irmãs em São Damião (2 Cel., 204-207). Há histórias que descrevem a pregação de Francisco, seu rigoroso ascetismo, sua luta contra as tentações e os demônios, sua observância à *Regra*, sua relação com a criação, seu desejo pelo martírio e sua visita ao Sultão al-Malik-al-Kâmil, bem como sua doença final e sua morte. É um dos últimos parágrafos o que melhor resume a perspectiva de Celano: após sua morte, Francisco apareceu para um "irmão de vida louvável", vestido com uma dalmática de cor púrpura, acompanhado por uma multidão de pessoas que não conseguiam distinguir entre Francisco e Cristo, que pareciam ser a mesma pessoa (2 Cel., 219). Celano estabelece Francisco como um espelho da santidade do Senhor, e era como Francisco parecia ser, aos olhos deste irmão, no fim de sua vida.

"Tratado dos milagres"

Celano completou a tarefa que lhe havia sido dada pelo capítulo de 1244 com seu *Tratado dos Milagres*. Como mencionado acima, ela foi terminada em 1253, com a insistente urgência do ministro-geral João de Parma. Celano usou milagres de sua *Vida De São Francisco*, a *Legenda para Uso Coral* e a *Legenda Umbra*, junto com histórias de milagres da coleção de 1246 para completar o trabalho. O tratado é composto de 19 capítulos, sem prólogo. Celano ordenou os milagres do mais significativo para o menos significativo.

O primeiro capítulo descreve a fundação dos Frades Menores, que reviveram as "trilhas apostólicas" e a "perfeição da igreja primitiva", como o milagre pelo qual "o mundo foi advertido, pelo qual o mundo foi despertado, pelo qual o mundo foi estremecido" (3 Cel., 1), enfatizando o papel da ordem na história da salvação e sua função dentro da Igreja. O segundo capítulo apresenta os estigmas de Francisco, que já estavam impressos em seu coração quando ele ouviu o crucifixo a lhe falar em São Damião, dizendo-lhe para reformar a casa de Deus (3 Cel., 2), sugerindo, assim, que a vida de Francisco selada pela cruz de Cristo é ao mesmo tempo o selo de Deus sobre a existência e a missão da ordem. A verdade dos estigmas, sobre a qual alguns ainda duvidam, é demonstrada pelas testemunhas que os viram em seu corpo, bem como os milagres que aconteciam durante sua intercessão. O capítulo 7, que começa com os milagres *post-mortem*, inclui uma série de histórias em que Francisco ressuscita os mortos. Os capítulos remanescentes relatam milagres comumente descritos em coleções de milagres da Idade Média.

No epílogo (3 Cel., 198), Celano expressa sua frustração sobre a tarefa que lhe foi dada: "as pressões e os pedidos dos frades e a autoridade dos superiores", protestando contra a dificuldade que teve. Em certo sentido, as palavras de Celano descrevem o que acontecia desde 1239 com a imagem do fundador na tradição hagiográfica da ordem: "Não podemos cunhar todos os dias coisas novas nem mudar o que é quadrado em redondo, nem mesmo aplicar a variedades tão distintas de tantos tempos e tendências o que recebemos como uma unidade". Dado todo o material que ele recebeu em 1246, era impossível criar uma narrativa contínua da vida de Francisco. Mas, além disso, Celano parece sugerir que, ao não ser capaz de "mudar o que é quadrado em redondo" ou "cunhar todos os dias coisas novas", não se pode honestamente criar uma imagem de Francisco para justificar os desígnios e as necessidades dos irmãos e da ordem em diferentes momentos da história.

CONCLUSÃO

O lamento de Tomás de Celano provou ser profético e sua síntese, em sua segunda biografia do santo e no *Tratado dos Milagres*, logo se mostrou insatisfatória aos olhos dos irmãos. Em 1263, o ministro-geral Boaventura produziu sua própria *Legenda Maior de São Francisco*, e três anos depois o capítulo geral decretou que todos os textos hagiográficos anteriores a respeito de Francisco deveriam ser destruídos. Apesar disso, nos séculos XIII, XIV e XV, novos textos hagiográficos sobre Francisco continuariam a aparecer. Jacques Dalarun comentou que "Francisco é o primeiro autor sobre a questão franciscana. A questão franciscana não é um joguinho agradável jogado por acadêmicos, como uma cortina colocada diante da face do *poverello*. Ela ensina, em si mesma, algo fundamental sobre Francisco, ou seja, que sua experiência e sua mensagem não podiam ser reduzidas a uma só voz".[20] A complexidade do próprio Francisco é refletida na história complexa do movimento que ele fundou, bem como na complexa tradição hagiográfica que tenta representá-lo. Mas, para resgatar Francisco desses diferentes testemunhos, é necessária a abordagem crítica desses textos, com uma metodologia histórica que sirva para destravar o significado codificado neles. Talvez possamos compreender a razão para a duradoura popularidade de Francisco através dos tempos nos termos do *insight* de Dalarun: "a experiência" de Francisco "e sua mensagem não podem ser reduzidas a uma só voz". Os textos hagiográficos nos dão acesso a Francisco, mas apenas se os lermos no contexto do que veio antes deles e cada um em seu contexto histórico. Cada autor ou compilador desses textos concordaria que a simplicidade era uma característica principal de Francisco. Mas hoje compreender a ele e a suas intenções não é um exercício simples, já que eles estão relatados em uma tradição hagiográfica complexa.

---

[20] J. Dalarun, *The Misadventure of Francis of Assisi: Towards a Historical Use of the Franciscan Legends*, trad. Edward Hagman (St. Bonaventure, 2002), p. 22-23.

5. SIMPLICIDADE VOLUNTÁRIA: A ATITUDE DE FRANCISCO EM RELAÇÃO AO APRENDIZADO NAS PRIMEIRAS BIOGRAFIAS

Neslihan Şenocak

A questão histórica de Francisco aprovar ou não a busca do conhecimento pelos clérigos franciscanos é difícil diante da escassez de evidências, e Bert Roest no capítulo 10 deste livro oferece uma resposta. Um franciscano medieval que fizesse a mesma pergunta teria muito menos material à mão para responder em relação ao que temos hoje. Na Idade Média, com a exceção da *Regra* e do *Testamento*, os escritos de Francisco ficavam inacessíveis para a grande maioria dos frades que se juntavam à ordem em lugares remotos da Itália e que nunca tinham tido a chance de conhecer Francisco ou qualquer um de seus primeiros companheiros. Se a consciência de um frade clérigo suspeitasse que seu entusiasmo pela busca de ensinamentos em livros estava em conflito com as intenções do santo fundador, ele não conseguiria achar ajuda na *Regra* ou no *Testamento*. Francisco não aprovava a busca por conhecimento dos frades iletrados, mas não dizia nada sobre a busca por conhecimento dos frades clérigos. Entretanto, ele proibiu, sim, a apropriação de coisas (o que inclui livros, com exceção de um breviário), mas essa proibição deixou de ser um obstáculo para se estudar após a permissão papal dada aos frades em 1230 de usar coisas, inclusive livros. O *Testamento* de Francisco também não era útil no assunto do aprendizado. Ali, ele admoestava os frades a respeitar os teólogos, mas isso não significava que ele queria que seus irmãos se tornassem teólogos. Pode-se seguramente presumir que, até a publicação da *Segunda Vida* de Tomás de Celano em 1247, a maioria dos frades pouco sabia sobre Francisco estar ou não predisposto a aprovar o entusiasmo dos frades clérigos pelo estudo.

Em 1247, a ordem já estava muito diferente do que era quando Francisco morreu, em 1226. Talvez a maior transformação tenha sido na esfera do aprendizado e sua integração com a vocação da ordem. Essa transformação inicialmente começou com a entrada de homens letrados na ordem, rapidamente promovidos a posições ministeriais. Isto aconteceu de forma muito natural, porque essas posições demandavam algum conhecimento sobre teologia.[1] Uma vez que os frades cultos assumiram as posições ministeriais, acharam uma boa ideia promover o conhecimento na ordem, mostrando um esforço consciente de recrutar homens letrados e tentando educar os frades. Este esforço manifestou-se na introdução do ofício do leitorado, cuja maior responsabilidade era treinar os frades na teologia. Os primeiros leitorados foram designados em 1228, e em 1240 a ordem já tinha um alicerce de organização educacional em que os frades mais talentosos intelectualmente de qualquer província eram treinados em teologia, na escola franciscana de Paris, para suprir o ofício do leitorado.[2]

Todos os ministros-gerais da ordem eleitos após 1240 eram frades que estudaram no *studium* parisiense e geralmente bacharéis ou doutores em teologia. Ministros provinciais e custódios também vieram a ser selecionados cada vez mais entre os cultos, na medida em que mais homens cultos estavam disponíveis nos anos de 1240. Isto foi ao mesmo tempo algo que indicava e apoiava uma cultura emergente dentro da ordem, que considerava o aprendizado e a educação características necessárias de um franciscano "ideal", e que enfraquecia a posição dos irmãos leigos iletrados, que não mais eram representados no nível administrativo.[3] Irmãos com pouca cultura ou iletrados eram cada vez mais alienados e oficialmente não desejados. O desejo da administração de recrutar homens instruídos ficou explícito em um estatuto formulado perto de 1239-1242, em que o capítulo legislativo decretava que apenas homens que lecionassem em universidades ou cidades e municípios importantes deviam ser recrutados na ordem.[4] A aceitação de leigos era limitada apenas àqueles cujo status social fosse exemplar. Isto marcou uma mudança distinta dos primeiros tempos na estratégia de recrutamento da ordem.

Alguns frades consideravam perigosa a integração do aprendizado na vocação franciscana por meio de uma educação sistemática. Tomamos contato com essa preocupação nos textos escritos sobre Francisco e, em particular, na representação de sua atitude em relação ao aprendizado e aos livros. Neste estudo,

---

[1] RB, capítulos 2 e 9. Os ministros deviam examinar os sacerdotes e seus novos recrutas.

[2] Ver C. Cenci, "De Fratrum Minorum Constitutionibus Praenarbonensibus", *AFH*, 83 (1990), 93. Também B. Roest, *A History of Franciscan Education (c. 1210-1517)* (Leiden, 2000), p. 8-9.

[3] Eu discuto a emergência de uma cultura de aprendizado na ordem e suas consequências em minha próxima monografia, provisoriamente intitulada *The Rise of Learning in the Franciscan Order* (Ithaca, 2012).

[4] Item, *nullus recipiatur in ordine nostro nisi talis qui rexerit in artibus, vel qui (illeg.)... aut rexerit in medicina, in decretis aut legibus, aut sit sollempnizatus responsor in teologia, seu valde famosus predicator, seu multus celebris et approbatus advocatus, vel qui in famosis civitatibus vel castellis laudabiliter in gramatica rexerit, vel sit talis clericus vel laycus, de cuius ingressu esset valde celebris et famosa edificatio in populo et clero.* C. Censi, "Fragmenta Priscarum Constitutionum Praenarbonensium", *AFH*, 96 (2003), 298.

5. Simplicidade voluntária: a atitude de Francisco...

considerarei os principais textos hagiográficos escritos nos séculos XIII e XIV: a *Segunda Vida*, de Celano; os escritos de Leão, Rufino e Ângelo; a *Legenda Maior*, de Boaventura; o *Espelho da Perfeição*; e os *Feitos de São Francisco e de seus Companheiros*. Analisando a forma pela qual a atitude de Francisco em relação ao conhecimento e aos livros foi retratada nesses textos, percebem-se a presença de diferentes pontos de vista na ordem e também sua mudança com o tempo, consequência da transformação pela qual a ordem passava.

A "SEGUNDA VIDA" DE TOMÁS DE CELANO

Apesar de em sua *Primeira Vida* de Francisco, escrita perto de 1228, Tomás de Celano não ter feito referência às ideias de Francisco sobre a posse de livros e a busca por estudos teológicos, sua *Segunda Vida* incorporava alguns capítulos sobre o assunto. Isto não surpreende, já que, enquanto em 1228 as iniciativas educacionais estavam em seu começo, em 1247 a busca pelo aprendizado não apenas já havia sido substancialmente integrada à vocação franciscana clerical, mas também as posições administrativas na ordem estavam sendo preenchidas quase que exclusivamente pelos frades cultos. O aprendizado cada vez mais definia o tipo de instituição que os franciscanos se tornavam.

A primeira seção que lida com o assunto do aprendizado tem o seguinte título: "Sobre a compreensão que teve das Sagradas Escrituras e do valor de suas palavras" (2 Cel., 102-106). No primeiro capítulo dessa seção, Tomás de Celano retrata Francisco como um homem com um profundo conhecimento da Escritura, apesar de não ter estudado pra adquirir tal conhecimento (2 Cel., 102). Seu conhecimento e sua compreensão da Escritura eram dons de Deus. Francisco costumava ler os textos sagrados e escrever entusiasmadamente, de memória, o que aprendia lendo. Mas ele não tinha grande apreço pelo aprendizado escolar, em que a leitura ia muito além das Escrituras. "Dizia que esse modo de aprender e ler era muito vantajoso, e não o de ficar folheando milhares de tratados" (2 Cel., 102). Vale notar que entre os textos dos séculos XIII e XIV sobre Francisco, os conteúdos desse capítulo da *Segunda Vida* são citados apenas por Boaventura (*LM*, 11:1). Em seguida, Tomás relata como um doutor de teologia dominicano pediu a Francisco que lhe expusesse uma passagem da Bíblia.[5] Francisco primeiro recusa, justificando ser ignorante, mas com a insistência do dominicano ele explica a passagem.

---

[5] 2 Cel., 103.

101

O doutor em teologia fica impressionado pela resposta e diz aos companheiros do santo que a teologia de Francisco é sublime. Este retrato de Francisco como um homem "culto" tornou-se uma forte influência para Boaventura e para sua compreensão da importância do estudo da teologia na vocação franciscana.[6]

A seção na *Segunda Vida* em que Tomás discute a visão de Francisco em relação ao lugar do aprendizado na vocação franciscana se chama "Sobre a Santa Simplicidade" (2 Cel., 189-195). No primeiro capítulo, lemos que a simplicidade é estar contente com Deus, desprezando todas as outras coisas. É não fazer nem dizer mal. É escolher fazer, e não aprender ou ensinar. Esta última frase dá a primeira pista para o posicionamento de Tomás sobre como Francisco compreendia a vocação dos frades: aprender ou ensinar são atividades inferiores a dar exemplo por meio de atos. Ela é reminiscente da preferência de Francisco: pregar, por exemplo, em vez de por palavras.

> O pai santíssimo exigia essa simplicidade tanto nos frades letrados como nos leigos, achando que não era adversária, mas verdadeira irmã da sabedoria, ainda que os pobres de ciência tenham mais facilidade para a adquirir e pôr em prática (2 Cel., 189).

Aqui, então, Tomás faz uma ligação direta entre o aprendizado de um frade e sua tendência à simplicidade. Aqueles pobres em sabedoria são mais propensos a ter a santa simplicidade. Uma questão surge na mente do leitor: que base sólida existe para a idealização dos irmãos leigos incultos como aqueles mais propensos a estar contentes com Deus? Antecipando-se à questão, no capítulo seguinte Tomás narra a história de João, o Simples.[7]

João, um homem muito simples, é um fazendeiro. Sua profissão e a expressão de Tomás, *"simplicissimus"*, deixam poucas dúvidas de que ele é inculto, mais provavelmente iletrado. Ele deixa seu arado e pergunta a Francisco se pode juntar-se a sua fraternidade. Assim que ganha o hábito, João começa a imitar Francisco quase que literalmente em tudo, beirando o ridículo. Ele tosse quando Francisco tosse, cospe quando o santo cospe. Quando Francisco lhe pergunta por que ele se comporta dessa forma, sua resposta é simples, porém sábia: "Prometi fazer tudo o que fazes: para mim é perigoso deixar escapar alguma coisa" (2 Cel., 190). Esta resposta simples é uma alegoria da vocação franciscana. Se os frades deviam imitar Cristo, então a única garantia de sucesso seria uma imitação literal e total, na qual eles não deliberassem sobre quais aspectos da vida de Cristo imitar e como imitar. Francisco

---

[6] Boaventura usou esta imagem de "Francisco, o Sábio" precisamente para argumentar por que os frades não deveriam tentar imitar Francisco em seu aprendizado, mas em vez disso buscar conhecimento através de professores. E. Doyle, *The Disciple and the Master: St. Bonaventure's Sermons on St Francis of Assisi* (Chicaco, 1984), p. 64.
[7] 2 Cel., 190.

5. Simplicidade voluntária: a atitude de Francisco...

alegra-se de sua resposta e, quando João morre, Francisco lembra-se dele como São João. De acordo com o estudo de Rosalind Brooke, esse conto estava no corpus do texto leonino enviado para Tomás de Celano. Portanto é bem provável que Tomás tenha extraído a história dessa fonte. Entretanto, é interessante que Tomás tenha adicionado uma conclusão final à história, que não está na versão leonina:

> Observemos que é próprio da piedosa simplicidade viver de acordo com as leis dos antigos e se apoiar sempre nos exemplos e nos costumes dos santos. Quem dera à sabedoria humana seguir com tanto empenho o que reina no céu quanto a piedosa simplicidade a ele se conformou na terra! Que mais? Tendo seguido o santo em vida, precedeu-o na glória (2 Cel., 189).

Tendo, portanto, provado seu ponto sobre o potencial maior dos frades simples para atingir a santidade, Tomás então continua para explicar o que um irmão culto deve fazer para atingir a mesma meta. A resposta é bem simples: os irmãos cultos devem imitar os irmãos simples. Esta é a ideia da seção seguinte:

> Uma vez, (Francisco) contou esta parábola moral, que não é pouco instrutiva: "Vamos supor que todos os religiosos da Igreja se reuniram em um só capítulo geral! Estando presentes letrados e os que são iletrados, os sábios e os que sabem agradar a Deus mesmo sem sabedoria, encomendaram um sermão a um dos sábios e a um dos simples". "O sábio, por ser sábio, pensou consigo mesmo: 'isto aqui não é lugar de demonstrar conhecimentos, porque estão presentes homens perfeitos na ciência, e não convém que eu me faça notar pela afetação, dizendo coisas sutis diante de pessoas mais sutis. Talvez seja mais proveitoso falar com simplicidade'." "Amanheceu o dia combinado, reuniram-se as congregações de santos, sequiosas de ouvir o sermão. O sábio se apresentou vestido de saco, com a cabeça coberta de cinza e, diante da admiração de todos, pregando mais com o exemplo, foi breve nas palavras. Disse: 'Prometemos grandes coisas, maiores são as que nos foram prometidas. Observemos as primeiras e suspiremos pelas segundas. O prazer é breve, o castigo é perpétuo, o sofrimento é pequeno, a glória não tem fim. Muitos são os chamados, poucos os escolhidos, todos terão sua retribuição'." "Os ouvintes romperam em lágrimas com o coração compungido e veneraram aquele verdadeiro sábio como um santo (2 Cel., 191-192).

Aqui, então, estão as expectativas de Francisco sobre os irmãos sábios: eles devem abraçar a simplicidade voluntária e imitar os irmãos simples. Não foi por acaso que Tomás escolheu o cenário da pregação para provar seu ponto. A pregação era usada como a principal justificativa para a necessidade da busca do aprendizado na ordem. Sua primeira articulação foi escrita depois de 1254, quando os conflitos mendicantes-seculares

1ª Parte - Neslihan Şenocak

começaram em Paris.[8] Entretanto, esse argumento deve ter sido expresso dentro da ordem muito antes, nos capítulos provinciais e gerais. Podemos presumir com segurança que Tomás sabia disso. Parece que Tomás não estava convencido do argumento de que o aprendizado melhorava a pregação, e ele também não sugere que Francisco ficaria contente se os frades pregassem sermões elaborados. Em vez disso, este conto é reminiscente da admoestação de Francisco na *Regra*, de que os sermões devem ser curtos e claros. O imaginário do pregador franciscano no conto é aquele de um penitente com roupa de saco e cinzas. O frade culto prega e impressiona sua audiência não como um acadêmico sutil, mas principalmente como um simples penitente.

A ideia de que os irmãos cultos deveriam imitar os irmãos simples em sua vida e pregação não é o único ponto que Tomás quis provar com relação às intenções de Francisco. Ele também avisa que esta é a única forma de se preservarem a unidade e a igualdade dentro da ordem, que trazia frades de todas as classes sociais. Além do mais, não havia absolutamente nenhuma hierarquia entre essas várias classes de frades. Para preservar essa natureza particular da antiga fraternidade, era necessário que os cultos não sobrepujassem os simples. Entretanto, isto se provou difícil. Como já mencionado, a legislação feita após os anos 1240 restringia o recrutamento de homens incultos pela ordem, e os irmãos leigos eram cada vez mais excluídos do processo de seleção para os ofícios administrativos. Nesta conclusão para a parábola, Tomás estava empenhado em lembrar seus leitores da visão inicial de Francisco pela unidade da ordem:

> Depois o homem de Deus dava esta explicação para a parábola que tinha contado: "Nossa religião é uma assembleia muito grande, um verdadeiro capítulo geral, que se reuniu de todas as partes do mundo para viver da mesma forma. Nela os sábios aproveitam o que é dos simples, vendo que os ignorantes buscam as coisas do céu com inflamado vigor e que os não instruídos pelo homem aprenderam pelo Espírito a saborear as coisas espirituais. Nela também os simples aproveitam o que é dos sábios, porque veem que nela convivem com eles homens preclaros, que poderiam viver gloriosos no século. É isso que faz brilhar a beleza desta bem-aventurada família, cuja variedade tanto agrada ao Pai de família" (2 Cel., 191-192).

Talvez a expressão mais clara da atitude de Francisco em relação ao aprendizado esteja representada no último capítulo da seção sobre "Santa Simplicidade". Aqui aprendemos que já na época de Francisco alguns frades se empenhavam em buscar aprendizado em vez de reforçar suas virtudes, e isto aborrecia Francisco. Usando a profecia como uma técnica narrativa, Tomás coloca na boca de Francisco críticas contemporâneas em relação ao estado contemporâneo da ordem:

---

[8] F. Delorme, "Textes franciscaines (Lettre de S. Bonaventure Innominato Magistro)", *Archivio Italiano per la Storia dela Pietà*, I (1951), 214; Anônimo, *Determinationes Quaestionum Circa Regulam Fratrum Minorum*, in *S. Bonaventurae Opera Omnia* (Quaracchi, 1898), vol. VIII, p. 337-374, a 339.

5. Simplicidade voluntária: a atitude de Francisco...

"Porque", ele disse, "virá uma tribulação em que os livros não vão servir para nada e serão jogados nas janelas e nos desvãos..." Pressentia que não tardariam a vir tempos em que a ciência seria ocasião de ruína, enquanto o espírito seria uma base sólida para a vida espiritual (2 Cel., 195).

Tomás sente a necessidade de redimir o tom negativo do capítulo sugerindo que o estudo das Escrituras não desagradava a Francisco; em vez disso, o santo desejava afastar os frades de uma preocupação supérflua com o aprendizado. No final do mesmo capítulo, as articulações contemporâneas dentro da ordem, que ligavam a busca de conhecimento ao apostolado de pregação, e o desacordo de Tomás em relação a isso ficam mais claros. Tomás narra a história de um companheiro de Francisco que estava muito ocupado com pregações. Francisco aparece para ele em uma visão e o proíbe de fazer isso, aconselhando que ele ande na simplicidade.

O assunto da posse de livros está intimamente ligado à busca pelo aprendizado na ordem. Sobre isso, a atitude de Francisco em relação à presença de livros na ordem também indicava sua atitude em relação ao aprendizado. Na época de Francisco, não havia possibilidade de nenhum frade manter e colecionar livros, a não ser um breviário. *Quo elongati* em 1230 revisou isso, permitindo que os frades usassem livros. No último capítulo de "Santa Simplicidade" mencionada acima, Tomás reconta a história de um irmão leigo que pede permissão a Francisco para ter um Saltério e, em vez disso, recebe cinzas, um lembrete do aspecto penitencial da vocação franciscana. Em uma seção anterior da *Segunda Vida*, cujo tema principal é a pobreza, Tomás nos conta que Francisco permitiu que os irmãos mantivessem alguns livros, mas para usá-los apenas para edificação e não para neles buscar valor para si mesmos. Ele, entretanto, fica aborrecido quando um ministro lhe pergunta se pode manter alguns livros caros, mas ele permite que o ministro faça como quiser (2 Cel., 62). Ao mesmo tempo em que o entusiasmo pelo aprendizado ameaça a unidade da ordem, a presença dos livros ameaça a crença evangélica na pobreza.

Os escritos de Leão e outros companheiros de Francisco

Os primeiros companheiros de Francisco provavelmente tinham as melhores informações a respeito das intenções de Francisco e do tipo de fraternidade que ele desejava formar. Três desses companheiros, Leão, Rufino e Ângelo, enviaram suas memórias de Francisco para Tomás de Celano, em algum momento entre 1244 e 1246, que Tomás usou enquanto compunha sua segunda biografia oficial do santo. O manuscrito original dessas memórias não mais existe e só pode ser reconstruído através de uma análise dos textos que sobreviveram em alguns dos manuscritos do fim do século XIII e do século XIV, e mesmo assim sem garantias de recriar a obra original. Esses textos são principalmente a *Legenda dos Três Companheiros* e a *Compilação de Assis*. Rosalind Brooke, após uma análise crítica meticulosa do texto, identificou certas partes nesses manuscritos no texto original de Leão e seus companheiros. Ela as publicou com o título *Scripta Leonis*.[9] As partes desses escritos leoninos que tratam do problema do aprendizado e dos livros vêm principalmente de um trecho separado dentro da *Compilação de Assis* conhecido por *Intenção da Regra*, cuja data de composição não está clara; também não se sabe se esse trecho foi escrito antes ou depois de *Segunda Vida*.[10]

A *Intenção da Regra* aborda essencialmente o problema dos livros e a busca pelo estudo e tem importantes similaridades com os últimos dois capítulos de "Santa Simplicidade", de Tomás de Celano. Entretanto, o texto leonino reconta essas histórias com mais detalhes e faz referências explícitas ao descontentamento de Francisco com o entusiasmo dos frades pelo estudo da teologia. A história do ministro querendo manter livros caros está ali, e, assim como em Celano, a moral da história é de que livros caros são uma violação do juramento solene de observar o Evangelho.[11]

O irmão leigo que quer manter o Saltério torna-se um noviço na versão leonina, e os companheiros usam essa história essencialmente para refletir sobre a atitude de Francisco em relação ao estudo. Deste modo, diferentemente de Celano, que trata o assunto dos livros na seção sobre pobreza e o assunto do aprendizado na seção sobre simplicidade, os companheiros consideram interligados o problema dos livros e a questão do aprendizado. Essa história é contada em cinco capítulos e tem muitos detalhes que não estão na *Segunda Vida*.[12] O noviço quer a permissão de Francisco "principalmente porque tinha ouvido dizer que o bem-aventurado Francisco não queria que seus frades fossem desejosos de ciência e de livros; mas queria, e pregava aos frades, que se esforçassem por ter e imitar a pura e santa simplicidade, uma santa oração e a senhora pobreza, sobre as quais construíram os santos e os primeiros frades".[13] Aqui também, assim como em Celano, a ideia principal é de que os irmãos cultos e os irmãos que querem ser cultos

---

[9] R. B. Brooke (ed.), *Scripta Leonis, Rufini et Angeli Sociorum S. Francisci. The Writings of Leo, Rufino and Angelo, Companions of St Francis*, OMT Oxford, 1970, reimpressão revista, 1990).
[10] Sobre a história textual de *Intenção da Regra*, ver Brooke, *Scripta Leonis*, p. 51-53.
[11] CA, 102; R. B. Brooke (ed.), *Scripta Leonis*, c. 69, p. 207-209.
[12] CA, 103-105; R. B. Brooke (ed.), *Scripta Leonis*, c. 70-74, p. 208-217. Ver uma discussão dessas histórias a respeito do frade que pede o Saltério em R. B. Brooke (ed.), *The Image of St. Francis: Responses to Sainthood in the Thirteenth Century* Cambridge, 2006), p. 122-123. Elas são repetidas também na edição de Sabatier de *Speculum Perfectionis: seu S. Franciscani Assisiensis legenda antiquíssima autore fratre Leone* (Paris, 1898), seções 150 a 152.
[13] CA, 103, R. B. Brooke (ed.), *Scripta Leonis*, c. 70, p. 210-211.

5. Simplicidade voluntária: a atitude de Francisco...

devem, ao contrário, seguir o exemplo dos frades simples e tentar converter e edificar pessoas, não tanto pela pregação, mas sim pela oração, vivendo uma vida simples, em pobreza evangélica. Eles reconhecem o respeito de Francisco pelos teólogos, mas o estudo da teologia simplesmente não é a vocação franciscana. Os Frades Menores devem salvar almas não através do ensino ou da pregação com base no estudo, mas através da simplicidade e da oração. Uma vez, quando Francisco estava chateado com o comportamento de alguns frades, ele foi consolado por estas palavras de Deus:

> Eu não te escolhi porque eras um homem letrado e eloquente para cuidar de minha família, mas te escolhi simples, para que possas saber, tanto tu quanto os outros, que eu vou vigiar pelo meu rebanho; mas eu te coloquei como um sinal para eles, para que possam ver em ti as obras que eu faço em ti e também as façam.[14]

Essa história está, na verdade, na *Segunda Vida* de Celano, na qual Francisco é chamado apenas de "homem simples".[15] A particular ênfase em Francisco não ser um homem culto e eloquente implica o fato de seus companheiros estabelecerem a educação e a simplicidade como opostos contrastantes.

O texto leonino também inclui uma profecia sobre as futuras tribulações da ordem, que são narradas por Celano, mas novamente com mais intensidade. Os companheiros exibem um notável conhecimento da enorme quantidade de justificativas dadas pelos irmãos para a busca pelo aprendizado, incluindo (mas não se limitando a) a pregação, e nenhuma dessas justificativas os convence:

> Muitos frades, com a desculpa de edificar os outros, abandonarão sua vocação, isto é a pura e santa simplicidade, a santa oração e nossa senhora pobreza. E acontecerá com eles que, de onde acharam que depois se imbuiriam de devoção e acenderiam para o amor de Deus por causa da compreensão das Escrituras, justamente por isso ficarão interiormente frios e como que vazios... E (Francisco) dizia: "Há muitos que põem na ciência todo o seu esforço e toda a sua solicitude, dia e noite, deixando sua santa vocação e a devota oração. E quando pregarem a alguns ou ao povo e virem ou ficarem sabendo que alguns ficaram edificados ou se converteram à penitência por causa disso, vão inchar-se e orgulhar-se pelas obras e o lucro alheio. Porque é o Senhor que edifica e converte aqueles que eles creem que eles acham que se edificam com suas palavras e se convertem à penitência, com as orações dos frades santos, mesmo que eles não saibam disso, pois assim é a vontade de Deus, que não percebam disso para não se orgulharem.[16]

---

[14] CA, 112; R. B. Brooke (ed.), *Scripta Leonis*, c. 86, p. 238-239 (tradução de Brooke).

[15] 2 Cel., 158.

[16] R. B. Brooke (ed.), *Scripta Leonis*, c. 70-1, p. 211-213 (tradução de Brooke com algumas modificações). Uma discussão similar sobre o conhecimento de se orgulhar está em c. 72.

Nos três outros capítulos dessa seção, não há diferença substancial entre as ideias de Tomás de Celano sobre as atitudes de Francisco em relação aos livros e aquelas de seus companheiros. Francisco diz ao noviço que ele também já havia estado tentado a ter livros, mas Deus através da Bíblia lhe deu a mensagem de que apenas um verdadeiro seguidor do Evangelho pode atingir o verdadeiro conhecimento. Os companheiros também assinalam que a aquisição de livros e de aprendizado leva ao sentimento de superioridade e consequentemente a uma hierarquia na ordem. Nesta versão, Francisco diz ao noviço: "Depois que tiveres o saltério, tu te sentarás na poltrona como um grande prelado, dizendo a teu irmão: Traz-me o saltério".[17] A história se conclui com Francisco recusando a permissão ao noviço, dizendo que a verdadeira vocação do frade menor é não ter nada, exceto uma túnica, um cordão e calções.[18]

"Legenda maior" de Boaventura

Em 1263, Boaventura de Bagnoregio, um doutor em teologia que ensinou e estudou em Paris e ministro-geral da ordem (1257-1274), submeteu uma nova legenda de Francisco ao capítulo geral de Pisa. Sua legenda baseava-se nos textos da *Primeira* e da *Segunda Vida* de Celano e na *Vida de Francisco de Assis* de Juliano de Espira. Assim como Haymo de Faversham e João de Parma antes dele, Boaventura também era uma figura exemplar do "novo franciscano", um frade erudito, com alta capacidade intelectual, mas genuinamente devotado à ideia da vida evangélica. Ele não hesitou em renunciar a sua vida acadêmica para tomar a posição de ministro-geral, e a maior parte de sua produção intelectual durante o ministério da ordem era dirigida à defesa dos franciscanos contra os mestres seculares e à inspiração de seus irmãos e outros cristãos cultos a uma união mística com Deus.

Não surpreende que muitos destes sentimentos negativos presentes nos textos leoninos e de Celano a respeito da compatibilidade do aprendizado com a vocação franciscana estejam ausentes da *Legenda Maior*. Boaventura não parece estar totalmente convencido de que o estudo da teologia não fazia parte da vocação franciscana. Ao contrário, ele acreditava que o estudo melhoraria a vida e os feitos dos frades, contanto que fosse feito com virtude e pela virtude. Portanto ele não se furta, em sua legenda, a tratar da atitude de Francisco em relação ao aprendizado, provavelmente para calar de uma vez os rumores que circulavam na ordem sobre o estudo como algo em conflito com a vocação franciscana. Encontramos essa

---

[17] CA, 104
[18] R. B. Brooke (ed.), *Scripta Leonis*, c. 74, p. 216-217

5. Simplicidade voluntária: a atitude de Francisco...

discussão no começo do décimo primeiro capítulo, chamado de "Interpretação de Francisco das Sagradas Escrituras e seu Espírito de Profecia".

Ele começa o capítulo citando *verbatim* a seção de *Segunda Vida* de Celano sobre a profunda compreensão de Francisco das Escrituras e como ele lia os textos sagrados.[19] Entretanto, ele cuidadosamente deixa de fora o conselho de Francisco a respeito de não se perder em milhares de textos, que estava incluído na *Segunda Vida*. O que se segue a essa descrição de Francisco é uma passagem explícita sobre a posição do santo a respeito da busca dos frades por estudos teológicos:

> Em uma ocasião, quando os irmãos lhe perguntaram se ele achava bom que aqueles que entravam na Ordem já com estudos continuassem a aprofundar o estudo das Sagradas Letras, ele respondeu: "Sim, acho bom, desde que não ponham de lado a oração, a exemplo de Cristo que, segundo consta, orou mais do que leu; e ainda com a condição de não estudarem apenas para saber falar, mas sim para começarem por colocar em prática o que aprenderam, e depois de o terem posto em prática, então ensinarem aos outros o que convém fazer. O que eu pretendo – continuou – é que os meus Irmãos sejam discípulos do Evangelho e que seus progressos no conhecimento da verdade sejam acompanhados pelos progressos na pureza e simplicidade, de tal sorte que não separem o que o Mestre uniu: a simplicidade da pomba e a prudência da serpente" (LM, 11:1).

A abordagem de Boaventura ao assunto do estudo é, portanto, decididamente diferente dos textos anteriores considerados, e de fato essa passagem não é encontrada em qualquer outra obra medieval sobre Francisco. A julgar pelo relato dado na *Segunda Vida* ou nos textos leoninos, é difícil imaginar Francisco contente ao ouvir que seus irmãos pretendiam estudar teologia, mesmo que seus irmãos lhe tenham prometido manter o zelo pelas orações. O Francisco de Celano e de Leão suspeitaria, essencialmente, do desejo de buscar o aprendizado, já que a forma perfeita de seguir a vida evangélica é viver a vida dos irmãos simples, o que, se feito com completa devoção, levará a uma sabedoria muito maior que a atingida pelos livros. É muito provável que enquanto escrevia essas linhas Boaventura tivesse em mente uma carta de Francisco a Santo Antônio, na qual ele dizia estar "contente" que Antônio tinha ensinado teologia sagrada, contanto que o espírito de oração e devoção não estivesse extinto. Afora essa seção considerada acima, não há mais referências à atitude de Francisco em relação a estudos e livros na *Legenda Maior*. Boaventura omite todas as passagens em Celano conectadas à atitude de Francisco em relação aos livros e as profecias de Francisco a respeito de o aprendizado ser uma fonte de ruína.[20]

---

[19] *LM*, 11:1.

[20] Em seu *Arbor Vitae Crucifixae Jesu*, escrito em 1305, Ubertino de Casale escreveu que Boaventura omitiu propositadamente tais histórias já que "ele não queria humilhar os irmãos prematuramente ante aqueles fora da Ordem", R. B. Brooke (ed.)., *Scripta Leonis*, p. 54.

O "ESPELHO DA PERFEIÇÃO"

O próximo texto importante sobre Francisco é o *Espelho da Perfeição*, que, conforme consenso acadêmico, data do começo do século XIV. O autor (ou autores) anônimo(s) do texto é bem crítico sobre o estado da ordem à época e parece culpar em parte a integração do aprendizado e do estudo na vocação franciscana. Assim, todas as passagens originalmente em Celano que relatam o criticismo de Francisco com respeito ao aprendizado e aos livros reaparecem no *Espelho da Perfeição*.

A primeira parte do *Espelho da Perfeição* é dedicada à pobreza, e aqui encontramos as histórias da *Segunda Vida* e os textos leoninos a respeito do ministro que queria manter seus livros caros e do noviço que queria um Saltério. Entretanto, existem diferenças importantes na forma pela qual o autor do *Espelho da Perfeição* conta essas histórias. Francisco nega permissão para o ministro que quer manter seus livros caros, dizendo que isso é contra a crença da ordem na pobreza (MP, 3). Dali em diante, o autor fala sobre uma conspiração geral de todos os ministros contra a insistência de Francisco na pobreza absoluta. Lemos sobre o plano sinistro dos ministros, que resultou na remoção, da *Regra*, da frase "Nada leveis pelo caminho", para que "não fossem obrigados a observar a perfeição do Evangelho" (MP, 3). A história do noviço que pede o Saltério é essencialmente a mesma da versão leonina. Entretanto, aqui o autor sente a necessidade de tornar a mensagem mais clara e interpreta a mensagem de Francisco "Como se dissesse: 'Não devemos cuidar de livros e ciência, mas das obras virtuosas, porque a ciência incha e a caridade edifica'" (MP, 4).

Do capítulo 69 em diante, o autor volta sua atenção mais diretamente à atitude de Francisco em relação ao aprendizado. A discussão começa com a citação da profecia na *Segunda Vida* e na *Intenção da Regra* sobre as tribulações futuras, quando os livros serão jogados fora e o aprendizado será uma ocasião para a ruína (MP, 69). Logo em seguida, vem a seção tirada dos textos leoninos, em que Francisco considera que os irmãos cultos estão errados em presumir que edificam pessoas através de sua pregação. Entretanto, o autor do *Espelho da Perfeição* inclui seu próprio comentário ao fim do episódio:

> Mas aqueles que não se preocuparam senão em saber e mostrar aos outros o caminho da salvação, sem nada fazerem para si, chegarão nus e vazios ante o tribunal de Cristo, levando somente os feixes da confusão, da vergonha e da dor. Então a verdade da santa humildade e simplicidade e da santa oração e pobreza, que é nossa vocação, será exaltada, glorificada e engrandecida. Uma verdade que eles, inchados pelo vento da ciência,

5. Simplicidade voluntária: a atitude de Francisco...

diminuíram pela vida e pelas vãs palavras de sua sabedoria, dizendo que a verdade é falsidade e, como cegos, perseguindo cruelmente os que caminhavam na verdade. Então, o erro e a falsidade das opiniões que seguiam, que pregaram ser a verdade e pelas quais precipitaram a muitos na cova da cegueira, terminarão em dor, confusão e vergonha, e eles, com suas tenebrosas opiniões, serão mergulhados nas trevas exteriores com os espíritos das trevas". Por isso, comentando a palavra: Enquanto a estéril deu à luz muitos filhos e a que tinha muitos filhos definhou, muitas vezes, o bem-aventurado Francisco dizia: "Estéril é o religioso bom, simples, humilde, pobre, desprezado, vil e abjeto, que continuamente edifica os outros com santas orações e virtudes e os gera com dolorosos gemidos". Repetia isso muitíssimas vezes diante dos ministros e dos outros frades, sobretudo no capítulo geral (MP, 72).

Essa passagem não só oferece uma crítica aos irmãos cultos como àqueles que entenderam mal a vocação franciscana, mas também os acusa de perseguir os frades simples, considerados os verdadeiros seguidores de Francisco. O tom é raivoso, acusador, vingador. Esta fúria é adequada ao contexto histórico. Nas preparações para o Concílio de Viena em 1310-1311, o papa havia pedido que um grupo de frades apresentasse suas reclamações por escrito. O resultado foi os textos do *Responsio Rotulus* e *Declaratio*, que se acredita terem sido escritos por Ubertino de Casale, líder deste partido dissidente.[21] Boa parte das reclamações de Ubertino era sobre a corrupção e os abusos dos leitorados e sobre a ambição geral na ordem de galgar posições de autoridade.[22]

A penúltima frase da passagem citada acima é, em minha opinião, a chave para a compreensão de por que alguns irmãos na ordem pensavam que o esforço de se tornarem cultos fosse incompatível com a vocação franciscana. Em seu modo de ver as coisas, Francisco queria que seus irmãos fossem humildes, miseráveis, desprezíveis, e que alcançassem a própria salvação e a dos outros abraçando alegremente essa vida simples de penitência e oração. O aprendizado, porém, inspira respeito e aumenta o valor social aos olhos dos outros, não importando o quão humilde aquele que quer aprender tente ser. São precisamente esse respeito e esse prestígio o que torna o aprendizado incompatível com a vocação dos frades. De fato, a ideia geral nas histórias contadas até agora, com exceção da de Boaventura, é a de que muitos frades buscavam o aprendizado exatamente em nome desse respeito e prestígio.

---

[21] Ubertino da Casale, *Responsio*, in "Zur Vorgeschichte des Konzils von Vienne no. 4 Vorarbeiten zur Constitution Exivi de Paradiso vom 6 Mai 1312", ed. F. Ehrle, *Archiv für Litteratur – und Kirchengeschichte des Mittlalters*, 3 (1887), p. 51-89; *Rotulus*, 118, ibid.
[22] Ver por exemplo *Responsio*, 73-76 e *Rotulus*, 118, ibid.

Os "Feitos" de São Francisco e de seus companheiros

Os *Feitos*, acredita-se, foram escritos entre 1328 e 1337 por Ugolino Boniscambi de Montegiorgio. A obra inclui duas histórias relevantes a nosso assunto. Primeiro, a história de dois estudantes de famílias nobres que tomam o hábito franciscano após ouvirem uma pregação de Francisco em Bolonha.[23] Francisco diz a eles para abraçarem a humildade. Seguindo o conselho de Francisco, um deles, o Irmão Pellegrino, recusa-se a se tornar clérigo e permanece um irmão leigo, apesar de ser um especialista em lei canônica. Na história do Irmão Pellegrino, encontramos um exemplo perfeito da ideia da simplicidade voluntária. Tendo escolhido esse caminho, o ex-acadêmico alcança uma grande santidade, e nas palavras do Irmão Bernardo de Quintavalle ele foi "um dos mais perfeitos irmãos deste mundo" (*Feitos*, 30).

Na edição de Sabatier dos *Feitos de São Francisco e de seus Companheiros*, o capítulo 61 é o mais explícito sobre a atitude de Francisco em relação ao estudo entre todas as histórias aqui consideradas. Ele se chama "Aquele estudo não agradou a Francisco".[24] O ministro provincial de Bolonha, João de Stacia, ordena a fundação de uma escola no convento de Bolonha sem a permissão de Francisco. Francisco sabe disso através de um mensageiro, segue para Bolonha furioso e repreende o ministro, acusando-o de tentar destruir sua ordem. Uma versão similar dessa história também é encontrada na *História das Sete Tribulações da Ordem dos Frades Menores*, de Ângelo Clareno. Os acadêmicos modernos rejeitaram a autenticidade dessa passagem, encontrada apenas em alguns manuscritos.[25] Entretanto, mesmo que essa passagem tenha mesmo sido produzida por frades medievais – se não pelo próprio autor dos *Feitos* –, ainda assim serve para a discussão deste capítulo.

Conclusão

Todos os textos medievais sobre Francisco, com a notável exceção da *Legenda Maior* de Boaventura, parecem concordar com o ponto de que Francisco não aprovava o "desejo de se tornar culto". A vocação franciscana como compreendida por esses autores envolve um princípio de simplicidade voluntária que é muito

---

[23] *The Deeds of Blessed Francis and His Companions* por Ugolino Boniscambi de Montegiorgio (1328-1377), c. 30, in *FAED*, vol. III, p. 500-501.
[24] P. Sabatier, *Actus beati Franscisci et sociorum ejus* (Paris, 1902), cap. 61, p. 183.
[25] Ver a introduçãoo por Menestò em E. Menestò, S. Brufani, G. Cremascoli, E. Paoli, L. Pellegrini e S. da Campagnolo (eds.), *Fontes Franciscani*, Medioevo Francescano, 2 (Assis, 1995), p. 2066, 2073.

5. Simplicidade voluntária: a atitude de Francisco...

parecido com o de pobreza voluntária. Se a pobreza voluntária é o desejo de ser e se manter pobre, a simplicidade voluntária é o desejo de ser e se manter simples. O significado da simplicidade, aqui, é materializado na pessoa de João, o Simples, e envolve um elemento inconfundível da ausência da atividade intelectual ou acadêmica. Uma "vida simples" no contexto franciscano é, portanto, uma rigorosa vida de penitência e oração, em que o estudo regular e sistemático não tem lugar. O simples deve querer permanecer simples e não desejar tornar-se culto, e o literato ou o culto não deve tentar avançar seu aprendizado com mais estudos, e deve viver como se fosse um irmão simples, como o especialista em lei canônica, Irmão Pellegrino. Particularmente significativa é a ideia de que a vida simples, e não o estudo, é a melhor forma para se adquirir conhecimento verdadeiro do Evangelho. A legenda de Boaventura sobre Francisco contrasta com essa tradição. Ele escreve explicitamente que a intenção dos frades de buscar estudo teológico agradava a Francisco. Ele usa a palavra simplicidade, mas em seu caso a simplicidade parece ter o significado de "humildade". Está claro que Boaventura, como ministro-geral, não desejaria promover a ideia de um irmão completamente ignorante como João, o Simples, como o irmão santo e exemplar.

Não é possível sabermos o quanto essa teoria de simplicidade voluntária, diferente de humildade e marcada por uma ausência do desejo de estudar, corresponde ao desejo real de Francisco, mas ela é apoiada pela cláusula na *Regra* de que os irmãos iletrados não devem tentar aprender a ler. A carta de Francisco a Antônio de Pádua, o primeiro leitorado não oficial na ordem, não é um obstáculo, já que não menciona o desejo dos irmãos de aprender a partir de Antônio, mas apenas o desejo de Antônio de ensinar aos frades. Em todo caso, a inclusão das passagens, a respeito das atitudes de Francisco em relação aos livros e ao aprendizado nessas biografias a partir de 1240, e o tom cada vez mais argumentativo com que a ideia da simplicidade voluntária é defendida são provas de que a integração do aprendizado na vocação franciscana tinha consequências indesejáveis e talvez imprevisíveis. Entre elas, a criação de uma hierarquia e uma desvalorização dos irmãos leigos parecem ser as mais indesejadas para alguns frades. Como o texto histórico é ao mesmo tempo um produto e um fabricante de seu próprio contexto histórico, a presença das passagens discutidas acima nos conta mais sobre o estado contemporâneo da ordem e os descontentamentos dos autores com o estado do que sobre as atitudes reais de Francisco em relação ao aprendizado.

6. FRANCISCO E A TRADIÇÃO HISTORIOGRÁFICA NA ORDEM
Annette Kehnel

lgumas pessoas têm o azar de serem lembradas principalmente pelo que seus críticos escreveram. Outras, como Francisco, que são principalmente lembradas nos escritos de seus admiradores, não necessariamente estão em situação melhor. A adulação não crítica e a veneração do herói podem ser piores que uma crítica honesta. Neste sentido, a hagiografia teve por muito tempo uma má reputação entre os historiadores. Estes nunca confiaram no hagiógrafo (e ainda não confiam) e o repreendem como sendo tendencioso e não crítico, preocupado com milagres e poderes sobrenaturais. Enquanto o historiador supostamente imparcial está interessado na realidade e em fatos concretos, o hagiógrafo simplesmente nos conta histórias. Entretanto, nos capítulos anteriores nós vimos que a hagiografia franciscana nos apresenta um santo surpreendentemente humano: na realidade, encontramos um teor considerável da humanidade do santo, suas necessidades, seu corpo, suas angústias, seu sofrimento, suas fraquezas.

Está claro também que para os escritores do século XIII a diferença entre a hagiografia e a história era bem menos significativa do que para os acadêmicos das tradições desenvolvidas no século XIX. Finalmente, a preocupação do historiador moderno com os "fatos reais" em vez de com as "histórias" foi bem abalada pela descoberta de que a ciência histórica, mesmo em seus aspectos mais metodológicos, quantitativos e analíticos, não pode existir de forma independente das construções narrativas. Em outras palavras, a história (arte ou ciência) era, e sempre será, ligada ao relato de histórias.

São Francisco e a necessidade dos franciscanos por história

Temos evidências de que Francisco valorizava muito a preservação de uma tradição escrita. Temos apenas dois pedaços de pergaminho que preservam a caligrafia de São Francisco. Um deles é o chamado *Cartula fratris Leoni data*, com uma oração de louvor a Deus na primeira página e uma bênção para o Irmão Leão no verso. Também há uma carta ao irmão Leão, escrito por Francisco de próprio punho. Tomás de Eccleston sugere que Francisco escrevia mal, quando menciona seu parco latim (*falsum latinum*). A julgar pelos autógrafos supramencionados, a acusação seria confirmada, por haver erros de ortografia e de gramática. Entretanto, o relato sugere que Francisco tinha um grande respeito pela palavra escrita. Tomás de Celano nos conta que toda vez que Francisco encontrava algum escrito sobre Deus em seu caminho ou em uma casa, ou no chão, ele o recolhia com a maior reverência e o colocava em um lugar sagrado (1 Cel., 82). Ele queria que seus próprios escritos fossem preservados. Em duas de suas cartas, ele se dirige a todos os ministros da ordem, presentes e futuros, e os admoesta a manter os escritos dele consigo, a colocá-los em prática e a preservá-los avidamente.

A necessidade franciscana pela história pode ser enraizada aqui. Ela está de acordo com o que pode ser considerada uma necessidade humana universal pela história, fundamentada no conhecimento (ou talvez no temor) de que obras não lembradas são como obras não feitas. Essa necessidade de escrever as coisas, para que "as coisas feitas pelo homem não sejam esquecidas com o tempo" (Heródoto), encontrou uma expressão marcantemente nova nos escritos históricos de todas as novas ordens de frades fundadas no século XIII. Historiadores mendicantes estavam bem conscientes do fato de fazerem parte de um grande movimento e testemunharem algo especial. Tomás de Celano, em sua terceira *Vida* de Francisco, fala sobre o grande milagre do começo da ordem: o estéril tornado fértil, São Francisco – o novo homem que surgiu na terra e causou o aparecimento de um novo exército (3 Cel., 1). Os membros da ordem estavam ativamente envolvidos nesta novidade; eles fizeram parte dela e a promoveram por toda a Europa. Além do mais, os frades viviam como membros de uma comunidade transnacional com um forte sentimento de que a comunidade não apenas precisava de uma *Regra* comum, valores compartilhados e um fundador pessoal, mas também uma história de fundação unificadora.

Essa necessidade de uma história de fundação unificadora ficou cada vez mais forte com o crescente avanço da ordem, que acompanhou sua exitosa expansão através da Europa medieval e território missionário. Podemos descrever a distância em termos espaciais e também temporais. Cada casa franciscana fundada na Espanha, Irlanda, Suécia ou Polônia significava um aumento da distância geográfica na ordem. Ao mesmo tempo, a época da geração de frades que encontraram e chegaram a conhecer Francisco estava tornando-se cada vez mais remota. A história escrita dentro da ordem foi interpretada como uma tentativa de lidar com essas crescentes distâncias.

Primeiro, as crônicas provinciais são lidas por acadêmicos modernos como a expressão de uma crescente autoconfiança. Os frades nas províncias – presume-se – descobriram a necessidade de uma história e uma identidade próprias. Em segundo lugar, o começo da historiografia franciscana tem sido considerado uma forma de

6. Francisco e a tradição historiográfica na ordem

lidar com a crise geracional, inevitável no começo do desenvolvimento de qualquer instituição, quando a geração de seu fundador morre. Como saber que os valores e o espírito do fundador permanecerão no futuro? Como transmitir o conhecimento sobre o fundador para a segunda e a terceira gerações? Estas questões claramente povoavam a mente daqueles presentes no capítulo geral de Gênova, no ano de 1244. Sob o comando do novo ministro-geral, Crescêncio de Jesi, foi decretado que não apenas documentos e informações sobre a vida e a obra do fundador deveriam ser colhidos para uso futuro, mas também "outros fatos edificantes dignos de memória" (*aliquod factum edificatorium dignum memoria*). Em primeiro lugar, esse decreto inspirou escritos hagiográficos. Tomás de Celano escreveu sua segunda biografia instigado por Crescêncio. Ele também inspirou a compilação de histórias exemplares e finalmente – mesmo que apenas indiretamente – a escrita de obras históricas, tais como as crônicas antigas a serem discutidas nas páginas a seguir.

Tomás de Eccleston, Jordão de Jano e Salimbene de Adam

Comecemos então com a mais antiga crônica provincial escrita na ordem franciscana, sob o título de *A Chegada dos Frades Menores à Inglaterra*. Sobre seu autor, quase nada sabemos. Ele chama a si mesmo de Irmão Tomás. Mesmo o complemento "de Eccleston" foi adicionado em um dos quatro manuscritos sobreviventes do texto, não antes do século XVII. Seu relato é dedicado a certo Irmão Simão de Ashby, e também vemos, na epístola dedicatória, que Tomás havia coletado materiais para suas crônicas por 26 anos. Pelas evidências internas, podemos deduzir que Tomás terminou sua obra antes de 1257-1258. Ele é extremamente bem-informado sobre os assuntos internos da ordem. Então ficamos sabendo casualmente que os frades ingleses tinham um selo estampado com uma ovelha sustentando uma cruz, quando Tomás relata os arranjos para o sucessor do primeiro-ministro provincial, Agnelo de Pisa, que morreu dia 13 de março de 1236. Ele também dá informações detalhadas sobre os vários oficiais na ordem, legados papais, oficiais da província e outros assuntos organizacionais. Podemos chamá-lo de patriota. Ele estava convencido de que os padrões da província inglesa eram notáveis. Ele mostra um viés compassivo em relação a sua própria província e seus membros e identifica-se totalmente com sua comunidade. Ele escreve: "Oxalá esta província estivesse no meio do mundo para poder ser exemplo para todos".[1]

---

[1] Tomás de Eccleston, c. 15, p. 185.

1ª Parte - Annette Kehnel

Apesar de Tomás ser honesto, preciso e bem-informado, houve dúvidas frequentes sobre suas qualidades como historiador. A ordenação de seu material é caótica, e seu senso de proporção parece deficiente. Há apenas uma única data mencionada em toda a crônica: 10 de setembro de 1224, quando os frades chegaram a Dover. Sua obra não é um relato da história dos primeiros frades ingleses lembrado por um deles, mas sim um texto que reúne a memória coletiva do grupo. Parece documentar as conversas vespertinas dos frades, como descrito pelo próprio Tomás quando nos conta como os frades em Canterbury se reuniam à tarde em suas acomodações de emergência na escola "onde estavam, acendendo aí o fogo para sentar-se algumas vezes junto dele, quando deviam beber sua refeição colocavam sobre o fogo uma panelinha com borra de cerveja, punham um prato na panela e bebiam todos em rodízio, dizendo cada um uma palavra de edificação".[2] Tomás testemunha por escrito essas alegres reuniões vespertinas, quando os frades compartilhavam suas experiências uns com os outros. Conforme os anos se passavam, suas histórias eram lidas em voz alta. E podemos bem imaginar como elas inspiraram outros irmãos a adicionar suas próprias experiências e assim continuar a história uma vez iniciada em Assis, por Francisco, e mantida viva pelos frades em Oxford, Northampton, Hereford e nos outros lugares. Na realidade, a forma textual dos manuscritos preserva traços de um processo contínuo de escrita, leitura, adições, cópias e reescrita nas memórias compartilhadas de uma comunidade local.

Jordão de Jano, o cronista da província alemã, era um italiano que passou a maior parte de sua vida na Alemanha. Seu relato difere fundamentalmente do de Tomás de Eccleston por refletir inteiramente a memória individual de um irmão. Jordão deve ter sido um brilhante contador de histórias e reconta anedotas que contou por muitas e muitas vezes até que seus irmãos lhe suplicaram que as escrevesse no capítulo provincial de 1262, em Halberstadt. Concordando com o pedido, ele ditou suas memórias para o Irmão Balduíno de Brandenburgo. Em contraste com a compilação de Tomás de Eccleston, seu texto revela uma forte individualidade e um profundo senso histórico. Também encontramos em seu texto muitos detalhes a respeito de sua própria pessoa: ele se apresenta como uma pessoa idosa e frágil (*iam senex et debilis*) e nos conta que foi um diácono do vale de Spoleto, da mesma região que Assis.[3] Sua data estimada de nascimento é 1195. Ele deve ter entrado na ordem antes de 1219, porque lamenta não ter tido a oportunidade de falar com os frades enviados à Espanha naquele ano. Em 1221,

---

[2] Ibid., c. 1, p. 97-98.
[3] Jordão de Jano, n. 30, p. 45.

ele saiu da Itália em missão para a Alemanha, junto com Cesário de Espira e seu grupo.[4] Em 1223, ele foi ordenado sacerdote, trabalhou como guardião de Espira, depois de Mainz, e então foi custódio da Turíngia, e estabeleceu os conventos em Eisenach, Gotha, Nordhausen e Mühlhausen. Duas vezes, em 1230-1231 e em 1238, ele viajou para Roma e para Assis. Também é bem provável que ele seja o autor das três cartas escritas por volta de 1241, relatando as crueldades cometidas nas lutas entre os soldados mongóis e os cavaleiros poloneses e húngaros.[5]

Sua crônica fica mais densa entre os anos de 1219 e 1239. Ela reflete o funcionamento natural de uma memória individual: quanto mais remoto o acontecimento, mais presente ele é, portanto os eventos mais antigos são os mais vívidos. Com um divertimento notável, ele traz à lembrança o lado humano dos confrades, bem como o lado humano de São Francisco, a quem Jordão conheceu pessoalmente. Com um tom provocador, ele nota que sua própria carreira nas províncias germânicas foi a consequência involuntária de uma ação não intencional. Durante o capítulo pentecostal de Assis em 1221, sua intenção de apertar as mãos dos potenciais mártires antes que eles partissem para a Alemanha levou a uma mudança dramática em sua vida. Mais ou menos contra sua vontade, o Irmão Jordão foi obrigado a se juntar ao grupo pelo alegre Irmão Palmerius, que simplesmente lhe disse: "Tu também és nosso e irás conosco".[6] Esta ao menos é a versão da história contada pelo velho Irmão Jordão, que sem dúvida era um contador de histórias profissional. Na pesada jornada à Alemanha, foi ele quem motivou que os fazendeiros austríacos locais lhe levassem pão, ovos e leite, apenas sorrindo para as pessoas e as fazendo rir.[7] Ele também se lembra dos frades especificamente: Irmão Hartmut, o alemão, que foi rebatizado de Andrea pelos italianos porque eles não conseguiam pronunciar seu nome.[8] Ele relata os frades pios em Mühlhausen (na Turíngia), tão ávidos em suas orações que se esqueceram de terminar o telhado da casa que lhes havia sido dada pelo duque de Velsekke--Gleichen.[9] Também havia o exemplo do extremamente humilde Irmão Nicolau, cuja humildade era tão irritante que Jordão intencionalmente evitava ficar perto dele.[10] Uma das histórias mais marcantes no relato de Jordão foi uma visita de uma delegação franciscana a Roma, quando os frades fizeram um apelo ao papa contra o ministro-geral, Elias de Cortona. O próprio Jordão era membro do gru-

---

[4] Ibid, n. 18, p. 34-36.
[5] Ibid, apêndice, carta, p. 73-77.
[6] Ibid, n. 18, p. 34-35.
[7] Ibid, n. 27, p. 42-44.
[8] Ibid, n. 25, 28, p. 41, 44.
[9] Ibid, n. 45, p. 52-53.
[10] Ibid, n. 47, p. 53-54.

po e se lembra de como Gregório IX a princípio se recusou a falar com os frades. Entretanto, quando eles finalmente conseguiram acesso, foram admitidos em seu próprio quarto e encontraram o papa deitado na cama. O próprio Jordão – assim ele nos conta – caminhou até o leito papal, pegou os pés do papa e os beijou, dizendo para seus confrades: "Olhe, destas relíquias não temos na Saxônia".[11]

Esses poucos exemplos devem ser suficientes para demonstrar o insight extraordinariamente íntimo oferecido por Jordão. Com um profundo senso de humor, ele descreve a antiga vida franciscana com um tom irônico, frequentemente cômico. Jordão é um observador racional e preciso e nos conta anedotas em vez de *exempla*; escolhe o senso comum em vez de visões; retrata seres humanos em vez de santos.

O irmão Salimbene de Adam era de Parma. Enquanto Tomás de Eccleston nos conta quase nada sobre si mesmo ou sua família, Salimbene faz de si mesmo um dos tópicos principais. Enquanto Jordão de Jano escrevia sobre o pedido urgente de seus confrades, Salimbene de Adam escrevia – de acordo com seu próprio testemunho – para sua sobrinha Inês no convento de Santa Clara, em Parma. Apesar de Tomás de Eccleston e Jordão de Jano serem lidos principalmente pelos interessados na história da vida religiosa medieval, Salimbene tem uma reputação de um dos textos historiográficos mais ricos da Idade Média e uma das testemunhas mais importantes do século XIII.

Sua obra tem um tamanho extraordinário. Apesar de ter sido preservada apenas em fragmentos, ela tem 951 páginas na edição original em latim. A edição do *Tratactus* de Tomás tem 104 páginas e a de Jordão de Jano, 80 páginas. É a única obra preservada desse autor, apesar de sabermos que ele escreveu muitas outras. Salimbene tinha 62 anos quando começou a escrever a crônica, no ano de 1283, no convento franciscano de Reggio.

Para uma impressão sólida de sua obra, devemos ler os capítulos de abertura começando com as questões gerais europeias, continuando com informações detalhadas da infância de Salimbene e seus primeiros anos na ordem. Nascido em 9 de outubro de 1221 na cidade de Parma, ele foi batizado perto de Parma. Como padrinho, ele teve o supostamente famoso Lord Balian de Sidon, um grande barão da França e um cruzado que voltava da Terra Santa. Seu modo de relatar os fatos é muito pessoal: aos 14 meses de idade, no natal de 1222, houve um grande terremoto na cidade de Reggio, sentido por toda a Lombardia e a Toscana, e também em Parma. Sua mãe mais tarde lhe contava que ele estava deitado em seu berço e ela pegou suas duas irmãs, uma em cada braço (elas eram bem pequenas) e correu para a casa de seus parentes. O menininho ficou para trás, no berço. De acordo com sua mãe, era

---

[11] Ibid, n. 63, p. 65.

6. Francisco e a tradição historiográfica na ordem

mais fácil de carregar suas irmãs. "É por isso que eu não a amava excessivamente, porque deveria ter-se preocupado mais comigo, que era menino.[12]" Estas informações tão detalhadas sobre as memórias individuais de uma mente medieval fizeram com que a crônica fosse uma das autobiografias mais notáveis da Idade Média.

Com similar clareza de detalhes, o leitor é informado sobre a recepção de Salimbene e os primeiros anos na ordem: em 1238, na noite de 4 de fevereiro, na vigília de Santa Ágata, na cidade de Parma, pelo Irmão Elias, o ministro-geral. Após um ano na ordem sob seu nome mundano de Ognibene, ele conheceu um santo frade que vivia como ermitão perto da Città di Castello, que o rebatizou de Salimbene. Este homem era, de acordo com o testemunho de Salimbene, o último irmão a quem o próprio São Francisco havia recebido na ordem. Logo depois, ele também conheceu Bernardo de Quintavalle, o primeiro homem a quem São Francisco recebeu como discípulo. Salimbene conta que passou um inverno completo no convento de Siena com Bernardo e recebeu informações preciosas sobre o fundador. "Foi para mim um amigo íntimo e contava para mim e para os outros jovens as muitas e grandes obras de Francisco; e dele ouvi e aprendi tantas coisas."[13]

Com muitos detalhes, Salimbene relata as grandes distâncias percorridas por seu pai para tirá-lo da ordem. Este relato sobre as trocas feitas entre pai e filho é valioso. Salimbene tem muitas qualidades enquanto informante interno, e às vezes é bem crítico. Assim, ele reclama sobre a liturgia: "Pois ela contém muito de supérfluo, o que causa tédio em vez de devoção, tanto à congregação quanto aos celebrantes".[14] Ele tem um lado bastante mundano e ama descrever-se na companhia dos grandes e famosos, como Inocêncio IV, Luís IX da França, Imperador Frederico II, Rei Henrique III da Inglaterra e frades celebrados, tais como João de Plano Carpini, o frade que viajou até os mongóis, enviado por Inocêncio IX. Ele também gosta de comer e beber à mesa deles e é famoso por ser um expert em vinhos. "Note também que existem três regiões na França que produzem uma abundância em vinhos: La Rochelle, Beaune e Auxerre. É notável também que em Auxerre os tintos tenham a mais baixa reputação, por não serem tão bons quanto os vinhos italianos."[15] Salimbene é muito apreciado por sua capacidade de produzir retratos vívidos em poucas palavras, por seu humor alegre e por seu egoísmo espantoso. Sua obra foi caracterizada por seu tradutor moderno, Joseph L. Baird, como um dos mais notáveis relatos de uma era, filtrado por meio da consciência de um frade do século XIII que era, ao mesmo tempo, de alguma forma, um homem mundano e intensamente atento.

---

[12] Salimbene, p. 3-17.
[13] Ibid, p. 13.
[14] Ibid, p. 5.
[15] Ibid, p. 209.

Uma consideração final sobre a distribuição desses textos na Idade Média: estas crônicas franciscanas antigas certamente não eram best-sellers, como, por exemplo, a *Legenda aurea*, também compilada em meados do século XIII e preservada hoje em mais de mil manuscritos. O *Tractatus* de Eccleston sobreviveu em apenas quatro manuscritos; a crônica de Jordão chega até nós em três manuscritos, fora algumas continuações datadas do século XVI. A crônica de Salimbene sobreviveu em apenas uma cópia, manuscrita por seu autor. Podemos deduzir que elas não caíram no gosto de sua época; ou, pelo menos, que as gerações seguintes não viram necessidade de preservá-las para o futuro. Entretanto, esta é exatamente a característica que aumenta seu valor para nós hoje, já que elas permitem insights da vida contemporânea, das mentes medievais e de uma cultura de outro modo frequentemente sob o fardo dos autores convencionais.

A ordem de São Francisco produziu alguns historiadores notáveis já no século de sua fundação. Essas crônicas franciscanas antigas compartilham da origem nas províncias, em vez de no centro da ordem. Elas testemunham a necessidade de colocar a experiência franciscana no papel. Elas testemunham um sentido histórico genuíno, vivo na ordem especialmente na segunda e na terceira gerações de frades. Entretanto, existe ainda outra dimensão: as crônicas testemunham a convicção dos frades de que eles são parte de algo novo e especial, algo que vale a pena lembrar no futuro. Ao mesmo tempo, os três autores estavam bem conscientes sobre as deficiências de seu próprio presente e compartilham de um distinto senso de humor.

Caroline W. Bynum, uma das maiores historiadoras da religião atualmente, uma vez argumentou que a escrita da história deve lidar de forma graciosa com o incompleto, que deve haver um diálogo aberto para novas vozes e que seu modo essencial é o cômico. Os historiadores franciscanos no século XIII parecem compartilhar dessa forma de pensar.

A IMAGEM DE SÃO FRANCISCO NAS CRÔNICAS FRANCISCANAS ANTIGAS

Finalmente chegamos à questão de como os historiadores antigos retratavam São Francisco em suas obras. Agora começaremos com Salimbene. Não há dúvida: aqui, Francisco não figura de forma proeminente. Em toda a crônica de Salimbene – 951 páginas na edição latina –, o nome de São Francisco aparece 58 vezes (cf. Imperador Frederico II, que aparece em 81 entradas no índice da tradução para o inglês). Muitas das entradas são, claro, referências indiretas que servem para especificar outras pessoas ou datas. Entretanto, Salibene deixa bem claro

6. Francisco e a tradição historiográfica na ordem

que não é sua intenção escrever uma crônica de feitos e milagres *post-mortem* do santo. Assim, no registro do transporte dos restos mortais de São Francisco em 1230, ele menciona os muitos milagres que acompanharam o evento, apenas para indicar a vida e a legenda de São Francisco ao leitor, para outras informações.[16]

Francisco, entretanto, aparece como fundador e professor. Salimbene cita o fundador como um exemplo moral em situações ambíguas, por exemplo, em uma disputa sobre ser ou não desonroso para um pregador estar acompanhado de mulheres. Aqui, a autoridade de Francisco é citada com um conselho até então não relatado de que algumas coisas devem simplesmente não ser feitas, para evitar a possibilidade de mal-entendidos públicos.[17] A mesma citação reaparece na discussão sobre o comportamento de Lupus, arcebispo de Siena, severamente criticado por toda a sua corte por seu amor excessivo pela filha de seu antecessor. Salimbene não critica duramente a sincera afirmação do arcebispo de que amava a menina em pureza de espírito, porém recomenda ao leitor: "Em relação a esse assunto, é bom fazer o que São Francisco ensina. Ele diz: é bom deixar de lado muitas coisas, para que não se ofendam opiniões".[18] Podemos concordar que São Francisco na crônica de Salimbene parece mais compor um plano de fundo do que ser o tema central desse retrato do século XIII.

Assim como Salimbene, Jordão deixa claro desde o começo que sua crônica não é uma vida de São Francisco e que "uma vez que a *Legenda* já explicou de forma suficiente como sucedeu sua conversão, damos o assunto como subentendido".[19] Entretanto, ele começa com um esquema biográfico preciso. Em contraste com Salimbene, que nasceu apenas em 1221, Jordão oferece muitos insights valiosos sobre a história antiga da ordem, vistos pelos olhos de alguém de dentro, alguém mais cético do que entusiasta e que geralmente prefere uma perspectiva "racional".

Seus relatos sobre a decisão de Francisco de viajar à Terra Santa certamente não revelam grande piedade. A decisão de viajar à Terra Santa é retratada como uma solução de emergência após o santo perceber, perto do fim da reunião do capítulo geral de 1219, que ele não queria ficar para trás enquanto todos os outros haviam galgado os degraus da perfeição em suas missões a países estrangeiros.[20] Jordão fica fascinado e ao mesmo tempo irritado pela humildade do santo. A admiração fica clara quando Francisco age de acordo com o senso comum. Assim, lemos que, quando Francisco estava na Terra Santa, os dois vigários que o substituíram em casa decretaram jejuns

---

[16] Ibid, p. 45.
[17] Ibid, p. 60.
[18] Ibid, p. 139.
[19] Jordão de Jano, n. 1, p. 20.
[20] Ibid, n. 10, p. 25-26.

1ª Parte - Annette Kehnel

mais rígidos. Um dos irmãos leigos da ordem, muito preocupado com esse desenrolar das coisas, partiu para encontrar Francisco na Terra Santa, apresentar-lhe as novas regras e ouvir sua opinião. Francisco leu as novas *Regras* e então perguntou a Pedro Catânia, seu companheiro, o que devia ser feito. Na mesa a sua frente, um belo prato acabara de ser servido. Prontamente, eles concordaram: "Comamos, de acordo com o Evangelho, o que foi posto a nossa frente".[21] Na realidade, nós devemos nossa compreensão sobre as dificuldades na ordem durante a viagem de Francisco até o sultão do Egito, al-Malik-al-Kâmil, quase inteiramente ao Irmão Jordão. O mesmo tom respeitoso parece estar lá na escrita sobre os acontecimentos após o retorno de Francisco. Jordão parece apreciar a decisão de Francisco de, em vez de discutir com o grupo de frades que se opunham a seu ensinamento, viajar direto para Roma e pedir um procurador da ordem a Honório III.[22] No capítulo de Pentecostes, entretanto, a atitude de Francisco é novamente muito fraca. De acordo com Jordão, de repente chegou a Francisco que a ordem ainda não estava estabelecida na Alemanha. Como ele na época estava doente, Elias disse tudo o que tinha para dizer ao capítulo. Sentado aos pés de Elias, Francisco o puxou por sua túnica (*traxit eum per tunicam*). Elias se curvou e ouviu o que ele queria dizer, e então se levantou para falar.[23] Tal comportamento se parece mais o de uma criança tímida do que o de um líder de um grande movimento. Jordão descreve a situação com um sentimento de diversão e irritação.

Há ainda outra história que pode esclarecer mais ainda a abordagem (digamos) racional de Jordão sobre o fundador. O evento acontece logo após 1230. Jordão, voltando da Alemanha em direção a Assis, encontra Tomás de Celano, que lhe deu algumas relíquias preciosas de São Francisco (de acordo com Nicolas Glassberger, a pessoa que continuou a crônica de Jordão); havia um pouco de cabelo e pedaços do hábito de São Francisco. Jordão então continua sua jornada, esquecendo-se das relíquias. Entretanto, quando ele chegou a Eisenach, foi recepcionado pelos frades de forma muito reverente. Eles o fizeram entrar pela porta principal da igreja e o receberam com crucifixos, incensos, folhas de palmeira e velas, em uma procissão cerimonial. Jordão ficou atordoado com essa forma de recepcionar um irmão e pediu para que parassem. Apenas então ele percebeu que os irmãos estavam celebrando as relíquias sagradas que ele levava consigo. "E daí em diante", o velho cronista se lembra, "o Irmão Jordão começou a ter maior reverência e honra pelo bem-aventurado Francisco, a quem ele conhecera na [vida] presente. Por esse motivo, algo muito humano tinha acontecido com ele (*quem in*

---

[21] Ibid, n. 12, p. 28.
[22] Ibid, n. 14, p. 29-30.
[23] Ibid, n. 17, p. 33.

6. Francisco e a tradição historiográfica na ordem

presenti vita viderat et ob hoc quiddam ei humanitatis acciderat)".[24] Jordão reflete aqui com grande honestidade sobre seu fracasso em reconhecer São Francisco como santo (de acordo com o princípio de que um profeta não tem honra em seu próprio país). Nesta confissão, quase podemos ver o Irmão Jordão ainda pensando e observando, balançando criticamente sua cabeça a respeito do pequeno homem de Assis – mas cada vez mais fascinado e assoberbado pela força duradoura da fraqueza de Francisco.

Apesar de o Irmão Tomás de Eccleston ter escrito a crônica provincial mais antiga sobre a ordem franciscana, de muitas maneiras ele foi o mais obliterado dos três autores discutidos aqui. Assim como Salimbene, ele nunca conheceu Francisco, e quando ele se juntou à ordem, em 1242, São Francisco já estava morto havia seis anos. Diferentemente de Salimbene, que, por ser um discípulo de Bernardo de Quintavalle, construiu uma ligação direta com a mais antiga comunidade franciscana, Tomás nunca teve contato com os primeiros companheiros de Francisco ou outros frades celebrados.

Podemos considerá-lo o historiador mais distante das origens franciscanas. Paradoxalmente, entretanto, seu texto documenta o conhecimento mais íntimo do santo fundador. Francisco está muito presente entre seus discípulos na província inglesa, constantemente agindo, ajudando ou dando conselhos quando necessário. Primeiro de tudo, ele está presente em visões. Sobre isso não se falava na província alemã – pelo menos de acordo com os relatos do Irmão Jordão de Jano. Na Inglaterra, entretanto, São Francisco aparecia regularmente a seus frades. Uma história recontada por Haymo de Faversham afirma que o santo curou a gripe constante de um jovem noviço em uma visão noturna.[25] Francisco, todas as noites, aconselhava o Irmão João Bannister. Ele estava atormentado, já que havia sido decretado por um capítulo geral que em todas as províncias certos irmãos seriam escolhidos para escrever o que lhes parecia problemático na *Regra*. Neste contexto, Francisco apareceu para ele à noite, mostrando-lhe um profundo poço. João lhe falou sobre a intenção da ordem de interpretar a *Regra* e lhe implorou que ele próprio a interpretasse. Francisco respondeu: "Filho, vai até os irmãos leigos e deixa que te expliquem a *Regra*". Por fim, os frades ingleses escreveram alguns pontos e os enviaram ao ministro-geral em um pergaminho não selado, suplicando que ele não permitisse que a *Regra* fosse mudada, mas que a deixasse exatamente na forma dada por Francisco por inspiração do Espírito Santo.[26]

---

[24] Ibid, n. 59, p. 63.
[25] Tomás de Eccleston, c. 6, p. 123.
[26] Ibid, c. 13, p. 158.

É bem óbvio que Francisco aqui age como um guardião do verdadeiro Franciscanismo. A visão expressa uma profunda ansiedade a respeito de se manter fiel à visão do fundador. Os frades ingleses estavam ávidos por compreender a forma de vida franciscana da forma mais próxima possível às origens franciscanas.

A mesma preocupação aparece nas intervenções de São Francisco sobre a construção de novas casas para o crescente número de frades. De acordo com uma história narrada pelo Irmão Roberto de Slapton, Francisco apareceu a um guardião. Ele foi guiador pelos frades e ficou muito contente com a construção simples das paredes ao redor: casas feitas de varas, rebocados com barro e estrume. E o guardião lavou os pés de Francisco e lhes beijou os estigmas.[27] A alegria de Francisco ao ver as varas e o barro como materiais de construção das casas franciscanas confirmou a intenção dos frades de seguir a *Regra* da melhor forma possível. Uma interferência mais radical do santo fundador aconteceu em Paris, onde a nova casa franciscana em Valvert, perto dos Jardins de Luxemburgo, simplesmente desabou cerca de 1228. Era uma construção muito alta e grande, grande demais para uma casa franciscana, e completamente contra o estatuto da pobreza. De acordo com o irmão Henrique de Burford, foi o próprio Francisco que causou a destruição da casa, em resposta à oração de alguns frades por sua interferência.[28] A atitude radical de Francisco contra grandes casas também foi confirmada pelo Irmão Martinho de Barton, que contou a seus irmãos ingleses como se apresentou quando Francisco deu a ordem de destruir a casa que havia sido especialmente construída para a reunião do capítulo de Assis, provavelmente em 1222 ou 1223.[29] Obviamente, a autoridade de Francisco é frequentemente citada nessa discussão a respeito de como se construir casas de acordo com o estatuto da pobreza.

A imagem de Francisco também é mantida viva por frades que o haviam conhecido pessoalmente. Assim, o mesmo Irmão Martinho de Barton uma vez presenciou Francisco escrevendo uma carta, ao ar livre, na chuva, sem que a carta se molhasse, e nos conta como, em outra ocasião, Francisco resgatou um frade que havia caído dentro de um poço.[30] O Irmão Alberto de Pisa relatou a partir de sua própria experiência como Francisco uma vez o admoestou, quando ele estava no hospital, a comer duas vezes mais que o normal. O Irmão Alberto, por sua vez, em uma situação parecida, forçou o Irmão Eustáquio de Merc a comer peixe.[31]

---

[27] Ibid, c. 10, p. 139-140.
[28] Ibid, c. 10, p. 141.
[29] Ibid, c. 6, p. 125-126.
[30] Ibid, c. 6, p. 126.
[31] Ibid, c. 14, p. 171-172.

6. Francisco e a tradição historiográfica na ordem

Sem dúvida, Francisco figura de forma mais proeminente nas conversas entre os frades ingleses. Ele está presente como autoridade última, ajuda os frades e une a comunidade. Há outro aspecto a ser citado aqui: a fascinação dos frades ingleses pelos estigmas e a relação especial do santo com Cristo. Assim, lemos como o Irmão Bonício testemunhou os estigmas de Francisco no capítulo geral de Gênova e o fez sob as ordens de João de Parma. O Irmão Warin de Sedenfeld[32] também é citado, escrevendo pelas palavras de Irmão Leão como o Irmão Rufino testemunhou o serafim, uma forma angelical, ameaçando São Francisco e o tratando de forma severa. O serafim disse a São Francisco que sua ordem duraria até o fim do mundo, que ninguém de má vontade pode perseverar por muito tempo na Ordem, que ninguém que odeia a Ordem viveria muito, e que ninguém que ama verdadeiramente sua Ordem teria um mau fim. E São Francisco ordenou a Frei Rufino que lavasse e ungisse com óleo a pedra sobre a qual estivera o anjo.[33]

Uma história final e bem marcante, não relatada em outros lugares, também circulou nos conventos ingleses. Como sempre, Eccleston fornece a referência exata de sua origem. Esta história foi narrada publicamente no convento de Londres pelo Irmão Agostinho, o irmão do provincial Guilherme de Nottingham. Por sua vez, este a havia escutado em um sermão do Papa Gregório IX na festa de São Francisco em Assis. É uma anedota sobre dois hereges que, após sua conversão em Veneza, tiveram a seguinte visão: viram Cristo como juiz com os apóstolos e todas as outras ordens religiosas do mundo. Infelizmente, não conseguiram encontrar a ordem dos Frades Menores, nem São Francisco, que, de acordo com o sermão de um legado papal, era preferido em relação a João Evangelista por causa da impressão dos estigmas. Então, eles chegaram a pensar que o legado tinha blasfemado. Jesus, reclinando-se no peito de João, e João no dele, abriu com suas mãos a chaga de seu lado, e São Francisco apareceu de maneira muito clara dentro de seu peito; e o amado Jesus fechou a chaga e o guardou todo inteiro.[34] Claramente, esta extraordinária visão de São Francisco na chaga de Cristo é uma peça de hagiografia e não de história. Ela transmite uma imagem de Francisco como o santo mais íntimo de Cristo – mais até que São João Evangelista. E aqui voltamos à questão introdutória sobre a diferença entre hagiografia e historiografia. O historiador Tomás de Eccleston é a única fonte a relatar essa história. Ela é desconhecida até mesmo pelos compiladores contemporâneos de coleções de *exempla*. O Irmão Tomás historiador, entretanto, cuidadosamente envolve o rela-

---

[32] N.T. Na Crônica de Tomás de Eccleston, quem relata isso é Frei Pedro, ministro da Inglaterra.
[33] Ibid, c. 13, p. 161-162.
[34] Ibid, c. 15, p. 177-178.

to em um contexto histórico: a conversão de dois hereges em Veneza, autorizada por Gregório IX em um sermão dado em Assis, publicamente relatada por um parente do ministro provincial inglês no convento de Londres. Assim, ele trabalha em direção a uma base "histórica" da imagem de São Francisco como o santo mais eminente do universo cristão – o santo semelhante a Cristo pela virtude de suas chagas. E na realidade foi essa imagem de santo com chagas que se provou a mais forte no futuro curso da história.

7. FRANCISCO E CLARA E A EMERGÊNCIA DA SEGUNDA ORDEM

Jean François Godet-Calogeras

FRANCISCO E CLARA, O MERCADOR E A DAMA

Francisco pareceu surpreso quando outros homens pediram para se juntar a ele. Mas ele os recebeu, e logo havia nascido uma fraternidade evangélica. Em 1209, de acordo com os hagiógrafos, eles haviam chegado ao simbólico número de 12, e Francisco e seus irmãos foram a Roma para buscar a confirmação papal de sua forma de vida. Depois, voltaram a Assis, tendo sido abençoados por Inocêncio III. Francisco considerou a possibilidade de mulheres se juntarem ao grupo? Não há menção clara de presença feminina na jornada a Roma. No contexto da época, seriam criados problemas para mulheres e homens não casados, especialmente de diferentes classes sociais, que viajassem juntos. É bem improvável que tal grupo tivesse sido visto de forma positiva em Roma, muito menos que tivesse recebido a bênção do papa. Mesmo assim algumas fontes – incluindo o *Testamento* da própria Clara de Assis – mencionam que antes de Francisco ter qualquer irmão, enquanto ainda trabalhava no restauro da pequena igreja de São Damião, fora de Assis, ele conversava com as pessoas em francês, falando sobre a vinda de mulheres santas para aquele lugar santo:

> Estando com outras pessoas que também trabalhavam na referida obra, clamava em francês, em alta voz, com grande alegria, aos habitantes e aos que passavam perto da igreja: "Vinde e ajudai na obra da igreja de São Damião, que futuramente será um mosteiro de damas, por cuja fama e vida nosso Pai celeste será glorificado na Igreja universal".[1]

O uso da palavra *dama* coloca a história no contexto medieval da cavalaria e da nobreza, a classe social de que Francisco, rico, mas apenas um mercador, desejava fazer parte.

Assis era e permanece sendo um pequeno mundo. Em 1210, Francisco já fazia bastante barulho. Entre aqueles que se tinham juntado à fraternidade havia um jovem de uma das nobres famílias de Assis, Rufino di Scipione di Offreduccio.

---

[1] 3 Soc., 24. Ver também *Testamento* de Clara, 12-14, in R. J. Armstrong (ed. e trad.), *Clare of Assisi: Early Documents, Revised and Expanded* (Nova York, 2006), p. 60-61.

Rufino tinha uma prima chamada Clara, filha de seu tio Favarone di Offreduccio. Irmão Rufino foi quem permitiu o encontro entre Francisco e Clara.

Vinda de uma nobre e poderosa família de cavaleiros, Clara era uma dama por direito. Mas ela também era respeitada por suas qualidades pessoais. De acordo com homens e mulheres que a conheceram durante a juventude, ela era boa, gentil e graciosa. Ela também era bela, e muitos homens teriam gostado de se casar com ela. Mas parece que, já em sua tenra idade, Clara tinha outras ideias. Em seu desejo de agradar a Deus, ela frequentemente se voltava às necessidades dos pobres, compartilhando com eles de sua comida. E ela sempre gostava de conversar sobre as coisas de Deus.

Clara muito provavelmente recebeu uma profunda educação religiosa de sua mãe, a Senhora Ortulana, que também era uma pessoa religiosa e caridosa. Antes de Clara nascer, ela peregrinou à Terra Santa, a Roma e ao Monte Sant'Angelo (Monte Gargano), o santuário do arcanjo Miguel. Frequentemente, ela visitava os pobres. Até onde sabemos por meio das fontes, Clara tinha duas irmãs mais novas: Catarina, mais conhecida por Inês, após Francisco rebatizá-la, e Beatriz. Mais adiante, mãe e filhas se reuniriam na nova comunidade de São Damião.

O Irmão Rufino deve ter falado de Francisco para sua prima Clara, e de Clara para Francisco. Clara ficou intrigada por esse filho de um rico mercador da cidade; ela sabia como ele, de forma pública e dramática, havia deixado a família, a cidade de Assis e tudo o mais para seguir a Cristo. Mas parece que Francisco foi quem tomou a iniciativa. Tendo ouvido sobre as qualidades da jovem dama (ela tinha cerca de 12 anos a menos que ele), membro de uma poderosa e nobre família e prima de um membro de sua comunidade, Francisco arranjou um encontro com Clara. Isto deve ter acontecido perto do ano de 1211. Eles tiveram vários encontros. Clara e sua amiga Bona, a filha de outro nobre de Assis, encontravam Francisco, que também sempre estava junto com um companheiro, em segredo, para evitar a reação dos pais de Clara. Afinal, Clara e Francisco eram de classes sociais diferentes, e a nobreza da alta Assis jamais consideraria os mercadores da baixa Assis como iguais, portanto o matrimônio não valeria a pena. Durante seus encontros, Francisco falava de conversão, de penitência, de deixar tudo para seguir a Cristo, de viver em humildade e em pobreza de acordo com o Evangelho. O desejo de entrar para a fraternidade de Francisco e para a vida penitencial crescia em Clara. Em algum ponto, o bispo de Assis, Guido, foi informado da situação. Guido simpatizava com o empenho de Francisco, confiava nele e o apoiava. Portanto, ele ajudou a tornar realidade um projeto que parecia impossível.

7. Francisco e Clara e a emergência da Segunda Ordem

FRANCISCO E A CONVERSÃO DE CLARA

De acordo com o autor de *Legenda de Santa Clara*, Clara encontrou-se com Francisco pouco antes da festa do Domingo de Ramos, em 1212.[2] Ela lhe perguntou como e quando ela deveria tomar sua decisão de se juntar à fraternidade. Francisco lhe disse para ir com as pessoas à liturgia do Domingo de Ramos, para receber uma palma e deixar a cidade na noite seguinte. Em 18 de março de 1212, Bispo Guido celebrou a liturgia do Domingo de Ramos em sua catedral, dedicada a São Rufino, o primeiro bispo de Assis (morto em 238). Clara, cuja casa era adjacente à catedral, assistiu à liturgia, durante a qual o próprio bispo dramaticamente veio até ela e lhe deu uma palma. Deve ter havido um plano bem preparado por Francisco e o bispo, por instruções passadas a Clara. Como resultado, na noite seguinte ela saiu de sua casa em segredo e deixou a cidade. À noite os portões da cidade eram trancados e guardados, mas um desses portões – a Porta Moiano – estava convenientemente sob a custódia do bispo, não havendo barreira para a fuga de Clara.

Poucos quilômetros abaixo, na planície sob Assis, na pequena igreja de Santa Maria dos Anjos, Francisco e seus irmãos esperavam por Clara. Quando ela chegou, eles a saudaram. Então, Francisco, provavelmente com a bênção e a permissão do bispo, tonsurou Clara como sinal de consagração religiosa. Mais tarde se saberia que Clara havia feito o que os homens que se juntavam a Francisco e a sua comunidade fizeram: vendeu sua herança e deu os lucros aos pobres.[3]

Clara agora havia se tornado pobre como Francisco e seus irmãos. Naquela mesma noite, após o fim da cerimônia, todos foram juntos à igreja de São Paulo das Abadessas, em Bastia, um monastério de freiras beneditinas não muito longe da Porciúncula. Aquele monastério tinha o privilégio de santuário, entre outros – ou seja, entre outros privilégios –, que foi reconhecido por Inocêncio III oficialmente e confirmado em 1201. Assim, era um lugar de refúgio, um lugar de asilo com imunidade contra prisão, sob a pena da excomunhão. Novamente, pode-se conjeturar como é que Clara pôde entrar naquele monastério no meio da noite. Novamente, o monastério estava convenientemente sob a proteção do bispo de Assis.

Clara certamente precisava daquela proteção, porque sua família não aprovava sua decisão. Desperdiçar sua herança e ser recebida em um monastério como uma pobre serva – nem mesmo uma freira, já que ela não tinha dotes a oferecer – era vergonhoso e indigno de seu nobre status. Os parentes de Clara

---

[2] *LSCA*, c. 4.
[3] Cf. *Testamento* de Francisco, c. 16, in *FAED*, vol. 11, p. 124-127; *Earlier* Rule (*Regra* Anterior) 1:2 e 2:4, in R. J. Armstrong, J. A. W. Hellmann e W. J. Short (eds.), *Francis of Assisi: Early Documents*, 4 vols. (Nova York, 1999-2002), vol. 1, p. 63, 64. Ver também Lucas 18,22 e Mateus 19,21.

131

1ª Parte - Jean François Godet-Calogeras

logo descobriram onde ela estava e foram buscá-la à força. Mas Clara os encontrou na igreja, agarrou-se aos tecidos do altar e, removendo seu véu, revelou sua cabeça recém-tonsurada, denotando sua presença como mulher consagrada a Deus.[4] Os parentes deixaram a igreja e, depois de um tempo, resignaram-se e abandonaram as buscas. Parece que durante esses dias Clara lidou com esses acontecimentos sozinha. Certamente não há sinal nos documentos de qualquer ajuda ou apoio de Francisco.

Clara não ficou muito tempo no monastério beneditino. Após alguns dias, ela foi embora e dirigiu-se à igreja de Santo Ângelo em Panzo, mais perto de Assis, onde se juntou a outro grupo de mulheres religiosas que viviam uma vida penitencial. Logo após sua chegada a Santo Ângelo, Catarina, sua irmã mais nova, juntou-se a ela.[5] No dia seguinte, seu tio, Monaldo, foi com um grupo de homens armados para levar sua irmã Catarina de volta para casa. Como Catarina não havia sido tonsurada, oficialmente não estava consagrada a Deus, e consequentemente não havia ameaça de excomunhão se houvesse violência contra ela. Mas, de acordo com a lenda, por meio das orações de Clara, Catarina tornou-se tão pesada que não pôde ser carregada. O tio ficou furioso, pronto para espancar sua sobrinha até a morte, mas Clara o convenceu a deixá-las em paz. Após esse acontecimento, Francisco tonsurou Catarina e a rebatizou de Inês. Então ele levou as duas irmãs a São Damião.[6]

São Damião era uma igreja antiga, com um pequeno asilo. Era um lugar cujo padroeiro era São Damião, que, com seu irmão, Cosme, praticou a arte da cura na Ásia Menor. Eles depois foram torturados e executados em 287, por ordens de Diocleciano. No século XIII, a igreja pertencia ao bispo de Assis, que novamente ajudou Francisco e Clara, concedendo-lhes o uso de São Damião.[7]

Este foi o lugar onde, alguns anos antes, Francisco participou da restauração da igreja, profetizando a chegada das santas mulheres. Assim que Clara e Inês se estabeleceram em São Damião, outras mulheres começaram a chegar: parentes, amigas, frequentemente com suas servas. A comunidade das Pobres Damas de São Damião havia nascido.

---

[4] *Process of Canonization*, 12:4, 18:3, 20:6, in Armstrong (ed. e trad.), *Clare of Assis*, p. 183, 194, 196.
[5] Cf. A. Brunacci, "Agnese di Assisi", in *Bibliotheca sanctorum* (Roma, 1961), vol. 1, cols. 369-370.
[6] *LSCA*, c. 5 e 13.
[7] L. Brancaloni, *Storia di San Damiano in Assisi* (Todi, 1926); M. Bigaroni, *San Damiano, Assisi: la chiesa prima di san Francesco* (Assis, 1983); L. Pani Ermini et al., *Indagini archeologiche nella chies adi San Damiano in Assisi* (Assis, 2005).

O DESENVOLVIMENTO DA COMUNIDADE DE SÃO DAMIÃO (1212-1226)

Clara queria viver como Francisco e seus irmãos. Como eles, queria fazer penitência (*facere penitentiam*).[8] Ela passou por muitas tribulações por esse motivo. Em São Damião ela finalmente podia viver verdadeiramente como um membro da fraternidade, ou *fraternitas*, de Francisco. Apesar de sua admiração por Clara, Francisco deve ter duvidado da possibilidade de mulheres viverem a mesma vida que ele e seus irmãos e pertencerem a *fraternitas*. Clara provou que ele estava errado. Como ela escreveu em sua *Forma de Vida*:

> Vendo o bem-aventurado pai que não temíamos nenhuma pobreza, trabalho, tribulação, humilhação e desprezo do mundo, antes tínhamos tudo isso como um prazer, movido de piedade, escreveu-nos uma forma de vida.[9]

E, insistindo que prometera obediência a Francisco, Clara reproduziu então o texto daquela forma de vida que ele havia escrito para ela e suas irmãs:

> Desde que por inspiração divina vos fizestes filhas e servas do Altíssimo Sumo Rei Pai celeste e desposastes o Espírito Santo optando por uma vida de acordo com a perfeição do santo Evangelho, eu quero e prometo, por mim e por meus frades, ter por vós o mesmo cuidado diligente e uma solicitude especial, como por eles.[10]

A *forma vivendi*, sucinta como é, contém elementos fundamentais. Clara e suas irmãs foram inspiradas por Deus a viver o Evangelho à perfeição, buscando, isto é, certamente nada menos que Francisco e seus irmãos: pobreza e humildade. Assim, Francisco as chamou de esposas do Espírito Santo, mas também, como Clara e suas irmãs haviam prometido obediência a Francisco, assim como os irmãos haviam feito, criou-se um laço que Francisco reconheceu, e ele prometeu ter por elas, as irmãs, os mesmos cuidados que tinha pelos irmãos. Em outras palavras, todos eles pertenciam à mesma *fraternitas*.

A comunidade de São Damião continuou a se desenvolver, e Francisco e seus irmãos continuaram a lhe enviar mulheres.[11] Tanto Clara quanto Francisco também estabeleceram laços com outras comunidades religiosas de mulheres, como

---

[8] *Form of Life* de Clara, 6:1, in Armstrong (ed. e trad.), Clare of Assisi, p. 117; *Testamento* de Clara, 24, in Armstrong (ed. e trad.), Clare of Assisi, p. 61.
[9] *Form of Life* de Clara, 6:2, in Armstrong (ed. e trad.), Clare of Assisi, p. 117-118.
[10] Ibid., p. 118.
[11] *Process of Canonization*, 6:15, in Armstrong (ed. e trad.), *Clare of Assisi*, p. 170.

1ª Parte - Jean François Godet-Calogeras

São Severino Marche de Ancona, Monticelli perto de Florença e Monteluce em Perúgia. Por volta de 1215, Francisco convenceu Clara a aceitar a governança da comunidade de São Damião com o título de abadessa.[12] Certamente, o crescimento da comunidade exigia uma forma de governo, e é plausível que, seguindo as direções do IV Concílio de Latrão em Roma, não muito antes de Inocêncio III, Francisco e o Bispo Guido de Assis chamaram a atenção de Clara para isso.

Podemos ter uma ideia da vida cotidiana de Clara e suas irmãs a partir de uma carta que Jacques de Vitry escreveu em outubro de 1216:

> Só encontrei uma consolação naquela região: muitas pessoas, de ambos os sexos, ricos e seculares, deixando tudo por Cristo, fugiam do século. Chamavam-se frades menores. São considerados com muita reverência pelo senhor papa e pelos cardeais. ... As mulheres, porém, moram juntas em diversos lugares onde se hospedam e não recebem nada, mas vivem do trabalho das mãos. Sofrem muito e ficam perturbadas porque são honradas por clérigos e leigos mais do que gostariam.[13]

Um dos cardeais, Hugolino dei Conti di Segni, bispo de Ostia, teria uma grande influência sobre as novas comunidades de mulheres religiosas no norte e no centro da Itália. Em 1217, o Papa Honório III o nomeou legado papal para a Lombardia e a Toscana. Um canonista educado em Paris e em Bolonha, Hugolino também havia sido influenciado pela espiritualidade cisterciense. Uma vez na Toscana, ele rapidamente se interessou por cuidar das fundações religiosas femininas que recentemente haviam sido estabelecidas. A comunidade de São Damião foi uma delas.

Perto de 1218, trabalhando na *Regra* beneditina, Hugolino compôs uma "Forma e Modo de Vida" (*forma et modus vivendi*), que começou a introduzir nas comunidades penitenciais femininas. Para Hugolino, as mulheres religiosas deviam ser freiras (*moniales*), vivendo em monastérios fechados (*inclusae*), em contemplação e jejum contínuos. A partir de 1219, Honório III começou oficialmente a adotar a Forma e o Modo de Vida de Hugolino em vários monastérios – Monticelli, Siena, Lucca, Perúgia –, integrando-os no que ele chamou de ordem das Damas de São Damião de Assis.[14]

Apesar de Hugolino ter encontrado Francisco em Florença, em 1217, ele não abordou Clara até a páscoa de 1220, o que é interessante, visto que Francisco nesta época estava fora, no Oriente Médio. Hugolino tentou introduzir suas regras em

---

[12] Ibid., p. 146.

[13] R. B. C. Huygens (ed.), *Lettres de Jacques de Vitry* (Turnhout, 1960), p. 75-60.

[14] *Ordo Dominarum de Sancto Damiano de Assisio*. Cf., e.g., Bula *Sacrosancta romana ecclesia* de 9 de dezembro de 1219, in *Bullarium Franciscanum* (Roma, 1759), vol. 1, p. 3-5; tradução para o inglês in Armstrong (ed. e trad.), *Clare of Assisi*, p. 336-339.

134

7. Francisco e Clara e a emergência da Segunda Ordem

São Damião. Clara se recusou a passar para a jurisdição do cardeal: ela e suas irmãs pertenciam à *fraternitas*. Hugolino então passou a Filipe Longo – a quem Francisco havia confiado o cuidado da comunidade de São Damião – o cuidado das freiras (*cura monialium*) em seus (dele) monastérios. Mas quando Francisco voltou à Itália, mais tarde naquele ano, prontamente tirou Filipe dessa função.

Parece que Francisco, após seu retorno do Oriente Médio, ficou mais perto de São Damião, particularmente durante a época em que esteve seriamente doente. Este foi o caso na primavera de 1225, quando, lá ficando, em uma cela feita de esteiras, em meio a muito sofrimento, compôs seu belo e famoso *Cântico das Criaturas* (CA, 83-84). Naquela época, ele também compôs um cântico de exortação para as Pobres Damas, "Ouvi, Pobrezinhas" (*Audite, Poverelle*) (CA, 85). Neste pequeno cântico, Francisco expressava sua preocupação e solicitude a Clara e suas irmãs. Ele sabia de suas dificuldades, portanto lhes dizia para continuar vivendo em verdadeira obediência e no Espírito. Ele também lhes suplicava, por amor, que continuassem a usar seu próprio e bom juízo para decidir o que fazer com o que quer que lhes fosse dado. Ele sabia que a doença e as enfermidades prejudicavam tanto os doentes quanto os cuidadores, então ele as encorajava a viver em paz. Nesse pequeno cântico de exortação, podemos ver uma antecipação dos problemas pelos quais Clara e suas irmãs passariam no futuro, após a morte de Francisco, com o Cardeal Hugolino e o papado, e também com a evolução da ordem dos Frades Menores. A preocupação e a solicitude de Francisco para com a comunidade de São Damião foram expressas mais uma vez, logo antes de sua morte, como a própria Clara relatou no âmago de sua *Forma de Vida*:

> Eu, Frei Francisco, pequenino, quero seguir a vida e a pobreza do Altíssimo Senhor nosso Jesus Cristo e de sua santíssima Mãe e nela perseverar até o fim. Rogo-vos, senhoras minhas, e vos aconselho a que vivais sempre nessa santíssima vida e pobreza. Guardai-vos bastante de vos afastardes dela de maneira alguma pelo ensinamento de quem quer que seja.[15]

Nesta última mensagem escrita de Francisco para Clara e suas irmãs, o conteúdo está claro. Primeiramente, Francisco reconhece que ele e as irmãs compartilham da mesma forma de vida: seguir a vida e a pobreza de Jesus Cristo e sua mãe; e ele implora novamente às irmãs para que sempre vivam aquela vida. Ele não poderia ter sido mais explícito em seu aviso para que elas se guardassem contra qualquer um que tentasse afastá-las daquela vida e daquela pobreza. Este tipo de aviso não foi expresso sem razão.

---

[15] *Form of Life* de Clara, 6:7-9, in Armstrong (ed. e trad.), *Clare of Assisi*, p. 118.

1ª Parte - Jean François Godet-Calogeras

APÓS A MORTE DE FRANCISCO, CLARA LUTA PARA DEFENDER SUA FORMA DE VIDA EVANGÉLICA
(1226-1252)

Francisco morreu em Santa Maria dos Anjos na noite de 3 de outubro de 1226. O cortejo fúnebre levando seu corpo de volta a Assis parou em São Damião, reconhecendo claramente a relação entre Francisco e Clara e suas irmãs. No ano seguinte, o Cardeal Hugolino foi eleito papa, em 19 de março de 1227, sob o nome de Gregório IX. Logo depois, em 28 de julho, ele concedeu os cuidados das freiras (*cura monialium*) ao Irmão Pacífico, indicando sua intenção de colocar o cuidado dos monastérios que ele havia fundado a cargo dos Frades Menores.[16] Finalmente, mais tarde naquele mesmo ano, no dia 14 de dezembro, Gregório IX confiou ao ministro-geral dos Frades Menores recentemente eleito, João Parenti, o cuidado das Irmãs Pobres Reclusas (*pauperes moniales inclusae*), sem qualquer referência a uma origem franciscana.[17]

Em 29 de abril de 1228, Gregório IX enviou uma carta para pedir doações para a construção de uma basílica em honra de Francisco, mesmo ele ainda não tendo sido canonizado! A proclamação de Francisco como santo aconteceu em 16 de julho do mesmo ano, na praça de São Jorge, a igreja em que ele esteve enterrado por quatro anos.[18] Neste meio tempo, Gregório IX havia enviado uma carta para "a abadessa e a comunidade de irmãs reclusas em São Damião, em Assis".[19] E enquanto em Assis para a canonização de Francisco, Gregório IX e seu sobrinho, Cardeal Reinaldo – o futuro Papa Alexandre IV – visitaram Clara em São Damião. O propósito era convencê-la a aceitar a mesma forma e maneira de vida que os outros monastérios da ordem das Irmãs Pobres Reclusas. Agora que Francisco estava morto, Clara teve de aceitar o inevitável e o fez. Assim, em uma carta enviada pelo Cardeal Reinaldo em 18 de agosto de 1228 para todos os monastérios da ordem de São Damião, o nome de São Damião de Assis aparecia primeiro em uma lista de 24 monastérios. Naquela carta, Reinaldo anunciava que Gregório IX lhe havia confiado o cuidado das freiras e que o Irmão Filipe estava substituindo o Irmão Pacífico como visitador.

A autonomia da comunidade de São Damião agora havia acabado. Entretanto, se a incorporação à ordem de São Damião era *fait accompli*, havia outra área em que Clara se mantinha sem compromissos: a pobreza absoluta em que ela havia prometido viver. Quando Gregório IX, por causa dos perigos e preca-

---

[16] Bula *Magna sicut dicitur* de 12 de agosto de 1227, in Armstrong (ed. e trad.), *Clare of Assisi*, p. 345-346.
[17] Bula *Quoties cordis* de 14 de novembro de 1227, in *Sacrosancta tomana ecclesia* de 9 de dezembro de 1219, in *Bullarium Franciscanum*, vol. 1, p. 36-37.
[18] Bula *Mira circa nos* de 19 de julho 1228, in *FAED*, vol. 1, p. 565-569.
[19] Bula *Deus Pater cui voz*, janeiro-julho 1228, in L. Wadding (ed.), *Annales Minorum* (Quaracchi, 1931), vol. III, an. 1251, n. 17.

7. Francisco e Clara e a emergência da Segunda Ordem

riedades de uma vida em absoluta pobreza, especialmente para mulheres, tentou convencer Clara a aceitar ao menos algumas posses que ele mesmo oferecia, ela recusou categoricamente, dizendo que não queria "de forma alguma ser absolvida da obrigação de seguir Cristo".[20] Em vez disso, delimitando seu terreno, Clara obteve de Gregório IX um documento garantindo a ela e à comunidade de São Damião controle sobre o que recebiam:

> Portanto, como haveis suplicado, corroboramos vosso propósito da mais alta pobreza com o favor apostólico, concedendo-vos com a autoridade da presente, que não possais ser por ninguém obrigadas a receber propriedades.[21]

Esse documento é comumente conhecido como *Privilégio de Pobreza*, datado de 17 de setembro de 1228.[22]

Desse momento em diante até sua morte, Clara lutou para deixar claro que a comunidade de São Damião tinha uma identidade franciscana e pertencia à ordem franciscana. Em todos os seus escritos, ela insistia na autoridade de *São Francisco* e continuava referindo-se a ele como o pai, o fundador, o pilar de São Damião; ela se lembra de que ela, Clara, era a plantinha (*plantula*) de Francisco, o que, no uso latino medieval, significa, longe de qualquer conotação romântica, a base de Francisco; ela repetidamente proclamava sua obediência ao ministro--geral dos Frades Menores, Irmão Elias, e aconselhava seriamente Inês, a princesa boêmia que, seguindo o modelo de São Damião, havia fundado um asilo e um monastério em Praga, que fizesse o mesmo.[23]

A FORMA DE VIDA DE CLARA DA ORDEM DAS IRMÃS POBRES (1253)

Gregório IX morreu em 22 de agosto de 1241. Seu sucessor, Inocêncio IX, manteve uma atitude similar em relação às mulheres religiosas em geral e em relação a São Damião em particular. Com a bula *Cum omnis vera religio* de 9 de agosto de 1247 ele até promulgou uma versão atualizada da forma de vida de Hugolino. A forma de vida (*forma vivendi*) de Inocêncio IX realmente conectava a ordem de São Damião à observação da "*Regra* do abençoado Francisco", mas apenas "em relação aos três conselhos, a saber,

---

[20] LSCA, c. 9.

[21] *Privilege of Poverty*, 7, in Armstrong (ed. e trad.), *Clare of Assisi*, p. 87.

[22] De acordo com algumas fontes, Clara já havia obtido antes um documento similar de Inocêncio III, em 1216. Apesar de isso não ser totalmente impossível, acadêmicos tendem a concordar que há pouca evidência da autenticidade de tal documento.

[23] *Second Letter of Clare to Agnes of Prague*, p. 15-17, in Armstrong (ed. e trad.), *Clare of Assisi*, vol. 1, p. 48-49.

137

1ª Parte - Jean François Godet-Calogeras

obediência, renúncia à propriedade particular e castidade perpétua". E isto manteve a ordem de São Damiano sob a jurisdição dos ministros da ordem dos Frades Menores. Mas o conteúdo da forma de vida de Inocêncio IV tinha tudo a ver com as constituições de Hugolino e nada a ver com a *Regra* e a vida dos Frades Menores.

Para Clara, isto era inaceitável. Então, sabendo que sua morte estava por vir, fez algo que nenhuma mulher religiosa havia feito antes: escreveu sua própria forma de vida. Tomando como base a *Regra* e a vida dos Frades Menores oficialmente aprovadas por Honório III, em 29 de novembro de 1223, e integrando – geralmente com sutis mudanças – partes da forma e modo de vida de Hugolino (1219) e da forma de vida de Inocêncio IV (1247), Clara compôs a forma de vida (*forma vitae*) da ordem das Irmãs Pobres (*ordo pauperum sororum*).[24] Para deixar as coisas claras em definitivo, Clara inseriu no centro daquela forma de vida as memórias do início em São Damião, relatando o quão fundamental Francisco havia sido em sua conversão e na fundação da comunidade. Ela insistiu em escrever que ela e suas irmãs haviam prometido obediência a Francisco, e que Francisco havia prometido tomar conta delas, como fez com seus irmãos. Para colocar mais força e autoridade em suas palavras, sempre se referia a Francisco como "santo" ou "abençoado".

A forma de vida de Clara realmente recebeu confirmação, primeiro do cardeal protetor da ordem, Reinaldo, em 16 de setembro de 1252, e, no ano seguinte, do Papa Inocêncio IV, em 9 de agosto de 1953.[25] Clara morreu dois dias depois, em 11 de agosto de 1253.

DEPOIS DA MORTE DE CLARA (1253)

Logo após a morte de Clara, Inocêncio IV começou o processo de sua canonização.[26] O processo terminou em 29 de novembro de 1253, com a entrevista da vigésima e última testemunha, mas apenas em 15 de agosto de 1255 é que Alexandre IV, anteriormente Cardeal Reinaldo, canonizou Clara.[27] Clara havia sido enterrada do lado de dentro dos muros de Assis, na igreja de São Jorge, onde Francisco havia primeiramente sido sepultado em 1226. Ali, foram construídos imediatamente uma basílica e um monastério. As irmãs deixaram São Damião e foram solenemente transferidas para aquele novo estabelecimento, em 1260.

---

[24] Bula *Solet annuere* de 29 de novembro de 1223, in Armstrong et al. (eds.), *Francis of Assisi*, vol. 1, p. 99-106.
[25] Bula *Solet annuere* de 9 de agosto de 1253, in Armstrong et al. (eds.), *Francis of Assisi*, vol. 1, p. 108-126.
[26] Bula *Gloriosus Deus* de 18 de outubro de 1253, in *Bullarium Franciscanum*, vol. 1, p. 684.
[27] Bula *Clara claris praeclara* de 26 de setembro de 1255, in Z. Lazzeri, "Il Processo di canonizzazione di S. Chiara d'Assisi", *Archivium Franciscanum Historicum*, 2 (1920), p. 499-507; tradução para o inglês in Armstrong (ed. e trad.), *Clare of Assisi*, p. 263-271.

7. Francisco e Clara e a emergência da Segunda Ordem

Clara havia escrito sua forma de vida para o que ela chamava de ordem das Irmãs Pobres, uma denominação paralela à ordem dos Frades Menores. Mas aquela ordem das Irmãs Pobres nunca foi reconhecida pelo papado. A aprovação da forma de vida de Clara em 1253 deixou isso muito claro, já que ela foi aprovada apenas para São Damião. Clara sempre havia afirmado que ela e sua comunidade eram irmãs – e não freiras –, vivendo em absoluta pobreza, e membros da ordem franciscana. Isso novamente nunca foi compreendido ou aceito pelo papado e, no fim da vida de Clara, tornou-se incompatível com a evolução da ordem dos Frades Menores.

Em 1263, dez anos após a morte de Clara – época em que Boaventura de Bagnoregio era ministro-geral da ordem dos Frades Menores – Urbano IV promulgou uma nova *Regra* para as "Pobres Enclausuradas (*pauperes inclusae*) da ordem de São Damião".[28] Com a promulgação dessa nova *Regra*, Urbano IV tinha dois objetivos. O primeiro era responder ao desejo dos Frades Menores e livrá-los de quaisquer obrigações em relação às irmãs. O segundo era negar qualquer legislação prévia e constituir uma nova unidade legislativa ao mesmo tempo em que redefinia a identidade das mulheres franciscanas. Elas não mais eram as Pobres Damas, nem as Irmãs Pobres, nem as Irmãs Menores. Dali em diante, seguindo a *Regra* de Urbano, elas eram da ordem de Santa Clara. A *Regra* de Urbano IV não tinha nada a ver com a forma de vida das Irmãs Pobres, muito menos com a *Regra* e vida dos Frades Menores. Francisco e Clara eram meramente mencionados na fórmula da profissão e agregados aos feriados a serem celebrados. Em 26 de maio de 1288, o protomonastério (como era agora chamado) de Santa Clara de Assis adotou a *Regra* de Urbano IV e com ela o direito à propriedade.[29]

CONCLUSÃO

A relação entre Francisco e Clara só pode ser compreendida corretamente no contexto da *fraternitas* original, ou seja, antes da institucionalização em ordens religiosas canonicamente reconhecidas pela Igreja. Francisco e Clara são as faces masculina e feminina de uma paixão idêntica: viver radicalmente de acordo com o Evangelho. Clara afirmou em suas próprias palavras que foi por causa do exemplo de Francisco que ela começou a fazer penitência, a abraçar, como ele costumava dizer, a humildade e a pobreza de Jesus Cristo. Ela e as mulheres que a seguiram foram recebidas por Francisco e seus irmãos no círculo de sua *fraternitas*. Seu

---

[28] Bula *Beata Clara* de 18 de outubro de 1263, in *Bullarium Franciscanum* (Roma, 1761), vol. II, p. 509-521.
[29] Bula *Devotionis vestrae* de 26 de março de 1288, in *Bullarium Franciscanum* (Roma, 1768), vol. IV, p. 26.

comprometimento mútuo influenciou Francisco, que ficou impressionado pela forma com que Clara e suas irmãs seguiam a perfeição do Evangelho. Em épocas de angústia, era em São Damião que Francisco encontrava conforto e cura. Até sua morte, ele cuidou das damas, como ele as chamava. E após a morte de Francisco, foi Clara quem se manteve um baluarte para as primeiras companheiras. Até o fim de seus dias, ela seguiu a vida de acordo com o Evangelho e iniciada por Francisco, incansavelmente proclamando a unidade da *fraternitas*.

8. FRANCISCO E O ENCONTRO COM O SULTÃO (1219)
Steven J. McMichael

Em 27 de outubro de 1986, na Basílica de Santa Maria dos Anjos, João Paulo II falou a uma audiência reunida para o histórico Dia Mundial da Oração pela Paz:

> Escolhi esta cidade de Assis como o local para nosso Dia de Oração pela Paz por causa do particular significado do santo homem aqui venerado – São Francisco –, conhecido e reverenciado no mundo inteiro como símbolo de paz, de reconciliação e fraternidade. Inspirado por seu exemplo, sua mansidão e sua humildade, coloquemos nossos corações em oração em um verdadeiro silêncio interior. Façamos deste Dia uma antecipação de um mundo pacífico.[1]

O papa estava correto em escolher Francisco como modelo de paz, reconciliação e fraternidade? Os muitos devotos contemporâneos de São Francisco estavam certos sobre ele e os valores celebrados na "oração de paz" a ele atribuída? Francisco foi um precursor do diálogo ecumênico e inter-religioso moderno? Sua intenção essencial era a de ser martirizado – um objetivo não cumprido em seu encontro com o sultão? Ele aprovava as Cruzadas à época de sua visita ao sultão? As respostas a essas importantes questões têm sérias consequências para nossa compreensão de Francisco. Se a última questão for respondida com um "sim", por exemplo, como isto afeta nossa imagem de Francisco como alguém pacífico e compassivo? Este é um caso para uma história revisionista e um pensamento anacrônico? O mais antigo relato sobre esse encontro vem dos escritos de Jacques de Vitry em 1220.

> O chefe destes irmãos, que também fundou a ordem, chegou a nosso campo (em Damieta, no Egito). Ele estava tão inflamado pelo zelo pela fé que não temeu cruzar as fronteiras até o exército de nosso inimigo. Por muitos dias ele pregou a Palavra de Deus aos sarracenos e fez algum progresso. O sultão, o regente do Egito, de forma privada lhe pediu que rezasse a Deus por ele, para que ele pudesse ser inspirado por Deus a aderir àquela religião que mais agradava a Deus.[2]

---

[1] Este e outros discursos de João Paulo II durante este evento podem ser encontrados na webpage da cidade do Vaticano, www.vatican.va/.

[2] *FAED*, vol. 1, p. 581.

1ª Parte - Steven J. McMichael

O que está claro é que Francisco atravessou a fronteira entre as forças muçulmanas e os cruzados no outono de 1219. Aspirando à conversão dos muçulmanos, ele foi capaz de pregar, ao menos por alguns dias, para o Sultão al-Malik-al-Kâmal, e voltou ao acampamento dos cruzados seguro e sem ferimentos. Há controvérsias sobre esse encontro. Por que Francisco foi ao Egito? O que realmente aconteceu na corte do sultão? Quais foram os efeitos posteriores desse encontro sobre a vida e os escritos de Francisco? Ele apoiou ou desaprovou a quinta Cruzada que estava acontecendo em 1219?

A maior questão dos historiadores, especialmente os historiadores sobre Cruzadas, é esta última: Francisco aprovava ou desaprovava as Cruzadas?[3] De qualquer forma, isto não pode ser provado. Francisco nunca afirma explicitamente o que pensa sobre as Cruzadas, e não há nenhuma resposta definitiva a essa questão nas fontes hagiográficas antigas. Tudo o que podemos dizer com certeza é que ele esteve presente na quinta Cruzada e tirou vantagem disso, pregando para o sultão. A posição que apresentamos neste capítulo é de que é mais provável que Francisco desaprovasse as Cruzadas, mas tenha usado a ocasião para apresentar a questão da verdade cristã ao Sultão al-Kâmal em Damieta.

Vamos tentar responder a algumas das questões a respeito do encontro de Francisco com o sultão, focando em três considerações primárias. Primeiro, colocaremos este incidente no contexto da vida geral de Francisco e destacaremos acontecimentos que moldaram sua abordagem no encontro com o sultão. Os escritos de Francisco são extremamente importantes e devem ser considerados para que possamos entender o que aconteceu em Damieta. RNB, 16-17 tem particular importância.[4] Então, olharemos para os eventos que aconteceram em Greccio (1223) e La Verna (1224) e veremos como eles esclarecem a experiência de Damieta.

O ENCONTRO COM O SULTÃO NO CONTEXTO DA VIDA PRÉVIA DE FRANCISCO

Uma das omissões mais importantes dos historiadores a respeito da questão do encontro de Francisco com o sultão é seu fracasso em considerar o contexto da experiência dele, de uma vida inteira. Eles tendem a se concentrar nos anos 1212-1219, situando o evento na atividade missionária de Francisco e seu desejo pelo martírio.

---

[3] Ver B. Z. Kedar, *Crusade and Mission: European Approaches toward the Muslims* (Princeton, 1984); e J. Powell, "Francesco d'Assisi e la quinta crociata, una missione di pace", *Schede Medievale*, 4 (1983), 68-77 e "St Francis of Assisi's Way of Peace", *Medieval Encounters*, 13 (2007), 271-280.

[4] Cf. C. Paolazzi, "La 'Regula Non Bullata' dei Frati Minori (1221), dallo 'stemma codicum' al testo critico", *AFH*, 100 (2007), 5-148.

8. *Francisco e o encontro com o sultão (1219)*

Entretanto, outros eventos importantes de sua vida, tanto anteriormente quanto posteriormente, também podem esclarecer esse encontro. Estudos acadêmicos sobre a história de Assis, a situação social e econômica da Itália central nos séculos XII e XIII e a história da vida religiosa na Idade Média nos ajudam a ver Francisco no mundo de sua época. Este contexto, junto com seus escritos e o material hagiográfico, ajuda-nos a compreender de forma mais profunda como ele abraçou a forma evangélica de vida e o que isso significou espiritual e culturalmente para a sociedade de sua época.

Uma influência essencial no começo da vida de Francisco foi sua experiência na guerra. Sabemos por relatos acadêmicos contemporâneos que, durante a batalha de Collestrada, entre Assis e Perúgia, Francisco perdeu amigos importantes, foi preso e ficou seriamente doente.[5] Ele foi resgatado por seu pai e, após um período de convalescença, partiu para a Apúlia para se juntar a Walter de Brienn em sua Cruzada pelo sul da Itália: ele estava impedido de lutar em outra guerra. Deus apareceu a ele em uma visão em Spoleto e lhe fez a famosa pergunta: se ele queria seguir o Mestre ou o servo. Francisco escolheu o Senhor e lhe foi dito para retornar a Assis, onde a vontade de Deus lhe seria revelada. O sonho de ser um glorioso cavaleiro em uma Cruzada foi substituído por um propósito mais elevado. Este propósito, como Tomás de Celano descreve, era ser a noiva imaculada de Deus, servo do Reino de Deus e ministro do Evangelho (1 Cel., 7-9). O cavaleiro de Cristo não se juntaria à guerra, mas se devotaria totalmente à Senhora Pobreza. Este grande sinal da espiritualidade franciscana antiga simboliza a doação total de Cristo, que viveu em pobreza e simplicidade em seu mundo e foi a fonte de salvação para aqueles que buscavam perdão e reconciliação.

Esta primeira fase de sua vida foi importante. Francisco teve uma experiência de guerra, trazida pela sedução de poder, dinheiro, prestígio. A subsequente rejeição por seu pai ante o bispo de Assis pode ser vista não apenas como a rejeição desses três valores mundanos, mas também como sua renúncia à violência como meio de consegui-los. Como as fontes biográficas antigas não nos contam muito sobre esses acontecimentos, devemos ter cuidado ao usá-las. Mas o incidente com o sultão faz mais sentido quando temos em mente o incidente em Spoleto. Após Spoleto, não há incidente conhecido de Francisco novamente aceitando a violência. Na realidade, foi exatamente o contrário. Ele subsequentemente buscou reconciliação não apenas com os seres humanos, as comunidades humanas e as cidades, mas também com a criação. Pode bem ter sido em Spoleto que Deus revelou a Francisco a saudação que ele relata em seu *Testamento*: "Que Deus te dê paz".

---

[5] A. Fortini, *Francis of Assisi*, trad. do italiano, *Nova Vita di San Francesco*, por H. Moak (Nova York, 1981), p. 119-165.

143

1ª Parte - Steven J. McMichael

Algum tempo depois de Spoleto, Francisco se encontrou com o leproso sobre o qual ele fala de forma dramática em seu *Testamento*. Certos acadêmicos contemporâneos se concentram nisso porque veem uma ligação íntima desse acontecimento com a experiência posterior em Damieta.[6] Em 1219, Francisco estendeu sua experiência de reconciliação para além do mundo cristão, para dentro do mundo muçulmano.[7] Assim como esteve entre os leprosos, ele esteve entre os muçulmanos, e em ambos os casos ele esteve entre eles com um espírito de paz e compaixão.

Em 1208, Francisco ouviu o Evangelho de Mateus descrever a vida dos apóstolos. Ele percebeu que estava sendo chamado à vida evangélica e ao ministério da pregação. Ele e seus primeiros companheiros entenderam que isso significava viver em pobreza, humildade e simplicidade. Eles precisavam rejeitar as posses e o dinheiro, enxergando-os como obstáculos contra relacionamentos pacíficos e justos. Eles desejavam viver em harmonia, além dos confins da cidade de Assis, e compartilhar as coisas em comum. Eles deixaram a cidade porque ela estava estruturada sobre princípios de iniquidade, injustiça e desarmonia social, que, por sua vez, eram causadas pela busca por poder, dinheiro e prestígio. Para Francisco, a forma evangélica de vida significava o tipo de vida harmonioso que só pode vir para aqueles que buscam justiça social, o compartilhamento justo dos bens e a renúncia à violência. Todos esses elementos foram codificados na *Regra* de 1221.

Após Inocêncio III aprovar sua nova forma de vida, Francisco passou dez anos pregando em missões, servindo aos pobres, excluídos e leprosos, e trabalhando com suas próprias mãos para conseguir as necessidades diárias. Em pelo menos duas ocasiões durante esse tempo ele tentou estar junto a infiéis, no Marrocos e na Síria. Em outra ocasião, ele tentou viajar para o sul da França para pregar aos hereges de Catar. Durante esses anos, ele aprendeu o que era ser "servo" de Deus e mais tarde escreveu sobre isso, de forma muito forte, em suas *Admoestações*. Para onde quer que fosse, ele era um mensageiro da paz e da reconciliação: na Itália, na Espanha ou no Egito. Francisco, o servo, era um apóstolo real de Cristo, sujeito a todas as criaturas, como escreveria em sua *Regra* de 1221 (RNB, 16) e na *Admoestação e Exortação aos Irmãos e Irmãs em Penitência*. Ele também ordenou que os inimigos fossem tratados como amigos (RNB, 22).[8] Um estudo da cristologia de Francisco revela que ele não apenas tinha a perspectiva de Jesus como Senhor supremo, mas também

---

[6] Estes acadêmicos incluem J. Hoebericths, M. Cusato e K. Warren.

[7] Cf. J. Hoeberichts, *Francis and Islam* (Quincy, 1998); M. Cusato, "Healing the Violence of the Contemporary World: A Franciscan Paradigm for Dialogue with Islam", e "From Damietta to La Verna: The Impact on Francis of his Experience in Egypt", in "Daring to Embrace the Other: Franciscans and Muslims in Dialogue", *Spirit and Life*, 12 (2008), 1-38 e 83-112; e K.A. Warren, *Daring to Cross de Threshold: Francis of Assisi Encounters SUltan Malek al-Kamil* (Rochester, 2008).

[8] Nesta segunda fonte, Francisco escreve: "Não devemos jamais desejar estar acima dos outros, mas, ao contrário, devemos estar sujeitos a *toda criatura em nome de Deus*".

8. Francisco e o encontro com o sultão (1219)

através de seu contato com o Evangelho e com a liturgia... descobriu em Cristo o servo que havia lavado os pés dos apóstolos, o mendigo e o peregrino que haviam vivido de esmolas, o servo sofredor que havia se exposto aos insultos de seus inimigos, o verme, a ovelha, e o Bom Pastor que deu sua vida morrendo na cruz.[9]

OS ESCRITOS DE FRANCISCO E AS FONTES ANTIGAS

Uma das maiores questões que afetam seriamente a abordagem da experiência de Francisco em Damieta é a das fontes. Como elas não começam com os escritos do próprio Francisco, alguns acadêmicos fora do mundo franciscano, não familiarizados com a questão de como as Questões Franciscanas se desenrolaram por bem mais de cem anos, incorrem em certos erros a respeito de Francisco e do movimento franciscano. O historiador das Cruzadas Benjamin Kedar fala dos "escritos escassos" de Francisco. Mas estes 28 textos precisam ser o ponto inicial de quaisquer discussões sobre Francisco, inclusive a questão de seu encontro com o sultão. Após estudar esses escritos, devem-se examinar outras fontes (*legendae*, crônicas, ofícios corais etc.), mas com muita cautela.[10] Cada fonte tem sua própria perspectiva, portanto cada uma tem um programa do qual devemos estar a par em qualquer discussão sobre a vida de Francisco.[11]

Os escritos de Francisco são importantes porque, exceto pela maior parte da *Regra* de 1221 e possivelmente outros dez escritos, eles se originam de um período de sua vida após o encontro com o sultão. Eles refletem a experiência de Francisco vivendo a forma de vida do Evangelho e sua entrega ao papel de servo, que teve um significado muito importante para ele (cf. as *Admoestações*). Os escritos posteriores refletem a visão que ele queria deixar para quem o seguisse. Esses escritos foram influenciados por seu estado de desilusão e doença, de 1220 até sua morte. Olhando-os no contexto do acontecimento com o sultão, percebemos que Francisco via o sultão e outros infiéis como aqueles que precisavam converter-se à verdade do Cristianismo. Ele queria compartilhar a plenitude da revelação com aqueles que ainda não haviam abraçado a fé cristã. Isto compreendia a alta cristologia, que enfatiza a divindade de Cristo, e a baixa cristologia, que enfatiza a humanidade de Cristo.

Os acadêmicos concordam que Francisco teve várias ocasiões para pregar ao sultão e sua corte. Se isto foi ou não um "diálogo", é difícil provar, mas Francisco foi bem recebido e ouvido. Mesmo que seja hipotético especular sobre o que

---

[9] N. Nguyên-Van-Khanh, *The Teacher of His Heart: Jesus Christ in the Thought and Writings of St Francis*, trad. E. Hagman (Saint Bonaventure, 1994), p. 56.

[10] Cf. J. Tolan, *Saint Francis and the Sultan: The Curious History of a Christian-Muslim Encounter* (Oxford, 2009).

[11] O foco de Tomás de Celano na santidade de Francisco o leva a omitir certos elementos essenciais, como o impacto da guerra de 1202.

145

Francisco pode ter dito ao sultão, é tentador imaginar por um momento. Com base nos escritos que nos fornecem parâmetros de seu pensamento e espiritualidade, propomos o seguinte.

A coisa mais óbvia nos escritos de Francisco é sua teologia da Trindade. Ele é tão trinitário que podemos imaginar a dificuldade que teve ao encontrar os muçulmanos que não acreditavam na Trindade. Eles eram considerados "infiéis" e não hereges. Parece bem certo que Francisco tenha falado da natureza trinitária de Deus em relação ao estrito monoteísmo de seus anfitriões muçulmanos.[12]

O segundo elemento-chave pode ter sido as naturezas divina e humana de Jesus. Francisco muito provavelmente pregou que a Palavra divina se tornou carne na pessoa de Cristo, o que os muçulmanos negavam explicitamente. A doutrina da Encarnação teria sido, portanto, um elemento central para sua pregação. Francisco teria afirmado que a Palavra se tornou carne como um ato de humildade por parte de Deus. Isto não está na compreensão muçulmana do supremo, onipotente Deus. Francisco acreditava que Jesus passou pela paixão e pela morte, coisa que a maioria dos muçulmanos negava. Francisco proclamava que Cristo foi ressuscitado dos mortos. Os muçulmanos negavam isso porque acreditavam que Jesus não morreu na cruz. Francisco afirmava que Cristo ascendeu aos céus para sentar ao lado direito de Deus, Senhor do universo. Os muçulmanos entendiam isso apenas como uma ascensão a Deus, e não uma ressurreição. Francisco ensinava que Cristo apareceria como juiz do mundo no Juízo Final. Os muçulmanos acreditavam que Alá seria o juiz no Juízo Final.

Francisco provavelmente também falou sobre a Eucaristia, já que este é um tema proeminente em seus escritos. É no evento eucarístico que Deus humildemente se faz presente entre nós, cotidianamente, no altar (*Admoestação I*). A Eucaristia reflete de forma sacramental a paz e a reconciliação dos céus e da terra (*Carta a toda a Ordem*). Como Francisco sustentava que "aquele que não comer de seu corpo e beber de seu sangue não poderá adentrar o Reino dos Céus" (João 6,54,57), ele acreditava que a salvação dos muçulmanos corria um grande perigo.[13]

Francisco muito provavelmente pregou sobre o Espírito Santo, já que este era um elemento importante em sua teologia. Como Maria era a portadora da Palavra por meio do Espírito Santo, ela também teria sido um assunto de sua pregação ao sultão (os muçulmanos a entenderiam como a portadora de um profeta, e não da Palavra de Deus compreendida de uma forma cristã).

---

[12] Cf. L. Gallant, "Francis of Assisi: Forerunner of Interreligious Dialogue: Chapter 16 of the Earlier *Rule* Revisited", *Franciscan Studies*, 64 (2006), p. 53-82.

[13] Ver *Later Admonition and Exhortation to the Brothers and Sisters of Penance (Second Version of the Letter to the Faithful)*, de Francisco, c. 1220, in *FAED*, vol. 1, p. 45-51.

8. Francisco e o encontro com o sultão (1219)

A "REGRA" DE 1221

A importância da *Regra* não pode ser subestimada na compreensão dos elementos centrais da abordagem de Francisco sobre viver o Evangelho. Quem se dedica a discussões sobre a experiência em Damieta se concentra especialmente no capítulo 16, que aborda as missões dos frades aos muçulmanos e outros infiéis. Este capítulo, entretanto, deve ser visto no contexto da *Regra* inteira, especialmente os capítulos anteriores a este e também o capítulo 17, sobre pregação.

Os três textos das Escrituras (Mateus 19,21, Mateus 16,24 e Lucas 14,6) listados no primeiro capítulo são a base da compreensão franciscana da forma de vida evangélica. Para Francisco e os primeiros frades, isto significava um comprometimento de viver uma vida pobre e itinerante como Jesus e seus discípulos, levar a cruz do Cristo Crucificado e pregar por meio de exemplo e palavra. Os capítulos 2 a 12 falam da vida interna da comunidade e de como os frades devem relacionar-se uns com os outros, como eles devem viver em pobreza e em simplicidade, e como devem cuidar uns dos outros, especialmente na doença.

Partes desses capítulos antigos são importantes à luz do que o capítulo 16 indica para o relacionamento entre frades e não frades. O capítulo 11 pede que os irmãos "nem litiguem entre si, nem com outros, mas procurem responder humildemente dizendo: Sou um servo inútil" (Lucas 17,10). Eles devem amar uns aos outros e expressar isso por meio de seus feitos. Eles não devem blasfemar, murmurar ou detrair os outros. Devem ser mansos e não julgar ou condenar os outros.

O capítulo 16 guia os frades a fazer o que os apóstolos faziam em seu ministério de pregação, ou seja, ir até os pobres e comer o que lhes fosse servido. Primeiro eles devem dizer "Paz a esta casa". Esta saudação é importante para Francisco, que escreveu em seu *Testamento* que o próprio Senhor lhe revelou: "O Senhor te dê a paz". Eles não deviam resistir ao mal, conforme Francisco interpretou o ensinamento de Jesus no Sermão da Montanha. Na realidade, muito do espírito do Sermão da Montanha pode ser encontrado nos escritos de Francisco. Em sua interpretação, era importante que os primeiros franciscanos corressem o mundo com uma atitude de pobreza e humildade, levando à paz. Isto é básico para aqueles que dizem que Francisco e os primeiros franciscanos eram pessoas de paz e reconciliação e, portanto, pessoas que rejeitavam o uso da violência.

A mensagem de paz e reconciliação deveria ser vivida pelos irmãos na comunidade e no mundo. Francisco esperava isso das pessoas em geral? Não há como determinar a resposta com base em seus escritos. Mas é significativo o fato de que a *Regra* da Terceira Ordem de 1221 tinha como preceito que os seguidores não

1ª Parte - Steven J. McMichael

deviam usar armas contra ninguém. Ela estende a política não violenta aos outros fora da Primeira Ordem dos Frades[14]. Também é digno de nota que no capítulo 23 Francisco admoesta todas as ordens da igreja e da sociedade, incluindo reis e príncipes, a perseverar na penitência e na verdadeira fé, mas jamais menciona soldados ou cruzados.

Os primeiros parágrafos do capítulo 22 são especialmente significativos. Este capítulo ou foi escrito logo antes de Francisco partir para Damieta ou é um resumo do discipulado de Francisco escrito após esse evento. Francisco afirma:

> Atendamos todos os frades, porque diz o Senhor: Amai vossos inimigos e fazei o bem aos que vos odeiam, porque nosso Senhor Jesus Cristo, cujos vestígios devemos seguir, chamou seu traidor de amigo e se ofereceu espontaneamente aos que o crucificaram. São, portanto, amigos nossos todos aqueles que injustamente nos causam tribulações e angústias, vergonhas e injúrias, dores e tormentos, martírio e morte; aos quais devemos amar muito, porque temos a vida eterna por aquilo que nos causam.

Se Francisco escreveu isso após visitar o sultão, então ele se referiu a seus anfitriões muçulmanos como "inimigos que se tornaram amigos". Alguns autores contemporâneos compreendem essa experiência de um inimigo que se torna amigo como já tendo sido vivida por Francisco em seu encontro com o leproso.[15] Se foi este o caso, é questionável por que Francisco poderia ter admitido o uso da violência contra os inimigos da fé cristã. Isto não estaria de acordo com sua visão da cristologia servil e sua forma de vida evangélica concedida divinamente. Iria de encontro a tudo o que ele acreditava sobre a identidade e a missão de Jesus como o servo dos servos e sua morte na cruz como o autossacrifício para todos os pecadores.

O capítulo 17 aborda a questão da pregação. O que é significativo aqui é que Francisco orienta os frades a pregarem o Evangelho por meio de seus feitos, em humildade, e a se protegerem da sabedoria do mundo e da carne. Não há menção a pregação outra que não a verdade cristã. Pregar em um tom pejorativo é contrário aos desejos de Francisco.

O texto central para nossa consideração é o capítulo 16, que descreve como os frades devem ir entre os sarracenos e outros infiéis. Este capítulo é importante porque apresenta duas formas de missão:

---

[14] Cf. R. M. Stewart, *"De Illis Que Faciunt Penitentiam"*, *The Rule of the Secular Franciscan Order: Origins, Development, Interpretation*, Bibliotheca seraphico-Capuccina cura instituti historici ord. Fr. Min. Capuccinorum, 39 (Roma, 1991), p. 210.

[15] Tanto Jan Hoebericths quanto Michael Cusato apontam que a experiência do leproso teve uma tremenda influência sobre a abordagem de Francisco a todos os outros grupos de pessoas, incluindo os muçulmanos.

8. Francisco e o encontro com o sultão (1219)

Os frades que vão podem comportar-se espiritualmente entre eles de dois modos. Um modo é que não façam nem litígios, nem contendas, mas estejam submetidos a *toda criatura humana por Deus* (1Pd 2,13) e confessem que são cristãos. Outro modo é que, quando virem que agrada ao Senhor, anunciem a palavra de Deus, para que [os infiéis] creiam em Deus onipotente, Pai e Filho e Espírito Santo, criador de tudo, no Filho redentor e salvador, e que sejam batizados e se tornem cristãos, porque *quem não renascer da água e do Espírito Santo não pode entrar no reino de Deus* (cf. Jo 3,5).

A primeira forma de missão, descrita em uma sentença, é significativa porque Francisco ordena que os frades vivam entre infiéis como entre si mesmos em comunidade (capítulo 11); e eles devem fazer isso de forma que estejam submetidos a todas as criaturas. Eles devem testemunhar por meio de sua vida e de seus exemplos, como Francisco continuamente enfatizava em seus escritos. A segunda forma é pregar o Evangelho, se agradar a Deus, para trazerem os infiéis à plenitude da verdade e da salvação. O simples fato de a primeira forma não ter se tornado a dominante não significa que ela não era verdadeiramente significativa para Francisco.[16]

Portanto, uma parte importante do capítulo 16 é voltada à pregação do Evangelho e à admoestação dos frades sobre a atitude que devem ter entre os infiéis. Estas são regras para qualquer trabalho missionário, não apenas entre os muçulmanos (como Antônio de Pádua e outros frades viveram no sul da França entre os cátaros). Os textos são passagens do Evangelho que relembram os frades sobre o custo do discipulado, o que inclui a possibilidade de sofrimento e de morte.

O PROBLEMA DA "CRÔNICA DOS VINTE E QUATRO GERAIS" E DOIS SERMÕES "EXEMPLA" DE FRANCISCO

Em seus próprios escritos, Francisco nunca ridiculariza Maomé e a fé islâmica. Quando lemos o que Francisco escreveu sobre sua pregação, ele nunca diz aos frades que façam nada além de pregar o Evangelho. Mas um texto do século XIV, a *Crônica dos Vinte e Quatro Gerais*, de Arnald de Sarrant, relata que Francisco instruiu os cinco futuros mártires em Marrocos com estas palavras: "Queridos filhos, Deus mandou que eu os enviasse à terra dos sarracenos para pregar, tornar

---

[16] Esta é minha resposta ao texto de Bert Roest "Medieval Franciscan Mission: History and Concept", in Wout J. Van Bekkun e P. M. Cobb (eds.), *Strategies of Medieval Communal Identity: Judaism, Christianity and Islam* (Leuven, 2004), p. 141. Mesmo que haja um significativo número de mártires franciscanos na Idade Média, o vasto número de frades que viviam nas terras muçulmanas, incluindo a Terra Santa, vivia em relativa paz com os habitantes muçulmanos desses locais. Portanto, esta primeira forma de missões não desapareceu, mesmo que não estivesse incluída na *Regra Posterior*, de 1223.

1ª Parte - Steven J. McMichael

conhecida a fé de Deus e assolar a lei de Maomé".[17] A frase-chave é a última. Parece que Francisco estava instruindo seus frades a atacar ou assolar a lei de Maomé. Tais instruções jamais apareceram na *Regra* ou em qualquer outro escrito de Francisco. Esta é uma projeção da mentalidade polêmica do século XIV a respeito dos muçulmanos, e não a mentalidade do próprio Francisco.

A mesma crônica é uma fonte essencial para aqueles que querem ver uma conexão entre a mentalidade de Francisco e os mártires marroquinos antigos. Uma passagem frequentemente citada dessa crônica afirma que quando Francisco soube que os irmãos enviados ao Marrocos haviam sido martirizados em 16 de janeiro de 1220, reagiu de forma espontânea e exclamou: "Agora posso realmente dizer que tenho cinco irmãos!".[18] Mesmo que certos historiadores julguem "não haver razão para duvidar da veracidade da narrativa", essa passagem é bem problemática. Primeiro, vem de uma obra do século XIV recheada de erros a respeito da história da ordem.[19] Em segundo lugar, há a questão de Francisco ter ou não realmente ouvido o relato inteiro sobre as mortes dos frades e como eles atacaram Maomé e o Alcorão. É possível que ele apenas tenha ouvido que os frades foram martirizados. Em terceiro lugar, há uma questão importante a respeito da própria experiência de Francisco em Damieta. Se os mártires marroquinos deram a Francisco um modelo para o martírio, por que ele não fez igual perante o sultão? Ele certamente poderia ter sido martirizado se esta fosse sua intenção real. Ele sabia que era perigoso perder a vida, mas isto não parece ser seu principal motivo. Em vez disso, ele desejava compartilhar sua fé não apenas na Trindade e em Jesus como Salvador, mas também na reconciliação universal de toda a humanidade e criação com base na forma de vida do Evangelho. Em quarto lugar, o relato dos mártires do Marrocos torna o martírio o objetivo principal da atividade de pregação desses frades. Muitas das fontes hagiográficas antigas nos contam que um dos principais desejos de Francisco na vida era o martírio, e era isto que ele queria que tivesse acontecido no Egito. Isto não seria surpreendente, porque o santo patrono de Assis era São Rufino, um mártir do século III. Além disso, a pequena igreja de Assis onde Francisco muito provavelmente orou era devotada a Santo Estevão, o primeiro seguidor de Jesus a ser martirizado (Atos 7). Mas uma leitura mais atenta do capítulo 16 da *Regra* de 1221 revela que viver o Evangelho por meio de exemplos e pregação é o objetivo central do movimento franciscano. O martírio é apenas uma consequência possível.

---

[17] O texto em latim é encontrado in *Chronica XXIV Generalium Ordinis Minorum* in *Analecta Franciscana* (Quaracchi, 1928), vol. III, p. 581.
[18] No texto em latim: "Nunca possum veraciter dicere, quod habeo quinque fratres". Ibid., p. 593.
[19] Citado de Tolan, *Saint Francis and the Sultan*, p. 7.

8. Francisco e o encontro com o sultão (1219)

Um estudo recente feito por Christopher T. Maier sobre a pregação franciscana durante a época das Cruzadas apresenta dois *exempla* atribuídos a Francisco.[20] O primeiro é sobre o sultão estendendo em frente a Francisco um tecido sobre o qual havia cruzes, numa tentativa de fazer Francisco andar sobre ele e degradar a cruz. A outra é sobre a aplicação do versículo do Evangelho "Se teu olho te é motivo de escândalo, arranca-o e lança-o longe de ti", que foi usado como uma justificativa para que os cristãos recuperassem a Terra Santa por meio da guerra. O autor conclui que Francisco não apoiava as Cruzadas como uma ordem de Deus. Ele afirma que o objetivo geral de Francisco era liberar os locais sagrados da Palestina do domínio muçulmano. O que era diferente era sua estratégia. Francisco ia além da ideia de simplesmente expulsar os muçulmanos de onde eles interferiam na vida cristã.[21]

Por que essa conclusão é problemática? Primeiramente, Francisco nunca mencionou em lugar algum que seu objetivo ao ir até o sultão fosse liberar os locais sagrados. Seu objetivo manifesto era pregar o Evangelho de Cristo e trazer os infiéis para a plenitude da fé cristã. Em segundo lugar, Francisco nunca afirmou que o conflito armado se justificava. Sua cristologia servil parece contradizer tal posição. Quando ouvimos Francisco falar sobre como a verdadeira paz é estabelecida, ele nunca permite que o conflito armado seja um meio para a paz. Em terceiro lugar, Maier nunca abordou a questão da autoria. Este segundo *exemplum* é feito com as palavras de Francisco ou as palavras colocadas em sua boca por frades posteriores justificando seu próprio ministério de pregação nas Cruzadas? Como ele não está de forma alguma de acordo com as próprias palavras de Francisco em seus escritos autênticos, sua cristologia ou sua abordagem à missão como descrita na Primeira *Regra*, a conclusão de Maier é realmente problemática.

AS CONSEQUÊNCIAS DA EXPERIÊNCIA EM DAMIETTA

Estudos contemporâneos sobre a experiência em Damieta seguem em várias direções. Por um lado, certos autores argumentam que ela teve uma influência extremamente positiva em Francisco.[22] Ela ajudou que ele considerasse o sultão como um inimigo que virou amigo, e seus escritos subsequentes expressam esta nova atitude. Eles também acreditam que a espiritualidade muçulmana impressionava Francisco – o chamado às orações o influenciou a tocar sinos em certas horas, para honrar a Deus. As orações de Francisco a Deus podem ter sido influenciadas pelos noventa e nove nomes islâmicos de Deus.

---

[20] Cf. C. T. Maier, *Preaching the Crusades: Mendicant Friars and the Cross in the Thirteenth Century* Cambridge, 1994). É fato histórico que os frades realmente se tornaram pregadores de Cruzadas. Mas outros, como Roger Bacon, criticaram as Cruzadas. Nenhum desses autores franciscanos antigos relata a visão de Francisco em relação à posição deles quanto as Cruzadas. Sobre Roger Bacon, ver *The Opus Majus of Roger Bacon*, trad. Robert Belle Burke (Filadélfia, 1980), vol. 1, p. 111-112.

[21] Maier, *Preaching the Crusades*, p. 16-17.

[22] Os autores incluem Jan Hoeberichts, M.F. Cusato e Kathleen Warren.

1ª Parte - Steven J. McMichael

Outros argumentam que não houve influência positiva em Francisco e afirmam que esta tentativa contemporânea de fazer de Francisco um modelo de dialogo inter-religioso moderno é errônea e fantástica.[23] Um desses autores afirma:

> É de crucial importância enfatizar que Francisco visitou o sultão com o propósito de convertê-lo à religião cristã, não para se dedicar a um diálogo amistoso para estabelecer uma tolerância não beligerante das partes em relação à religião do outro.[24]

O que é verdadeiro nessa afirmação, com base nos próprios escritos de Francisco, é que ele desejava muito a conversão do sultão, porque ele acreditava que o Cristianismo era a verdadeira religião. Isto foi uma conversa amigável. Todas as fontes mais antigas nos contam que Francisco falou e o sultão ouviu. O que não é verdade é que Francisco usou "afirmações francas e afiadas de que o Islã não era a religião verdadeira". Em vez disso, ele pregou o Evangelho. Foi isto o que ele instruiu os frades a fazer, no capítulo 16 da *Regra*.

GRECCIO E *LA VERNA* À LUZ DE 1219

À luz das experiências anteriores da vida de Francisco com a guerra, sua rejeição à violência e seu encontro com o sultão, o que ele viveu depois demonstra a continuidade de sua abordagem a essas questões. Há uma teoria de que, quando Francisco foi ao Egito, ele também visitou os lugares santos de Jerusalém.[25] Entretanto, a única menção que ele faz aos lugares santos é em sua *Carta a Toda a Ordem*, quando fala de como os cristãos veneram a tumba de Cristo. Se as principais fontes estiverem corretas, Francisco amava o drama. Assim, os acontecimentos em Greccio e em La Verna podem ser vistos como ilustrações da apreciação de Francisco pela Encarnação e pela Paixão de Cristo. Atores em peças medievais demonstravam implicitamente que não era necessário ir até a Terra Santa para experienciá-la. Se isso era verdade para Francisco, ele pode não ter sentido a necessidade pelas Cruzadas.

Greccio e La Verna também levantaram a questão do espaço sagrado. Francisco via o verdadeiro modo de vida do Evangelho como os "peregrinos e estrangeiros" no mundo, sem necessidade de moradias fixas. Ele via o sagrado de toda a realidade criada, como fica evidente em seu *Cântico das Criaturas*. Ele via todas as igrejas como sagradas porque

---

[23] Estes autores incluem John Tolan e Frank Rega.

[24] F. Rega, *St Francis of Assisi and the Conversion of the Muslims* (Rochford, 2007), p. 128.

[25] As Cruzadas mudaram a importância dos locais sagrados como objetos de peregrinação cristã. Ver C. Morris, *The Sepulchre of Christ and the Medieval West: From the Beginning to 1600* (Oxford, 2005).

8. Francisco e o encontro com o sultão (1219)

elas abrigavam a Eucaristia e eram lembranças da cruz de Cristo. O espaço sagrado era, portanto, determinado principalmente por uma atitude espiritual em relação ao espaço e o que ele continha. Um convento tornava-se um espaço sagrado porque era onde os irmãos se juntavam, uma comunidade. Acima de tudo, Francisco via a pessoa como o *locus* do Espírito. Desde o momento da criação, aquele era o lugar sagrado do encontro com Deus.

Greccio era sagrado por ser onde Francisco se juntava aos frades e à comunidade local para celebrar a humildade da Encarnação de Cristo. De uma forma bem comum ao drama litúrgico medieval, Francisco recriou no vale de Rieti uma cena sagrada que originalmente aconteceu na Terra Santa. Ele queria ver com seus próprios olhos o evento de Belém. Isto ecoa a experiência da amiga de São Jerônimo, Paula:

> "Eu juro", ela disse a Jerônimo, ajoelhada a seu lado, "que com os olhos da fé eu vejo o Divino Menino, enrolado em seus panos. Ouço meu Senhor chorando em seu berço. Vejo os Magos adorando a estrela que brilha no céu; a Virgem Maria; o cuidadoso pai; os pastores vindo à noite para ver a Palavra que se tornou Carne; as crianças mortas; a raiva de Herodes; José e Maria fugindo para o Egito". Em meio a uma mistura de lágrimas e alegria, ela disse: "Salve, Belém, Casa do Pão, onde nasceu o verdadeiro Pão, que desceu dos céus. Salve, Efrata – a fértil – cujo fruto é Deus".[26]

Quem esteve presente em Greccio em 1223 viveu essa experiência. O fato de a visão de Francisco de Cristo menino ter acontecido em um contexto eucarístico é uma conexão importante com peregrinos como Paula. A "encarnação" sacramental contínua de Cristo acontece, de acordo com Francisco, no altar, cotidianamente (*Admoestação 1*). Francisco proclama implicitamente que os peregrinos não precisam ir até a Terra Santa para ter essa experiência. Ela pode acontecer em qualquer lugar. Celano exclama: "Greccio se tornou uma nova Belém" (1 Cel., 85).

Cerca de nove meses depois, Francisco recebeu os estigmas em La Verna. Na subsequente espiritualidade de Francisco, esse local foi considerado o "Calvário" de Francisco. La Verna está para Jerusalém como Greccio está para Belém. Peregrinos em Jerusalém refaziam os passos de Cristo em seu caminho para a cruz. Francisco lia os relatos do Evangelho sobre a paixão de Cristo e experimentava um tipo de encenação da Paixão, ou "estações da cruz" interior. Ele se colocava de forma imaginativa no drama. Como a paixão aconteceu em Jerusalém, La Verna agora se tornou a Nova Jerusalém e Francisco se tornou "o servo crucificado do Senhor crucificado" (1 Cel., 95). Assim como Cristo apareceu para Francisco como uma criança em Greccio, também apareceu a Francisco na forma crucificada, em La Verna. Aqui, entretanto, o drama levou a um resultado único – o ator realmente experienciou o acontecimento e ficou

---

[26] São Jerônimo, *The Pilgrimage of Holy Paula*, ed. Edward Lewes Cutts, Fathers for English Readers (Nova York, 1897), p. 125-126.

153

marcado com chagas reais. O que também é único é o fato de o espaço que se tornou sagrado não ser apenas a montanha na Toscana, mas o próprio corpo de Francisco. A pessoa humana se torna o *locus* da cruz, que é a única coisa, junto com suas enfermidades, de que o ser humano pode vangloriar-se (*Admoestação V*). O santo sepulcro, honrado pelos cristãos como uma lembrança da paixão, morte e ressurreição de Cristo, perde importância quando comparado com o lugar real onde esses eventos são eficazes, ou seja, no próprio ser humano. Os escritos de Francisco são testemunhos de sua crença de que o ser humano é o portador do divino. Assim, deve-se colocar mais atenção na pessoa humana – corpo, alma, espírito – do que em coisas espaciais.

Como é que essas duas importantes experiências na vida de Francisco podem ajudar--nos a interpretar sua atitude em relação às Cruzadas? As Cruzadas tratavam-se principalmente da recuperação da terra e das igrejas naquele lugar. Francisco proclamou que os eventos de Belém e do Calvário podem ser celebrados em qualquer local, em qualquer tempo. Assim, não há necessidade de lutas ou mortes em nome de propriedades. Com base em sua própria experiência de lutas por poder, propriedade e prestígio, Francisco, mais adiante em sua vida, rejeitou esses motivos. Podemos ver como as experiências prévias de Francisco se conectam (e são consistentes) com as experiências de seu passado.

Conclusão

Mesmo antes da morte de Francisco, seu próprio ideal da forma de vida evangélica era estar comprometido com seus seguidores. Sem a capacidade de dirigir a ordem pessoalmente como ele havia tido na "época de ouro" e tendo perdido o poder orientador da *Regra*, a visão de Francisco sobre a reconciliação e a paz universais não foi passada adiante de forma eficaz para as subsequentes gerações de frades. À medida que a ordem se tornou clericalizada, conventualizada, urbanizada e fortemente influenciada por outros grupos religiosos a sua volta, o desejo de Francisco de observar o Evangelho como um grupo vagante de mendigos vivendo como peregrinos e estrangeiros no mundo se perdeu. Sua visão das missões, em ambas suas formas, como registrada na *Regra*, também se perdeu para um grande número de frades. Muitos se preparavam para o martírio, escarnecendo de Maomé e do Alcorão, e estavam tornando-se pregadores de Cruzadas. Francisco aproveitou a quinta Cruzada para pregar para o sultão al-Kâmal. Ele acreditava que esta missão de pregação poderia acabar com o martírio. Tendo ido com uma atitude de paz e reconciliação, deixou a corte do sultão em paz. A julgar por seus próprios escritos e sua cristologia, podemos seguramente concluir que João Paulo II estava correto ao escolher Francisco como modelo de paz e reconciliação não apenas entre o Cristianismo e o Islã, mas também entre o Cristianismo e todas as outras religiões.

9. FRANCISCO E A CRIAÇÃO
Timothy J. Johnson

O que fizeram com a Terra?
O que fizeram com nossa boa irmã?
Devastaram e saquearam e a rasgaram e a morderam
Enfiaram-lhe facas no flanco da aurora
E a amarraram com cercas
E a arrastaram para baixo.[1]

Muito antes de os músicos, cientistas, teólogos e políticos contemporâneos lamentarem a depreciação tóxica de nosso ambiente, Francisco de Assis demonstrava uma profunda empatia pelo mundo criado. Não é surpresa que a Igreja Católica de Roma confirmou o relacionamento único de Francisco com a criação identificando-o como o santo patrono da ecologia. Enquanto a popular imagem de Francisco na natureza é com frequência aquela dolorosamente pia de uma estátua ornamental em um bebedouro de pássaros, examinando-se seus escritos e biografias ele se revela como a corporificação do desejo mais fervente de Paulo pela criação. Ele escreve que toda a criação geme pela redenção dos filhos de Deus, porque o mundo material tem sido involuntariamente sujeitado à frustração, à escravidão e à deterioração na companhia da humanidade. A natureza será libertada apenas se e quando a humanidade for libertada na carne através da morte e da ressurreição de Cristo (Romanos 8,18-27). Este capítulo considera Francisco primeira e primordialmente um augúrio de sua esperança escatológica, um homem cuja conversão evangélica o leva a um relacionamento compassivo e libertador com as criaturas animadas e também com as inanimadas. Na realidade, Francisco vai bem além da compreensão paulina da criação como companhia quando propõe um modelo de gêneros da igualdade e liberdade familiar em que homens e mulheres se unem no ministério de oração com outras criaturas, também irmãos e irmãs sob o mesmo Pai nos céus. Continuando a ler Francisco, então podemos examinar os insights dos posteriores franciscanos na natureza e a significância da criação, especialmente os animais, na história da salvação. Os escritos de Tomás de Celano, Boaventura de Bagnoregio, Roger Bacon, Duns Scotus e Angela de Foligno oferecem um testemunho envolvente da apreciação franciscana variegada pela criação.

---

[1] Jim Morrisson, Ray Manzarek, Robby Krieger e John Densmore, "When the Music's Over", *Strange Days*, Elektra/Asylum Records, 1967. Gostaria de agradecer a Ms. Katherine Wrisley e Dr. John W. Daniels, Jr do Flagler College seu apoio bibliográfico e editorial a este capítulo.

155

FRANCISCO DE ASSIS: CÂNTICO DOS CÂNTICOS E A BONDADE DIVINA

Francisco não tinha o talento nem o treinamento para ser um teólogo sistemático. Uma leitura mais atenta do *Cântico dos Cânticos* talvez seja a porta de entrada mais comum – certamente a mais celebrada – nesta sua perspectiva sobre a criação. Entretanto, sua postura em relação à Eucaristia é possivelmente o que ilumina sua apreciação fundamental da realidade material e baseia seu louvor familiar aos elementos. Francisco diz:

> Rogo a todos vós, irmãos, que manifesteis toda reverência e toda honra, tanto quanto puderdes, ao santíssimo corpo e sangue do Senhor nosso Jesus Cristo, em que as coisas que estão no céu e as que há na terra foram pacificadas e reconciliadas com o Deus onipotente.[2]

Os simples rudimentos da vida cotidiana, pão e vinho, mediam a presença daquele que é a esperança de toda a criação. Na realidade, os elementos consagrados oferecem o único encontro visível e consagrado neste mundo com o Redentor.[3] Apreciar a presença do filho de Deus no pão e vinho sacramental, no altar, é aceitar a humildade do Senhor que se dignou a habitar entre os fiéis em uma forma corpórea.[4] Esta afirmação desafia aqueles que negam a bondade da criação e a disposição do divino de adentrar a materialidade do mundo. Nesta época, o movimento religioso conhecido como Catarismo denunciava explicitamente o potencial redentor da criação e tentava se separar, física e espiritualmente, do que percebia como influências corruptas de materialidade. Para os cátaros, a matéria só era relevante enquanto não era um obstáculo, ou mesmo uma franca traição, à bondade divina encontrada nos campos espirituais, onde a prisão da carne era transcendida. Francisco, por sua vez, proclama de forma resoluta que a declaração original de Deus a respeito da bondade da criação encontrada no Gênesis 1,31 não havia sido totalmente apagada pela tragédia do pecado.

O que talvez seja mais chocante na abordagem de Francisco em relação à Eucaristia é a ligação que ele faz entre a prática da humildade reverente e a capacidade de discernir a presença redentora de Deus no mundo. Assim como o Senhor desce do alto para habitar no modesto pão e vinho, assim também os próprios fiéis humildes devem fazer quando encontram Cristo no sacramento do altar. A humildade na presença dos elementos transformados pelo espírito de Deus fomenta a humildade ante todas as criaturas de Deus. Enraizado nessa humildade,

---

[2] *Carta a Toda a Ordem*, FAED, vol. 1, p. 117.
[3] *Test.*, ibid., p. 125.
[4] *Admoestação I*, ibid., p. 128-129.

9. Francisco e a criação

Francisco está livre para abraçar a realidade do mundo material, entrar em um relacionamento com a criação em seus próprios termos e louvar ao Criador. A adoração litúrgica, na qual Francisco e seus irmãos encontram a humildade de Deus na Eucaristia, torna-se um *locus* privilegiado para a celebração da salvação universal oferecida em Cristo. Em sua *Exortação ao Louvor de Deus*, escrita em um painel de madeira na capela de um eremitério, a humildade reverente nesta cena eucarística aparece no chamado de todas as criaturas do céu e da terra a louvar o Senhor, porque ele é bom e digno de louvores e honras. Como o Cordeiro de Deus, sacrificado para a salvação, Cristo também é digno de toda a glória.[5] Outra cena litúrgica, o Ofício Divino, evoca *Louvores para Todas as Horas*, em que Francisco conclama todas as criaturas a louvar e exaltar o Senhor Deus Onipotente, junto com o Cordeiro que foi imolado.[6] Esta oferta divina torna a salvação conhecida ao mundo inteiro, e mesmo os campos e todos os que neles habitam devem animar-se e contentar-se, pois a redenção está à mão.[7]

Para Francisco, o mundo a sua volta regozijava-se na invasão da graça de Deus. Ele respondia a esta iniciativa convidando seus irmãos no *Cântico das Criaturas* a discernir a humildade intrínseca da criação, a seguir esse exemplo e louvar o Criador. Muito já foi dito ao longo dos anos sobre esse hino umbro único, escrito não em latim, mas no dialeto regional. Francisco compôs a parte inicial da celebrada ordem em meio a um intenso sofrimento físico. Ele desejava "fazer um novo *louvor do Senhor* por suas criaturas, das quais nos servimos todos os dias e sem as quais não podemos viver, e nas quais o gênero humano ofende muito o Criador" (CA, 83). Temos sorte de possuir este testemunho antigo, porque ele revela as intenções de Francisco e confirma sua humildade e seu desejo de consertar os erros feitos à obra de Deus. Os seres humanos não apenas são dependentes dos elementos todos os dias, mas também são culpados dos insultos contra toda a fonte de vida, aproveitando-se das outras criaturas que povoam o mundo. Em vez de clamar pela liberdade paulina dos filhos de Deus para livrar a criação da frustração, servidão e degradação equiparadas ao pecado, as pessoas perpetuam a opressão original abusando do mundo material. Este não é o caminho para a reconciliação.

O que Francisco propõe no *Cântico das Criaturas* é impressionante. Primeiro, as criaturas do mundo que estão junto aos irmãos não são objetos, mas sujeitos em uma ampla rede de relações, marcadas pela igualdade de gênero e uma fonte compartilhada e mútua de vitalidade e de vida. O sol é um irmão, assim como o vento e

---

[5] *Exortação ao Louvor de Deus*, ibid., p. 138.
[6] *Louvores para Todas as Horas*, ibid., p. 161.
[7] *Ofício da Paixão*, ibid., p. 114.

1ª Parte - Timothy J. Johnson

o fogo. A lua e as estrelas, a água, a terra e mesmo a morte são irmãs da humanidade. Esta estrutura fraternal não é dominada por um *pater familias* distante e prepotente, mas sim trazida à existência e sustentada por um Senhor bom e todo-poderoso, que se regozija em criaturas úteis e desejáveis, belas e fortes. Em segundo lugar, como irmãs, as criaturas que não os seres humanos têm certa atitude que Francisco imita e da qual se aproxima. Enquanto homens e mulheres diminuíram desesperadamente sua vocação de levar a criação à redenção, seus irmãos e irmãs criaturas continuam atentos ao Criador, oferecendo muitos exemplos de serviço humilde e salvífico. Através dele e com eles, o Altíssimo é louvado e a humanidade é lembrada do que significa estar em uma relação humilde de serviço com o divino. Deus criou o sol para dar luz ao dia, e seu irmão continua a fazê-lo. O Irmão Fogo, por sua vez, ilumina a noite. A lua e as estrelas, todas irmãs, encheram o céu da noite para a satisfação de Deus, e ainda estão lá, em sua clara e preciosa beleza. As pessoas podem confiar no Irmão Vento, na companhia da Irmã Terra e da Irmã Água, para sustentar a vida através dos frutos do campo, nutridos em todos os tipos de clima. Até mesmo a morte é recebida como irmã, tendo seu lugar natural entre os irmãos. Este encontro com os irmãos e irmãs em meio ao sofrimento, de forma similar a sua experiência com a Eucaristia, move Francisco novamente e relembra a importância do serviço redentor através de suas ofertas humildes e múltiplas à humanidade. Não surpreende que ele conclua o *Cântico das Criaturas* com: "Louvai e bendizei a meu Senhor e dai-lhe graças, e servi-o com grande humildade".[8]

BIOGRAFIAS DE FRANCISCO: "IL POVERELLO" E A ESPERANÇA DA CRIAÇÃO

Tomás de Celano (1185/90-1260) foi o escritor mais antigo a perceber o relacionamento fraterno do santo com as criaturas como a corporificação da esperança paulina para toda a criação:

> "Convidava com muita simplicidade os trigais e as vinhas, as pedras, os bosques e tudo o que há de bonito nos campos, as nascentes e tudo o que há de verde nos jardins, a terra e o fogo, o ar e o vento, para que tivessem muito amor e louvassem generosamente ao Senhor. Afinal, chamava todas as criaturas de irmãs, intuindo seus segredos de maneira especial, por ninguém experimentada, porque na verdade parecia já estar gozando a liberdade gloriosa dos filhos de Deus" (I Cel., 81).

---

[8] *Cântico das Criaturas*, ibid., p. 149.

9. Francisco e a criação

O deleite que Francisco encontra no mundo a sua volta contrasta totalmente com os primeiros dias de sua conversão, quando ele olhava, impassível, para os belos campos e vinhedos da paisagem umbra (1 Cel., 3). Apenas depois de renunciar a seu patrimônio ante o Bispo Guido e ser jogado por ladrões em uma vala cheia de neve fora da cidade é que Francisco exultaria na natureza e levantaria sua voz em louvor ao Criador de tudo (1 Cel., 16). Celano mais tarde relembraria seus irmãos, quando eles se juntaram para o Ofício Divino, de que a razão para a mudança de coração de seu fundador era o novo amor que ele sentia pela fonte de vida.[9]

O que Francisco descobriria quando de sua conversão foi o incrível testemunho oferecido pelas criaturas para aqueles que, como ele, buscavam o desejo de Deus em suas vidas. De início, ele era ignorante a respeito do papel salvífico das criaturas, mas mudou do que alguns podem considerar uma afeição sentimental pelas criaturas para o reconhecimento da atitude delas, enquanto pregava para um grupo de pássaros perto de Bevagna (1 Cel., 58). Enquanto viajava, Francisco avistou muitos pássaros, de vários tipos, e, tomado pela emoção, apressou-se para falar com eles. O que aconteceu em seguida surpreendeu até mesmo Francisco, porque quando cumprimentou os pássaros com sua costumeira saudação, "O Senhor vos dê a paz", sentiu que eles o ouviam e se mantiveram imóveis em vez de voarem para longe. Ciente de que os pássaros eram, de fato, uma congregação disposta e atenta à Palavra de Deus, ele os lembrou da incrível benevolência que o Criador derramou sobre eles. Os pássaros responderam a esse sermão de uma maneira condizente com sua natureza divinamente distribuída, e Francisco os abençoou ao partir. Notando o remorso de Francisco por não ter pregado aos pássaros antes, Celano escreve que a partir daquele dia Francisco implorava a todos os animais, e até as criaturas inanimadas, que louvassem e amassem a seu Criador. Na realidade, na resposta obediente deles, o pobre pregador encontrou um lembrete de sua necessidade de invocar o nome do Salvador.

Outros relatos de Francisco em meio a criaturas destacam a compaixão salvífica do santo. De forma emblemática para alguém já entre os filhos de Deus, Francisco emprestava os ouvidos para as criaturas sofredoras que encontrava enquanto vagava pelo mundo, pregando o Evangelho; como se pudesse ouvir os lamentos daqueles que estavam presos à escravidão. Esta imagem aparece em muitas ocasiões em que Francisco presencia animais em cativeiro. Uma vez, quando lhe ofereceram um coelho preso em uma armadilha, ele quis saber por que o Irmão Coelho permitiu ser capturado. Francisco abraçou o irmãozinho de forma maternal e terna, e então o alimentou. Tal ternura era claramente atraente, e o coelho ficou relutante em partir. Um peixe oferecido a São Francisco no lago de Rieti também foi beneficiado por sua doçura. Após

---

[9] Tomás de Celano, *Legenda para Uso Coral*, ibid., n. 8, p. 322.

1ª Parte - Timothy J. Johnson

admoestar o irmão a evitar a captura de animais no futuro, Francisco soltou o peixe na água, mas este continuou brincando alegremente ao lado do barco, até que seguiu seu caminho com uma bênção (1 Cel., 60-61). A preocupação com o sofrimento de suas irmãs criaturas fez com que Francisco removesse vermes da estrada para que eles não fossem pisados, e colocasse mel ou vinho bom para as abelhas para que elas não morressem no frio do inverno (1 Cel., 80). Ele era especialmente apegado às ovelhas, já que Jesus Cristo é chamado de cordeiro nas Escrituras. Celano diz que o santo uma vez suspirou alto ao deparar com uma ovelha cercada por cabras. Relembrando como Cristo uma vez esteve cercado de arrogantes, Francisco entregou o animal aos cuidados das irmãs enclausuradas de São Severino. Depois, a lã tirada da ovelha resgatada se tornou uma túnica para Francisco (1 Cel., 77-78).

O retrato incrivelmente rico e envolvente de *il poverello* como irmão de todas as criaturas é continuado por Boaventura (1221-1274), cuja biografia aponta que Francisco era sua companhia humilde em natureza e graça (*LM*, 9:4). Foi o excesso extasiante do amor de Cristo, cheio de ternura, o que inicialmente o moveu para apear de seu alto cavalo e beijar o leproso, e da mesma forma depois engrandeceu seu coração para abraçar todas as criaturas da Terra como seus irmãos. Sua disponibilidade de se curvar às necessidades delas suscitava nelas uma resposta igualmente humilde. Em certa ocasião, ele aceitou passar pelo flagelo da cauterização para salvar sua visão. Para espanto de seu médico, ele se reportou diretamente ao instrumento incandescente de ferro quente usado no procedimento e implorou ao Irmão Fogo que fosse gracioso e gentil. Depois de o médico ter queimado uma trilha da orelha até a sobrancelha, Francisco confessou não ter sentido nem o calor do instrumento, nem qualquer dor na pele queimada. Imitando talvez São Lourenço, Francisco exclamou que o doutor poderia repetir a intervenção se a carne ainda não estivesse bem queimada. A história termina com a observação de que o Deus da criação desejava que as criaturas se sujeitassem à vontade e ao comando de Francisco, que estava em perfeita harmonia com Deus. Outras instâncias da criação, respondendo ao mandato divino, como oferecendo a Francisco água quando ele estava com sede ou música sem instrumentos quando ele estava triste, ou luz em meio à escuridão enquanto ele viajava, levaram Boaventura a pedir a seus leitores que apreciassem o incrível ministério da criação:

> Calcula como foi de admirável limpeza e grande virtude este homem, se a seu aceno o fogo tempera seu ardor, a água muda de gosto, a melodia angélica vem consolar e a luz divina orientar, de maneira que, assim santificados, os sentidos do santo homem, prova-se que a máquina do mundo o servia (LM, 5:9).[10]

---

[10] N.T. Na *Legenda Maior* de Boaventura, encontrada na fonte *Centro Franciscano*, este trecho está em LM, 5:12.

9. Francisco e a criação

O ministério da criação de Francisco em nenhum lugar está mais evidente do que em uma oração. O capítulo 9 da *Legenda Maior* começa com um arrebatador hino de louvor para o poder contemplativo e edificante da criação. As criaturas se alimentavam das chamas do amor do santo por Deus através de seu delicioso testemunho da razão e do propósito divinos. Levado às belezas do mundo a sua volta, Francisco contemplava nelas a beleza de seu Amado e ascendia, ao considerar as criaturas, até a fonte de seu desejo. Com um vocabulário gotejando sensualidade, Boaventura retrata um homem que saboreava a divina bondade que fluía dentro de todas as criaturas e, com um ouvido afiado para o que era espiritual, ouvia na força e na atividade delas o que quase lhe parecia ser um coro celestial. Para papéis apropriados em seu coro, Francisco podia contar com a ajuda de vários irmãos, como o Irmão Grilo, que o instigou para fora de sua cela em Santa Maria dos Anjos (*LM*, 8:9-10). Por oito dias, uma oitava litúrgica, o grilo respondeu ao convite do santo e apareceu entre os irmãos, para que eles pudessem ser movidos a louvar o Senhor Criador junto com seu irmãozinho. Um grupo de pássaros, em particular um corvo, recebeu o santo em La Verna e o convenceu a ficar um pouco com a maravilhosa melodia de seu canto. Um falcão formou um laço de amizade tão grande com o recém-chegado que o pássaro podia discernir quando acordá-lo para o Ofício Divino noturno e quando deixá-lo dormir até o amanhecer, assim dando a Francisco a oportunidade de recuperar sua força física face à doença. Enquanto esse falcão sabia quando e como encorajar a celebração do Ofício Divino, o mesmo não acontecia com todos os seus irmãos pássaros. Em uma história encontrada em Boaventura, mas não nos relatos hagiográficos de Celano, Francisco ralhou com um grupo de pássaros nos pântanos de Veneza. De certo modo, esses irmãozinhos foram vítimas da clericalização dos Menores; eles atrapalharam seus irmãos que estavam tentando cumprir suas responsabilidades clericais, cantando nas horas canônicas (*LM*, 8:9). A história era diferente quando os frades não tinham livros, não eram obrigados a rezar o Ofício Divino e eram ensinados por Francisco a "louvar a Deus em tudo e por todas as criaturas" (*LM*, 4:3).

Ao mesmo tempo em que Boaventura se compraz em relatar como as criaturas se deliciavam ao servir Francisco e inspiravam as orações, ele também ecoa o insight de Celano a respeito de Francisco ser a manifestação da esperança paulina pela reconciliação cósmica. Tirando uma história da obra de Celano *Memoriale in desiderio animae (Recordação pela qual a alma aspira)*, o doutor seráfico recontou os vários infortúnios do povo de Greccio, completamente sujeito à misericórdia dos elementos (*LM*, 8:11). Tempestades de granizo devastavam os campos de trigo e vinhedos, lobos vagavam pelos campos devorando animais e pessoas. Teste-

161

1ª Parte - Timothy J. Johnson

munhando a devastação em seu eremitério em Greccio, Francisco foi movido a interceder. Culpando a população local pela violência do mundo físico, o santo os conclamou a uma severa penitência com a promessa de que recobrariam a generosidade da natureza e a harmonia da criação se ouvissem o aviso. As pessoas responderam com entusiasmo; logo se reconciliaram com o mundo a sua volta em tal grau que os campos floresceram novamente, pessoas e animais estavam em paz, e as tempestades de granizo que puniam os campos locais ou se dissiparam ou mudaram de direção, para além das fronteiras de Greccio. Boaventura ressalta que "os animais que se haviam rebelado contra a decadência humana" (*LM*, 8:11) foram levados a retomar um relacionamento divino apropriado, que espelhava a relação que Francisco tinha com Deus.

BOAVENTURA DE BAGNOREGGIO: UMA TEOLOGIA DAS CRIATURAS E DO COSMOS

A compreensão de Boaventura sobre a relação única entre Francisco e os animais vem de suas reflexões da época em que era um jovem teólogo em Paris. Como era costume para os mestres aspirantes no século XIII, ele devia escrever um comentário sobre uma pesada coleção de fontes de teologia chamada *Sentenças*, de Pedro Lombardo. Uma questão colocada por Pedro Lombardo se tratava da obrigação de se amar criaturas irracionais.[11] Enquanto seu mendicante, Tomás de Aquino, passou um precioso tempo neste assunto e enfatizou por que essas criaturas não devem ser amadas, Boaventura apelou à experiência de Francisco na natureza como ponto inicial ao considerar o amor e a natureza da interação humana com os animais.[12] Com seu costumeiro arroubo de nuances e distinções, ele resolve as opiniões opostas reconhecendo que os seres irracionais não podem ser amados da mesma forma que os seres humanos amam uns aos outros e a Deus, mas que homens e mulheres são obrigados a amar as criaturas irracionais porque elas são criadas para agradar a Deus e promover a salvação da humanidade. São a afeição e a piedade naturais, mais bem entendidas aqui como ternura, que, desde o tempo do Éden pré-lapsariano, movem uma pessoa a amar animais e outras criaturas. Boaventura recorre à imagem de Francisco para destacar que esta expressão de amor, que instiga uma resposta similar da parte das criaturas amadas, está inextricavelmente ligada à

---

[11] Boaventura, *Commentaria in Quatuor Libros Sententiarum Magistri Petri Lombardi*, in S. *Bonaventurae Opera Omnia* (Quaracchi, 1887), vol. III, p. 621-624.

[12] Tomás de Aquino, *Summa Theologica*, trad. Fathers of the English Dominican Province (Nova York, 1947), vol. II/II, p. 1287-1288.

9. Francisco e a criação

conversão:

> Na medida em que uma pessoa é reformada e volta ao estado da inocência, ela descobrirá que os animais são pacíficos em sua presença e que eles por piedade irão em direção a ela. Lemos que São Francisco experienciou este tipo de piedade terna em relação às criaturas porque de certa forma ele recuperou [o estado de] inocência.[13]

O que impressiona aqui é o impacto da ação humana sobre os animais e, em comparação, sobre todas as criaturas. Se homens e mulheres respondem ao Evangelho e são reformados pela graça, eles também vão impulsionar a restauração fundamental da criação. A expectativa escatológica de Romanos 8,18-27 é esclarecida agora na reflexão teológica de Boaventura. O desejo pela salvação é universal e apropriado a todas as realidades criadas que Deus trouxe à existência, e a assistência divina está à mão para trazer seu desejo de plenitude, "porque toda criatura busca ser salva, apesar de não poder fazê-lo por si mesma, e principalmente aquela criatura que deseja ser beatificada... e como o desejo da natureza não é em vão, onde a natureza for deficiente, Deus influencia gratuitamente".[14] Onde quer que as criaturas racionais forem ordenadas a Deus, o relacionamento entre as criaturas irracionais e Deus é mediado por homens e mulheres, responsáveis por assegurar que todas as outras criaturas se mantenham fiéis a nosso relacionamento planejado e original com o Criador.[15] O fardo de responsabilidade pela restauração da criação está nos ombros dos seres senscientes; eles têm um papel singular na salvação de outras criaturas e, como Francisco demonstra, a conversão é essencial para este ministério da reconciliação. À medida que os seres senscientes são reformados pela influência da graça, outras criaturas são restauradas a sua natureza original, como testemunhas do Altíssimo. Há um profundo senso de mutualidade nas reflexões de Boaventura, já que ele postula que no processo de restauração humana outras criaturas são liberadas da sujeição que sofrem, não devido a suas próprias falhas, e assim ficam livres para louvar e acompanhar os filhos e filhas do Senhor de volta a seu Criador mútuo.

Boaventura identifica em Francisco alguém como um novo Adão com os animais no Éden, o que é muito bem representado em afrescos e vitrais medievais, com Francisco pregando para os pássaros. Esta identificação é mais bem apreciada quando examinamos o insight do doutor seráfico a respeito do status dos animais antes e depois da queda da graça. Em um segmento de *Comentário às Sentenças,* fascinante, porém raramente citado, Boaventura delineia a natureza original dos animais e seu

---

[13] Boaventura, *Commentaria*, vol. III, p. 622. Traduções do latim são feitas pelo autor, a não ser que indicadas de outra forma.
[14] Ibid., vol. I, p. 161.
[15] Ibid., vol. II, p. 384 e vol. III, p. 623.

163

1ª Parte - Timothy J. Johnson

relacionamento com a humanidade ao responder a uma pergunta sobre o propósito divino por trás da criação das criaturas.[16] Ao mesmo tempo em que Deus desejava que os animais fossem ordenados à humanidade, é crucial reconhecer que o estado atual das coisas não é exatamente o que o Criador pretendia. Os pássaros no ar, os peixes no mar e todas as outras criaturas espalhadas pela Terra tinham um propósito quádruplo no estado original de inocência. De uma vez só e ao mesmo tempo, juntamente com as árvores, eles confirmavam a dignidade humana através da obediência, ofereciam beleza ao lar terrestre da humanidade, provocavam encantos na sabedoria do Criador através de sua diversidade e moviam as pessoas ao amor de Deus, agindo de acordo com a retidão de sua natureza e da mesma forma amando de acordo com os mandamentos do Criador. Para aqueles que desdenham dos animais por causa de seu comportamento cruel, Boaventura afirma que o pecado da humanidade, puro e simples, é o que corrompe as criaturas.

Agora, obviamente, as coisas mudaram, e o propósito quádruplo dos animais é interpretado à luz da indigência humana. Os animais nos fornecem comida, roupas, serviços e consolo. Enquanto o foco anterior era nas companhias do Éden, a ênfase agora muda para a instrumentalidade e para a necessidade humana. Mas ainda é perceptível um eco da harmonia original para aqueles que escutam e contemplam o ciclo da vida, que Boaventura considera um poema cósmico: "Ao estarem em sucessão um ao outro, os animais adornam o universo como a canção mais linda, em que uma sílaba se segue à outra".[17] Francisco ouvia o coro da criação,[18] e Boaventura compunha suas reflexões teológicas com um ouvido afiado para esta melodia.[19] Ao resumir as principais premissas da teologia para os frades estudantes na obra adequadamente chamada de *Breviloquium*, ou *Breve Palavra*, Boaventura apela ao motif musical para explicar o curso do cosmos. Assim como uma pessoa é incapaz de apreciar a beleza de uma música sem ouvi-la do começo ao fim, a beleza do mundo também é imperceptível àqueles que não compreendem como a sabedoria divina gera, ordena e governa o universo.[20] Um olhar atento ao mundo natural permite que a humanidade atente ao louvor que se levanta de cada ser, animado ou inanimado, porque todas as criaturas cantam a seu Criador. Se não as ouvíssemos, seríamos surdos.[21]

Na linguagem cheia de texturas e símbolos de Boaventura, cada criatura então é uma sílaba em uma canção ou um vestígio de Deus, uma palavra no Livro da Criação, um riacho fluindo da fonte da Bondade, ou uma semente jogada no fecundo

---

[16] Ibid., vol. II, p. 383-384.
[17] Ibid., p. 383.
[18] *LM*, 9:2.
[19] Boaventura, *Commentaria*, vol. I, p. 786.
[20] Boaventura, *Breviloquium*, ed. Dominic Monti (Saint Bonaventure, 2005), p. 10-11.
[21] Boaventura, *The Journey of the Soul into God*, ed. Philotheus Boehner (Saint Bonaventure, 1956), p. 49-51.

tecido do mundo.[22] Estes múltiplos modos de expressão revelam a obra perfeita do Deus Triuno, que é Artesão, Autor, Esmoler e Agrônomo. Na realidade, tudo o que existe, visível e invisível, emanou da fonte divina como o gracioso trabalho do Pai que, através do Filho e do derramamento do Espírito Santo, preenche o universo com sinais de força, sabedoria e providência. Das esferas celestes até as pedras e flores do campo, dos pássaros do céu até os peixes na profundeza do oceano, das hostes angelicais até os casais com filhos, a bondade e a beleza da Trindade se revelam. Toda a criação é tanto um sacramento mediando a presença de Deus em uma forma tangível quanto um texto iluminado narrando e representando as maravilhas de Deus, que criou todas as coisas através da Palavra Eterna, Jesus Cristo. Boaventura nota que as criaturas refletem o divino em pelo menos um de três níveis: vestígio ou pegada, imagem ou similitude.[23] Como a criação é a Trindade operando livremente, todos os seres demonstram um vestígio da essência tripla, força e presença de Deus. Por sua vez, as imagens são seres senscientes que refletem o Pai com sua capacidade de memória, o Filho com o poder da inteligência e o Espírito Santo pela virtude da vontade. As expressões mais íntimas do Deus Triuno são as similitudes, ou seja, os filhos de Deus, que são transformados pelas virtudes teológicas de fé, esperança e amor. A esses indivíduos pertencem a administração da criação e o fardo de restaurar todas as suas criaturas irmãs, que estiveram submetidas à futilidade pelo pecado, através de uma culpa que não era sua, a sua natureza original e primitiva, como pretendido. Para Boaventura, esta jornada de reconciliação é feita primordialmente na companhia de Cristo, através de quem tudo foi criado, porque na transfiguração do Monte Tabor o mediador entre Deus e a criação revela que até mesmo pedras, plantas e animais são restaurados nele.[24]

ROGER BACON E DUNS SCOTUS: REFLEXÕES SOBRE GRAÇA E GLÓRIA NO MUNDO NATURAL

Cuidar da criação e embarcar na jornada para Deus requerem uma atenção especial ao mundo natural. Dois frades ingleses, Roger Bacon (1214-1294) e Duns Scotus (1266-1308), dão voz à fascinação franciscana pela miríade de reflexões das atitudes e propósitos divinos na materialidade da Terra. Ao escrever de Pa-

---

[22] Boaventura, *Sermon 22*, in Timothy J. Johnson (intro, trad. e notas), *The Sunday Sermons of Saint Bonaventure* (Saint Bonaventure, 2008), p. 272-273; Boaventura, *Commentaria in Ecclesiastes*, c. 1, q. 2, *Opera Omnia*, vol. VI, p. 16; *LM*, 9:2; Boaventura, *The Minor Life of Saint Francis*, vol. IX, p. 5; Boaventura, *Sermon II*, in *The Sunday Sermons*, p. 157.
[23] Boaventura, *Breviloquium*, p. 97.
[24] Boaventura, *Sermon 16*, in *The Sunday Sermons*, p. 216-217.

1ª Parte - Timothy J. Johnson

ris sob a ordem de Clemente IV, Roger Bacon propôs em sua *Opus Majus* uma reorganização completa e até radical do curriculum acadêmico que promoveu um sério engajamento com a ciência. Frequentemente promovido como um precursor do método científico moderno e considerado por alguns um encrenqueiro *anti-establishment*, Bacon compreendia seu projeto mais como um preâmbulo necessário à leitura apropriada das Escrituras. Observando o ambiente universitário e além dos difundidos púlpitos do Cristianismo, Bacon notou a baixa qualidade dos estudos bíblicos e a lastimável pregação de seus companheiros mendicantes. O apelo simples das Escrituras, o elogio da virtude e a condenação do vício que caracterizavam a pregação de Francisco estavam perdidos para a maioria dos irmãos. Uma causa notória por trás desta situação ignóbil era a incapacidade ou a falta de vontade de levar o texto a sério em nível literal, antes de buscar o significado espiritual. As Escrituras falam da multidão de criaturas trazidas à existência por Deus, e é incumbência dos teólogos conhecer a natureza literal desses seres, tanto no particular quanto no universal, para que possam ler e interpretar as Escrituras conforme a intenção de Deus no nível espiritual:

> Além disso, vemos que o sentido literal está no conhecimento da natureza e das propriedades das criaturas, para que, por meio de adaptações e similitudes apropriadas, o sentido espiritual possa ser extraído. Santos e sábios antigos apresentavam esta visão, e esta é a forma verdadeira e genuína de explicar o que o Espírito Santo ensinou. Portanto, é necessário que o teólogo conheça muito bem as criaturas.[25]

Ter esse conhecimento excelente sobre as criaturas demanda das pessoas religiosas um exame rigoroso e disciplinado do mundo natural. A palavra "religião", de acordo com a abordagem que Bacon faz de Cícero, vem do latim, *relegere*, que significa "reler".[26] A filosofia, compreendida de forma ampla sob a rubrica de linguistas, matemáticos, óticos, compreensão experiencial e ética, ajuda o aspirante a teólogo a ler novamente o Livro da Criação e assim, compreendendo a verdade do que é examinado, abordar o Criador através de realidades criadas tão diversas quanto um maravilhoso arco-íris e a raça troglodita nas profundezas da distante Etiópia. Junto a essa preocupação com as criaturas, vem a ênfase da localização geográfica.[27] Cada lugar específico da boa terra de Deus gera uma realidade específica, e uma diversidade de locais produz uma variedade de realidades humanas, animais e materiais através do mundo. Ao mesmo tempo em que maravilhas celestes do céu noturno

---

[25] Roger Bacon, *The Opus Majus of Roger Bacon* (Eliborn Classics edition), ed. J. H. Bridges (Londres, 1900), vol. 1, p. 175.
[26] Roger Bacon, *Moralis Philosophia*, ed. E. Massa (Zurique, 1953), p. 32-33.
[27] Bacon, *Opus Majus*, p. 300-302.

9. Francisco e a criação

certamente proclamam a majestade e a beleza do Criador e suscitam reverência, lugares específicos da Terra também devem ser estudados e entendidos se quisermos compreender as profundezas sublimes da Bíblia e estar no caminho de volta a Deus. Recorrendo ao imaginário peripatético tão caro aos franciscanos, Bacon nota que os caminhos materiais significam caminhos espirituais e que os lugares materiais ou corpóreos, que cessam o movimento ao oferecer uma razão para parar, significam lugares espirituais.[28] Não há lugares mais importantes no mundo para parar e estudar do que os encontrados na Terra Santa. Citando Jerônimo, Bacon continua, "Ele terá um insight mais claro sobre a Sagrada Escritura, ele, que contemplou a Judeia com seus próprios olhos". Claro que nem todo mundo pode fazer uma peregrinação à Terra Santa, mas uma disciplina como a astrologia, assim como um subsistema de matemática, junto com o conhecimento de línguas e uma leitura atenta de relatos de viagens, esclarecem o local, o clima, a estética e a utilidade de lugares, tais como Jerusalém. Aqueles que releem a palavra, guiados por um firme domínio do sentido literal do lugar específico mencionado na Bíblia, podem então desfrutar do sentido espiritual das Escrituras, ou seja, da paz divina proferida àqueles que entrarem em Jerusalém nas alturas.

Duns Scotus, que passou algum tempo nas universidades em Oxford e Paris, reflete a preocupação com o particular em suas celebradas doutrinas do que chama de "thisness" (haeccitas).[29] De forma simples, Scotus destaca o poder gratuito, generoso e artístico de Deus ao salientar o "thisness" de cada criatura individual e o conhecimento positivo do divino derivado de cada ser. É importante termos presente que na visão de realidade de Scotus a criação não é tangencial aos desejos divinos, mas veio a existir devido ao desejo deliberado de Deus de se tornar unido com o cosmos na Encarnação da Palavra, no singular Jesus Cristo. A ordem da graça antecipa ou precede a ordem da natureza, de tal modo que Deus predeterminou o cosmos à graça e à glória na assunção da natureza pelo eterno Filho de Deus.[30] Isto significa que desde sempre a natureza humana de Cristo foi predestinada a ser glorificada e unida à Palavra. As consequências teológicas são formidáveis, já que Scotus pode então sustentar que a Encarnação se deve à eterna bondade de Deus, e não à necessidade temporal da humanidade por um redentor após a queda da graça no Éden. Assim como Deus anteviu a Encarnação, os coamantes divinos também foram predestinados para a glória. Estes homens e mulheres deviam ser acompanhados por outras criaturas que pudessem ajudá-los a

---

[28] Ibid., p. 183-184.
[29] N.T. "Thisness", termo cunhado por Duns Scotus para o conceito de "haeccitas", significa a qualidade de algo que o torna particular.
[30] Ibid., p. 184.

1ª Parte - Timothy J. Johnson

amar o Criador. Ao mesmo tempo em que há certa desigualdade de caridade, pois o desejo de Deus pela humanidade precedeu o desejo pelas outras criaturas, Scotus sustenta que Deus ama tudo o que existe, incluindo, por exemplo, uma simples árvore. Portanto há uma dinâmica maravilhosamente bela, intensamente volitiva nas reflexões do Doutor Sutil sobre o relacionamento de Deus com todos os seres criados, dada a contingência do mundo. Tudo o que existe se deve exclusivamente à liberalidade e ao amor expansivo do Criador, que escolheu moldar a realidade irredutível e última, ou *haeccitas*, de cada criatura em particular.[31]

ÂNGELA DE FOLIGNO: UM MUNDO GRÁVIDO DE DEUS

No verão de 1291, uma devota viúva de Foligno partiu em peregrinação para Assis, onde ela entrou na basílica superior. Para a consternação de seus companheiros e os franciscanos próximos, Ângela (1248-1309) colapsou em um acesso de angústia, no chão da igreja, pronunciando palavras de assombro e de amor. Momentos antes, ela havia contemplado um sugestivo vitral – ainda visível hoje – retratando Cristo que apresentava Francisco ao mundo assim como Maria ofereceu Jesus. Ângela logo descobriu na visão evangélica de Francisco um caminho para seu próprio chamado de vida, que incluía um agudo senso da presença de Deus no mundo. Um dia, quando ela se preparava para receber comunhão após confessar seus pecados, Deus se ofereceu para consolá-la, como Ângela relembra:

> em uma visão, eu observei a plenitude de Deus, na qual observei e compreendi a totalidade da criação, ou seja, o que há desse lado e o que há além do mar, o abismo, o próprio mar e tudo o mais. E em tudo o que eu vi, eu nada pude perceber, exceto a presença do poder de Deus e de uma maneira totalmente indescritível. E minha alma, em um excesso de deslumbre, gritou: "Este mundo está grávido de Deus!" Foi onde eu compreendi como é pequena a totalidade da criação – ou seja, o que há desse lado e o que há além do mar, o abismo, o próprio mar e tudo o mais – mas o poder de Deus preenche tudo isso, até o transbordamento.[32]

O que Ângela experienciou e contou é o que as gerações vieram a saber: o mundo criado está gemendo, para citar São Paulo, e ansiando por se romper e dar à luz uma maravilhosa manifestação de poder divino. Não surpreende que sua visão

---

[31] Duns Scotus, *Ordinatio III*, d. 7, q. 3, in A. Wolter, "John Duns Scotus on the Primacy and Personality of Christ" in D. McElrath (ed.), *Franciscan Christology* (Saint Bonaventure, 1980), p. 146-159.
[32] Duns Scotus, *Ordinatio II*, d. 3, n. 172, 175, 187-188, in M. B. Ingham, *Scotus for Dunces* (Saint Bonaventure, 2003), p. 162-163.

eucarística se seguiu a sua decisão de confessar seus pecados, porque Francisco se maravilhava com a humildade de Deus presente no mundo material e respondia da mesma forma com um comprometimento pela penitência. Celano via em Francisco o cumprimento da esperança escatológica paulina, e o jovem Boaventura notou que a conversão de Francisco liberou a natureza para que esta voltasse a sua inocência original. Uma vez opacas à humanidade, cujos olhos estavam escurecidos de medo e suspeitas, as criaturas foram chamadas à frente, direto das sombras, por Francisco, e tornaram-se transparentes à luz da graça de Deus e livres para reclamar seus divinos e inatos direitos como irmãos e irmãs da humanidade. Nesta troca sagrada iniciada por Deus em Francisco, homens e mulheres redescobriram seu lugar no cosmos e, na companhia de outras criaturas, regozijam na bondade e na beleza do Criador. Como expressão única e individual do Mestre Artesão, cada criatura mereceu o respeito reverente que Bacon e Scotus articularam em suas reflexões sobre os elementos magnificentes e gloriosos do mundo material. Ângela olhou para cima e observou Cristo oferecendo Francisco ao mundo, e ela, junto com outros através dos séculos, observou em Francisco um exemplo de como e por que todas as criaturas devem voltar a Deus. A vida e o legado de Francisco permanecem um vigoroso lembrete de que o papel dos filhos de Deus não é apenas o de ser cuidadores humildes ou guardiões das criaturas, mas sim o de ser os corajosos liberadores de seus irmãos e irmãs na mutualidade da compassiva preocupação que o Criador pretendeu desde o começo e deseja até o fim.

Parte II
A herança de Francisco de Assis

10. FRANCISCO E A BUSCA PELO CONHECIMENTO

Bert Roest

A fantástica transformação da ordem franciscana de um pequeno grupo de leigos para uma ordem internacional bem organizada de teólogos e pregadores instruídos, com escolas por toda a Europa, aconteceu até mais rapidamente do que recentemente sabíamos. Ignorando insights sugestivos de Hilarin Felder, que em 1904 publicou a primeira monografia sobre esse assunto, muitos historiadores que escreveram sobre a educação franciscana argumentaram que a questão dos estudos era abordada sistematicamente apenas por Boaventura, ministro--geral (1257-1273), e particularmente pelas constituições de Narbonne em 1260. De acordo com esta interpretação, a criação de uma rede escolar começou seriamente com os ministros-gerais franciscanos Alberto de Pisa (1239-1240) e Haymo de Faversham (1240-1244), sendo desenvolvidas em sua totalidade com Boaventura.

Como muitas casas de estudos franciscanas podem ser encontradas até no começo dos anos 1220 e crônicas franciscanas se referem ao leitorado e ao intercâmbio de estudantes durante os anos 1230, fica plausível presumir que a criação de escolas e casas de estudos provinciais para o treinamento do leitorado estava encaminhada durante a liderança de Elias, que governou a ordem franciscana como vigário de 1221 até 1226 e depois como ministro-geral entre 1232 e 1239. Isto faz com que o problema dos estudos remonte aos anos finais de Francisco. Entre sua abdicação da liderança da ordem em 1221 e sua morte em 1226, as casas de estudo e escolas franciscanas começaram a aparecer na Itália, Espanha, França e Inglaterra. Francisco devia estar bem consciente disso. Mais uma razão para revisitar uma questão central entre os acadêmicos que estudam os ideais franciscanos autênticos, ou seja, o que Francisco pensava sobre o lugar do conhecimento e da busca pelos estudos na forma de vida franciscana.[1]

---

[1] Cf. H. Felder, *Geschichte der wissenschaftlichen Studien im Franziskanerorden bis um die Mitte des 13. Jahrhunderts* (Freiburg im Breisgau, 1904); B. Fajdek, "Gli studi nell'ordine dei frati minori secondo le costituzioni di Narbona di San Bonaventura", *Vita Minorum: Rivista di spiritualità francescana*, 62 (1991); 527-534; B. Roest, "The Franciscan School System: Re-Assessing the Early Evidence (ca. 1220-1260)", in M. Robson e J. Röhrkasten (eds.), *Franciscan Organization in the Medicant Context: Formal and Informal Structures of the Friars' Lives and Ministry in the Middle Ages*, Vita Regularis. Ordnungen and Deutungen Religiosen Lebens im Mittelalter, 44 (Berlim, 2010), p. 253-279.

FRANCISCO COMO O INIMIGO DA CIÊNCIA?
IMAGENS DA TRADIÇÃO HAGIOGRÁFICA

Discussões a respeito da visão de Francisco sobre o conhecimento se desenrolaram no contexto da chamada Questão Franciscana, iniciada pelas publicações de Paul Sabatier no fim do século XIX e no começo do século XX. Sabatier percebia uma imensa dicotomia entre os ideais de Francisco e as realidades de uma ordem de clérigos institucionalizada e cada vez mais culta. Em busca da voz autêntica de Francisco e dos primeiros irmãos, Sabatier e, depois dele, acadêmicos da mesma opinião prestaram muita atenção em uma série de escritos atribuídos aos primeiros companheiros de Francisco, como *O Anônimo de Perúgia*, a *Legenda dos Três Companheiros,* a *Compilação de Assis,* os *Feitos de São Francisco e seus Companheiros* e o *Espelho da Perfeição.* As discussões sobre o status desses textos, que vozes eles representam e como eles devem ser colocados em uma ordem cronológica apropriada mantiveram os acadêmicos franciscanos ocupados por mais de um século.[2]

Alguns desses trabalhos oferecem supostamente testemunhos em primeira mão sobre as hesitações de Francisco a respeito da busca pelo conhecimento, como Sabatier quis apontar em sua influente biografia de Francisco.[3] Essas preocupações aparecem particularmente na *Compilação de Assis* e no *Espelho da Perfeição.* A depender das convicções acadêmicas do sujeito, a *Compilação de Assis* foi compilada em Assis ou perto de Assis, entre 1246 e 1260, ou então foi o produto de práticas compilatórias clandestinas nas décadas seguintes ao decreto de 1266 de se destruírem todos os textos hagiográficos sobre Francisco, exceto textos agora oficiais escritos por Boaventura. O *Espelho da Perfeição* pode ser mais bem compreendido como uma reformulação, do começo do século XIV, de materiais já presentes na *Compilação de Assis.*[4]

Ambos os textos parecem refletir a perplexidade dos companheiros a respeito da divergência entre a forma de vida franciscana como recordada dos primeiros anos e a direção tomada pelos frades que lideravam a ordem durante os últimos anos de Francisco. Fossem quais fossem os problemas contextuais referentes a tal interpretação, ela se provou suficientemente sugestiva para que os seguidores de Sabatier concluíssem que Francisco era contra a busca pelos estudos.

---

[2] Cf. F. Accrocca, *Francesco e le sue immagini: Momenti della evoluzione della coscienza storica dei frati minori (secoli XIII-XVI),* Studi Antoniani, 27 (Pádova, 1997); J. Dalarun, *La malavventura di Francesco d'Assisi,* Fonti e ricerche, 10 (Milão, 1996); L. Pellegrini, *Frate Francesco e i suoi agiografi,* Collana della società internazionale di studi francescani diretta da Enrico Menetò e Stefano Brufani, Saggi, 8 (Assis, 2004); J. Dalarun, *Vers une resolution de la question franciscaine: La legend ombrienne de Thomas de Celano* (Paris, 2007).

[3] P. Sabatier, *Vie de s. François: Edition definitive* (Paris, 1931), p. 371-389.

[4] Cf. Dalarun, *La malavventura,* p. 140-150. F. Accrocca, "Oltre Sabatier: La nuova edizione dello *Speculum perfectionis*", *Miscellanea Francescana,* 106-107:3-4 (2007), 504-528.

A *Compilação de Assis* presta-se particularmente bem à criação da imagem de um Francisco convictamente oposto aos estudos. Primeiro, o texto explora seu status de homem iletrado, de mente simples, um tema recorrente na tradição hagiográfica. Neste texto, formula-se a questão de que os ensinamentos de Francisco, tão importantes para a salvação da humanidade, não resultaram de qualquer conhecimento adquirido, mas foram a asserção inspirada de um homem completamente destituído de estudos. Isto é estruturado por encontros homiléticos na presença de bispos, bem como nas estruturas do diálogo teológico, em que os cultos percebiam a inferioridade do conhecimento vindo dos livros diante da elevada teologia espiritual do santo inculto (CA, 10, 35-36).

Segundo, o texto coloca o papel dos frades instruídos sob uma luz negativa, sugerindo que eles tinham por objetivo evitar as diretrizes da *Regra* recorrendo ao Cardeal Hugolino. Além do mais, o mundo do aprendizado é retratado como um perigo intrínseco aos frades, mesmo que o conhecimento das Escrituras, se propriamente canalizado através da caridade e das tarefas à mão, não seja condenado incondicionalmente. Por fim, o conhecimento torna-se um obstáculo à salvação dos frades, bem como a causa-raiz da ruína da ordem. Portanto, o frade fiel opta por uma vida de simplicidade e renuncia ao conhecimento, bem como aos livros que o contêm (CA, 18 e 47).

Uma passagem-chave derradeira da *Compilação de Assis*, que reaparece em uma forma mais completa no *Espelho da Perfeição*, trata do confronto de Francisco com um noviço que quer melhorar seu conhecimento dos Salmos e busca a permissão do fundador para ter um Saltério próprio. A resposta negativa de Francisco, em conflito com a permissão já concedida tanto pelo ministro-geral como provincial, denuncia claramente a aquisição de livros e a busca pelo aprendizado como inimigas da vocação dos Menores. Nesta anedota, o ministro-geral e o ministro provincial personificam as manobras dos frades clérigos (CA, 103-105; MP, 3-5 e 72).

Acadêmicos em busca de munição adicional não a encontram apenas no *Espelho da Perfeição*, mas também na *Segunda Vida* de Tomás de Celano, que, diferentemente da *Primeira Vida*, não foi escrita como um texto programático no contexto da canonização de Francisco. Ao contrário, a *Segunda Vida* se baseou em parte nos mesmos dossiês que a *Compilação de Assis* e possivelmente reflete uma mudança de atitude de seu ator, que não mais retratava os feitos de um novo santo, mas podia estar procurando um homem cuja forma de vida não mais parecia facilmente acessível.[5]

---

[5] Cf. Dalarun, *La malavventura*, p. 118s.

2ª Parte - Bert Roest

Apesar de menos insistente que a *Compilação de Assis* e o *Espelho da Perfeição*, a *Segunda Vida* de Celano às vezes aborda a questão do aprendizado com tons muito cautelosos. Há mais espaço nesse texto para as honras ao conhecimento eclesiástico apropriado entre os frades, especialmente no contexto da pregação (2 Cel., 163); já a "curiosidade" culta e a coleção de livros fora de propósitos apostólicos e clericais claramente definidos são condenadas (2 Cel., 62, 189, 195). Francisco pediu a todos que entravam para a ordem que deixassem tudo para trás e se oferecessem nus às armas do Cristo Crucificado. Portanto, clérigos cultos dispostos a entrar tinham de sacrificar a segurança de seu aprendizado. Assim destituídos, eles podiam render-se incondicionalmente à vida da perfeição evangélica (2 Cel., 194).

Um combustível adicional à avaliação negativa de Francisco sobre o conhecimento podia ser inferido de textos compilados por outros companheiros antigos de Francisco e por gerações seguintes de partidários espirituais. Um dos casos é o dos famosos *Ditos Áureos*, atribuído ao velho Egídio de Assis (c. 1190-1262), que sustenta que a Palavra de Deus tem de ser realizada, e não apenas estudada passivamente, e lamenta que "Paris destruiu Assis", ou seja, que o acesso à educação culta comprometeu as intenções originais de Francisco. Da mesma forma, o conhecimento é apresentado como uma causa maior para a morte dos ideais franciscanos originais na poesia do polêmico e poeta de inclinações espirituais Jacopone da Todi (c. 1228-1306).[6]

Com base em tal variedade de assertivas hagiográficas e polêmicas, Francisco poderia ser retratado como um inimigo da busca da ciência e das tendências de clericalização e de institucionalização relacionadas a ela. Isso foi mantido por aqueles convencidos por Sabatier, mas também reluz de forma mais moderada nos escritos de John Moorman e Raoul Manselli, que reconhecem as conquistas da ordem sob a direção de Boaventura, mas nutrem simpatia pela busca contínua de facções espirituais que desejavam os "prístinos inícios". Manselli, em particular, reviveu a ideia de que o corpus hagiográfico não oficial nos dá acesso privilegiado à visão de Francisco e seus antigos companheiros, argumentando que esses textos se baseiam em tradições orais que remontam à vida de Francisco e que ainda podem ser identificadas estilisticamente nos textos como os temos hoje.[7]

---

[6] *Dicta beati Aegidii Assisienses*, ed. PP. Collegi S. Bonaventurae, 2nd edn (Quaracchi, 1939), p. 55-57, 91: "*Parisius, Parisius, ipse destruis ordinem sancti Franscisci*". Entre os poemas de Jacopone, ver esp. *Laude XXXI*: "Tale qual è: non c'è religion/Mal vedemmo Parisi, c'hane destrutto Ascisi:/co la lor lettoria, messo l'o en mala via". Jacopone da Todi, *Laudi, Trattato e Detti*, ed. Franca Ageno (Florença, 1953), p. 113s.

[7] J. Moorman, *The Sources for the Life of St Francis of Assisi* (Manchester, 1940); J. Moorman, *A History of the Franciscan Order from its Origins to the Year 1517* (Oxford, 1968); R. Manselli, *Nos qui cum eo fuimus: Contributo alla questione francescana*, Bibliotheca Seraphico-Capuccina cura instituti historici ord. Fr. Min. Cappuccinorum, 28 (Roma, 1980).

10. Francisco e a busca pelo conhecimento

FRANCISCO ACEITANDO A CIÊNCIA? A CARTA A ANTÔNIO DE PÁDUA

Muitos acadêmicos, querendo compreender a adoção de interesses acadêmicos na ordem como parte e parcela da vida franciscana "autêntica", traçam uma visão diferente de Francisco e da emergência dos estudos. Alguns deles, como Hilarin Felder, proclamam que Francisco compreendia a ciência como irmã natural da santa simplicidade. Apesar de a interpretação de Felder das passagens-fontes que apoiam este veredito poder ser excessivamente otimista, outros acadêmicos com propósitos levemente diferentes expressam opiniões comparáveis. Eles sustentam que Francisco não se opunha ao conhecimento teológico, contanto que este não ameaçasse a forma de vida franciscana. Com algumas variações, este último posicionamento é encontrado em estudos de Gratien de Paris, Giuseppe Abate, Kajatan Esser e, mais recentemente, Teodosi Lombardi, Martino Conti, Loreno Di Fonzo e Faustino Ossanna. A maioria desses autores evita a tradição hagiográfica (com exceção a Tomás de Celano e Boaventura). A isso, prefere os escritos de Francisco, a _Regra_, as _Admoestações_ e especialmente a carta a Antônio de Pádua.[8]

O último texto, que convida o teólogo-pregador Antônio de Pádua a lecionar aos padres, tem sido interpretado como um aval claro e inequívoco de Francisco, em relação a Antônio instruir teologicamente os frades em Bolonha. Esta carta, seja compreendida como a aceitação gradual de Francisco em relação ao aprendizado teológico, seja compreendia como sua súbita reconciliação com os estudos na ordem, parece mostrar que, à época em que a _Regra_ foi adotada, Francisco permitia estudos desde que não extinguissem o espírito da oração e da devoção.

Sebastier apontou que a carta era conhecida apenas de manuscritos medievais antigos e edições do início da era moderna. A seus olhos, a carta era uma fabricação de uma data muito posterior aos desenvolvimentos autênticos, contra os desejos de Francisco. Subsequentemente, acadêmicos tentaram transmitir a respeito desse assunto uma variedade de argumentos históricos e filológicos. A maioria acredita que a carta seja autêntica ou que ao menos reflita uma realidade histórica. A posição

---

[8] Gratien de Paris, _Histoire de la foundation et de l'évolution de l'ordre des Frères Mineurs au XIIIe siècle_ (Paris, 1928), p. 96; G. Abate, "S. Antonio maestro di sacra teologia", in _S. Antonio dottore della chiesa. Atti delle settimane antoniane tenute a Roma e a Padova nel 1946_ (Cidade do Vaticano, 1947), p. 265-294; K. Esser, "Der Brief des hl. Franziskus an den hl. Antonius von Padua", in E. Kurten e I. de Villapadierna (eds.), _Studien zu den Opuscula des hl. Franziskus von Assisi_, Subsidia scientifica franciscalia, 4 (Roma, 1973), p. 43-58; K. Esser, "Studium und Wissenschaft im Geiste des hl. Franziskus von Assisi", _Wissenschaft und Weisheit_, 39 (1976), 26-41; T. Lombardi, "Sant'Antonio di Padova maestro di teologia a Bologna: Il problema degli studi agli inizi dell'ordine francescano", _Il Santo_ (1982), 797-818; M. Conti, "Lo sviluppo degli studi e la clericalizzazione dell'ordine", _Antonianum_, 57 (1982), 321-346; L. Di Fonzo, "L'apostolato intellettuale, component essenziale del charisma francescano-conventuale", _Miscellanea Francescana_, 94 (1994), 568-588; F. Ossanna, "Il senso della teologia nell'Ordine francescano: La lettera di Francesco ad Antonio", _Miscellanea Francescana_, 94 (1994), 505-515.

_177_

2ª Parte - Bert Roest

cética mais importante até hoje é a formulada por Pietro Maranesi, que novamente assinala que a transmissão do manuscrito foi problemática e discerne uma diferença fundamental no tom entre esta carta e o *Testamento* final de Francisco.[9]

Se aceitarmos as reservas de Maranesi e não prestarmos atenção demasiada ao convite de Francisco a Antônio, ainda teremos outras opções, especialmente quando lermos os outros escritos de Francisco e o corpus hagiográfico que lhe foi devotado de uma forma um pouco diferente. Então descobriremos que mesmo as afirmações negativas a respeito da busca da ciência (teológica) na ordem são imersas em contextos de literacia, textualidade e conhecimento teológico que contradizem a total ingenuidade e a completa renúncia da ciência teológica que Paul Sabatier via ali.

FRANCISCO, O "IDIOTA" TALENTOSO?

Primeiramente, podemos qualificar a própria autoapresentação de Francisco como um homem simples e inculto, por exemplo, em seu *Testamento*. Esta autoapresentação, reforçada na tradição hagiográfica, é um trunfo para os acadêmicos em busca do tolo ingênuo de Deus. Estudos de Oktavian Schmuki, entretanto, revelam que Francisco havia sido relativamente bem-educado, para uma pessoa leiga. Ele havia sido criado na casa de um mercador influente, em que a literacia vernácula era obrigatória. As informações disponíveis sobre a produção de seus escritos sugerem um conhecimento rudimentar de latim. Com referência às observações feitas na vida dos santos por Tomás de Celano e Boaventura, Schmucki afirma que Francisco frequentou a escola paroquial de São Jorge na juventude. Lá ele teria recebido aulas em latim, com o Saltério como um possível livro-texto. Portanto, ele podia ler textos em latim, embora às vezes com a ajuda de outras pessoas e, se necessário, expressar-se em um latim italianizado básico.[10]

A autodefinição de simplicidade então devia estar primeira e principalmente ligada a precedentes bíblicos que destacavam o autoposicionamento evangélico de Francisco (como a passagem que retrata Pedro e João como homens incultos e iletrados, Atos 4,13), possivelmente inspirado por estratégias comparáveis em outros movimentos de renovação evangélica anteriores ou contemporâneas aos primeiros Frades Menores. Nos

---

[9] P. Sabatier, "Examen de quelques travaux récents sur les opuscules de saint François", *Opuscules de critique historique*, 11 (1904), 117-161. Cf. C. Paolazzi, "Francesco, la teologia e la 'Lettera a frate Antonio'", in G. Ravaglia (ed.), *Antonio uomo evangelico*, Atti del convegno di studi (Bolonha, 22-23 de fevereiro de 1996) (Pádova, 1997), p. 39-61. Cf. P. Maranesi, *Nescientes Litteras: L'Ammonizione della regola rancescana e la questione degli studi nell'ordine (sec. XIII-XVI)*, Bibliotheca Seraphico-Capuccina cura istituti istorici ord. Fr. Min. Cappuccinorum, 61 (Roma, 2000), p. 39-43. Cf. 2 Cel., 163.

[10] O. Shcmucki, "'Ignorans sum et idiota'. Das Ausmass der schulischen Bildung des hl. Franziskus von Assisi", in *Studia historico-ecclesiastica. Festgabe für prof. Luchesius G. Spätrling OFM* (Roma, 1977), p. 283-310.

178

10. Francisco e a busca pelo conhecimento

escritos endereçados à ordem, o topos da simplicidade pode ter sido parte de uma estratégia para reforçar a importância da humildade e da simplicidade evangélica em todos os Frades Menores, fossem eles clérigos cultos ou leigos incultos.[11]

Essa interpretação dos topos da simplicidade cabe na trajetória de conversão de Francisco, que aconteceu através de um crescente engajamento com o Evangelho. Mesmo seu famoso uso da Bíblia para a chamada técnica *sors apostolorum* de achar orientação divina para sua forma de vida foi moldado em exemplos famosos do passado, aos quais Francisco teve acesso graças a sua participação em um mundo letrado. Seus escritos sobreviventes, além das *Regras* de 1221 e 1223 – que tiveram a assistência de frades com um conhecimento bíblico maior, como Juliano de Espira –, mostram sensibilidades teológicas e acesso a autoridades teológicas suficientes para que se presuma que a autorrepresentação de Francisco como um leigo iletrado e simples foi criada a partir de um ponto de vantagem letrado. Uma leitura de seus textos mostra uma familiaridade não apenas com os Salmos e o Novo Testamento, mas também com a *Regra* de São Benedito, e ditos de teólogos, tais como Anselmo de Canterbury e Bernardo de Claraval. Nem tudo isso pode ser atribuído à influência de secretários cultos. Da mesma forma, as mesmas fontes hagiográficas que nos falam com tanto cuidado sobre os estudos e retratam Francisco como o *idiota* inculto, mas divinamente inspirado, também enfatizam sua disposição de se engajar na leitura, ativa ou passivamente (como ouvinte), de "livros sagrados", para os quais ele aparentemente tinha uma boa memória.[12]

Assim, ao abraçar a mensagem do Evangelho, Francisco não agia como um homem ingênuo e iletrado. Além de tudo, este é o período da censura eclesiástica de vários movimentos religiosos populares iniciados por leigos (como os Valdenses e os *Humiliati*) e a ameaça do dualismo cátaro. Apesar de o acontecimento ser completamente encoberto nas eulogias hagiográficas, a aprovação papal ao projeto evangélico dos Menores faz mais sentido se presumirmos que Inocêncio III encontrou em Francisco não apenas um leigo entusiasta, mas alguém com uma compreensão suficiente para desviar das "interpretações equivocadas" e apropriações cruas da mensagem bíblica por parte dos não católicos, tornando-o um possível parceiro do programa de reforma do papa.

A oposição de Francisco ao mundo culto, portanto, nunca teria ido tão longe a ponto de permitir a intrusão de ideias heterodoxas ou completamente heréticas devido à falta de instrução sobre os princípios da fé católica. Esta preocupação,

---

[11] Ibid., p. 291, 303s.
[12] N. Scivoletto, "Problemi di lingua e di stile degli scritti latini di san Francesco", in *Francesco d'Assisi e francescanesimo dal 1216 al 1226*, Atti del IV convegno internazionale Assisi, 15-17 outubro de 1976 (Assis, 1977), p. 101-124, esp. p. 115-118. Cf. 2 Cel., 102.

2ª Parte - Bert Roest

por exemplo, é vista no capítulo 19 da *Regra* de 1221 e no segundo capítulo da *regra*, que urge os ministros a examinar a catolicidade dos recém-chegados à ordem, especialmente no contexto das subcorrentes cátaras e valdenses nas formas contemporâneas de entusiasmo religioso popular.[13]

A educação de Francisco antes de sua conversão, sua aceitação das formas básicas de instrução para assegurar a catolicidade de seus frades e seu engajamento com os textos da tradição cristã devem convencer-nos de que ele não pode ser retratado como o simplório proverbial que se opunha a qualquer forma de instrução religiosa. Além do mais, se analisarmos a visão da "era de ouro" franciscana como colocada pelo corpus hagiográfico e as chamadas *Obras Ditadas*,[14] notamos que Francisco e os membros de sua fraternidade se definiam regularmente através de textos e escritos. Os irmãos tomavam o cuidado de anotar o que Francisco dizia, e o próprio Francisco convocava os frades letrados em sua companhia para escreverem acontecimentos e declarações inspiradas, como parte e parcela da criação de uma comunidade textual fidedigna, em que o uso de comunicação epistolar e de escritos biblicamente inspirados se tornasse uma questão obrigatória. Deve ter havido mecanismos parecidos no longo processo editorial que levou à *Regra* de 1221.[15]

A formação espiritual e religiosa por meio da palavra escrita também aparece em diversos outros escritos de Francisco, como as *Admoestações* e o *Ofício da Paixão*. A primeira testemunha em si (e sobre si) a respeito da disposição do fundador de oferecer orientação religiosa a seus frades. O segundo texto era formativo para a vida devocional e litúrgica da fraternidade e como tal implicava uma aculturação completa dos Salmos com orações adicionais (algo que foi reconfirmado nas normas litúrgicas às *Regras*). Também indica a adoção pessoal de Francisco de um estilo de vida mais literato e clerical, ao qual seu uso do breviário e sua ordenação como diácono-levita oferecem mais testemunhos.[16]

---

[13] RNB, 19; *Regra*, II. Ver K. Esser, *Anfänge und ursprüngliche Zielsetzungen des Ordens der Minderbrüder* (Leiden, 1966); p. 150-152.

[14] N.T. *Opuscula Dictata*.

[15] Referências a uma cultura de escriba constituinte da comunidade textual dos frades podem ser encontradas em *Dictated Works (Opuscula Dictata*, no. VIII – *De vera et perfecta laetitia*). Referências comparáveis podem ser encontradas em CA, 12. Cf. M. F. Cusato, "An Unexplored Influence on the *Epistola ad fideles* of Francis of Assisi: The *Epistola universis Christi fidelibus* of Joachim of Fiore", *FS*, 61 (2003), p. 253-278. Para literature sobre a *Regra* de 1221, ver D. Flood, *Die Regula non bullata der Minderbrüder*, Franziskanische Forschungen, 19 (Werl im Westfalen, 1967); K. Esser, *Textkritische Untersuchungen zur Regula non bullata der Minderbrüder*, Spicilegium Bonaventurianum, 9 (Grottaferrata, 1974); D. Flood, "Regulam melius observare", in *Verba Domini mei. Gli Opuscula di Francesco d'Assisi a 25 anni dalla edizione di Kajatan Esser, OFM* (Roma, 2003), p. 329-361; C. Paolazzi, "La 'Regula non bullata' dei Frati Minori (1221) dallo 'Stemma codicum' al testo critico", *AFH*, 100 (2007), 5-148.

[16] Anthonius van Dijk, "The Breviary of Saint Francis", *FS, 9* (1949), 13-40; P. Messa, "Beatus Franciscus acquisivit hoc Breviarium", in Cesare Vaiani (ed.), *Domini vestigial sequi. Miscellanea offerta a P. Giovanni M. Boccali*, Studi e Ricerche, 15 (Assis, 2003), p. 133-179; A. Callabaut, "Saint François lévite", *AFH*, 20 (1927), 193-196.

180

10. Francisco e a busca pelo conhecimento

A NECESSIDADE DE ESTUDOS EM UMA ORDEM APOSTÓLICA

É impossível saber se Francisco manifestou quaisquer pontos de vista sobre estudos no começo de seu movimento. Dado o fato de que ele tentava seguir o exemplo de Cristo em Assis, em total pobreza, humildade e devoção, vivendo pelo trabalho de suas mãos, o aprendizado não pode ter sido a prioridade em sua mente. Mas a questão da instrução religiosa automaticamente se apresentou quando os clérigos mais estudados entraram no movimento e quando os frades fizeram a escolha mais fundamental de uma vida de missões pastorais em vez daquela de retiro eremítico.

A escolha de uma existência missionária, pouco depois do retorno dos irmãos da corte papal em 1209, reflete-se em várias tradições hagiográficas. Na medida em que esta era uma decisão *informada*, a escolha de uma vida de missão, logo após Francisco ter recebido aprovação papal de sua forma de vida e bem na época em que a Igreja estava tendo uma atitude dura em relação a outras iniciativas laicas, implicava uma aceitação de pelo menos uma medida de treinamento básico. Apesar do fato de a pregação franciscana inicial ser acima de tudo um chamado à penitência, sem muito conteúdo doutrinal, algumas garantias de catolicidade deviam existir para que os frades evitassem acusações de heresia e fossem capazes de debater com os cátaros. Estas preocupações eram sérias, como ficaram claras em várias conjunturas nos primeiros escritos históricos franciscanos.[17]

Dessa perspectiva, a aceitação de uma medida de instrução pode ter ocorrido até antes, e isto criou as precondições que levaram às primeiras "escolas" permanentes no começo dos anos 1220. Naquela época, os missionários franciscanos estavam encontrando os muçulmanos, e a pregação franciscana dentro da comunidade cristã estava indo além do chamado à penitência, em direção à pregação verdadeira ou pregação doutrinária. Seja qual for a autenticidade da carta a Antônio de Pádua, ela possivelmente reflete uma realidade subjacente, ou seja, a de que os missionários e pregadores franciscanos precisavam de mais treinamento teológico eficaz e que Francisco não estava fundamentalmente oposto a isso, mesmo que lamentasse a perda da simplicidade inicial dos Menores.

O LUGAR DOS ESTUDOS NOS ESCRITOS "AUTÊNTICOS"

Se o que estamos dizendo está correto, a questão não deve ser se Francisco se opunha completamente ao influxo de conhecimento na ordem, mas sim como ele

---

[17] Ver especialmente Esser, *Anfänge und ursprüngliche Zielsetzungen*, p. 204-205.

2ª Parte - Bert Roest

sentia que poderia conciliar a necessidade dos estudos com seu desejo por humildade e pobreza evangélicas. Para responder a isso, precisamos examinar mais dos escritos sobreviventes de Francisco, além de sua suposta carta a Antônio.

À medida que esses escritos abordam a questão dos estudos, eles não os desqualificam por completo, mas formulam a preocupação de que a busca por estudos teológicos em si possa levar a um orgulho indevido ou a um amor pelos estudos em seu próprio interesse, sem humildade e abertura aos dons do Espírito. Isto é afirmado nos capítulos 5 e 7 das *Admoestações*, que provavelmente datam do começo dos anos 1220. Essas passagens contêm severos avisos contra a busca pelos estudos por sua própria recompensa e sem a atitude apropriada. Porém, elas reconhecem implicitamente a atividade dos estudos na ordem e apenas podem ser interpretadas de forma significativa se as virmos como tentativas de direcionar corretamente as atividades que já aconteciam.

A questão dos estudos, ou melhor, "sabedoria", é abordada metaforicamente na *Saudação às Virtudes* de Francisco. Em sua obra, a Rainha (ou Santa) Sabedoria é colocada em pé de igualdade com a Irmã Simplicidade. Onde quer que a Rainha Sabedoria frustrasse as maquinações do diabo, a santa e pura simplicidade mostrava o vazio da sabedoria mundana. Assim, o verdadeiro conhecimento apenas se preocupa com uma busca sincera de insight espiritual às intenções de Deus, e seu caráter é revelado externamente primeiro e de forma mais importante através das ações da pessoa. Sejam quais forem as implicações espirituais aqui, esta passagem parece apresentar o exercício apropriado da sabedoria como virtude, mas não se traduz em ordens diretas para o estudo na ordem.[18]

Ao contrário do que poderíamos esperar, as *Regras* de 1221 e de 1223 também não oferecem normas específicas a respeito da busca pelo conhecimento. Algumas formas de estudo são subentendidas nos capítulos devotados aos pregadores e sua análise apropriada pelos ministérios. Além disso, ambas as *Regras* restringem a aquisição indevida de livros por frades individuais (contrária ao ideal de pobreza franciscana). O terceiro capítulo da *Regra* de 1221 simplesmente declara que os clérigos apenas devem ter livros necessários ao cumprimento de suas tarefas clericais e que os frades leigos letrados podiam ter um Saltério.[19] Além do mais, ambas as *Regras* sugerem que todos devem cumprir a vida de perfeição evangélica ao explorar as habilidades profissionais que trouxeram para a ordem. Isto deixava al-

---

[18] *Salutatio Virtutum*, *Fontes Franciscani*, Medioevo franciscano, 2 (Assis, 1995), p. 223. Cf. Esser, "Studium und Wissenschaft", 34-36.

[19] Acadêmicos questionam se a *Regra* de 1221 pretende que os clérigos podiam ter livros para propósitos litúrgicos ou de forma mais geral livros necessários para cumprir suas tarefas. Seguimos a última interpretação. Ver C. Paolazzi, "I frati minori e i libri: Per l'esegesi di 'Ad implendum eorum Officium'(RNB, III, 7) e 'Nescientes litteras' (RNB, III, 9; X, 7)", *AFH*, 97 (2004), 3-59, esp. 14-31.

10. Francisco e a busca pelo conhecimento

gum espaço para que os frades leigos letrados e clérigos afiassem essas habilidades com treinamento adicional com propósitos missionários e homiléticos, mas não contemplava os tipos de treinamento teológico profundo, repletos de derrogações de outras atividades, que conhecemos de outras fontes dominicanas e que estavam começando a acontecer em várias comunidades franciscanas precisamente perto desse período.

O capítulo 10 da *Regra* de 1223, formulada de forma mais legal, aparentemente apresenta um elemento adicional, muito discutido nos estudos franciscanos, de que os frades iletrados deviam contentar-se com seu estado e não tentarem tornar-se letrados. Aqueles que buscam evidências sobre a oposição fundamental de Francisco ao conhecimento poderiam usar essa passagem como prova de suas objeções últimas aos estudos. Entretanto, ao se considerar o contexto, essa interpretação parece injustificada. Interpretações mais inclusivas são encontradas em Kajetan Esser e Carlo Paolazzi. Eles argumentam que a passagem deve ser vista como uma consequência esclarecedora da mensagem já presente na *Regra* de 1223, notadamente a de que todos devem buscar a vida de perfeição evangélica com as habilidades que trazem à tarefa. Os frades letrados podiam trabalhar com suas habilidades cultas, mas os frades sem capacidade de leitura não deviam buscar estudos e alfabetização, porque isto serviria apenas para seu autoaperfeiçoamento.[20]

Em discordância a isso, há o argumento de Pietro Maranesi de que esta passagem sobre frades iletrados na *Regra* de 1223, não diferentemente de passagens a respeito das obrigações litúrgicas de frades clérigos e laicos no capítulo 3 do mesmo texto, assinala uma mudança gradual de atitude. Na interpretação de Maranesi, a passagem nega o acesso de frades iletrados aos livros de forma mais explícita do que afirmações anteriores na *Regra* de 1221. Isto teria sido resultado da percepção de Francisco de que a divisão entre os frades iletrados e uma elite (predominantemente clerical) de frades letrados havia se tornado irreversível, e os segundos haviam começado a monopolizar papéis de liderança com o total apoio da cúria papal. Enquanto a *Regra* de 1221 tinha sido predominantemente uma codificação das práticas dos Menores no início, a *Regra* de 1223 era um documento mais formal negociando a visão de Francisco com os desejos e ordens da Igreja através do cardeal protetor e dos frades líderes da ordem. Ao inserir a passagem sobre frades iletrados, Francisco teria se resignado à então fundamental divisão na ordem, mas ao mesmo tempo ordenado de forma mais severa que antes que os frades iletrados ainda presentes

---

[20] Esser, "Studium und Wissenschaft", 36-37, argumenta que a passagem dos "nescientes litteras" na *Regra* de 1221 é similar ao "nescientibus litteras librum habere non liceat" no terceiro capítulo da *Regula non bullata*. A análise de Paolazzi dessas duas passagens é similar. Paolazzi, "I frati minori e i libri", 44-47.

2ª Parte - Bert Roest

na ordem aceitassem seu status, e portanto se tornassem os paladinos do zelo franciscano original, em uma ordem agora crescentemente regida por clérigos cultos.[21]

Da perspectiva de Maranesi, o *Testamento* de Francisco é um texto completamente nostálgico, comemorando uma época em que os Frades Menores estavam sujeitos a tudo – uma época que não havia mais e que já corria o risco de ser esquecida. Ele reformula desejos centrais pela vida franciscana autêntica, em que os frades viviam por meio do trabalho de suas mãos. Mas o *Testamento* expressa veneração pelos teólogos e não condena o aprendizado teológico, consciente do fato de que, como uma força-tarefa pastoral dentro da Igreja apoiada pelo papado, a ordem não sobreviveria sem ele.

Se seguirmos as pistas já oferecidas por Esser e Schmucki, a passagem no *Testamento* que relembra o status subserviente iletrado e ignorante de Francisco e seus primeiros seguidores não é apenas um lembrete nostálgico, mas ainda deseja corrigir aqueles frades cultos que, em sua busca por estudos e poder, perderam sua humildade e desprezaram a simplicidade de sua vida de Menores. Por seu desejo de aprendizado, eles desdenharam dos insights espirituais mais profundos do verdadeiro conhecimento, assim como os altos sacerdotes mencionados nos Atos dos Apóstolos desdenharam dos apóstolos como homens simples e iletrados.

Em todo caso, no fim de sua vida, Francisco não desenvolveu uma atitude mais positiva em relação a estudos se comparado a antes, como sugerido nos estudos de Di Fonzo e Ossanna em que a carta a Antônio é ponto central. Francisco também não condenou, perto do fim de sua vida, os estudos completamente. A mensagem implícita das *Admoestações* permanecia: o aprendizado teológico poderia ser louvável e até certo ponto necessário, mas o desejo indevido pelo aprendizado poderia destruir as virtudes evangélicas sobre as quais a vida franciscana foi fundada.

CONCLUSÕES EXPERIMENTAIS

Francisco foi uma pessoa leiga bem-educada, que optou por uma vida de perfeição evangélica, enfatizando a pobreza e se identificando com os excluídos da sociedade. À primeira vista, esses ideais impedem qualquer forma de estudo, e podemos presumir que inicialmente Francisco não pensava muito sobre as questões de estudo. Francisco moldou sua experiência religiosa desde o início com o recurso de textos bíblicos e clássicos da tradição cristã e usou a palavra escrita

---

[21] Maranesi, *Nescientes Litteras*, p. 29-37, 60-65. O aparecimento da divisão dos leigos-clérigos nesta conjuntura é negado por Martino Conti. Cf. Conti, "Lo sviluppo degli studi", 323-329.

10. Francisco e a busca pelo conhecimento

tanto para ajudar a constituir seu movimento quanto para comunicar suas convicções sobre a vida cristã a seus frades e ao mundo.

Assim que os empreendimentos missionários começaram a predominar no movimento – não obstante um grande amor pelo retiro eremita – Francisco optou implicitamente pela necessidade de treinamento de seus frades, mesmo que apenas para evitar acusações de ensinamentos heréticos e para aderir às doutrinas da Igreja. Considerando-se o contexto histórico, é improvável que Francisco não estivesse consciente da consequência disso. Isto também comunicava sua deferência à autoridade clerical.

A ênfase nas missões estimulava o influxo dos clérigos, e não há evidências reais que sugiram que Francisco se opunha fundamentalmente a seu aprendizado teológico. Entretanto, ele deveria manter-se subserviente à essência da humildade e pobreza franciscanas e não deveria fazer com que os frades se sentissem de forma alguma superiores aos outros membros na ordem. Fundamental: o conhecimento como "posse" e fonte de orgulho pessoal era um anátema.

Por volta de 1220, Francisco compreendeu que as tendências de expansão e institucionalização haviam saído de seu controle, ao ponto de ele abdicar de sua liderança. Daí para frente, ele tentou influenciar os assuntos de forma até mais enérgica com o recurso da palavra escrita, tanto com seu engajamento editorial às *Regras* de 1221 e 1223 quanto com suas cartas e *Testamento*. Ali, Francisco percebeu que, por um lado, a busca pelo conhecimento por parte do corpo clerical da ordem em particular estava tendo profundas repercussões e, por outro lado, que, com limites, estudos teológicos apropriados eram absolutamente necessários. Ele pode ter expressado isto em sua suposta carta para Antônio.

Fossem quais fossem as reservas de Francisco, uma condenação total aos estudos não é encontrada em nenhum lugar em seus escritos. É de se esperar que tal condenação não apareça na *Regra*. Mas ela está ausente até do *Testamento*. O texto novamente apresenta o status simples e iletrado de Francisco. Isto provavelmente deva ser lido como uma estratégia retórica biblicamente inspirada, na medida em que a forma de vida dos Menores foi baseada na inspiração divina e devia ser seguida com fé. Mas o mesmo texto também exprime veneração pelos sacerdotes, teólogos e conhecimento teológico.

Apesar de não ser um inimigo dos estudos no sentido absoluto, Francisco nunca quis que seus irmãos fizessem dos estudos teológicos sua atividade principal. Isto mostra até que ponto ele ainda desejava manter distância do modelo dominicano, no qual os estudos desde o princípio modelaram a vida cotidiana dos frades. Nos anos 1220, Francisco já havia tido experiências do estilo de vida dominicano. Apesar de respeitá-lo, ele não se sentia inclinado a emular plenamente, para sua ordem, aquele estilo de vida.

Ainda durante a vida de Francisco, os franciscanos começaram a estabelecer escolas e procurar universidades, e se tornou mais comum oferecer treinamento teológico para frades designados para tarefas pastorais e missionárias. Com isso em mente, fica tentador ler a *Segunda Vida* de Celano e os relatos hagiográficos "não oficiais" baseados em dossiês compilados por Leão e seus companheiros como evidência direta da condenação de Francisco aos estudos no fim de sua vida. Esta era a posição de Sabatier, que situou alguns desses textos bem cedo. Esta visão novamente encontrou apoio daqueles inspirados pela afirmação de Raoul Manselli de que esses textos, mesmo quando compilados bem depois, contêm resquícios de relatos testemunhais genuínos do Francisco real.

Argumentaríamos, entretanto, que a realidade histórica é mais complexa. Todos esses escritos hagiográficos foram colocados no pergaminho após 20 a 80 anos de desdobramentos adicionais. Mesmo se esses textos incorporassem memórias orais dos inícios "pristinos", isto não significa que tais memórias cultivadas, colocadas na escrita entre os anos 1240 e o começo do século XIV, possam ser equiparadas sem outras considerações às realidades históricas dos últimos anos de Francisco. Seguindo Maurice Halbwachs, a pesquisa moderna sobre a construção da memória social em grupos específicos destaca a influência dos interesses contemporâneos no conteúdo do que é lembrado. Com base nisso, devemos estar atentos sobre o fato de que as "memórias" de Francisco e seus "ditos" transformados nestas h(H)istórias textuais são lembrados à luz dos desafios do momento histórico em que são colocados no pergaminho.[22]

Resumindo, as intenções desses textos podem ter tido a ver tanto com os acontecimentos dos anos 1240 e depois quanto com o mundo franciscano de meados dos anos 1220. Não importa sua mensagem: esses textos não oferecem acesso privilegiado à mente de Francisco em seus anos finais. Por isso, os escritos do próprio Francisco continuam sendo nossa melhor opção. Mas não podemos esquecer-nos de que eles só nos dão respostas provisórias.

Sob a liderança de Elias, a ordem foi orientada de forma mais paralela com alguns dos desejos de Francisco do que às vezes presumimos. Fossem quais fossem seus defeitos, enfatizados e talvez inventados pelas fontes franciscanas clericais do fim do século XIII e após, Elias manteve um bom relacionamento com Clara e com ao menos alguns dos companheiros originais. Isto pode indicar que aos olhos de muitos homens e mulheres uma vez próximos a Francisco, a política de Elias não era uma traição total.

---

[22] M. Halbwachs, *La mémoire collective* (Paris, 1950). Ele e seus sucessores sugerem que a memória pode ser mais bem compreendida como um crivo ou uma lente de distorção, inclinada a preservar ou encontrar no passado o que destacasse um sentido de identidade de uma facção específica no aqui e agora.

10. Francisco e a busca pelo conhecimento

Elias não esteve entre os frades que pediram ao papa para que anulasse o *Testamento* em 1240. Isto foi feito sob o comando de João Parenti (1227-1232), quando Elias guiava a construção da basílica de Assis. Sob o comando de Elias (eleito em 1232 contra os desejos da elite clerical), a ordem pode não ter observado a vida de pobreza como Francisco a imaginou, mas aderiu ao comando central do *Testamento*, o de não adicionar glosas à *Regra*. Elias também manteve a clericalização à distância. Foi apenas após ser deposto, em maio de 1239, que a ordem (agora liderada por Alberto de Pisa, Haymo de Faversham e seu círculo de teólogos) criou novas constituições que marginalizaram a posição dos frades leigos.

Ao mesmo tempo em que Elias aderia ao comando do *Testamento* de seguir a *Regra* sem glosas, ele também estimulava o desenvolvimento dos estudos, como Salimbene mais tarde teve de relutantemente admitir. Isto podia implicar que dentro dos círculos ao redor de Elias que ainda estimavam o legado de Francisco, a criação de escolas e casas de estudos era considerada aceitável. Com limites, esses frades podem ter pensado (corretamente ou não) que isso poderia ser conciliado aos desejos do santo-fundador.[23]

Quando facções clericais muito cultas tomaram o controle da ordem em 1239 e depois, logo começaram a decretar estatutos que sancionavam a criação de hierarquias estritas e seguiam políticas que desqualificavam velhas formas de vida, e alguns companheiros antigos sacaram de suas canetas para denunciar a busca pelo conhecimento. Neste momento, os estudos teológicos já eram responsáveis por tudo o que destruía os antigos ideais da pobreza evangélica, humildade e igualdade fraterna: Paris havia destruído Assis.

---

[23] G. Barone, "Elias von Cortona und Franziskus", in D.R. Bauer *et al.* (eds.), *Franziskus von Assisi: Das Bild des Heiligen aus neuer Sicht*, Beihefte zum Archiv für Kulturgeschichte, 54 (Colônia-Weimar-Viena, 2005), p. 183-194. *The Chronicle of Salimbene de Adam* reconhece a promoção de Elias de estudos teológicos: Salimbene, 83.

11. OS PRIMEIROS FRANCISCANOS E AS PRIMEIRAS CIDADES

Jens Röhrkasten

Como filho de um mercador de sucesso, Francisco Bernardone cresceu em uma cidade, gozando do status social e da riqueza de seu pai. Ele foi formado por um estilo de vida urbano, que incluía entretenimento e festividades distintos, e seu treinamento e sua formação o prepararam para um mundo de comércio que se concentrava em pequenas cidades. Ele tinha esse papel no começo de seus 20 anos, quando seguia os passos de seu pai, por exemplo, transportando fardos de tecidos de Assis para vendê-los em cidades vizinhas (1 Cel., 8). Tomás de Celano o descreve nesta fase de sua vida como um habitante urbano sem nenhum senso das belezas da natureza (1 Cel., 3). Tudo isto mudou com sua conversão, que incluía não apenas a rejeição de seu status social e a ruptura com sua família, mas também o abandono de seu estilo de vida urbano e a saída da própria Assis (1 Cel., 16). Mais tarde no século XIII o valor simbólico de abandonar a vida urbana em favor da religião foi notado por Bonaventura de Bagnoregio, mestre em Paris e ministro-geral da ordem, que, em um comentário sobre o Evangelho de Lucas, afirmou: "Viajar ao deserto e abandonar a cidade significa abandonar o secular e adentrar a vida da religião".[1]

Após essa ruptura, os antigos companheiros de Francisco não o apoiaram automaticamente. A *Legenda dos Três Companheiros* relata que quando Francisco e seus companheiros voltavam à cidade pedindo esmolas, eles enfrentavam críticas e tinham pouco sucesso (3 Soc., 35). Isto não perturbava Francisco, que agora seguia uma vida de pobreza, rejeitando habitações normais e se embrenhando em matas, igrejas abandonadas e casas religiosas enquanto lhe ofereciam abrigo (1 Cel., 6). Inicialmente, ele levou a vida de um ermitão, sem residência fixa; quando se uniu a seus primeiros seguidores, ele estava ficando em Rivo Torto, fora de Assis, e depois a maior parte do tempo na igreja abandonada de Santa Maria dos Anjos. Os primeiros frades também viviam em capelas e pequenas igrejas, em cabanas e eremitérios, e até mesmo em cavernas – de qualquer forma, fora dos estabelecimentos urbanos. Quando os frades foram incumbidos de sua primeira missão, Francisco os enviou a diversas partes do mundo, não especificamente a cidades (1 Cel., 29).

---

[1] *Illud autem iter in desertum et egressus de civitate significat egressum vitae saecularis et ingressum religionis*, in S. *Bonaventurae Opera Omnia* (Quaracchi, 1895), vol. VIII, p. 111.

2ª Parte - Jens Röhrkasten

A rejeição da cidade, vinda da cultura urbana da Itália do começo do século XIII, também era uma rejeição de valores urbanos, incluindo as rivalidades e as lutas de facções que caracterizavam a vida política contemporânea. Quando os cidadãos de Pisa capturaram um franciscano em 1225 por tê-lo reconhecido como um cidadão de Lucca, ele recebeu apoio papal na forma de uma carta que explicava que sua entrada na vida religiosa coincidia com sua saída do mundo secular.[2] O próprio Francisco, diz-se, abordou a questão em Perúgia, quando a elite local perturbou seu sermão: ele havia sido chamado por Deus e não deveria ser visto meramente como um homem de Assis.[3] Abandonar as cidades também tinha um sentido simbólico.

Apesar de Francisco parecer nunca ter residido em uma cidade por qualquer período de tempo após ter saído de Assis, ele frequentemente visitava centros urbanos na Itália e outras partes do Mediterrâneo após ter começado sua obra pastoral de pregação de seus sermões simples, porém muito poderosos. Jacques de Vitry descreveu os franciscanos que encontrara em 1216: eles eram ermitões, viviam em lugares remotos, mas eram ativos nas cidades durante o dia.[4] O próprio Francisco experienciou os problemas advindos da falta de suprimentos: quando voltou com seus companheiros da reunião com Inocêncio III em Roma através do vale de Spoleto, não puderam refrescar-se ou comer por causa de sua base remota (1 Cel., 34). Mesmo neste estágio inicial, quando a comunidade inteira consistia de apenas 12 frades, a dependência do apoio de um ambiente urbano tornou-se dolorosamente óbvia. Além disso, os centros urbanos ofereciam a audiência para os sermões e às vezes para as aparições teatrais de Francisco, quando ele confessava sua fraqueza a multidões de espectadores. Por essas razões, a ruptura com as cidades jamais foi completa ou permanente. A saída de Francisco da cidade de Assis foi ao mesmo tempo prática e simbólica, mas assim que ele se sentiu compelido a pregar o Evangelho, voltou a Assis. O próprio Francisco decidiu passar muito tempo nas vizinhanças de sua cidade natal, onde poderia pregar e por sua vez conseguir recursos oferecidos pela economia da região sem fazer parte de sua organização comercial.[5] Esta ambivalência – entre a preferência pela vida de eremítica aliada a uma rejeição às cidades, por um lado, e a conveniência de alcançar grandes audiências urbanas para o trabalho apostólico enquanto desfrutava do apoio material oferecido pelas cidades,

---

[2] *Bullarium Franciscanum*, ed. J. H. Sbaralea (Roma, 1759), vol. 1, p. 23, n. XXIII, 4 de outubro de 1225.
[3] R. Brentano, "Do Not Say that This is a Man from Assisi", in P. Findlen, M. Fontaine e D. Osheim (eds.), *Beyond Florence: The Contours of Medieval and Early Modern Italy* (Stanford, 2003), p. 72-80, em p. 72; R. B. Brooke (ed.), *Scripta Leonis, Rufini et Angeli Sociorum S. Francisci. The Writings of Leo, Rufino and Angelo, Companions of St. Francis*, OMT (Oxford, 1970), p. 150-151.
[4] "De die intrant civitates et villas, ut aliquos lucrificaint operam dantes actione; nocte vero revertuntur ad heremum vel loca solitária vacantes contemplationi." R. B. C. Huygens (ed.), *Lettres de Jacques de Vitry* (Leiden, 1960), p. 75-76.
[5] D. Flood, "The Domestication of the Franciscan Movement", *Franziskanische Studien*, 60 (1978), 311-337, em 312.

11. Os primeiros franciscanos e as primeiras cidades

de outro – manteve-se característica dos grupos franciscanos na Toscana e outras partes da Itália central até meados do século XIII e depois.[6] Entretanto, a tendência predominante na comunidade em expansão era diferente: estar perto da população urbana era visto como desejável, mesmo à noite, e não apenas pelos frades, mas também por seus apoiadores urbanos. A *vita* de Bernardo de Quintavalle ilustra os primeiros passos desse processo, o estabelecimento franciscano nas cidades: após sua tentativa de encontrar abrigo em uma das ricas casas de Florença ter fracassado, Bernardo e seus companheiros passaram a noite na varanda do local, cujos senhor e senhora os olhavam e os tratavam como potencias ladrões. Seu erro de julgamento foi revelado apenas na manhã seguinte, quando a mulher, que se recusara a admitir a entrada dos dois frades à noite, encontrou-os rezando na igreja da paróquia local. Longe de serem vagabundos comuns, os dois eram homens profundamente devotos, e sua surpresa foi ainda maior quando ela observou que eles até recusavam as esmolas que lhes eram oferecidas por outro cidadão. Sua completa recusa de aceitar moedas requeria uma explicação, e então os dois frades puderam explicar suas crenças e propósitos. Com suas credenciais então estabelecidas, os dois receberam a oferta de abrigo na casa que lhes havia sido recusada, e sua história começou a se espalhar pela cidade.[7] Estabelecimentos franciscanos em outros locais começaram também com a oferta de abrigo em casas particulares ou em construções vazias. Em Mühlhausen, na Turíngia, o conde local concedeu aos primeiros quatro frades na cidade uma casa inacabada, na esperança de que eles construíssem o teto que faltava, e neste meio tempo lhes ofereceu o uso do porão em seu castelo. Os quatro ficaram contentes de viver ali por um ano, sem fazer qualquer esforço para construir o que lhes havia sido pedido, depois do que o nobre homem retirou seu apoio.[8]

A transição de uma oferta de abrigo temporário a um pequeno número de frades para a provisão de residências urbanas permanentes marcou um passo importante no desenvolvimento da ordem, e este processo não foi suave. É difícil dizer se estamos lidando com uma mudança gradual, como sugere a *Legenda dos Três Companheiros*, ou se a mudança para as cidades foi o resultado de planejamento sistemático.[9] Ambos são possíveis, porque as mudanças que afetavam a antiga comunidade franciscana eram rápidas e, uma vez enviados a diferentes países, os pequenos grupos de frades estavam agindo por si mesmos, centenas de quilômetros distantes, e bem longe do centro, em Porciúncula, confrontando-se com

---

[6] *Eremitismo nel francescanesimo medievale*, Atti del XVII convegno dela società Internazionale di studi francescani, Assisi 1989 (Assis, 1991).

[7] *Chronica XXIV Generalium Ordinis Minorum*, in *Analecta Franciscana* (Quaracchi, 1928), vol. III, p. 37-38; também T. Desbonnets (ed.), *Legenda Trium Sociorum*: (cf. n. 5), em p. 117-118.

[8] Jordão de Jano, n. 45, 52.

[9] 3 Soc., 60.

191

condições e desafios diversos. Se pudermos acreditar em um episódio relatado na *Segunda Vida* de Tomás de Celano e no *Espelho da Perfeição*, Francisco – sempre cientes das mudanças que afetavam a ordem – mantinha-se muito cético sobre a presença urbana dos Menores. Em viagem a Bolonha, voltando do Egito, ele ouviu que os frades haviam acabado de construir ali uma nova casa; quando soube que eles estavam associados com a posse da propriedade, ele imediatamente deixou a cidade e mandou que todos saíssem.[10] Para Francisco, uma presença permanente em um centro urbano tinha o perigo de se tornar sujeita às normas prevalentes no centro, então era necessário que se saísse da cidade e se voltasse ao estilo de vida itinerante, para que a ideia original fosse preservada. Os frades não deveriam servir ao Senhor como peregrinos e errantes? Esta atitude sobreviveu especialmente na Itália central, onde pequenos grupos de franciscanos continuaram a viver como eremitas ou pregadores itinerantes. Histórias sobre a própria relutância de Francisco em aceitar habitações urbanas para seus frades eram particularmente populares entre esses grupos, apesar de grande parte da discussão subsequente se centrar na pobreza e no status legal de construções conventuais em vez de em sua localização. Entretanto, as tensões a respeito das residências permanentes dos frades nas cidades levaram Boaventura a abordar a questão e a justificar sua presença nos centros urbanos.

Mesmo que a história de Francisco em Bolonha seja apócrifa, é bem documentada; a expansão da ordem franciscana por toda a Europa se baseou em centros urbanos. Para os primeiros viajantes franciscanos que exploravam novas regiões, as cidades serviam como destinos, como pontos de encontro e como a base para atividades futuras. Os conventos franciscanos eram um traço urbano. Isto não significa que os frades restringissem seu trabalho pastoral a cidades. Em vez disso, eles criaram províncias, que eram distritos com limites definidos. Suas responsabilidades pastorais se estendiam a toda a população dentro dos limites das províncias, que eram então subdivididas em custódias. As cidades eram a chave topográfica para as frequentemente extensas províncias e custódias. Cada um dos conventos franciscanos nestas unidades territoriais desenvolveu um distrito a partir do qual poderia obter o apoio material e econômico necessário. Estes limites eram tão bem organizados quanto as províncias e custódias e também representavam as áreas em que cada comunidade franciscana concentrava sua obra pastoral. Os franciscanos, bem como as outras ordens mendicantes (os dominicanos e, a partir de meados do século XIII, também as carmelitas e os frades

---

[10] 2 Cel., 58, P. Sabatier (ed.), *Le Speculum Perfectionis ou Mémoires de frère Léon*, British Society for Franciscan Studies, 13 (Manchester, 1928), p. 20.

11. Os primeiros franciscanos e as primeiras cidades

agostinianos), começaram a se concentrar em pequenas e grandes cidades em tal grau que começaram a ser vistos como um fenômeno completamente urbano. A mudança é refletida na *Regra* de 1221, com sua referência a "lugares", vistos como diferentes de eremitérios. Aqui os frades são admoestados a não adquirir a propriedade de um "lugar", fosse qual fosse sua natureza.

Após as viagens iniciais para a França e para a Espanha, houve em 1219 um esforço mais determinado de se enviar frades a outras partes da Europa, quando se tomou a decisão de enviar missões para França, Alemanha, Hungria e Espanha, bem como para as partes da Itália que ainda não haviam sido visitadas.[11] Enquanto os frades enviados à Alemanha e à Hungria tiveram uma recepção hostil, em parte porque eram incapazes de se comunicar com os habitantes locais, as missões à França e à Espanha foram um sucesso. Em 1233, havia mais de 20 casas franciscanas em cidades francesas, entre elas importantes centros como Amiens, Beauvais, Chartres, Meaux, Orléans, Paris, Rouen, Soissons e Troyes. Entre as primeiras casas na Espanha, estavam Barcelona, Gerona e Vic. Em algumas das cidades maiores, como Londres, os recém-chegados Menores encontraram frades dominicanos já no local e em algumas instâncias o Frade Pregador oferecia valiosa ajuda. Com a emergência de outras ordens mendicantes no curso do século XIII, especialmente as carmelitas e os agostinianos, muitas cidades podiam gabar-se de ter uma presença mendicante substancial, com quatro ou mais conventos já ao fim do século XIII. Isto refletia o potencial econômico das cidades, onde até mesmo os religiosos podiam sobreviver recusando uma base econômica; também era uma indicação da disposição dos habitantes de oferecer apoio material contínuo para uma nova forma de vida religiosa. Em várias cidades europeias os franciscanos eram convidados a permanecer, recebiam acomodação de cidadãos proeminentes e também apoio essencial do bispo local, ou tinham a estrutura dos conventos financiada por membros da nobreza ou mesmo da realeza.

Após o fracasso das missões à Alemanha e à Hungria, uma nova tentativa foi feita em 1221, quando um grande grupo de frades sob o comando de um falante nativo, Cesário de Espira, foi enviado ao norte dos Alpes. Viajando em grupos, os frades se reuniram em Augsburgo, de onde então viajaram para cidades centrais, para Wurtzburgo e também para Mainz (Mogúncia), Worms, Speyer (Espira) e Strassburg (Estrasburgo). Não muito depois, os primeiros franciscanos estavam em Cologne (Colônia), a maior cidade das terras alemãs. Três anos depois, os primeiros franciscanos chegaram à Inglaterra, onde – assim como no caso de outras

---

[11] Jordão de Jano, n. 3, 21.

193

regiões – estabeleceram uma presença em cidades-chave: tendo chegado a Dover, foram a Canterbury (Cantuária), Londres e Oxford, as capitais intelectuais, econômicas, políticas e religiosas do reino. Mesmo durante a vida de São Francisco, a ordem estava passando por uma notável mudança, visível a todos: os Menores começaram a estabelecer residências urbanas. Esta expansão e transição coincidiam com uma mudança na vida de Francisco de Assis, que começou a se retirar da liderança da ordem após seu retorno do Egito, em 1219/1220.

A morte de Francisco parece não ter impactado o desenvolvimento da ordem, além de oferecer à comunidade um símbolo de ideal religioso radical. Coincidindo aproximadamente com a canonização de Francisco em 1228, houve mais expansão, desta vez da província germânica para a Boêmia, a Hungria e a Polônia, e então para a Dinamarca e o menos urbanizado reino da Noruega. Frades da província inglesa logo seguiram para o norte, em direção à Escócia, onde inicialmente estiveram em Berwick, e depois à Irlanda, onde estabeleceram conventos em Dublin e Limerick. A expansão da ordem exigiu uma reestruturação de sua organização territorial, portanto fases diferentes de desenvolvimento podem ser encontradas em regiões diferentes. Em 1217, quando os franciscanos também foram enviados à França, Provença, Espanha e Terra Santa, seis distritos foram estabelecidos na Itália. Entre 1227 e 1233, a província na Península Ibérica foi subdividida nos novos distritos de Castela, Aragão e Santiago. A província germânica foi subdividida em 1230 nas novas unidades da Saxônia e da Germânia Superior. Provavelmente em 1239 a última foi novamente subdividida nas províncias de Colônia e Reno Superior.[12] Dentro de 10 anos a partir da morte de São Francisco, a ordem havia se tornado uma organização realmente internacional. Seus conventos, que podiam ser encontrados em todas as partes da Europa, geralmente se localizavam em cidades.

Nesse contexto, dois importantes aspectos devem ser considerados. Primeiro, havia diferenças significativas no nível da urbanização na Europa, tanto em termos da densidade das cidades quanto no grau de seu desenvolvimento como centros multifuncionais. Áreas economicamente vibrantes de alta densidade urbana no norte da Itália, Renânia, Flandres e o norte da França contrastavam com regiões onde cidades eram raras, como o norte da Alemanha e o Báltico ocidental, onde o crescimento urbano estava apenas começando no século XII, ou Escócia e grandes partes da Irlanda, onde o desenvolvimento urbano fez avanços importantes sob o domínio dos reinos dos vikings, dos anglo-normandos e dos escandinavos.[13] Pequenos centros urbanos

---

[12] H. Golubovich, "Series provinciarum ordinis fratrum minorum, saec. XIII et XIV", *AFH*, 1 (1908), 1-22, em 2-5, 11; H. Lippens, "Circa divisionem Provinciae Rheni disquisitio (1246-1264)", *AFH*, 48 (1955), 217-224.
[13] F.J. Cotter, *The Friars Minor in Ireland from Their Arrival to 1400*, ed. R.A. McKelvie, Franciscan Institute Publications, History Series, 7 (St Bonaventure, 1994), p. 9.

11. Os primeiros franciscanos e as primeiras cidades

eram pouco capazes de sustentar uma comunidade religiosa que conseguia parte de sua legitimidade proclamando a pobreza. Por outro lado, vários eremitérios franciscanos sobreviviam na Itália central. Mesmo em áreas com redes urbanas desenvolvidas, as cidades diferiam em sua natureza e riqueza, bem como em sua organização política. Os cidadãos gozavam de um alto grau de independência – esta era a situação em muitas cidades italianas do norte e em cidades imperiais (*Reichsstädte*) das terras germânicas – ou estavam sob o controle de um senhor eclesiástico ou secular poderoso? No último caso, um mero apelo popular não era suficiente para o estabelecimento franciscano: os frades também deveriam conquistar o poderoso, e isto se reflete em seu cultivo de boas relações com a realeza, uma exceção, sendo os territórios controlados pela dinastia Hohenstaufen, onde o apoio real se tornou significativo apenas na segunda metade do século XIII, quando novas famílias tomaram o controle do sul da Itália e da Alemanha. Outras diferenças significativas podem ser encontradas nas estruturas eclesiásticas. Na Inglaterra algumas cidades, como Boston, tinham apenas uma paróquia, enquanto a estrutura paroquial de outras, como Londres, com mais de 100 paróquias, era bem mais complexa. Em quase todas as cidades os Menores também encontraram outras instituições eclesiásticas, hospitais, casas canônicas e às vezes monastérios preexistentes. Para os franciscanos, isto significava que eles tinham de adaptar-se a uma variedade de condições. Durante a expansão da ordem, eles tendiam a ir para as cidades maiores primeiro, apesar de poder haver exceções. Na Itália central, os franciscanos também estavam presentes em cidades menores desde o começo, os conventos pequenos servindo de lugares para reabastecimento, facilitando a comunicação com a comunidade. Em segundo lugar, devemos considerar as datas de fundação. Há certa tentação por parte dos conventos de datar suas origens o mais cedo possível. Apesar das informações biográficas relativamente boas sobre o fundador da ordem, nem todas as moradas antigas de Francisco e seus companheiros são conhecidas. A Porciúncula se tornou o centro da ordem, e ela pode ser considerada o convento franciscano mais antigo. Em suas viagens, inicialmente pela Itália, mas depois também pela França, Espanha e parte dos Balcãs, Francisco e seus primeiros seguidores certamente visitaram muitas cidades, e é igualmente plausível que lá tenham permanecido por certo período de tempo. Apesar de tais visitas não terem estabelecido uma presença franciscana permanente, havia uma tendência de datar a presença dos Menores no local a partir dessa época. Tal tendência era particularmente forte quando o próprio São Francisco podia ser apontado como o fundador da casa. Entre os conventos que reclamaram para si este pedigree tão espetacular estão Barcelona, Cervera, Gerona (Girona), Lerida (Lérida) e Perpignan (Perpinhã). Enquanto a fundação da primeira casa franciscana em Limoges pode ser seguramente atribuída

195

2ª Parte - Jens Röhrkasten

a Santo Antônio de Pádua, nem sempre é possível provar as remotas datas de fundação por meio de evidências das fontes disponíveis. Historiadores tendem a agir com base na primeira referência documental, cientes de que tal fonte pode referir-se a um convento já bem estabelecido com as origens muito anteriores. Devemos aceitar que as primeiras residências urbanas franciscanas eram frequentemente pequenas e provisionais. A recusa dos frades de aceitar a posse também contribuiu para o fato de não deixarem rastro em registros contemporâneos. Muitas datas de fundação de conventos franciscanos simplesmente não são conhecidas.

Os franciscanos começaram a ter casas em cidades a partir do começo dos anos 1220, o mais tardar. Estas eram frequentemente moradias particulares e provisionais, de baixa qualidade, e em locais desfavoráveis: uma casa degradada em Londres, uma velha sinagoga em Cambridge, o hospital de leprosos local em Erfurt.[14] O sucesso da ordem em atrair noviços logo fez com que essas estruturas ficassem inadequadas. Em uma década, essa simples acomodação deu lugar a recintos religiosos com suas próprias capelas e conventos. Seu desenvolvimento em conventos apropriados foi um processo complexo. Os frades tinham de encontrar o apoio necessário e decidir onde e quando seu convento seria construído. Além de ajuda material, eles também precisavam de assistência legal das pessoas de fora, porque eles se recusavam a entrar em relações legais com os antigos donos da propriedade. A propriedade lhes era concedida pelo papado ou por uma autoridade secular, ou às vezes pelo governo urbano. Não havia apenas considerações logísticas e econômicas: o processo também levava à controvérsia dentro da ordem. As orientações arquitetônicas iniciais eram vagas, e os frades eram confrontados com os cidadãos que estavam ávidos por mostrar sua apreciação da nova devoção, oferecendo-lhes prédios esplêndidos. Quando os franciscanos de Erfurt estavam para deixar o hospital de leprosos que lhes havia servido de acomodação, um deles, Jordão de Jano, foi questionado se eles não precisariam de uma clausura. A resposta de Jordão, de que ele não sabia o que era uma clausura e que uma pequena casa com fácil acesso a água seria suficiente, foi citada muitas vezes.[15] Na província inglesa, diferentes ministros provinciais parecem ter seguido diferentes políticas. Na época de Agnelo de Pisa, foi construída uma enfermaria no convento de Oxford, que mal ultrapassava a estatura de uma pessoa. Por outro lado, as paredes de barro no primeiro dormitório dos Frades Cinzas de Londres foram substituídas por estruturas de pedra. Sob o comando de Haymo de Faversham, houve tentativas de aumentar as áreas dos recintos para que os frades pudessem abastecer-se com comida de seus próprios jar-

---

[14] Tomás de Eccleston, c. 2, 101-102, c. 4, 114-115; C. L. Kingsford, *The Grey Friars of London* (Aberdeen, 1915), p. 145.
[15] Jordão de Jano, n. 43, 51.

11. Os primeiros franciscanos e as primeiras cidades

dins. As tendências de se substituírem as estruturas provisórias por prédios feitos de pedra não eram aceitas por todos. O teto da igreja franciscana teve de ser removido porque sua arquitetura era vista como contrária aos ideais da ordem, e a clausura teve de passar por mudanças estruturais. Quando o ministro provincial que havia ordenado essas mudanças foi ameaçado com uma reprimenda porque o convento de Londres não estava apropriadamente cercado, ele respondeu que não havia se juntado à ordem para erguer muros.

A criação de recintos monásticos apropriados para os franciscanos trouxe problemas para a ordem. Dois anos após a morte de Francisco, a pedra fundamental de uma grande igreja e sepulcro para o santo foi lançada em Assis por Gregório IX. Isto aconteceu em uma época em que muitos dos prédios para frades em outras cidades ainda eram provisórios. Fundadores, benfeitores e regentes seculares estavam ávidos por mostrar seu apreço aos frades, oferecendo-lhes suas próprias igrejas e acomodações adequadas, enquanto que cidadãos orgulhosos que queriam exibir sua riqueza e o status de suas comunas planejavam magníficos edifícios públicos. As igrejas franciscanas podiam fazer parte de tais programas arquiteturais e topográficos, e as ambições locais nem sempre coincidiam com os ideais espirituais dos frades. Relatando a construção da casa dos frades em Paris, Tomás de Eccleston escreveu que para muitos de seus irmãos as dimensões pareciam irreconciliáveis com os ideais de pobreza da ordem. Acrescentando que o teto do novo edifício colapsou quando os frades estavam prestes a entrar, ele apresentou o acontecimento como um julgamento divino contra a decadência. No mais tardar em 1260, as constituições da ordem forneceram diretrizes sobre o planejamento arquitetônico, impondo restrições a respeito de tetos abobadados em igrejas, janelas decoradas e paredes pintadas.

Nas cidades maiores, a criação de um recinto religioso podia ser um processo longo. O caso de Londres pode servir de exemplo. Após um ano em acomodações temporárias, os franciscanos se mudaram para o local que se tornaria o convento dos Frades Cinzas da cidade, no verão de 1225.[16] Menos de 20 anos depois, uma igreja havia sido construída, enquanto a área do convento ainda estava se expandindo. Este processo de aquisição de terra continuou até meados do século XIV. Nesta época, uma segunda igreja de convento, grande e magnificente, iniciada na primeira década do século XIV, já havia sido terminada. O longo atraso pode provavelmente ser explicado pelo fato de que o convento foi criado pouco a pouco, em uma área que já havia sido construída. Isto significava que os pedaços de terra tinham de ser gradualmente acumulados antes de uma nova fase de construção começar. Na Inglaterra, esses processos podem ser recons-

---

[16] J. Röhrkasten, *The Mendicant Houses of Medieval London* 1221-1539, Vita Regularis, 21 (Münster, 2004), c. 1.

2ª Parte - Jens Röhrkasten

truídos, porque em novembro de 1279 o Rei Eduardo I promulgou o estatuto *De viris religiosis* que proibia a doação ou a venda de bens imóveis ao clero. Apesar de seu caráter draconiano, a legislação não impunha uma proibição geral de tais transações. Acontecimentos nas décadas seguintes mostram que elas ainda eram possíveis, se fosse obtida licença real. Tais licenças estavam disponíveis se o caso fosse investigado por um oficial real na localidade. Para esse propósito, o oficial devia formar um júri que tinha de fornecer informações relevantes, por exemplo, a respeito do impacto sobre os rendimentos e os direitos reais ou a geração de inconvenientes e danos públicos. Estes inquéritos eram submetidos à chancelaria real por escrito, e as fontes sobreviventes mostram que a casa franciscana em York, fundada c. 1230, ainda estava desenvolvendo seu recinto em 1288. Oxford ainda estava sendo aumentada em 1319, e a casa de Cambridge, cujas origens coincidem com aquelas de York, ainda recebia propriedades em 1353. É verdade que as condições haviam mudado quando esta subvenção foi dada, porque as altas taxas de mortalidade devida à Peste Negra que varreu a Inglaterra em 1348-1349 devem ter impactado a demanda por terras nas cidades, e os conventos mendicantes parecem ter de forma geral necessitado de espaço adicional para enterros, mas a situação na Inglaterra teve seus paralelos em outras províncias. O convento franciscano de Paderborn, fundado na primeira metade do século XIII, ainda estava sendo expandido nos anos 1320. A casa em Höxter, também situada na Vestfália, desenvolveu-se por pelo menos meio século e a criação dos recintos franciscanos em Nuremberg deve ter levado de c. 1228 até 1294. Só a construção da igreja franciscana de Wurtzburgo deve ter levado 40 anos.[17]

Mesmo descontando desastres naturais como os incêndios, que destruíram as igrejas franciscanas de Bergen e Roscommon, havia diferentes razões para tais atrasos.[18] O crescimento urbano no século XIII resultou em uma alta demanda por bens imóveis, com altos preços correspondentes. Os fundos necessários nem sempre estavam disponíveis, porque o apoio financeiro provavelmente havia flutuado. No caso dos lordes eclesiásticos urbanos – um caso famoso é o dos beneditinos de Bury St. Edmunds – a preocupação a respeito da violação dos privilégios causou um atraso.[19] Outro tipo de obstáculo foi causado pela amarga contenda entre o Imperador Frederico II e o papado. Após a segunda excomunhão do imperador em 1239, um banimento divulgado pelos mendicantes, foram tomadas medidas contra os franciscanos na Sicília e no sul da Itália. O imperador,

---

[17] R. Pieper, *Die Kirchen der Bettelorden in Westfalen: Baukunst im Spannungsfeld zwischen Landespolitik, Stadt un Orden im 13. und 14. Jahrhundert*; Franziskanische Forschungen, 39 (Werl, 1993), p. 67-68; U. Schmidt, *Das ehemalige Franziskanerkloster in Nürnberg* (Nuremberg, 1913), p. 4; H. Konow, *Die Baukunst der Bettelorden am Oberrhein* (Berlim, 1954), p. 9.

[18] B. E. Bendixen, "Das Franziskanerkloster zu Bergen in Norwegen", *Franziskanische Studien*, 1 (1914), 204-229, em 205, 209; Cotter, *The Friars Minor in Ireland*, p. 20.

[19] J. Röhrkasten, "The Creation and Early History of the Franciscan Custody of Cambridge", in M. Robson e J. Röhrkasten (eds.), *Canterbury Studies in Franciscan History* (Canterbury, 2008), vol. 1, p. 51-81; F.M. Delorme, "Les Cordeliers dans le Limousin aux XIIIe – XVe siècles", *AFH*, 32 (1939), 201-259; 33 (1940), 114-160.

11. Os primeiros franciscanos e as primeiras cidades

Frederico II, achava que os frades eram próximos demais de Inocêncio IV, e isto impediu seu estabelecimento em terras imperiais. Sua casa em Palermo foi dissolvida, apenas para ser reconstituída após 1250, o ano da morte de Frederico II.[20] Enquanto a rixa entre o império e o papado entre 1239 e 1250 pode ter afetado também vários conventos na Alemanha, as condições políticas não eram o fator de maior impacto sobre o desenvolvimento urbano franciscano: esse provavelmente consistia de mudanças na topografia urbana e de respostas da população urbana aos Menores. Os lugares franciscanos que haviam sido suficientes para um pequeno grupo de frades e seus modestos seguidores logo se tornaram inadequados, porque os pregadores franciscanos atraíam grandes congregações nas igrejas e um crescente número de noviços precisava ser atendido. Além disso, os franciscanos nem sempre eram o único convento mendicante na cidade. Para distribuir de forma mais igualitária o fardo de uma casa religiosa desse tipo, o Papa Clemente IV apresentou uma *Regra* em 1265 prescrevendo uma distância mínima de 300 rods (*cannae*) entre os conventos mendicantes. Em muitas cidades, esses fatores levaram à recolocação dos conventos franciscanos. A identificação e a compra de uma nova área e a completa reconstrução da igreja e do edifício do convento eram complicadas e demandavam tarefas, apesar de as evidências disponíveis mostrarem que os frades frequentemente queriam usar o material de construção valioso de seu antigo local. As recolocações prorrogaram a fase do estabelecimento urbano franciscano – e alguns conventos, como o de Limoges, foram recolocados até mais de uma vez.

Apesar de a paisagem urbana da Europa do século XIII ser variada, foi possível identificar padrões no estabelecimento topográfico dos Menores. Os primeiros franciscanos não encontraram automaticamente acomodações nas cidades: eles às vezes tinham de permanecer nos subúrbios, para fora dos muros. Mesmo que isto lhes oferecesse uma bem-vinda proximidade à população urbana em áreas não automaticamente integradas ao sistema de paróquias da cidade, a necessidade por segurança e talvez também um desejo de maior proximidade aos grupos mais ricos de cidadãos levaram a um movimento em direção à área dentro das fortificações, frequentemente próxima ou até imediatamente adjacente aos muros da cidade. O caso de Arezzo, onde os franciscanos se realocaram fora dos muros, é bem incomum. Os conventos franciscanos localizados perto dos muros da cidade geralmente tinham sua igreja voltada para a cidade e seus prédios conventuais na área mais restrita e quieta entre a igreja e os muros. Lugares perto de rios eram mais favorecidos. Quando tais locais não podiam ser obtidos, os frades geralmente buscavam desenvolver aquedutos para conseguir fornecimento de água independente. As igrejas franciscanas tendiam a ser

---

[20] G. Leanti, "L'ordine Francescano in Sicilia nei secoli XIII e XIV", *Miscellanea Francescana*, 37 (1937), 547-574, em 563-564.

espaçosas, porém planas, e os prédios conventuais, funcionais, em vez de ostentosos. Entretanto, havia notáveis exceções: em meados do século XIV a ordem também tinha várias igrejas magnificentes, por exemplo, Santa Croce em Florença, e em Siena, Parma e Mântua, bem como em Londres. Estes prédios não necessariamente eram desejados pelos próprios frades, mas representavam expressões de piedade e exibições de status dos ricos benfeitores. Tendo-se tornado parte da sociedade urbana, os franciscanos podiam estar sujeitos a pressões exercidas por seus apoiadores.

O fato de que os conventos e igrejas franciscanos foram financiados por benfeitores muito seculares e a decisão baseada em princípios dos frades de não ter posses de terras e prédios que usavam lhes deram um status particular. As igrejas franciscanas tornaram-se espaços sagrados multifuncionais: eram locais de adoração, mas podiam ser usados também para outros propósitos. Por questão de princípios, elas eram abertas à população como um todo. Elas podiam fornecer o terreno neutro em casos de mediação; podiam ser usadas como locais de depósito de tesouros ou como escolas, ou arquivos. Dado o fato de que elas eram frequentemente o local mais amplo da cidade, tornaram-se lugares de reuniões para conselhos da cidade, residências temporárias para membros visitantes da aristocracia e locais para negociações diplomáticas, ou ofereciam as bases para festividades públicas, refletindo o laço mútuo entre a comunidade e os frades. Não era incomum que transações comerciais fossem feitas em igrejas franciscanas ou que lá fossem cumpridos os ressarcimentos de débitos. Em questão de décadas, a igreja e o convento tornaram-se elementos constituintes de suas cidades, parte da topografia local, muitos dos frades tendo sido recrutados da população local, em vez de locais que representavam uma forma mais nova e radical de Cristianismo.

O notável sucesso dos franciscanos deve ser explicado. Os franciscanos chegaram às cidades para pregar e para oferecer um exemplo vivo da vida apostólica a uma população muito sujeita às demandas do desenvolvimento comercial intenso. Frequentemente, pedia-se aos pregadores efetivos que recebessem confissões após seus sermões, e estes deveres pastorais formaram o núcleo das atividades dos frades. Tendo renunciado a todas as posses mundanas, os franciscanos idealmente eram aptos para o papel de mediadores, e a devoção que inspiravam levou à proclamação da paz em algumas comunidades italianas nos anos 1230. A inspiração oferecida por eles levou à formação de comunidades leigas de homens e também de mulheres. Essas comunidades eram ligadas aos sacerdotes franciscanos, que atuavam como seus confessores e conselheiros. Aos Sacerdotes Menores confiavam-se a celebração da Missa e as orações para os mortos. Estes serviços, que haviam sido assunto da elite, estendiam-se a seções muito maiores da população. Igrejas, clausuras e cemitérios franciscanos, para os homens e para as mulheres da ordem, tornaram-se as se-

11. Os primeiros franciscanos e as primeiras cidades

pulturas para os membros laicos, e famílias importantes pagavam por suas próprias capelas memoriais. Para os conventos esta era uma importante fonte de renda, e parece que eles tinham de aceitar o gosto arquitetônico das famílias cujas atividades de construção alteraram o espaço interior das igrejas, incluindo janelas e móveis. Entretanto, a oferta de espaço para sepulturas e a provisão de missas memoriais poderiam infringir os direitos paroquiais, e houve tensões, e até francos conflitos, entre os membros do clero secular e os frades, até que uma fórmula para uma justa distribuição de finanças fosse dada por Bonifácio VIII (em 18 de fevereiro de 1300). Mesmo que o estabelecimento legal não representasse automaticamente o fim da disputa, tais tensões nunca foram universais. Na realidade, as relações entre os frades e os sacerdotes seculares podiam ser íntimas, e numerosos testamentos medievais feitos por sacerdotes seculares continham heranças para os franciscanos. Há outra dimensão da questão. Em seus escritos, os historiadores medievais tendiam a se concentrar no incomum em vez de no comum, em disputas em vez de na rotina. Assim, uma coexistência harmoniosa dos mendicantes e do clero secular em uma cidade não é muito refletida nas fontes como o *"scandalum"* e as rixas públicas.

A simbiose entre as cidades e as ordens mendicantes levou Jacques le Goff em 1968 a traçar a distribuição dos conventos ao iniciar uma pesquisa sobre o desenvolvimento urbano da França medieval. Sua hipótese de trabalho era uma correlação entre o mapa das cidades francesas medievais e o mapa das casas mendicantes na França: presumia-se que não se encontrava convento mendicante algum fora de um centro urbano e que não havia cidade sem uma casa religiosa desse tipo.[21] Este método pretendia identificar as cidades e também traçar seu desenvolvimento. As fundações deviam ser traçadas cronologicamente para refletir o desenvolvimento urbano. Esta pesquisa de casas mendicantes não visava apenas revelar o desenvolvimento urbano, entretanto, mas também refletir a hierarquia urbana. O potencial para apoiar uma ou mais casas mendicantes dependia do tamanho e do papel comercial do centro urbano. As cidades maiores geralmente acomodavam muitos conventos desses; o número de casas mendicantes em cidades menores era proporcionalmente menor. Apesar de os números flutuarem, havia 11 casas de frades em Paris e sete em Londres no fim do século XIII. Enquanto a pesquisa sobre desenvolvimento urbano francês era a intenção original, o projeto também levantou importantes questões acerca dos conventos mendicantes. Havia padrões a respeito de sua localização nas cidades? Era possível obter informações sobre o número de frades vivendo neles? O que podia ser estabelecido sobre seus contextos político, social e religioso?

---

[21] J. Le Goff, "Apostolat mendiant et fait urbain dans la France médiévale: l'implantation des ordres mendiants", *Annales ESC*, 22 (1968), 335-352, em 337.

2ª Parte - Jens Röhrkasten

Apesar de o projeto, que se baseava nos limites da República Francesa em vez de nos das províncias mendicantes, ter produzido vários resultados e observações interessantes sobre a topografia das casas mendicantes, sua composição social, seus papéis na sociedade urbana e as fases de seu desenvolvimento, também havia problemas. Havia uma suspeita de que uma pesquisa sobre casas mendicantes talvez não fosse a melhor forma de se traçar a urbanização da França. Parecia que havia sido dada uma atenção insuficiente para as relações dos mendicantes com a população rural quando se soube que eles também tinham apoio significativo da área rural. Outros critérios, como o estado das defesas urbanas ou o poder financeiro e econômico, apresentavam-se como indicadores melhores. Além disso, parecia que o fenômeno urbano não estava restrito às cidades maiores, mas que povoados muito menores também podiam ter um caráter urbano, mesmo que lhes faltasse a presença de uma casa mendicante.[22]

CONCLUSÃO

A ida franciscana para dentro das cidades não passou desapercebida ao público em geral, tendo também levado ao dissenso dentro da ordem. O ministro-geral franciscano Boaventura abordou a questão de por que os Menores estavam presentes em pequenas e grandes cidades. De acordo com ele, havia três razões: em primeiro lugar, era necessário estar perto dos leigos na ordem para oferecer o exemplo; em segundo, ele apontou que seus freis dependiam do apoio material oferecido pela cidade; e, em terceiro, os frades precisavam da proteção oferecida pelas cidades. Esta não foi a única crítica abordada por Boaventura. Ele também lidou com outra questão, potencialmente mais difícil: por que os Menores precisavam de igrejas e conventos tão grandes? Nas cidades, ele argumentou, os frades precisavam de espaço para que pudessem desenvolver conventos apropriados, com clausuras, enfermarias e também jardins para plantar sua própria comida. O espaço também era necessário para seu trabalho e seus estudos, bem como para a recreação daqueles que voltavam de longas viagens. Em outras palavras, nas condições decadentes das cidades medievais, os frades precisavam de ar para respirar.[23] Apesar da relação ambivalente de São Francisco com a cultura e a vida urbanas, os franciscanos depois foram um fator importante no desenvolvimento urbano medieval. Seus conventos e igrejas eram amplamente usados pelo público, e suas atividades pastorais enriqueceram a cultura urbana.

---

[22] J. Le Goff, "Ordres mendiant urbanisation dans la France médiévale", *Annales ESC*, 25 (1970), 924-946.

[23] *SS. Bonaventurae Opera Omnia* (Quaracchi, 1898), vol. VIII, p. 341: "Religiosi vero, qui in cellarum reclusoriis religantur, nisi aliquam interius habeant aeris recreationem, cito languescentes tabescunt et ad studia spiritualia inhabiles efficiuntur, ita quod nec sibi nec aliis proficiunt in devotionis internae profectu, in sapientiae intellectu, in virtutum exemplis et in doctrina salutis".

12. A TERCEIRA ORDEM DE FRANCISCO

Ingrid Peterson

A Terceira Ordem de São Francisco se desenvolveu a partir do movimento penitencial na Idade Média. À medida que a literacia se espalhou e as necessidades religiosas dos fiéis mudaram, a população em geral começou a buscar formas de viver o Evangelho com maior intensidade. Estes leigos tornaram-se conhecidos como penitentes, porque haviam passado por experiências dramáticas de conversão. A forma de penitência era compreendida no sentido bíblico como *metanoia*, uma reversão de valores e de comportamento. Em seu *Testamento*, Francisco descreve sua vida nos termos de tal reversão: sua "vida em pecado" anterior entre o povo de Assis e sua "vida de penitência" posterior. A penitência não tinha a ver com o ascetismo ou o arrependimento no sistema sacramental; em vez disso, ela significava a imitação dos apóstolos, que compartilhavam seus bens e se identificavam com o pobre Cristo, cuidando dos necessitados.

Quando Francisco "deixou o mundo", ele abandonou sua confiança nos valores subscritos pela sociedade dos florescentes centros urbanos. Enquanto cerca de 90% das pessoas viviam no nível de subsistência ou abaixo dele, a classe mercantil ascendente estava começando a ameaçar o domínio dos donos de terras. Este mundo de riqueza acumulada, posses, poder e prestígio é o mundo que Francisco deixou. Ele queria um mundo alternativo em um sistema social enraizado no Evangelho e sua preocupação com todas as pessoas, especialmente os pobres e os excluídos. Os esforços de Francisco foram reforçados pela Carta da Liberdade de Assis, em 1210, que transferia o poder da nobreza de volta para as pessoas comuns.

Como o conceito de penitência era tão prevalente nos séculos XII e XIII, ele influenciou a forma pela qual Francisco, Clara e seus seguidores moldaram suas vidas. E porque Francisco descreveu sua nova vida como uma forma de penitência, seus primeiros seguidores se tornaram conhecidos como os Penitentes de Assis. Esses seguidores eram vistos como uma fraternidade de penitentes, e Santa Clara era considerada uma abadessa dos penitentes. Sua vida de penitência foi marcada por uma separação radical dos valores de sua família, para desenvolver uma relação mais profunda com Deus e para atender às necessidades dos desafortunados. Tanto Francisco quanto Clara enfatizavam positivamente o Deus que se

2ª Parte - Ingrid Peterson

tornou humano, sofreu e morreu para trazer aos outros a plenitude da vida. Eles compreendiam a penitência como um caminho em direção à riqueza de uma vida em Deus, em vez de riqueza material.

Na época de Francisco e Clara, a vida penitente leiga estava bem difundida. No século XI, ela se tornou um caminho de santidade prevalente para aqueles fora da vida religiosa tradicional. A *vita* de Marie Oignies (1177-1213), escrita por Jacques de Vitri já em 1215, oferece um insight sobre a forma de vida penitente.[1] Marie vivia na região dos Países Baixos que se estendia de Liège a Brabant (Brabante) e Flanders (Flandres), onde as beguinas apareceram pela primeira vez, em algum momento entre 1170 e 1180. Casada aos 14 anos, Marie vivia com seu marido em uma colônia de leprosos, onde se devotavam a cuidar dos doentes e dos necessitados. A espiritualidade de Marie se centrava na humanidade de Cristo, amor pela pobreza a obras de caridade. Inicialmente formada por pessoas que aguardavam ser recebidas na Igreja, sua forma de penitência atraiu outras pessoas à conversão.

Os penitentes leigos que viviam em suas próprias casas começaram a formar comunidades e sanar necessidades sociais. Pedro Valdo (1140-1218),[2] um rico mercador de Lyons que escolheu viver como um mendigo, era um desses antigos penitentes que ganharam seguidores. Robert Stewart descreve como a conversão de Valdo foi resultado da história de São Alexius, um homem rico que escolheu viver como um mendigo.[3]

Valdo vendeu suas posses, deixou provisões para sua esposa e seus filhos e deu o restante de seus recursos para os pobres. Ao fazer um voto de moldar sua vida naquela dos apóstolos, ele começou a juntar seguidores. Eles renunciaram a suas posses, viveram de esmolas, pregaram uma mensagem de conversão e exortaram as pessoas a adotarem a pobreza voluntária e a seguir o pobre Cristo. Lester Little sugere, entretanto, que seus exemplos e boas obras enquanto leigos ameaçaram o clero, até mesmo parecendo indicar que os sacerdotes não eram essenciais à sociedade cristã.[4]

Inevitavelmente, houve um conflito com o clero, e o resultado foi que Valdo e seus companheiros tiveram de buscar a aprovação para sua forma de vida em 1179. Comumente conhecidos como os valdenses por causa de seu líder, eles receberam a bênção e a aprovação papal sobre sua forma de pobreza voluntária, mas ficaram restritos a pregar apenas com a permissão do bispo local. Em sua época, eles eram conhecidos como os Pobres de Lyon, os Pobres da Lombardia ou os Pobres de Deus. Os valdenses desenvolveram-se em dois grupos distintos:

---

[1] Jacques de Vitry, *The Life of Marie of Oignies*, trad. M. H. King, Peregrina Translation Series, 3 (Toronto, 1989).
[2] N.T. Em francês, Pierre Vaudès.
[3] R. M. Stewart, *"De illis qui faciunt Penitentiam"*, *The Rule of the Secular Franciscan Order: Origins, Development, Interpretation*. Bibliotheca Seraphico-Capuccina cura istituti storici ord. Fr. Min. Capuccinorum, 39 (Roma, 1991), p. 113-115.
[4] L. K. Little, *Religious Poverty and a Market Echonomy* (Ithaca, 1978), p. 127.

12. A Terceira Ordem de Francisco

os *perfecti*, que eram ordenados e tomavam votos evangélicos, e os *credentes*, que viviam em suas próprias casas, praticavam uma vida de penitência e apoiavam o grupo de pregação por meio de esmolas.

Os humiliati, enquanto isso, viviam em comunidades leigas e, em contraste com os valdenses, perambulavam a pregar, em um estilo de vida itinerante. A partir da Lombardia, os humiliati constituíram outro grupo de leigos. Eles eram populares, com artesãos que desejavam viver o Evangelho enquanto continuavam a praticar suas profissões e seu comércio. Um cronista da época descreveu os humiliati como "cidadãos que, apesar de vivendo em casa com suas famílias, escolheram para si mesmos certa forma de vida religiosa: abstiveram-se de mentiras e de ações judiciais, comprometendo-se à batalha pela fé cristã".[5] Apesar de inicialmente terem sido condenados, Inocêncio III reverteu a censura, acrescentou uma estrutura jurídica e aprovou seu movimento.

Após o endosso papal, os humiliati foram divididos em três ordens: duas para clérigos e leigos levando uma forma de vida monástica na comunidade, e uma terceira para aqueles que viviam no mundo sob um programa de vida chamado *propositum*. O termo "terciário" era usado para a terceira forma dos humiliati. Ele continuou a ser usado através dos séculos para aqueles que pertencem à terceira ordem. O grupo de humiliati casados vivia uma vida simples em suas próprias casas, mas não era necessário que dispusessem de suas posses. O grupo de pregadores dos humiliati tinha a permissão do papa para pregar sobre a moral, mas não sobre a doutrina da Igreja, cuja explanação era reservada ao clero. Os humiliati tornaram-se conhecidos por apoiar suas comunidades locais e ajudar os pobres.

Homobono de Cremona era um mercador com os humiliati, distinto por sua piedade, dedicação aos pobres e luta ardente contra a heresia. Ele era um alfaiate e mercador próspero, que estabeleceu uma ampla reputação por sua honestidade. Seu nome derivava do latim *homo bonus*, "homem bom". Ele acreditava que Deus lhe havia permitido trabalhar na ordem para que ajudasse aqueles vivendo em pobreza. Logo após a morte de Homobono, em 1197, ele foi canonizado por Inocêncio III, que o descreveu como "um pai dos pobres", "consolador dos aflitos" e "um bom homem no nome e nas obras". Foi após sua canonização em 1201 que o papa endossou os *humiliati*, dando um *propositum* aos terciários. Vauchez aponta a importância desse documento como o primeiro reconhecimento oficial da Igreja a uma instituição religiosa no movimento penitencial.[6] Os penitentes eram estabelecidos para alcançar a salvação como pessoas fiéis aos requerimentos da laicidade, dedicando-se a suas próprias famílias e trabalho enquanto ajudavam os indigentes.

---

[5] A. Vauchez, *The Laity in the Middle Ages: Religious Beliefs and Devotional Practices*, ed. D. Bornstein, trad. do francês, *Les Laïcs au Moyen Âge: pratiques et expériences religieuses*, por M.J. Schneider (Notre Dame, 1993), p. 120.
[6] Ibid., p. 120-121.

2ª Parte - Ingrid Peterson

Os ideais do movimento apostólico e pobreza voluntária estavam intimamente interligados com os movimentos heréticos do século XII.[7] Herbert Grundmann afirma que todos os movimentos religiosos da Igreja medieval eventualmente se confrontavam com duas opções.[8] Ou eles adotavam as formas fixas de hierarquia como uma ordem estabelecida ou se separavam das *Regras* eclesiásticas e rompiam com a Igreja para se tornarem uma seita, ou seja, tornavam-se hereges. Os primeiros hereges de Colônia e do sul da França clamavam representar a verdadeira Igreja e o pobre Cristo, por manterem seus bens em comum, em contraste com o clero católico, que pilhava a riqueza e a propriedade privada. O fato de rejeitarem tanto a hierarquia quanto o sistema sacramental os levaram a constantes conflitos com a Igreja.

Os cátaros eram um desses movimentos heréticos, que acreditavam em um universo dualista em que o Deus do Novo Testamento que governava o campo espiritual estava em conflito com Satã, o deus do Mal, que governava a matéria. Sistemas similares de crenças apareceram em vários locais geográficos, em diferentes formas e com nomes tais como albigenses e bogomilos. A perseguição da Inquisição e os esforços de Inocêncio III e seus sucessores interromperam a propagação dos cátaros no século XV. Em meio a tais movimentos heréticos desenfreados, alguns pregadores itinerantes, como Roberto d'Arbrissel, na França, ganharam licença para pregar. Arbrissel, Bernardo de Tiron, Vitalis de Savigni e Norberto de Xanten, todos els fundaram ordens eclesiásticas.[9] M. D. Chenu afirma que os grupos leigos que não eram estritamente vinculados pelas estruturas institucionais da Igreja estavam, paradoxalmente, em uma posição melhor do que os monásticos para iniciar um retorno autêntico à vida evangélica.[10]

AS EXORTAÇÕES DE FRANCISCO EM 1209 E 1220 AOS PENITENTES

Francisco identificava-se como um penitente leigo cuja conversão o levou de uma vida centrada em desejos mundanos para uma mudança radical focada no Evangelho. A ação imperceptível de Deus em sua alma o levou a praticar penitência, caridade, humildade, serviço, oração, jejum, abstinência e restituição. Ao aprovar oralmente a forma de vida de Francisco em 1209, Inocêncio III reconhe-

---

[7] H. Grundmann, *Religous Movements in the Middle Ages: The Historical Links between Heresy, the Mendicant Orders, and the Women's Religious Movement in the Twelfth and Thirteenth Century, and the Historical Foundation of German Mysticism* (Londres, 1995), p. 9.

[8] Ibid., p. 1.

[9] Ibid., p. 19.

[10] M.-D. Chenu, *Nature, Man and Society in the Twelfth Century: Essays on the New Theological Perspectives in the Latin West*, trad. J. Taylor e L. Little (Chicago, 1968), p. 219.

12. A Terceira Ordem de Francisco

cia as bênçãos de sua forma de penitência. Francisco aceitou todos "aqueles que fazem penitência" e com eles estabeleceu um elo em 1209 e novamente em 1220 ao compor dois documentos conhecidos como *Primeira e Segunda Exortações*. Ele concedeu uma bênção àqueles que perseveravam na penitência, mencionando tanto homens quanto mulheres.

O primeiro documento descrevendo a forma de vida que Francisco prescrevia aos penitentes leigos, popularmente conhecido como *Carta aos Fiéis* e datado entre 1209 e 1215, aparece na última edição das fontes primárias, intitulada *Primeira Exortação aos Irmãos e Irmãs da Penitência*.[11] Kajetan Esser conferiu o título *Primeira Recensão da Carta aos Fiéis* no texto de Volterra. Quando uma nova tradução para o inglês foi publicada em *Francis of Assisi: Early Documents*, em 1999, ela foi intitulada *Earlier Exhortation (Primeira Exortação)*, com a explicação de que é "mais corretamente compreendida como uma exortação àqueles penitentes que vieram a Francisco para compartilhar de sua forma de vida evangélica".

Essa simples forma de vida é o documento central da Terceira Ordem, porque descreve uma forma de "fazer penitência" na vida leiga. A *Primeira Exortação* insiste que uma vida de penitência começa com a ação de Deus na alma. Ela descreve novos feitos, uma nova forma de "fazer". Uma vida de penitência começa com uma mudança interna de atitude, expressa pela produção de "frutos dignos de penitência". Francisco explica que aqueles que fazem penitência amam a Deus e ao próximo, resistem às tendências de sua natureza caída, participam do Corpo de Cristo, agem e vivem em conformidade com sua conversão. A vida penitencial não começa ao se adotarem normas ou práticas de penitência. Ela começa com um movimento do coração que leva à ação.

A *Segunda Exortação* reitera a essência e a visão da vida franciscana. Stewart oferece uma discussão acadêmica sobre o nome e a data, junto com uma análise histórico-crítica e uma comparação da *Primeira Exortação aos Irmãos e Irmãs da Penitência* e a *Segunda Exortação aos Irmãos e Irmãs da Penitência*. O texto em latim e a tradução para o inglês da *Exortação aos Fiéis*, de Francisco, são encontrados no livro *History of the Third Order Rule: A Source Book*.[12] Francisco começa revisando os elementos que caracterizam o movimento penitencial: caridade, humildade, serviço, oração, jejum, abstinência e restituição dos bens adquiridos injustamente. Ele exorta seus seguidores a estarem cônscios de certas obrigações para evitar cair em heresia, novamente enfatizando ações que incorporam a peni-

---

[11] Ver *FAED*, vol. 1, p. 41-44.
[12] Stewart, "*De illis*", p. 135-183; M. Carney, J.F. Godet-Calogeras e S. Kush (eds.), *History of the Third Order Rule: A Source Book*. (St Bonaventure, 2008), p. 42-51.

2ª Parte - Ingrid Peterson

tência. David Flood explica que o "franciscanismo não é um conjunto de disciplinas ascéticas. É uma forma de lidar com o universo. O sujeito não se curva à lei e à regra; ele compreende o ritmo das coisas... O sujeito passa pelos passos para dançar; e logo está dançando e se esquece dos passos... Francisco enfatiza o fazer".[13] Francisco constrói sua compreensão da penitência sobre a convicção de que as pessoas se modificam através do fazer. A *Segunda Exortação* termina descrevendo as bênçãos da forma de penitência como uma nova sensibilidade. Este texto data de cerca de 1220 e tem o título completo de *Later Admonition and Exhortation to the Brothers and Sisters of Penance (Second Version of the Letter to the Faithful)*,[14] em *Francis of Assisi: Early Documents*.[15]

Tomás de Celano, em sua *Primeira Vida de São Francisco*, retrata a ânsia do povo da época de Francisco em abraçar o movimento que ele inspirou:

> Acorriam homens e mulheres, clérigos e religiosos, para verem e ouvirem o santo de Deus, que a todos parecia um homem de outro mundo. Sem distinção de idade ou sexo, corriam todos para assistir às maravilhas que Deus estava realizando outra vez por seu servo neste mundo... Começaram a vir a São Francisco muitas pessoas do povo, nobres e plebeus, clérigos e leigos, querendo por inspiração de Deus militar para sempre sob sua orientação e magistério... A todos propunha também uma norma de vida e demonstrava de verdade o caminho da salvação em todos os graus (I Cel., n. 36-37).

Certas pessoas se sobressaíam como quem compreendia a mensagem de Francisco. O afeto mútuo entre Francisco e a nobre Senhora Jacopa dei Settesoli é rememorada por seu enterro na basílica inferior de São Francisco, em Assis. De acordo com o *Tratado dos Milagres*, de Tomás de Celano, Praxedes foi outra mulher distinta por sua piedade. Francisco "a recebeu na obediência, concedendo-lhe devotamente o hábito da Ordem: a túnica e o cordão" (3 Cel., n. 181). De acordo com a tradição, Luquésio, um mercador de Poggibonsi, e sua esposa Bonadonna (morta em 1260) foram o primeiro casal a ser abençoado por Francisco como penitentes. Eles se converteram de uma vida próspera e começaram a cuidar dos pobres em sua região.[16]

É difícil identificar os primeiros a aderir à Terceira Ordem, ou terciários, porque as barreiras eram extraordinariamente porosas. Os primeiros seguidores da forma de penitência de Francisco não se juntaram como membros a uma orga-

---

[13] D. Flood, *The Commonitorium*, 3 (1980) 20, n. 2, in Stewart, *"De illis"*, p. 180, n. 127.
[14] N.T. "Segunda Admoestação e Exortação aos Irmãos e Irmãs da Penitência (Segunda Versão da Carta aos Fiéis)".
[15] *FAED*, vol. 1, p. 45-51.
[16] Ver I. Peterson, "Thirteenth-Century Penitential Women: Franciscan Life in the Secular World", *Studies in Spirituality*, 12 (2002), 43-60.

12. A Terceira Ordem de Francisco

nização, nem tomaram votos; eles simplesmente viviam de acordo com a exortação de Francisco a "fazer penitência". Diversas pessoas, casadas e solteiras, reis e rainhas, ricas e pobres, eremitas e aqueles ativamente envolvidos em sociedade, todas seguiram o caminho de Francisco pela Terceira Ordem. Casada na corte de Turíngia, Isabel da Hungria (1207-1231) abriu os cofres reais para aliviar a miséria de seu povo. Seus atos de caridade, vida espiritual intensa e ampla popularidade levaram a sua canonização três anos após sua morte. Isabel foi nomeada patrona da Terceira Ordem.

Outras mulheres leigas solteiras aderiram à vida penitencial de várias formas, incluindo penitência, oração e serviço. Dulcelina de Digne (1214-1274), irmã do frade Hugo de Digne, formou um grupo de beguinas em Hyères, que também foi promovido por Jacques de Vitry. Veridiana de Castelfiorentino (1182-1242) viveu como anacoreta em uma cela ligada à capela de Santo Antônio, em Florença. Humiliana de Cerchi (1219-1246), cuja extraordinária generosidade não foi compreendida por seu marido, pediu ajuda a sua cunhada para compartilhar sua riqueza com os pobres de Florença, de acordo com os preceitos de Francisco. Rosa de Viterbo (1233-1251), apesar de ainda adolescente, pregava nas ruas contra o imperador, o que resultou no exílio (dela e de sua família) da cidade. Ângela de Foligno (1248-1309) deixou um extenso relato sobre suas experiências místicas de Deus que refletia a influência dos espirituais franciscanos.[17] A vida dessas mulheres foram marcadas por milagres e um ascetismo extremo, atributos essenciais para que as mulheres daquela época fossem canonizadas.[18]

Como outros homens nobres e aristocratas afetados pela mensagem de Francisco, São Luís IX (c. 1214-1270), coroado rei da França aos 12 anos de idade, foi educado pelos irmãos de Francisco e se tornou um penitente conhecido por promover o conhecimento, fundar hospitais e igrejas e responder às necessidades dos pobres em suas províncias. Ele exemplificava a paz e a justiça enquanto um administrador civil e era chamado por outros líderes para negociar a paz. Luís foi canonizado em 1297 pelo Papa Nicolau IV. O nobre Ivo da Bretanha (1253-1303) tornou-se conhecido como um advogado dos pobres. Ele estudou teologia e lei civil e canônica, e foi ordenado sacerdote para a diocese de Tréquier, na França. Como juiz nas cortes eclesiásticas, ele era ligado aos penitentes leigos franciscanos e estabeleceu uma reputação por ajudar os pobres, viúvos e órfãos a terem um processo justo. Ivo foi canonizado em 1347.

---

[17] *Angela of Foligno, Complete Works*, trad. E intro. P. Lachance, pref. Romana Guarnieri, Classics of Western Spirituality (Nova York, 1993).

[18] D. Weinstein e R.M. Bell, *Saints and Society: The Two Worlds of Western Christendom, 1000-1700* (Chicago, 1982), p. 34-36.

2ª Parte - Ingrid Peterson

O "MEMORIALE PROPOSITI" DE CARDEAL HUGOLINO, 1221, E O "SUPRA MONTEM" DO PAPA NICOLAU IV, 1289

O aumento das ordens mendicantes fez com que o movimento penitencial se espalhasse após 1220. Tanto Francisco quanto Domingos chamavam as comunidades leigas à penitência. Este alastramento do movimento penitencial levou o Cardeal Hugolino a organizar fraternidades na Itália através de seu *Memoriale propositi* (1221), um documento que descrevia seu status e suas obrigações. O Cardeal Hugolino era um legado papal de Honório III e um representante imperial do Imperador Frederico II. Seguindo os decretos do quarto Concílio de Latrão, em 1215, Hugolino (assim como Gregório IX) tentou regular o movimento penitencial trazendo-o para dentro da igreja oficial, assim como Honório III havia feito anteriormente com o *propositum* dos *humiliati*. Em vez de usar a linguagem bíblica de Francisco nas *Exortações*, o *Memoriale propositi* emprega uma linguagem jurídica para descrever a penitência.

Ao estudar as diferenças entre os textos de Francisco e Gregório e as semelhanças entre o *Memoriale propositi* com os documentos de outros grupos penitentes, Esser concluiu que não havia nada particularmente franciscano ali.[19] Entretanto, Pazzelli sustentava que, ao mesmo tempo em que seus estilos eram diferentes, ambos tinham o mesmo espírito.[20] Não importam suas nuances: o *Memoriale propositi* propunha uma forma de vida similar àquela aprovada pela Igreja para outros grupos de penitentes medievais. Ele prescrevia que os penitentes usassem robes de tecidos pobres e não tingidos, que indicavam sua entrada na vida penitencial. Eles eram instruídos a jejuar com mais frequência que os fiéis e, se letrados, recitar as sete horas canônicas diariamente. Se não soubessem ler, podiam substituir por um número definido de orações do Pai-nosso ou Louvado Seja. Deviam confessar-se e receber a comunhão três vezes no ano. Eram proibidos de fazer juramentos solenes ou portar armas, uma prática que logo os levou ao conflito com as autoridades públicas, especialmente nas comunas italianas.

Como Francisco não ofereceu um texto de *Regra* canônica para a Terceira Ordem, as *Regras* usadas pelos ramos regular ou secular estiveram sujeitas a uma atualização periódica. Enquanto a existência da Terceira Ordem se ancora na *Exortação* de Francisco (de cerca de um século antes), sua base canônica começa em 1289 com a *Regra* de Nicolau IV. O primeiro papa franciscano, Nicolau IV, começou a receber pedidos de grupos de penitentes locais para a aprovação ofi-

---

[19] K. Esser, "Un documento dell'inizio del duecento sui penitenti", in M. D'Alatri (ed.), *I Frati penitenti di san Francesco nella società del due e trecento* (Roma, 1977) in Stewart, *Rule of the Secular Franciscan Order*, p. 199.
[20] R. Pazzelli, *St Francis and the Third Order: St Francis and the Pre-Franciscan Penitential Movement* (Quincy, 1989), p. 113-114.

210

12. A Terceira Ordem de Francisco

cial de sua *Regra*. Como resposta, ele emitiu a bula *Supra montem* em 1289. Ele se refere a Francisco como *instituidor* e distingue a forma de vida dele como uma ordem. A *Regra* de Nicolau IV é importante porque garantiu a aprovação papal à Terceira Ordem, apesar de ter criado incertezas sobre a qual ramo da ordem ela se dirigia, aos casados, aos homens e mulheres leigos que viviam em suas casas ou àqueles que haviam tomado votos e viviam em comunidades.

Stewart demonstrou como a *Regra* de 1289 segue o *Memoriale propositi*, mas reorganiza o conteúdo para seguir a ordem geral de outras *Regras* religiosas. Uma diferença é que a *Regra* de 1289 declara que o visitante às casas de penitentes seja escolhido dos Frades Menores. Esta prescrição foi contestada, porque parecia colocar os penitentes franciscanos sob a jurisdição dos frades e acrescentar uma ordem clerical como outra camada de autoridade. Edith Pásztor argumenta que a *Regra* de 1289 tornou os penitentes franciscanos distintos ao conclamar que eles "sejam católicos", declarando-os ortodoxos e lhes dando um importante lugar na Igreja como oponentes da heresia. Com a atenuação da proibição às armas no *Memoriale propositi*, os penitentes foram envolvidos pelas batalhas políticas da Igreja durante as Cruzadas. Stewart conclui que a *Regra* constrói o carisma de penitência de Francisco como um serviço de ortodoxia. Após a apresentação da *Regra* da Terceira Ordem, de Nicolau IV, os terciários continuaram suas boas obras com a estrutura jurídica da Igreja. O beato Raimundo Lúlio (1235-1315), um terciário casado, trabalhou entre o povo islâmico no norte da África. A beata Delfina de Puimichel (c. 1283-1360) e Santo Elzeário de Sabran (1285-1325) são o único casal franciscano reconhecido no cânone dos beatificados e canonizados da Igreja. Eles eram nobres da Provença. O Rei Charles II concedeu a mão de Delfina, uma órfã de 12 anos de idade que havia feito um voto particular de castidade, a Elzeário quando este tinha 10 anos de idade. Eles entraram em um "matrimônio espiritual" em que as relações conjugais foram renunciadas com o consenso das duas partes. Tal prática medieval era frequentemente ligada à prática de penitência franciscana. Com a morte de seu pai, Elzeário, com 23 anos de idade, começou a gerir seus bens no reino de Nápoles. Elzeário e Delfina elevaram o nível moral da corte e insistiram para que seus empregados assistissem à missa diariamente, confessassem-se, evitassem jogos, mantivessem a paz e buscassem o perdão uns dos outros. Por toda a vida, mantiveram conexões com os frades franciscanos e, de acordo com a tradição, foram recebidos na Terceira Ordem, em Nápoles, enquanto serviam na corte da Rainha Sancha e do Rei Roberto. Elzeário foi canonizado em 1369 por seu tio, o Papa Urbano V (1362-1370). A ideia de um matrimônio virginal havia caído em desuso na Igreja em 1664 quando Delfina foi beatificada, então ela nunca foi canonizada.

2ª Parte - Ingrid Peterson

Durante o século XIV, o papado continuou a guiar os laicos para fora do movimento penitente amplamente popular e para dentro do serviço à Igreja. As confraternidades de penitentes foram absorvidas pela Terceira Ordem, que começou a recrutar mulheres como membros. O primeiro documento oficial institucionalizando a forma comunal de vida das mulheres da Terceira Ordem foi dado em 1324 a Angelina Montegiove por João XXII.[21] Depois de as mulheres da Terceira Ordem serem regularizadas, elas frequentemente se tornaram semienclausuradas. Vauchez sustenta que, como consequência, a originalidade do movimento leigo medieval foi essencialmente perdida até as reformas adotadas nos séculos XVI e XVII. O período intermediário é repleto de tensões entre os laicos e os clérigos, a hierarquia masculina e os grupos de mulheres religiosas. Em 1428, Martinho V criou outro dissenso interno por meio da *Licet inter coetera*, uma bula colocando todos os terciários sob a direção do ministro-geral dos Frades Menores. Seu sucessor, Eugênio IV, revogou sua controversa disposição.

No século XV, as comunidades terciárias de homens e mulheres começaram a se unir, formando federações, congregações ou capítulos. Em 1439, a Congregação Belga de Zepperan e o Capítulo Holandês de Utrecht reuniram 70 grupos de homens e mulheres com votos religiosos que elegeram seu próprio ministro-geral.[22] Em 1447, o esforço similar de Nicolau V, feito para unificar as comunidades de homens na Itália, falhou. Apesar de sua intenção ter sido centralizar as fraternidades, o movimento foi percebido como uma ameaça a sua autonomia. Ao mesmo tempo, o Grande Cisma resultou em mais desunião.[23] A *Regra* de 1521, de Leão X, unificou as comunidades masculinas e femininas sob votos, apresentando uma *Regra* para ambos, "irmãos e irmãs". Ela também estabeleceu novos títulos para os chefes das casas: "ministro" para as comunidades dos homens e "mãe" para as das mulheres. Quando muitas congregações femininas franciscanas revisaram suas constituições após o segundo Concílio Vaticano, elas adotaram o termo "ministra" para suas líderes eleitas.

"REGRAS" PARA A TERCEIRA ORDEM SECULAR

Com o tempo, versões atualizadas de suas *Regras* foram dadas a ambos os ramos da Terceira Ordem. Cada uma dessas *Regras* era uma adaptação para se adequar a sua época. Desta forma, a história remanescente da Terceira Ordem é traçada através da divisão e da revisão. Os franciscanos seculares podem ser casados ou

---

[21] Ver R. A. McKelvie, *Retrieving a Living Tradition: Angelina of Montegiove, Franciscan, Tertiary, Beguine.* (St. Bonaventure, 1997).

[22] W. J. Short, "Brothers and Sisters of Penance", in Short, *The Franciscans* (Wilmington, Del., 1989), p. 90.

[23] L. I. Aspurz, *Franciscan History: The Three Orders of St Francis of Assisi*, trad. Patricia Ross (Chicago, 1982), p. 514.

12. A Terceira Ordem de Francisco

solteiros, em contraste aos homens e mulheres da Terceira Ordem, que são celibatários. De acordo com o cânone 303 no Código de Direito Canônico, as Ordens Seculares são "Associações cujos membros levam vida apostólica e tendem à perfeição cristã e no mundo participam do espírito de um instituto religioso". Como todas as ordens, elas seguem uma *Regra* aprovada e, após um período de noviciado, fazem uma profissão formal e experienciam a vida comunal através de reuniões mensais regulares. Os franciscanos seculares são organizados em fraternidades em níveis local, regional, nacional e internacional. Eles são governados pela *Regra*, as constituições, o ritual e os estatutos, e se reúnem regularmente. Os franciscanos seculares incluem províncias anglicanas, luteranas e católico-romanas por todo o mundo. Estima-se que hoje haja mais de 1,5 milhão de franciscanos seculares.

Em 1883, Leão XIII lançou a *Misericors Dei filius*, uma *Regra* especificamente para os membros da Terceira Ordem secular franciscana que não viviam sob votos evangélicos em uma comunidade religiosa. Um membro da Terceira Ordem Secular, Leão XIII tentou ampliar os requerimentos para os membros, escrevendo para eles esta *Regra* revisada. Ela apenas exigia que seus membros usassem um escapulário pequeno e oculto, observassem os mandamentos, evitassem extremos de extravagância e estilo, fossem moderados ao comer e ao vestir, jejuassem dois dias em um ano e recitassem o Pai-nosso, a Ave-Maria e o Louvado Seja Deus doze vezes. Sua *Regra* enfatizava novamente as raízes originais da Terceira Ordem no movimento social, encorajando os membros a aprofundar sua fé e se engajar em ações sociais. A revisão de Leão XIII de 1883 teve sucesso ao levar muitos a uma fé mais profunda. Estima-se que 2,5 milhões de terciários estivessem ativos no começo do século XII. Entretanto, ao reduzir o número de prescrições e algumas ordens difíceis, a *Regra* de 1883 mudou a natureza da ordem. Leão XIII sugeriu uma identidade diferente para o ramo secular da Terceira Ordem em relação à que ela tinha no século XIII.

Após o segundo Concílio Vaticano, as *Regras* para a Terceira Ordem Secular e a Terceira Ordem Regular foram atualizadas e reescritas por membros de suas ordens. As duas novas *Regras* receberam aprovação papal logo após sua finalização e têm em seu prefácio a *Primeira Exortação* de Francisco para ancorar as ordens a sua inspiração em Francisco. A Terceira Ordem continua a consistir de duas expressões. Paulo VI aprovou a *Regra* da Ordem Franciscana Secular em 1978. Ela segue as linhas gerais do International Obediential Congress (Congresso Inter-Obediencial) da Ordem Franciscana Secular (OFS), que aconteceu em Assis, em 1969. Àquela época, o título de Ordem Franciscana Secular foi adotado como o título do ramo secular da Terceira Ordem.

A *Regra* foi revisada para encorajar os franciscanos seculares a responder às necessidades das ações sociais. Ela expressa a missão da vocação leiga através da vida em família ou de solteiro, trabalho para prover o sustento cotidiano e a prática de beatitudes, segundo a beneficência de Francisco. O espírito da *Regra* de 1978 é expresso no Artigo 4: "A Regra e vida do franciscano secular é: Observar o Evangelho de nosso Senhor Jesus Cristo seguindo o exemplo de São Francisco de Assis, que fez de Cristo a inspiração e o centro de sua vida com Deus e as pessoas". A *Regra* exige que os membros se dediquem a uma leitura cuidadosa do Evangelho, indo do Evangelho para a vida e da vida para o Evangelho.

"REGRAS" PARA A TERCEIRA ORDEM REGULAR

Ambas as dimensões da Terceira Ordem valorizam a oração, a simplicidade, a preocupação com os pobres, o cuidado com a criação e a pacificação. Ambas exemplificam o que significa "fazer penitência" em nome do Evangelho. Membros da Terceira Ordem Regular têm bens materiais em comum para compartilhar com os que precisam, enquanto que os franciscanos seculares conservam a posse de seus bens. Cada congregação separada de irmãos e irmãs tem uma administração central, governando suas casas separadas. Ambas as ordens abrangem mais do que trabalho apostólico. Seguindo o exemplo de São Francisco, o patrono da ecologia, elas colaboraram recentemente com agências políticas contra explorações do ambiente que coloquem dificuldades para os pobres. Muitos membros estão na vanguarda da vida pública. Elas trabalham para promover uma civilização que respeite a dignidade da pessoa humana, o chamado universal à santidade e a teologia da vocação leiga. Elas promovem um clima de fraternidade entre todos os povos e religiosos para o bem comum. Em resumo, a Terceira Ordem Secular abrange todos os aspectos da vida evangélica.

Leão X lançou a bula *Inter coetera* especificamente para os membros que tomaram votos. No começo do século XVI, a cúria romana tentou uniformizar mais os movimentos franciscanos da Terceira Ordem, homens e mulheres. Como a *Regra* de 1289 de Nicolau IV não mencionava a vida em comunidades ou os votos evangélicos, os grupos da Terceira Ordem, de homens e mulheres, tornaram-se predominantemente leigos. A reforma do quinto Concílio de Latrão (1512-1517) motivou a *Regra* de 1512, de Leão, endereçada para "Os Irmãos e Irmãs da Terceira Ordem do Bem-Aventurado Francisco, vivendo em congregações sob os três votos essenciais". Ela enfatizava a penitência como a característica fundamental da Terceira Ordem. Enquanto a *Regra* de Nicolau IV havia orientado todas as dimensões da Terceira Ordem, Leão separou a ordem em dois ramos distintos, um para a Terceira Ordem Secular (TOS) e outro para a Terceira Ordem Regular (TOR). Entretanto, a *Regra* de Leão não levou em conta os grupos da Terceira Ordem que receberam reconhecimento pontifical no século XV. Como a *Regra* de Leão X dava a entender que os Frades Menores tinham jurisdição sobre a Terceira Ordem, a ambiguidade de o papado ou de os frades terem jurisdição ou não continuou problemática.

O novo Código de Direito Canônico de 1917 exigiu que as congregações e ordens religiosas se adaptassem a sua legislação. A *Regra* de Leão era contrária a alguns pontos do novo código, que não eram adequados às congregações originadas em dioceses que haviam aprovado suas constituições. Diferentemente da *Regra* de Leão X, a *Regra* de 1927 foi escrita tanto para homens religiosos quanto para mulheres religiosas. Ela foi editada pelos líderes das quatro ordens franciscanas.[24] Em 1927, Pio XI publicou *Rerum condicio,* para os irmãos e irmãs da Terceira Ordem Regular, promulgada à época do 700º aniversário da morte de Francisco. A introdução a proclama uma "nova *Regra*, mais completamente permeada com o espírito de Francisco e em harmonia com a Lei moderna da Igreja". O Capítulo 1 é retirado da *Regra* dos Frades Menores para descrever seu propósito. Ela se refere frequentemente à vida penitencial e ao seguimento de Francisco, concluindo com a bênção de Francisco. Entretanto, em um comentário posterior, Esser notou que muitas congregações já estavam estabelecidas e fizeram pouco esforço para ficar em conformidade com o espírito da nova *Regra*.

Começou-se no século XX um esforço para renovar a Terceira Ordem Regular e suas fundações no movimento penitente, com um projeto de estudo feito pelas 25 congregações franciscanas na França e na Bélgica que tinham ficado insatisfeitas com a forma com que os princípios da espiritualidade franciscana haviam sido apresentados por Pio IX. Depois, irmãs alemãs e holandesas propuseram versões alternativas. Essa obra precedeu o Quarto Congresso Inter-Obediencial, que aconteceu em 1974 em Madri. O congresso foi conclamado após o fim do segundo Concílio Vaticano para promover a comunicação entre as congregações da Terceira Ordem de homens e mulheres. O congresso de Madri girava em torno da recuperação da identidade da Terceira Ordem como movimento penitente. As discussões sobre o propósito da ordem, vida de orações, a prática da pobreza, a obediência, o celibato consagrado e a paz foram descritas no texto "A Statement

---

[24] As quatro ordens franciscanas são conhecidas hoje como a ordem dos Frades Menores, a ordem de Santa Clara, a Terceira Ordem Regular de São Francisco e a Ordem Franciscana Secular (anteriormente conhecida como a Terceira Ordem Secular).

of Understanding of Franciscan Penitential Life".[25] Este trabalho levou à revisão da *Regra e Vida dos Irmãos e Irmãs da Terceira Ordem Regular*. O Papa João Paulo II (1978-2005) aprovou a nova *Regra, Franciscanum vitae propositum*, em 8 de dezembro de 1982, exigindo que seus membros vivessem em comunidade, professassem votos evangélicos e se dedicassem ao serviço dos outros.

Após a finalização das *Regras* recentemente revisadas para os ramos regular e secular da Terceira Ordem, histórias separadas foram preparadas para traçar seu desenvolvimento. A história de Robert Steward da Terceira Ordem Secular, "*De illis qui faciunt Penitentiam*", *The Rule of the Secular Franciscan Order: Origins, Development, Interpretation*, foi publicada em 1991. Um outro estudo, editado por Carney, Godet-Calogeras e Kush, *The History of the Third Order Rule: A Source Book*, foi publicado em 2008. Esses dois estudos recentes são valiosos porque oferecem traduções para o inglês e comentários sobre os documentos eclesiásticos e franciscanos históricos que moldaram suas ordens. O comentário contemporâneo de Marie-Benoît Lucbernet sobre a *Regra* da Terceira Ordem, em *The History of the Third Order Rule*, descreve-a como um texto espiritual que inspira conversão, um texto-referência que facilita a unidade e um texto profético.[26]

Em 1985, uma Conferência Internacional Franciscana foi estabelecida como um grupo permanente para levar grupos de homens e mulheres a uma compreensão comum do que significa pertencer à Terceira Ordem Regular. Seus estatutos descrevem seus objetivos como sendo promover a comunicação e a solidariedade entre os grupos de membros e colaborar com a Primeira e Segunda Ordens e a Ordem Franciscana Secular. Os elementos constitutivos da visão de Francisco para os Irmãos e Irmãs da Penitência permeiam toda esta história diversa: pobreza, minoria, penitência-conversão e oração-contemplação. Entretanto, a penitência se mantém a característica principal da Terceira Ordem. Apesar de suas formas diversas de vida secular e comunal, a Terceira Ordem se mantém verdadeira aos ideais espirituais de Francisco.

---

[25] "A Statement of Understanding of Franciscan Penitential Life, Inter-Obediential Congress, Madri, 1974", in Carney et al. (eds.), *History of the Third Order Rule*, p. 196-200.
[26] M.-B. Lucbernet, "Rule and Life" of 1982: A Turning Point in our History", in Carney et al. (eds.), *History of the Third Order Rule*, p. 502.

13. IDEAIS FRANCISCANOS E A FAMÍLIA REAL DA FRANÇA (1226-1328)

Sean L. Field

Em 2004, a editora francesa Galimmard publicou *Héros du Moyen Âge: le saint e ler oi*, um tomo de 1.218 páginas combinando duas obras recentes de Jacques Le Goff, uma sobre Francisco de Assis e a outra sobre Luís IX, da França. O subtítulo induz levemente ao erro, já que ambos os "heróis" na verdade foram reconhecidos como santos após a canonização de Luís em 1297. Apesar disso, não surpreende que Le Goff tenha achado esses dois homens intrigantes ou que Gallimard os equiparasse, porque foram duas figuras emblemáticas do século XIII, ligadas pela influência que os ideais franciscanos tinham sobre Luís, sua família e seus descendentes capetianos.

Esta influência é inegável, porém difícil de definir, por várias razões. Primeiro, há o problema de se definir "ideais franciscanos". Os acadêmicos modernos e os admiradores de Francisco travaram longas discussões sobre quem ele "realmente foi" e sobre como sua mensagem deve ser interpretada da melhor forma. Assim, não podemos simplesmente perguntar se a corte real francesa seguiu um modelo predeterminado e definido arbitrariamente como franciscano. Em segundo lugar, há o problema de se desembaraçar a piedade franciscana de outros fios relacionados. A corte francesa criou laços com muitos ramos e ordens diferentes da Igreja. Assim, seria desonesto imputar todo impulso capetiano de piedade, simplicidade e humildade à influência franciscana. Procurar a influência franciscana exige uma grande atenção às interações verdadeiras entre as figuras reais e os líderes franciscanos e a ligações estruturais construídas entre a corte e a ordem.

Mas não são poucas as evidências a serem filtradas. Ao fim da era capetiana, a família real francesa havia fundado e apoiado numerosas casas franciscanas, as mulheres reais geralmente empregavam franciscanos como confessores e até mesmo o próprio São Luís foi cada vez mais lembrado em termos fortemente franciscanos. Luís e sua geração de realeza francesa absorveram o modelo de Francisco de piedade apostólica, desenvolveram relações cruciais com líderes franciscanos em Paris e às vezes tomavam decisões com base na influência de conselheiros franciscanos. Ao fim do período capetiano, a distinta marca de piedade da corte francesa era em parte uma adaptação dos ideais franciscanos. Em particular, as mulheres eram mais intimamente ligadas aos franciscanos, amadrinhando as comunidades da ordem e vinculando de forma mais enfática os modelos franciscanos à santidade capetiana. Outras cortes europeias, notadamente na Europa ocidental e central, desenvolveram uma ligação parecida entre a espiritualidade feminina e a influência franciscana.[1] Mas Paris foi um ponto de encontro crucial entre ideologia real e *minoritas* ("menos", ou simplesmente humildade), criando uma mistura distinta do que depois foi ampliado através do tempo e do espaço.

LUÍS IX: PRIMEIROS CONTATOS E A CRUZADA

Os primeiros contatos entre os franciscanos e a corte real devem ter ocorrido nos anos de 1220, apesar de sua natureza exata ser um pouco obscura. Por exemplo, as afirmações de que a Rainha Blanche de Castille (Branca de Castela) (1188-1252) confiou a educação da infância de Luís IX aos frades são insubstanciais sob a luz de quaisquer evidências contemporâneas.[2] Mas Blanche e Luís IX parecem já conhecer Francisco à época da morte deste, já que Tomás de Celano retrata o "rei e a rainha e todos os magnatas da França" naquela época se apressando para venerar o simples travesseiro que Francisco havia usado em sua doença (presumivelmente, a última) (1 Cel., 120). Além do mais, é provável que a corte real apoiasse os primeiros ministros provinciais da França e também possa ter gozado de antigos contatos com os primeiros mestres de teologia franciscanos na Universidade De Paris, Alexandre de Hales e Jean de la Rochelle. Considera-se (ao menos em uma fonte do final do século XIV) que Juliano de Espira, autor de uma vida e São Francisco e de um ofício a São Francisco, tenha sido um mestre de canto na corte francesa antes de sua conversão à ordem, em cerca de 1227.[3]

Se as evidências mais antigas são incompletas, a corte real certamente já havia desenvolvido laços profundos com a ordem quando Luís IX partiu para sua Cruzada em 1248. Já no começo daquela década, Luís havia confiado aso franciscanos a tarefa de viajar a Constantinopla para comprar relíquias da paixão,[4] e em 1247-

---

[1] G. Klaniczay, *Holy Rulers and Blessed Princesses: Dynastic Cults in Medieval Central Europe*, trad. É. Palmae (Cambridge, 2002).
[2] L. K. Little, "Saint Louis' Involvement with the Friars", *Church History*, 33 (1964), 125-148, em 127.
[3] Ver J. M. Miskuly, "Julian of Speyer: Life of St Francis (*Vita sancti Francisci*)", *Franciscan Studies*, 49 (1989), 93-174, em 93-94.
[4] E. Miller, "Review of Exuviae Sacrae Constantinopolitanae", *Journal des Savants* (1878), 292-309 e 389-403, em 302-303.

13. Ideais franciscanos e a família real da França (1226-1328)

1248 os franciscanos estiveram entre os principais agentes por ele empregados como seus *enquêteurs* – agentes reais com o poder de lidar com queixas sobre a antiga conduta dos oficiais reais.[5] Além do mais, Luís provavelmente trabalhou com Inocêncio IV para que o franciscano Eudes Rigaud fosse indicado arcebispo de Rouen em março de 1248.[6] Como Eudes tinha conseguido a cadeira de teologia em Paris em 1247, Luís certamente o conhecia, ao menos por sua reputação. Aproximadamente na mesma época, Luís instituiu três dias de festa solene em honra das relíquias da paixão que instalou na recém-construída Sainte-Chapelle (consagrada em abril de 1248, com Eudes Rigaud entre os prelados presentes). Ele designou a supervisão litúrgica para um dos terceiros franciscanos de Paris, e como o irmão que havia celebrado a Missa depois foi comer com o rei, evidentemente Luís tinha o hábito de fazer refeições com os frades à época.[7]

Esses trechos de evidências anedóticas sugerem que já em 1248 Luís confiava nos franciscanos como agentes quase governamentais, ajudando sua promoção a altos cargos eclesiásticos e os associando com seus mais caros projetos. Estas antigas conexões pessoais resultaram em frutos institucionais. Luís escolheu os Frades Menores e Pregadores como seus principais *enquêteurs*, por exemplo, não apenas por respeitá-los pessoalmente, mas porque, ao rejeitar dinheiro e desdenhar do progresso do mundo, eles se tornaram os instrumentos perfeitos para as tentativas do rei de instilar justiça e promover reformas.[8]

Não é de se surpreender, portanto, que a partida de Luís para sua Cruzada no verão de 1248 ofereça o primeiro exemplo realmente dramático das atitudes pessoais da família real em relação aos Frades Menores (*fratres minores*). Após partir de Paris, em junho, Luís parou em Sens, onde os franciscanos estavam em seu capítulo provincial. De acordo com Salimbene, que estava presente, Luís e seus irmãos mais novos, Afonso, Roberto e Carlos, chegaram a pé, vestidos como simples peregrinos, e os franciscanos, liderados pelo próprio Eudes Rigaud, rapidamente foram a seu encontro. O rei então pediu orações para a família real, e depois o rei e seus irmãos jantaram com Eudes enquanto João de Parma, ministro-geral, e Geoffrey de Brie, ministro provincial, e todos os custódios, delegados e definidores comeram em mesas separadas no refeitório. Os irmãos reais teceram loas particularmente a João de Parma, em aparente deferência a sua reputação de

---

[5] W. C. Jordan, *Louis IX and the Challenge of the Crusade* (Princeton, 1979), p. 53.
[6] Salimbene, p. 441; A. J. Davis, *The Holy Bureaucrat: Eudes Rigaud and Religious Reform in Thirteenth-Century Normandy* (Ithaca, 2006), p. 31-32.
[7] H.-F. Delaborde, *Vie de saint Louis par Guillaume de Saint-Pathus, confesseur de la reine Marguerite* (Paris, 1899), p. 41-42.
[8] C. H. Lawrence, *The Friars: The Impact of the Early Mendicant Movement on Western Society* (Nova York e Londres, 1994), c. 9; Jordan, *Challenge*, p. 53-55; W.C. Jordan, "Anti-Corruption Campaigns in Thirteenth-Century Europe", *Journal of Medieval History*, 35 (2009), 204-219.

santidade. Mas este não foi o fim dos contatos de Luís com os franciscanos em sua jornada à Terra Santa. Salimbene se lembra de visitas frequentes de Luís aos Frades Menores (bem como outras religiões) enquanto seguia para o sul, particularmente em Vézelay, onde Luís humildemente se sentou no chão, em meio à poeira, e formou um círculo com seus próprios irmãos e os franciscanos em volta dele e novamente pediu orações.[9] Apesar de o interesse de Salimbene em destacar assuntos franciscanos inevitavelmente colorir nossa percepção, não obstante parece que Luís conscientemente tentava projetar uma aura de humildade franciscana ao redor da persona de seus peregrinos, associando-se às orações franciscanas enquanto se preparava para o ataque no Egito. Realmente, a missão de Francisco a al-Malik-al-Kâmil em 1219 pode bem ter sido parte das referências de Luís para sua nova campanha na mesma região.

Infelizmente, a Cruzada de Luís foi um desastre em termos práticos. Após tomar Damietta, os cruzados foram derrotados e Luís, capturado. Já à época de seu retorno à França em 1254, Luís era um homem mudado. Ele fez uma série de reformas governamentais (incluindo a nomeação de novos *enquêteurs*, sendo que aproximadamente metade deles, mendicantes), e a marca penitente em sua piedade se tornou mais pronunciada.[10] Se algum episódio ajudou a moldar a religiosidade pessoal mais intensa da última fase de sua vida, foi este encontro com o franciscano Hugo de Digne, conhecido como um homem santo. Depois de seu retorno em julho, Luís aportou em Hyères e foi até Hugo, que chegou com uma multidão de homens e mulheres que o seguiam. O sermão de Hugo alertou Luís de que havia religiosos demais reunidos em sua corte e gozando da boa vida e o admoestou a ouvir os desejos de seu povo e estar atento, ou Deus lhe privaria de sua vida e de seu reino, se não fosse feita justiça. Luís ficou suficientemente tocado para pedir a Hugo várias vezes que ficasse com ele, mas Hugo seguiu seu próprio conselho e partiu.[11]

Esses dois encontros com franciscanos em momentos importantes de suas viagens para e da Terra Santa moldaram a Cruzada de Luís, ajudando a formar seu significado em sua mente e o levando em direção a um modelo de simplicidade pessoal e austera renúncia. Visto assim, não surpreende que os laços entre a corte real e os conselheiros franciscanos tenham se estreitado após 1254. Luís deve ter sido saudado como um amigo, bem como um soberano no *grand couvent* – já que havia ajudado os irmãos a garantir sua residência à Margem Esquerda, em 1230, e oferecido fundos importantíssimos para outras construções nos anos de 1250.

---

[9] Salimbene, p. 212-215; 464; 305; 215-216.
[10] Jordan, *Challenge*, c. 6.
[11] J. Monfrin (ed.), *Joinville, Vie de saint Louis* (Paris, 1995), p. 657-660.

13. Ideais franciscanos e a família real da França (1226-1328)

PROFESSORES E PREGADORES

Entre aqueles morando nesta casa, havia os mestres de teologia mais ilustres da ordem. O conjunto de homens que ocupavam a cadeira franciscana de teologia nas duas décadas após 1245 inclui Eudes Rigaud, Guilherme de Meliton, Boaventura, Gilberto de Tournai, Eudes de Rosny, Guilherme de Harcombourg e Eustáquio de Arras. Todos são conhecidos por terem oferecido conselhos, consultas ou pregações à família real. Os intérpretes mais imediatos dos ideais franciscanos para a corte capetiana, portanto, eram os líderes intelectuais e teológicos da ordem em Paris.

Eudes Rigaud em particular pode ter sido "a companhia pessoal mais íntima que Luís já teve".[12] Ele pregou na frente do rei, gozou de hospitalidade em residências reais, celebrou os casamentos de pelo menos dois dos filhos de Luís e esteve presente em funerais e batismos reais. Mais revelador ainda: Luís chamou Eudes para ficar a seu lado enquanto estava doente e lidando com a perda de seu filho mais velho, Luís. Em questões mais práticas, Eudes ajudou a negociar com a Inglaterra o Tratado de Paris em 1259, estabelecido no Parlamento de Paris, e pregou na segunda Cruzada de Luís. Ele mesmo levou a cruz em 1267 e partiu com Luís no verão de 1270.[13] Eudes provavelmente estava presente quando da morte de Luís na Tunísia naquele agosto, e foi um dos executores de seu testamento. Na confusão da doença em massa que se seguiu e assolou a *entourage* real, Filipe III nomeou Eudes o principal assessor de seu irmão, caso este tivesse de assumir a regência.[14] Para Luís, Eudes corporificava o Franciscanismo, como clérigo dedicado que trabalhava incansavelmente, oferecia conforto e conselho e apoiava o rei em suas empreitadas mais estimadas. Não era um ideal abstrato, mas um exemplo de carne e osso do legado de São Francisco, prontamente disponível como um modelo para um rei.

Boaventura também estendeu contatos com a corte. Ele frequentemente pregava ao rei e sua família entre 1254 e 1270, até mesmo estruturando alguns de seus sermões como resposta aos pedidos de explicações de passagens bíblicas específicas, feitos por Luís, sua esposa Margarida e sua filha Isabel. Muitas anedotas contemporâneas descrevem as conversas de Luís com Boaventura. Em uma delas, Luís lhe perguntou se não seria melhor não existir em vez de pecar e ofender a Deus. Os dois futuros santos concordaram que não existir seria preferível a ofender a Deus, mesmo para um rei. Em outro episódio, após a morte do filho mais

---

[12] Little, "Saint Louis' Involvement with the Friars", 132.

[13] A. Callebaut, "La Deuxième Croisade de S. Louis et les Franciscains", *La France franciscaine*, 5 (1922), 282-288.

[14] Davis, *The Holy Bureaucrat*, p. 157-173.

velho de Luís, em 1260, ele explicou a Boaventura que, mesmo tendo amado profundamente seu filho, ele não desejaria que ele tivesse evitado a morte, já que isso seria rebelar-se contra a vontade de Deus.[15] Em momentos íntimos como esse, vemos o rei trabalhando através dos elementos mais profundos e emocionais de sua espiritualidade com o teólogo franciscano mais importante da época.

Outros franciscanos tiveram papéis aconselhadores similares, mesmo que num nível menos pessoal. Gilberto de Tournai, por exemplo, escreveu um importante tratado sobre exortação moral e política para Luís em 1259. O *Eruditio regum et principum* é na verdade uma série de três cartas endereçadas a Luís, oferecendo instruções sobre piedade, disciplina e justiça necessárias a príncipes, mas também comentando explicitamente a derrota da Cruzada e colocando a culpa disso nos cruzados e no povo francês.[16] Eustáquio de Arras e o mais obscuro Guilherme de Ligny pregaram ante a família real, também.[17] Além do mais, mestres de universidades não eram os únicos franciscanos influentes a terem laços com a corte. Jean de Samois também é conhecido por ter pregado a Luís em Sainte-Chapelle,[18] e Mansueto de Castiglione Fiorentino cooperou com Luís em negociações com a Inglaterra em 1258-1259 com tanto sucesso que Luís lhe recompensou com uma preciosa relíquia da Coroa de Espinhos.[19]

A gravitação de Luís em direção às ordens mendicantes solidificou-se publicamente durante as batalhas entre os seculares e os mendicantes na Universidade de Paris. No começo dos anos 1250, mestres seculares que protestavam contra a influência dos mendicantes conseguiram o apoio de Inocêncio IV, muito por causa da publicação precoce da obra radicalmente joaquimita *Introdução ao Evangelho Eterno*, do franciscano parisiense Gerard de Borgo San Donnino. Alarmado pela sugestão do livro de que na vindoura "era do Espírito Santo" a hierarquia da Igreja se tornaria supérflua, Inocêncio limitou os privilégios aos mendicantes como pregadores e confessores. Apesar de essas limitações terem sido rapidamente rescindidas por Alexandre IV, a batalha se arrastou até julho de 1256, quando o mestre secular Guilherme de Saint-Amour atacou as tentativas de Luís de fazer as pazes na disputa e desdenhou dele por seu próprio comportamento penitente, próximo demais ao dos mendicantes. Quando Alexandre IV privou Guilherme de

---

[15] J. G. Bougerol, "Saint Bonaventure et ler oi saint Louis", in *S. Bonaventura 1274-1974* (Grottaferrata, 1973), vol. II, p. 469-489.

[16] J. Le Goff, *Saint Louis*, trad. G. Evan Gollard (Notre Dame, Ind., 2009), p. 321-328.

[17] J. G. Bougerol, "Sermons inédits de maîtres franciscains du XIIIe siècle", *AFH*, 81 (1988), 17-49, em 21.

[18] M. C. Gaposchkin, *The Making of Saint Louis: Kingship, Sanctity, and Crusade in the Later Middle Ages* (Ithaca, NY e Londres, 2008), p. 156.

[19] S. L. Field, *Isabelle of France: Capetian Sanctity and Franciscan Identity in the Thirteenth Century* (Notre Dame, Ind., 2006), p. 71-72.

13. Ideais franciscanos e a família real da França (1226-1328)

seus benefícios e o expulsou da França alguns meses depois, o papa reconheceu que ele estava agindo de acordo com os desejos de Luís.[20] Assim, em 1255 era visto por alguns como um rei "mendicante", perto demais, de uma forma até perigosa, dos Frades Menores e Pregadores. Foi desta percepção que nasceu a veia contemporânea de escárnio, publicada pelo poeta Rutebeuf, que alguns anos mais tarde abertamente censurou a dependência dos frades por parte de Luís. Para o bem ou para o mal, em 1256 a moderação no modo de vestir de Luís, sua rotina quase monástica de orações e devoção e a busca por penitência eram vistas como uma inspiração mendicante.

Esse contexto maior é um lembrete de que, apesar de o apelo da humildade franciscana ser central para a espiritualidade de Luís, sua afinidade com os ideais apostólicos não era apenas franciscana em sua inspiração. Seus laços com os dominicanos e outras ordens mendicantes também eram notáveis. Assim, ao esmo tempo em que a consciente aceitação de Luís dos frades entre seus mais íntimos colaboradores era crucial para a ascensão das formas franciscanas de piedade na corte, para encontrarmos uma esfera onde os franciscanos tinham uma influência quase exclusiva é necessário que nos voltemos aos relacionamentos pessoais e institucionais que eles desenvolveram com as mulheres capetianas.

ISABEL DE FRANÇA: PREPARANDO O MOLDE

Aqui o padrão foi estabelecido pela irmã mais nova de Luís, Isabel (1225-1270), uma princesa que rejeitou várias propostas de matrimônio em favor de uma vida de virgindade pia. Sua reputação estava espalhando-se em 1253, quando Inocêncio IV escreveu uma carta louvando e confirmando sua escolha pela virgindade. Logo depois, em maio de 1254, ele pediu a Jofre de Brie que garantisse o pedido de Isabel por confessores franciscanos, um papel subsequentemente preenchido por Eudes de Rosny. Em 1256, Alexandre IV lhe mandou uma carta com efusivos louvores, em que ele notava que "brilhantes relatos" de sua conduta emanavam dos franciscanos próximos à corte real.[21]

Isabel é o primeiro exemplo de um membro da família real a desenvolver um relacionamento tão íntimo, exclusivo e propagado com os frades. Não foi coincidência o fato de que fundamentalmente mulheres reais abraçaram a identidade franciscana tão completamente. Enquanto reis menos santos do que Luís IX se

---

[20] Little, "Saint Louis' Involvement with the Friars", p. 136-143.
[21] Field, *Isabelle of France*, p. 42-59.

mantinham absortos demais às realidades de poder político para se retratarem como seguidores de Francisco, as pias rainhas e princesas podiam gravidar em direção a um modelo de humildade visível com mais facilidade.[22]

Uma forma pela qual Isabel estabeleceu um foco para as futuras relações com a ordem foi através de seu patrocínio das *sorores minores* (Irmãs Menores), um ramo distintivo da "família" franciscana que atraiu o envolvimento de mulheres reais pelos séculos sucessivos. Ao redor dos anos 1254-1255, os planos para sua nova abadia franciscana feminina – a primeira na região de Paris – realizaram-se. A construção começou em cerca de 1256, quando Luís, sua esposa e seu filho mais velho se juntaram a ela, lançando a pedra fundamental da casa chamada de "A Humildade de Nossa Senhora", ou mais familiarmente de "Longchamp" (no moderno Bois de Boulogne, extremo leste de Paris). Pelos próximos dois anos, ela e sua equipe de mestres franciscanos (Boaventura, Eudes de Rosny, Guilherme de Meliton, Guilherme de Harcombourg, Jofre de Vierzon) compuseram uma nova *Regra* para a casa. A biógrafa contemporânea de Isabel, Inês de Harcourt, relembra que os irmãos se reuniram nos aposentos de Isabel para fazer este trabalho – uma imagem íntima do tipo de reuniões que ligavam os frades à realeza francesa. A *Regra* foi aprovada por Alexandre IV em 1259, e uma nova versão, revisada de acordo com o desejo de Isabel, foi admitida por Urbano IV em 1263.[23]

A chegada das freiras realmente forneceu o cenário para o exemplo mais específico que temos da admiração de Luís por São Francisco e Santa Clara. Logo após a clausura das freiras em junho de 1260, Luís entrou na abadia com Isabel e se juntou às freiras em um capítulo. A partir dessa lição de humildade, "ele deu o primeiro sermão e ensinamentos" que as freiras tiveram em Longchamp.

> Ele disse que devíamos tomar como nosso exemplo Monseigneur São Francisco e Madame Santa Clara, e outros santos que viviam em tal santidade e perfeição, e que devíamos começar tão alto que os outros que viessem após nós não fossem capazes de se igualar a nós, e que devíamos ser um espelho para todas as outras mulheres de religião e vivêssemos uma vida tal que os outros pudessem tomá-la como um bom exemplo.[24]

Luís aqui chamava a atenção para o poder exemplar de Francisco e Clara, a ser perpetuado pelas freiras dessa fundação franciscana real. De forma fascinante, a imagem do espelho de Luís é muito parecida com aquela empregada com a recém-canonizada Clara.[25] A apaixonada pregação de Luís demonstrava que a fa-

---

[22] Gaposchkin, *The Making of Saint Louis*, p. 156.

[23] Field, *Isabelle of France*, c. 42-59.

[24] S. L. Field (ed. e trad.), *The Writings of Agnes of Harcourt: The Life of Isabelle of France and the Letter on Louis IX and Longchamp* (Notre Dame, Ind., 2003), p. 47.

[25] R. J. Armstrong, *Clare of Assisi: Early Documents, Revised and Expanded* (Nova York, 2006), p. 59-65, em p. 61. Sobre a autenticidade do *Testamento*, ver L. S. Knox, *Creating Clare of Assisi: Female Franciscan Identities in Later Medieval Italy*, The Medieval Franciscans, 5 (Leiden, 2008), p. 9-14.

13. Ideais franciscanos e a família real da França (1226-1328)

mília real investia muito nesta comunidade. Não surpreende, portanto, que Longchamp se tornou outro centro de vida franciscana parisiense. Além dos menos proeminentes irmãos franciscanos que ali residiam, Eudes Rigaud ali pregou ao menos uma vez, Boaventura certamente também o fez,[26] e Eustáquio de Arras deu um sermão ali, na presença do rei.[27] Eudes de Rosny deve ter sido um visitante frequente como confessor de Isabel, e parece provável que outros irmãos associados à corte e à universidade tenham viajado de Paris de tempos em tempos, também. À época da morte de Isabel, em 1270, Luís, bem como muitos franciscanos, assistiram aos rituais do funeral. Isabel permanecera uma leiga até o fim de sua vida, mas seu enterro em Longchamp, no hábito de uma freira franciscana, enfatizou uma fusão da piedade franciscana e da real.

Tão importante quanto, a visão específica de Isabel sobre o Franciscanismo feminino ofereceu um modelo para as mulheres reais seguintes. Ela insistia que as freiras fossem conhecidas como *sorores minores* e enfatizava a humildade mais do que a pobreza absoluta como o atributo definidor associado a Longchamp. Esta versão dos *minoritas* evidentemente era atraente para outras mulheres reais, que queriam demonstrar piedade e humildade, bem como patronato. A maior parte das casas antigas que adotaram a *Regra* de Longchamp era ligada à família real. As franciscanas de Provins ganharam permissão de seguir essa *Regra* logo em 1264, com o apoio de Teobaldo V de Champagne, casado com a filha de Luís IX, Isabel. De forma mais influente, a nova comunidade de Saint-Marcel (ou Lourcines), perto de Paris, foi fundada pela mesma Isabel e sua mãe. Outras casas como La-Garde-de-Notre--Dame (em La Guiche) e Nogent-l'Artau foram instituídas por princesas capetianas antes de 1300, e o próprio Filipe IV fundou Moncel. Assim, ao fim do século XIII as mulheres capetianas podiam enxergar a ordem das *sorores minores* de Isabel como um lugar onde o patronato real encontrava o Franciscanismo feminino.

Uma segunda forma pela qual Isabel ofereceu um exemplo influente foi através de seu pedido explícito por confessores franciscanos. Novamente aqui suas preferências espelhavam as dos irmãos, mas foram além, de forma a estabelecerem um padrão de gêneros. Sabe-se o nome de apenas um confessor franciscano de Luís: João de Mons tinha esse posto perto da época da segunda Cruzada e morte de Luís, e após sua morte, reis capetianos subsequentes escolheram os dominicanos para essa função.[28; 29] Suas viúvas e filhas, entretanto, preferiam os franciscanos.

---

[26] J. G. Bougerol, *Saint Bonaventure, Sermons de tempore* (Paris, 1990), p. 274-275 (um sermão que deve ter sido dado em Longchamp).

[27] Bougerol, "Sermons inédits de maîtres franciscains du XIIIe siècle", 21.

[28] Little, "Saint Louis' Involvement with the Friars", 128.

[29] X. De la Selle, *Le Service des âmes à la cour: confesseurs et aumôniers des rois de France du XIIIe au XVe siècle*, Mémoires et documents de l'École des chartes 43 (Paris, 1995).

MULHERES REAIS: PADRÕES DE PATRONATO

A Rainha Margarida e suas filhas são grandes exemplos das primeiras mulheres reais que conheceram Isabel e então concentraram suas devoções na espiritualidade franciscana, patrocinaram Saint-Marcel e Longchamp e se confessaram com os franciscanos.[30] João de Mons tomava as confissões de Margarida, bem como de seu marido, e depois de 1277 o confessor e o executor de Margarida foi o franciscano Guilherme de Saint-Pathus. A rainha também esteve envolvida com as fortunas de Longchamp, desde o início. Inês de Harcourt deixa claro que Margarida frequentemente visitava e conversava com as freiras, às vezes contando as histórias sobre Isabel e seus milagres, que aparecem na biografia de Inês. Margarida, em sua viuvez, destinou seus recursos ao desenvolvimento de Saint-Marcel. Junto com sua filha Isabel, Margarida promoveu essa comunidade desde seu início, em Troyes, e depois atuou como patrona principal, quando as freiras se mudaram para Saint-Marcel, em 1289. Ali, ela construiu para si mesma uma residência, que passou para as freiras após sua morte, com a condição de que sua filha Branca (de la Cerda) pudesse usá-la durante sua vida. Branca, por sua vez, ficou em Longchamp após a morte de seu marido e depois se mudou para Saint-Marcel após 1289, passando a maior parte do tempo lá, até sua morte, em 1320. Assim como sua mãe, tinha em Guilherme Saint-Pathus seu confessor. Diferentemente de sua mãe, ela foi enterrada em Saint-Marcel, em trajes franciscanos.

Gerações posteriores de mulheres capetianas seguiram esse modelo. Apesar de haver exceções, a maioria das rainhas da França tinha confessores franciscanos em meados do século XIV. Por exemplo, Joana de Navarra (morta em 1305), a rainha de Filipe IV, escolheu como seu confessor e executor o franciscano Durand de Champagne;[31] a esposa de Filipe V, Joana de Borgonha, tinha o franciscano Jean Viel; e um pouco mais tarde Joana de Borgonha (esposa de Filipe VI, morta em 1348) escolheu vários Frades Menores.[32] Essas mesmas mulheres apoiaram Longchamp e Saint-Marcel, às vezes em causas que uniam várias rainhas – por exemplo, as rainhas viúvas Margarida de Provença e Maria de Brabante se juntaram à rainha atual, Joana de Navarra, para pedir privilégios em nome de Saint-Marcel nos anos de 1290. Essas rainhas e suas *entourages* obtiveram permissão específica para entrar e residir nas duas abadias, e algumas realmente lá se recolheram, seguindo o modelo de Margarida da Provença e

---

[30] A.-H. Allirot, "Longchamp et Lourcine, deux abbayes féminines et royales dans la construction de la mémoire capétienne", *Revue d'histoire de l'église de France*, 94 (2008), 23-38.

[31] M. J. P. Robson, "Queen Isabella (c. 1295-1358) and the Greyfriars: An Example of Royal Patronage Based on Her Accounts for 1357-1358", *FS*, 65 (2007), 325-348, em 328.

[32] X. de la Selle, *Confesseurs et aumôniers des rois de France du XIIIe au XVe siècle* (Paris, 1995), p. 310-311.

13. Ideais franciscanos e a família real da França (1226-1328)

de Branca de la Cerda. Por exemplo, Isabel de Valois, filha de Carlos e Valois e mãe da Rainha Joana de Bourbon, retirou-se em Saint-Marcel após sua viuvez.

Outras mulheres reais chegaram a se professar freiras franciscanas. Entre as relações reais, duas sobrinhas de Maria de Brabante (Joana e Margarida de Brabante) entraram para Longchamp em 1301 e 1303. Mais diretamente, a filha de Filipe V e Joana da Borgonha, Branca, tornou-se uma freira em Longchamp – a primeira vez em que a filha de um rei da França se juntou a uma ordem mendicante. Sua entrada em 1319 foi uma grande cerimônia, com sua mãe e seu pai, seu tio Carlos de Valois, outros membros da família real, o arcebispo de Reims e o mestre franciscano de teologia, Nicolau de Lira, todos presentes. Sua prima Joana, filha de Joana de França, rainha de Navarra, entrou no mesmo ano. Tão surpreendente quanto, a filha ilegítima de Luís X, Eudeline, tornou-se abadessa em Saint-Marcel entre 1334 e 1339.

À medida que essas casas desenvolviam seus laços com as mulheres reais, Longchamp e Saint-Marcel fundiam a memória capetiana com a piedade franciscana. Em Saint-Marcel, por exemplo, as freiras rezavam pelas almas de Margarida de Provença e sua filha Branca, e em Longchamp, por Branca de Castela, Luís IX, Isabel de França e vários outros membros da família real. O coração da rainha Joana da Borgonha foi enterrado em Longchamp, perto do local do futuro túmulo de sua filha. Além da lembrança litúrgica formal, as mulheres reais logo se tornaram parte do tecido da vida franciscana nessas comunidades, pois suas túnicas, seus vestidos de noivas e panos finos então se tornaram vestes e tecidos para o altar e foram colocados em uso para outros fins litúrgicos e ornamentais.[33]

Assim, as abadias franciscanas femininas reforçaram um fluxo circular de piedade. Os confessores franciscanos sem dúvida encorajavam os laços das mulheres com as freiras franciscanas, e as íntimas relações com as comunidades franciscanas femininas reforçavam o desejo de buscar conselheiros franciscanos e modos de espiritualidade franciscanos. Quando uma rainha ou uma princesa visitavam uma parente em Longchamp ou Saint-Marcel, voltavam à corte com as imagens da piedade capetiana e franciscana entrelaçadas, e talvez visualizassem seu próprio retiro ou enterro naqueles locais. Na realidade, muitas mulheres reais escolhiam ser enterradas em casas franciscanas. Por sua vez, os homens franciscanos compreendiam que as rainhas capetianas podiam ser suas melhores aliadas na corte. Um exemplo dramático é o franciscano radicalmente controverso Bernardo Délicieux, que buscou a ajuda da Rainha Joana de Navarra em sua campanha contra os inquisidores dominicanos em Carcassonne, em 1304.[34]

---

[33] Para este e os dois parágrafos anteriores, ver Allirot, "Longchamp et Lourcine", 28-38.

[34] A. Friedlander, *The Hammer of the Inquisitors: Brother Bernard Délicieux and the Struggle against the Inquisition in Fourteenth-Century France* (Leiden e Boston, 2000), p. 223.

2ª Parte - Sean L. Field

Os laços entre os franciscanos e as mulheres reais também se manifestavam na literatura aconselhadora, escrita pelos frades homens para as rainhas e as princesas. Gilberto de Tournai escreveu um texto para Isabel de França, que enfatizava a virgindade, mas também reforçava a importância da humildade, e sugeria que as filhas dos reis gozassem um tipo de herança celestial, uma transmissão de virtudes através da linhagem das mulheres, que as tornava corporificações particulares de amor caridoso e, talvez por extensão, *minoritas*.[35] Outros frades seguiram o exemplo de Gilberto. Boaventura pode ter escrito seu *De regimine animae* para Branca de la Cerda, enquanto Durand de Champagne escreveu o *Speculum dominarum* para Joana de Navarra, e ele ou outro franciscano traduziu a obra para o francês, a pedido dela.

SANTIDADE CAPETIANA, SANTIDADE FRANCISCANA

Esta criação de textos também podia ser uma via de mão dupla, já que os capetianos – principalmente as mulheres – encomendavam obras de hagiografia específicas de seus confessores ou conselheiros franciscanos. Em particular, esta dinâmica teve um papel maior no remodelamento da santa imagem de Luís IX. Já vimos como Luís foi influenciado pelos franciscanos e os ideais da ordem durante sua vida. Agora o relacionamento fecha seu círculo, com a promoção por parte dos franciscanos ao culto de São Luís de forma a tornar Luís um modelo de humildade franciscana para a audiência real, frequentemente feminina.

Perto de 1302, Branca de la Cerda pediu a Guilherme de Saint-Pathus que compusesse uma nova vida de Luís. Guilherme usou os relatos existentes das audiências de canonização de Luís de 1282 a 1283, uma cópia dos quais estava abrigada no convento franciscano em Paris. Apesar de ele ser fiel a suas fontes, Guilherme estava fortemente influenciado pelo modelo da *Legenda Maior* de Boaventura na forma e no método, e enfatizou elementos da piedade de Luís, como dar esmolas e devotar orações, para cumprir os ideais franciscanos.[36]

O ofício litúrgico franciscano para Luís, conhecido como *Francorum rex* e composto após 1299, constrói de forma ainda mais explícita Luís como um novo Francisco, tomando emprestado o ofício de São Francisco (*Franciscus vir catholicus*) de Juliano de Espira. Assim como o segundo enfatizou a rejeição de Francisco a bens

---

[35] A. H. Allirot, "Filiae regis Francorum: princesses royales, mémoire de saint Louis et conscience dynastique (de 1270 à la fin du XIVe siècle)", Thèse de doctorat, Université Paris X-Nanterre, 2007, p. 310; S. L. Field, "Gilbert of Tournai's Letter to Isabelle of France: An Edition of the Complete Text", *Mediaeval Studies*, 65 (2003), 57-97.

[36] Gaposchkin, *The Making of Saint Louis*, p. 38, 156-158; C. Frugoni, "Saint Louis et saint François", *Medievales*, 34 (1998), 35-38.

13. Ideais franciscanos e a família real da França (1226-1328)

mundanos, o novo ofício para Luís ressaltou sua rejeição da glória terrena em favor da Cruzada. Na realidade, *Francorum rex* emprestou a linguagem diretamente de *Franciscus vir*, enfatizando a forma pela qual a vida de Luís se encaixou no padrão franciscano.[37] Além do mais, recentemente foi mostrado que a *Vida de Isabel*, de Inês de Harcourt, tomou seu material de abertura quase integralmente de um texto em prosa francês sobre a vida de Isabel da Hungria, ela própria uma mulher real anterior fortemente influenciada pelos ideais franciscanos.[38] Assim como Guilherme emprestou a linguagem da *Vida Maior* para apresentar Luís como um "novo Francisco", Inês indicou que a irmã do rei era uma nova Isabel da Hungria. Nesses modelos, os exemplos franciscanos eram textualmente traduzidos para a santidade capetiana.

FORA DE PARIS

A adoção capetiana dos modelos franciscanos de piedade teve implicações que se estenderam por muitas gerações, na medida em que a família real se espalhou e refletiu o modelo da corte francesa. Em algumas ocasiões, eram princesas francesas, cujos casamentos exportaram uma preferência de gênero pelos ideais franciscanos. Um bom exemplo é Isabel de França, a filha de Filipe IV e Joana de Navarra, que se casou com Eduardo II em 1308. Ela apoiava as comunidades franciscanas de homens e mulheres em Londres e em Ware, visitou Saint-Marcel quando esteve de volta a Paris em 1325, ouvia pregadores franciscanos, empregava confessores franciscanos e foi enterrada no convento dos Frades Cinzas em Londres, em 1358 – mais tarde, sua filha e sua neta também foram enterradas lá. Entre suas companheiras mais próximas, estavam viúvas francesas como Maria de Saint-Pol, que apoiou ainda mais fortemente o Franciscanismo das mulheres na Inglaterra.[39] Conexões francesas como essas levaram todas as mulheres franciscanas na Inglaterra a seguirem a *Regra* das *sorores minores,* criada por Isabel de França para Longchamp'e onde um modelo "francês" de gravitação real e feminina em direção aos franciscanos estava muito em evidência.

Membros homens dos novos ramos da família capetiana também foram importantes nesse processo. Um exemplo particularmente intrigante é o do irmão mais novo de Luís IX, Carlos de Anjou. Este ambicioso príncipe se tornou conde da Provença através de seu matrimônio com Beatriz de Provença em 1246 e conquistou o

---

[37] Gaposchkin, *The Making of Saint Louis,* p. 158-168; M.C. Gaposchkin, "Louis IX et la mémoire liturgique", *Revue d'histoire d'l'église de France,* 95 (2009), 23-34, em 32-33.
[38] L. Sélaf, "Párhuzamos Életrajzok: Szent Erzsébet és Isabelle de France Legendái", in V. Kapisztrán OFM (ed.), *Árpádházi Szent Erzsébet kultusza a 13-16. Században,* Studia Franciscana Hungarika 2 (Budapeste, 2009), p. 141-150.
[39] S. L. Field, "Marie of Saint-Pol and Her Books", *The English Historical Review,* 125 (2010), 255-278.

reino da Sicília a convite do papa em 1266. Há algumas pistas antigas do interesse de Carlos em modelos franciscanos. Salimbene o descreve na casa franciscana de Vézelay em 1248 orando de forma tão ardente que o resto da *entourage* real teve de pacientemente esperar que ele terminasse.[40] A evidência mais íntima da impressão que Carlos teve da espiritualidade franciscana, entretanto, vem de sua interação com a santa mulher provençal Dulcelina de Digne. Dulcelina era irmã de Hugo, cuja pregação teve tanto impacto em Luís IX em 1254, e a fundadora das primeiras duas comunidades beguinas na Provença. Sua versão da vida beguina fundia a vida comunal para leigas castas com uma ardente piedade franciscana. A obra contemporânea *Vida de Dulcelina* explicita sua devoção a Francisco, e seus conselheiros eram franciscanos, como João de Parma, com inclinações "espirituais" e joaquimitas. De acordo com esta *Vida*, Carlos tinha ouvido muitas coisas ruins sobre os franciscanos e os banido de suas boas graças.[41] Mas quando a Condessa Beatriz corria perigo de morrer em seu parto, ela sonhou que uma beguina ajudava a salvá-la. Quando Carlos descobriu que esta beguina deveria ser a "irmã de Hugo de Digne" e soube de suas virtudes, contatou Dulcelina, e o parto da condessa foi perfeito. Não apenas o conde e a condessa desenvolveram uma devoção particular a Dulceline, mas também como resultado Carlos restaurou seus favores aos franciscanos, apoiou as comunidades de Dulcelina com esmolas e testou os arrebatamentos extáticos dela para sua própria satisfação. Mais tarde, perto de 1263, quando Carlos programava sua invasão da Sicília, ele consultou Dulcelina. Ela lhe informou de que Deus, a Virgem e São Francisco apoiavam sua expedição, e após sua vitória sua devoção por ela aumentou ainda mais. Mas Dulcelina também o castigou, ameaçando a ira de Deus sobre ele quando ele se mostrou ingrato em relação aos dons divinos. Ela lhe escreveu, avisando de que a ingratidão levaria a revezes em sua fortuna (a *Vida de Dulcelina* atribui as Vésperas Sicilianas a isso!).

CONCLUSÃO

Os primeiros franciscanos tentaram afirmar que Luís IX havia formalmente se juntado à Terceira Ordem Franciscana ou que sua irmã Isabel tinha sido uma freira em Longchamp. Nenhuma afirmação se baseava em fatos, mas demonstrou uma forma pela qual a identidade franciscana veio a parecer compatível com a piedade real. A partir dos primeiros contatos logo no reinado de Luís IX e as fortes

---

[40] Salimbene, p. 216.
[41] H. J. Grieco, "Franciscan Inquisition and Mendicant Rivalry in Mid Thirteenth-Century Marseilles", *Journal of Medieval History*, 34 (2008), 275-290, em 279; J. Chiffoleau, "Les Mendiants, le prince et l'hérésie à Marseille vers 1260", *Provence historique*, 36 (1986), 3-19. *Agradeço a Cecilia Gaposchkin e a Adam. J. Davis suas críticas.*

13. Ideais franciscanos e a família real da França (1226-1328)

relações pessoais desenvolvidas pelo rei e sua irmã, a aliança entre os poderosos capetianos e os humildes *fratres* e *sorores minores* desenvolveu laços institucionais que fizeram com que se tornasse rotina os frades atuando como agentes reais e os franciscanos sendo os conselheiros mais íntimos das rainhas e das princesas. Esses laços se tornaram evidentes à época da primeira cruzada de Luís e cresceram em relacionamentos particularmente íntimos entre a família real e os mestres franciscanos de teologia em Paris, nos anos de 1250 e de 1260. Seguindo o modelo de Isabel de França, foram as mulheres reais quem deram seu máximo para expandir e estreitar esses laços durante as décadas seguintes, patrocinando as *sorores minores* e utilizando os franciscanos como confessores. Ao mesmo tempo, os filhos mais novos e as filhas da linha capetiana reproduziram a marca de sua família, a piedade colorida de Franciscanismo, ao deixar a França em direção a outros reinos. Nos anos de 1320, quando Filipe V viajou a Longchamp para ter uma morte pia perto de sua filha, a freira franciscana, e de sua esposa que havia escolhido ter seu coração enterrado na mesma casa, as *minoritas* franciscanas já formavam um elemento importante na autoprojeção da piedade real francesa e a concepção da corte sobre as virtudes que uma família dominante santa devia corporificar.

14. OS FRANCISCANOS COMO ENVIADOS REAIS E PAPAIS AOS TÁRTAROS (1245-1255)

Peter Jackson

Gregório IX, um empenhado patrono das ordens mendicantes recém-fundadas, cada vez mais recorria a elas como instrumentos de autoridade papal, notadamente como pregadoras das Cruzadas e enviadas diplomáticas. E ao fim de seu pontificado, esses acontecimentos receberam um impulso inesperado pela aparição dos mongóis (mais comumente conhecidos como "tártaros") nos horizontes do mundo latino. Os mongóis estavam em uma missão de conquista mundial, que eles acreditavam ter sido confiada pelos céus ao fundador de seu império, Gêngis Khan (morto em 1227). Campanhas encabeçadas por seu neto mais velho, Batu, reduziram as tribos nômades das estepes eurasianas e os principados da Rus, e em 1241-1242 devastaram a Polônia, a Morávia e a Hungria. Durante o curso de seu primeiro ataque no território cristão latino, os mendicantes sofreram, juntamente com outras seções da Igreja Católica. Os frades estavam entre os massacrados; de acordo com o guardião franciscano em Praga, os invasores destruíram ao menos duas das custódias franciscanas na Europa ocidental.[1]

Quando Inocêncio IV convocou o Concílio de Lyons (1245), as informações mais recentes – e mais acuradas – sobre os mongóis haviam sido fornecidas por um emigrante eclesiástico russo chamado Pedro. Parece que as respostas de Pedro para as questões que lhe eram colocadas pelo papa e os cardinais serviam como um cenário em volta do qual ao menos um dos embaixadores papais aos mongóis estruturaria seu próprio relato; certamente sua afirmação de que os mongóis recebiam enviados de forma favorável (*benigne*) e os mandavam de volta deve ter encorajado a cúria a entrar nas relações diplomáticas com os recém-chegados.[2,3]

---

[1] Jordão, vigário da província franciscana da Boêmia, para todos os fiéis de Cristo, 10 de abril de 1242, in Matthew Paris, *Chronica Majora*, 7 vols., ed. H. R. Luard, Rolls Series, 57 (Londres, 1872-1883), vol. VI, p. 81.

[2] G. A. Bezzola, *Die Mongolen in abendländischer Sicht (1220-1270): Ein Beitrag zur Frage der Völkerbegegnungen* (Berna e Munique, 1974), p. 124-149; J. K. Hyde, "Ethnographers in Search of an Audience", in D. Waley (ed.), *Literacy and Its Uses: Studies on Late Medieval Italy* (Manchester, 1993), p. 162-216, em p. 177-178, é menos comprometido.

[3] "Annales monsterii de Burton", ed. H. R. Luard in *Annales Monastici*, 5 vols., Rolls Series, 36 (Londres, 1864-1869, 5 vols.), vol. 1, p. 274.

Os EMBAIXADORES PAPAIS

Em abril de 1245, antes mesmo da reunião do concílio, Inocêncio IV despachou três embaixadas para o mundo mongol – uma através da Europa oriental e duas pelo Oriente Próximo, onde outras forças mongóis recentemente haviam aparecido durante os anos 1242-1244, derrotando o sultão seljúcida de Anatólia (Rûm) e exigindo a submissão do principado latino de Antioquia. O papa aqui deve ter agido pelas informações de Pedro, que havia falado de três exércitos mongóis distintos respectivamente contra os egípcios, os turcos (ou seja, os seljúcidas) e os húngaros e poloneses.[4]

Para nossos propósitos, a mais importante dessas embaixadas foi dirigida pelo franciscano João de Plano Carpini (Pian di Carpine), que seguiu para o leste a partir de Lyons, para as estepes pônticas. Como um antigo guardião da Saxônica, ministro provincial de toda a província germânica e, mais recentemente, um penitenciário papal, Carpini era rico em experiências administrativas e espirituais e, sem dúvida tão importante quanto, conhecia pessoalmente certos regentes católicos na Europa ocidental, em particular Rei Venceslau (Vaclav) I, da Boêmia. Inocêncio tinha a primeira intenção, parece, de enviar outros franciscanos aos mongóis no Oriente Próximo; mas no caso ele delegou dois grupos de dominicanos para a tarefa, encabeçados respectivamente por André de Longjumeau e o lombardo Ascelino.[5]

Aconselhados pelo rei boêmio, Carpini e seu colega, o tcheco Ceslau (Ceslaus), visitaram vários príncipes na Polônia, onde um franciscano polonês chamado Benedito se juntou a eles como intérprete. Eles então seguiram via os principados russos da Galícia (Halicz) e Kiev, em meio às estepes, onde os comandantes mongóis os mandaram para os quartéis-generais de Batu, no Volga. Ceslau já havia ficado para trás na primeira base mongol por causa de problemas de saúde.[6] O grupo agora teve de deixar os outros, a quem Carpini chama de "companheiros e servos", para trás, no acampamento de Batu. Carpini e Benedito foram então enviados à corte do Kaghan Güyüg, na Mongólia.[7] Não sabemos se as instruções de Carpini coincidiram com as de Acelino: entregar a mensagem do papa para o primeiro exército mongol que encontrassem, instrução esta a que os dominicanos aderiram rigidamente, recusando-se a seguir em direção aos quartéis-generais de Güyüg. Os dois franciscanos, porém, aparentemente não tinham objeção a esse

---

[4] Ibid., p. 273.
[5] Sobre essas duas embaixadas, ver Igor de Rachewiltz, *Papal Envoys to the Great Khans* (Londres, 1971), p. 112-118.
[6] C. Dawson, *The Mongol Mission: Narratives and Letters of the Franciscan Missionaries in Mongolia and China in the Thiteenth and Fourteenth Centuries* (Nova York, 1980), p. 79.
[7] Ibid., p. 57, 69.

14. Os franciscanos como enviados reais e papais aos tártaros (1245-1255)

prolongamento inesperado de sua viagem. O grupo diminuído de Carpini, portanto, foi o único a viajar quase por toda a Ásia para o centro do império mongol; também foi o primeiro a apresentar um relatório para o papa. Por ambas as razões, seu retorno à Europa Latina parece ter causado mais comoção do que o retorno de seus colegas dominicanos.

Até onde sabemos, cada grupo levava consigo quatro bulas papais. A *Cum hora undécima*, que Gregório IX havia despachado em 1235 para um frade dominicano operando na muçulmana Síria, foi reeditada, com mais privilégios para os frades e uma lista de destinatários estendida para abarcar os franciscanos que habitavam em meio a vários povos, como os gregos, os "pagãos", os etíopes, os núbios, os godos (na Crimeia), os Zicchians (sudeste do Mar de Azov), os "rutenos" (russos), os nestorianos, os georgianos e os armênios. Duas outras bulas foram enviadas ao "rei" dos mongóis e seu povo. *Cum non solum* os exortava a desistir de suas campanhas de devastação, avisando-os da vingança de Deus e questionando suas razões para sua conduta destrutiva e suas futuras intenções; *Dei patris imensa* apresentava aos mongóis um panorama dos princípios da fé cristã. A quarta e última bula, *Cum simus super*, apelava ao clero de outras confissões religiosas, particularmente os gregos e os russos, para que restaurassem a unidade da Igreja reconhecendo a primazia romana. Na realidade, o biógrafo do papa, Niccolò da Calvi, retrata Inocêncio a despachar missões para vários povos, tanto pagãos quanto cismáticos, missões das quais o grupo de Carpini e as embaixadas enviadas a "os sultões do Egito (*Babilonie*) e Anatólia *(Iconium)* eram apenas três.[8] Carpini descreve a si mesmo como um "enviado da sé apostólica aos tártaros e outras nações do Leste".[9]

O propósito por trás dessas embaixadas, então, não era um contato meramente diplomático com os mongóis. Assim como os dois grupos dominicanos parecem ter passado um tempo considerável em negociação com as forças muçulmanas por cujos territórios passaram, da mesma forma a rota de Carpini o levou à corte de um dos principais príncipes russos, Daniel da Galícia-Volínia. Na ausência de Daniel em uma visita a Batu, seu irmão Vassilko convocou os bispos, para quem os frades leram uma carta papal exortando-os "a retornar para a unidade da Santa Mãe Igreja" – em outras palavras, *Cum simus super*.[10] É possível que Inocêncio estivesse empenhando-se para tirar proveito dos apuros das comunidades – muçulmanas ou não cristãs latinas –, que imediatamente foram ameaçadas pelos avanços mongóis, esperando trazê-las para o rebanho católico

---

[8] P. Jackson, *The Mongols and the West, 1221-1410* (Harlow, 2005), p. 93.
[9] Dawson, *Mongol Missioni*, p. 3.
[10] Ibid., p. 51.

2ª Parte - Peter Jackson

com a promessa de assistência militar. As embaixadas aos mongóis eram parte de uma campanha de evangelização muito mais ampla; cada frade agia de uma forma dupla: enviado diplomático e missionário da Igreja Romana.

Inocêncio pode ter ficado na ignorância sobre o progresso das embaixadas, por algum tempo. Carpini deu aos companheiros que deixou nos quartéis-generais de Batu uma carta para o papa, entendendo que os mongóis os enviariam de volta a Lyons. Mas eles não passaram do acampamento do comandante mongol Mochi, logo a leste do Rio Dnieper, e foram mantidos reféns até ganharem a permissão de se juntarem novamente a Carpini em sua viagem de volta.[11] Portanto, não recebendo notícias dos frades, Inocêncio evidentemente concluiu que eles haviam se perdido e foi por isso, certamente, que enviou outra missão (desta vez compreendendo dominicanos) a Halicsz em 1246.[12]

É improvável que o papa tivesse altas expectativas a respeito da resposta mongol a sua mensagem; ele deve ter dado mais importância às outras comissões confiadas a seus enviados. O próprio Carpini diz que escolheu seguir primeiro aos tártaros, o que sugere que Inocêncio deixou que seus enviados decidissem suas prioridades.[13] É extremamente improvável que o papa, como se afirmou, desejasse uma aliança com os mongóis contra os muçulmanos no Oriente Próximo. Não há dúvidas, porém, de que ele ordenou que esses frades que visitavam o mundo mongol obtivessem o maior número de informações que pudessem – em outras palavras, espionassem.[14]

As várias missões retornaram a Lyons no curso de 1247-1248. O grupo de Carpini foi o primeiro. Tendo testemunhado a entronização de Kaghan Güyüg em agosto de 1246, o grupo reprogramou seus passos via Kiev, onde os habitantes saíam para saudá-los como se eles houvessem ressuscitado dos mortos, e a corte do húngaro Rei Béla IV, que tinha um interesse maior do que a maioria em acumular informações sobre os mongóis.[15] Depois, eles revisitaram Daniel e Vassilko, cujo clero solenemente reconheceu a primazia de Roma; em 1253 Daniel seria recompensado com uma coroação das mãos do legado papal (apesar de logo em seguida ele desistir da ajuda ocidental se submeter aos mongóis). Por outro lado, o papa pode ter ficado pouco tranquilo com o resultado de suas embaixadas. Campini trouxe muitas informações sobre os mongóis, seu estilo de vida e costumes, e seus métodos de batalha;

---

[11] Ibid., p. 57, 69.
[12] J. Richard, *La Papauté et les missions d'Orient au Moyen Âge (XIIIe-XVe siècles)* (Roma, 1977), p. 71, n. 27.
[13] Dawson, *Mongol Mission*, p. 3, cf. também p. 50.
[14] Ibid., p. 3-4, 66.
[15] Ibid., p. 70; D. Sinor, "John of Plano Carpini's Return from the Mongols: New Light from a Luxembrug Manuscript", *Journal of the Royal Asiatic Society* (1975), 193-206, em 202-206, reimpresso em Sinor, *Inner Asia and Its Contacts with Medieval Europe* (Londres, 1977).

14. Os franciscanos como enviados reais e papais aos tártaros (1245-1255)

ele incluiu até recomendações, por exemplo, como resistir da melhor forma a um ataque futuro. Mas ele também relatou que eles haviam se retirado da Europa em 1242 apenas por causa da morte de Kaghan Ögödei, e que Güyüg já estava planejando uma nova expedição para o Oeste.[16] Ele e Acelino retornaram com ultimatos de Güyüg, exigindo a submissão do papa; além disso, Acelino trouxe uma carta de ameaça, do general mongol Baiju, aquartelado na Armênia.

A MISSÃO DE GUILHERME DE RUBRUCK

Logo após o retorno de Carpini a Lyons, em outubro de 1247, o Papa Inocêncio o enviou em uma missão a Luís IX da França, com o objetivo inegável de manter o rei amplamente informado antes de sua iminente Cruzada.[17] Mas enquanto estava em Chipre, em dezembro de 1248, preparando-se para invadir o Egito, Luís recebeu uma embaixada do general mongol Eljigidei no Irã, que trouxe uma mensagem cordial e lhe assegurou a fé cristã não apenas do próprio Eljigidei, mas também de Kaghan Güyüg. Isto contrastava tanto com o tom prepotente das comunicações anteriores dos mongóis que o rei, logo em 1249, despachou de volta seus próprios enviados, liderados pelo dominicano André de Longjumeau (anteriormente, um dos embaixadores do papa).[18] Güyüg morreu em 1248, portanto eles foram recebidos por sua viúva, que os mandou de volta em 1251 com uma ordem para a submissão do rei; de acordo com seu biógrafo Joinville, Luís se arrependeu profundamente de ter enviado a embaixada.[19] Consta dos relatos das experiências recentes de André de Longjumeau que, quando Guilherme de Rubruck, um franciscano na *entourage* de Luís, deixou a Palestina em direção ao mundo mongol, teve o cuidado de evitar dar a impressão de ser o embaixador do rei.

O *Itinerarium* de Rubruck começa com sua entrada no Mar Negro, em maio de 1254, após se reunir em Constantinopla com outro franciscano, Bartolomeu de Cremona. Bartolomeu possivelmente foi selecionado por saber grego, tendo participado de uma missão a Constantinopla liderada por "Frade Tomás, nosso Ministro" – ou seja, o ministro provincial na Terra Santa, conhecido por ter acompanhado João de Parma, ministro-geral, em uma embaixada à corte do imperador grego de Niceia.[20]

---

[16] Dawson, *Mongol Missions*, p. 65.

[17] Salimbene, p. 196-197, 200-203.

[18] Sobre esta embaixada, ver de Rachewiltz, *Papal Envoys*, p. 121-124.

[19] J. de Joinville, *Vie de saint Louis*, in *Joinville and Villehardouin: Chronicles of the Crusades*, trad. C. Smith (Londres, 2008), p. 267.

[20] P. Jackson (ed.), *William of Rubruck Itinerarium: His Journey to the Court of the Great Khan Möngke*, trad. Jackson e D. Morgan, Hakluyt Society, 2nd series, 173 (Londres, 1990), p. 175.

2ª Parte - Peter Jackson

A missão de Rubruck foi uma missão particular. Em um sermão que pregou na catedral de Hagia Sophia, em Constantinopla, ele deixou claro que não era enviado, e de quando em quando enfatizava esse fato.[21] Um de seus objetivos era estabelecer contato com o filho de Batu, Sartaq – cuja conversão ao Cristianismo gerou relatos que alcançaram o exército cruzado na Terra Santa. Ele também desejava pregar o Evangelho aos mongóis em geral. Entretanto, seu propósito principal, ele conta, era ministrar às necessidades espirituais de uma comunidade de mineiros germânicos que havia sido escravizada na Hungria em 1241-1242 e agora estava empregada na Ásia Central.[22] Ele levava uma carta de apresentação do Rei Luís, que pedia permissão para que ele ficasse no território mongol para pregar, e também uma mensagem do imperador latino Balduíno II de Constantinopla para o comandante mongol mais próximo, pedindo salvo-conduto através das estepes pônticas. E, assim como Carpini, ele tinha ordens de escrever tudo o que via; Rubruck também era, *inter alia*, um espião.[23]

Ao retornar à Síria em 1255, Rubruck descobriu que Luís havia voltado para casa. Com as ordens do ministro provincial franciscano na Síria de escrever seus relatos, ele pediu ao rei permissão para que ele viajasse à França. Nós sabemos que ele em seguida o fez, já que o franciscano inglês Roger Bacon o encontrou lá (ver abaixo). Mas ele tinha pouco a reportar a Luís a título de conquistas. Ele havia fracassado em fazer contato com os escravos germânicos, que haviam sido transportados a centenas de quilômetros a Leste. Ele ficou desapontado com Sartaq; na verdade, ele não acreditava que o príncipe fosse um cristão ou, no mínimo, negou qualquer conhecimento sobre Santaq ser ou não um cristão.[24] Suas tentativas de evangelização foram frustradas pela inadequação de seu intérprete, obtido pelo grupo em Constantinopla, um homem que Rubruck descreve como "nem inteligente, nem articulado", e a quem mesmo os mongóis nos quartéis-generais do kaghan enxergavam como "bom para nada".[25] Apenas depois que o grupo já havia passado várias semanas na *entourage* de Möngke foi que Rubruck conseguiu como intérprete o filho adotivo do ourives parisiense Guillaume Buchier, que foi seu tradutor em um debate religioso público entre cristãos, muçulmanos e budistas, convocado por ordens do kaghan. Se formos acreditar tanto em Rubruck quanto em Bacon, a performance do frade nesse confronto foi um *tour de force*. Ele supostamente derrotou seu oponente budista e ganhou dos muçulmanos o

---

[21] Ibid., p. 66-67; 97.
[22] Ibid., p. 67, 229, 226.
[23] Ibid., p. 119, 179, 230, 98; 59.
[24] Ibid., p. 144-146, 68, 122, 126.
[25] Ibid., p. 101, 108, 141-142, 156, 167; 183.

14. Os franciscanos como enviados reais e papais aos tártaros (1245-1255)

doce triunfo do reconhecimento de que tudo o que constava do Evangelho era verdade e que eles rezavam por uma morte cristã; acadêmicos recentes desafiaram a precisão destas reminiscências.[26] Rubrick também não tinha nenhuma conversão a relatar. Ele nos conta que batizou no total "seis almas" – mas mesmo estas pessoas devem ter sido cristãs nestorianas que abraçaram o rito latino.[27] Ao deixar Möngke, ele pediu a permissão do kaghan para retornar em uma data futura para pregar o Evangelho aos escravos germânicos e seus descendentes, e isto foi concedido, com a condição de que seus superiores estivessem de acordo.[28] É possível, apesar de não termos evidências, que ele tenha viajado para a Ásia oriental uma segunda vez e passado o resto de sua vida lá.

EQUÍVOCOS DIPLOMÁTICOS

O arcebispo Pedro estava correto em algum grau. Os mongóis se tornaram, sim, embaixadores; mas o breve sumário de seu relato que sobreviveu não faz justiça às dificuldades impostas pelo uso diplomático mongol. Não foi tanto uma questão de rituais suspeitos e desconhecidos, como o da purificação em meio a duas fogueiras, que Carpini e seus companheiros estavam prontos a fazer. Eles também fizeram as três genuflexões devidas na soleira da tenda de um comandante mongol; e, de acordo com Benedito, até baixaram suas cabeças diante de uma efígie de Gêngis Khan (apesar de Carpini não dizer nada nesse contexto).[29] O contraste com a insubmissão de Acelino e seus colegas a respeito do protocolo mongol no acampamento de Baiju não poderia ter sido mais forte.

A raiz do problema era essencialmente o programa mongol de conquista mundial. Eles fizeram a paz apenas com aqueles que se renderam a eles e aceitaram seu lugar apropriado no império mongol; portanto não é ilógico, de forma alguma, que no vocabulário mongol o termo turco *el|il* denotasse tanto "paz" quanto "submissão".[30] Qualquer príncipe que lhes mandasse enviados teria *ipso facto* embarcado no processo de aceitação da soberania do kaghan. Talvez não tenha sentido perguntar se esta era uma questão de convicção ou apenas de conveniência. Mas a suposição certamente daria aos mongóis um senso de retidão

---

[26] Ibid., p. 232-234; B. Z. Zedar, "The Multilateral Disputation at the Court of the Grand Qan Möngke, 1254", in H. Lazarus-Yafeh, M. R. Cohen, S. Somekh e S. H. Griffith (eds.), *The Majlis: Interreligious Encounters in Medieval Islam* (Wiesbaden, 1999), p. 162-183.

[27] Jackson (ed.), *Itinerarium*, p. 253.

[28] Ibid., p. 238.

[29] Dawson, *Mongol Mission*, p. 14, 56, 80, 54-55.

[30] A. Mostaert e F.W. Cleaves, "Trois documents mongols des archives secretes vaticanes", *Harvard Journal of Asiatic Studies*, 15 (1952), 419-506, em 485, 492-493.

2ª Parte - Peter Jackson

moral e subsequentemente provaria que o ataque do príncipe em questão era necessário. A noção de que o papa lhes estava oferecendo a submissão era especialmente atraente; parece que eles já estavam familiarizados com este status exaltado, enxergando-o, nesta conjuntura, como um potentado importantíssimo e o suserano de vários dos reis súditos.[31]

Nesse contexto, as cartas que tanto Campini quanto Rubrick levavam, e suas próprias tentativas de explicação, suscitaram a confusão sobre o caráter da missão. A bula de Inocêncio IV *Cum non solum* deu voz ao desejo de que "todos vivam na unidade da paz" e exigiu que os mongóis "se engajassem em um discurso frutífero... especialmente nos assuntos que pertencem à paz".[32] Ao chegar pela primeira vez a um acampamento mongol, Carpini e seus colegas asseguraram aos chefes que o papa desejava que todos os cristãos estivessem em termos amigáveis com os mongóis e em paz com eles; era seu desejo, além do mais, que "os tártaros fossem grandes perante Deus, no céu".[33] A ambiguidade inadvertida da linguagem de Inocêncio IV foi captada por Kaghan Güyüg, que acreditava que o papa tivesse se submetido aos mongóis. "Tendo aconselhado a paz conosco", começa sua resposta, "enviou-nos um pedido de submissão".[34] A própria conduta conciliadora de Carpini pareceu corroborar essa impressão.

Rubruck, por sua vez, logo considerou que esse status não oficial ameaçava solapar o progresso de sua missão. Avisado no porto de Soldaia (Sudak) na Crimeia que a menos que ele fosse embaixador não teria o salvo-conduto garantido através do território mongol, ele usou uma linguagem ambivalente ao lidar com os chefes das cidades, deixando que eles acreditassem que ele viajava como enviado do rei francês. O fato de que Luís estava mandando seu próprio encarregado, Gosset, junto com os frades, com recursos financeiros para apoiá-los em sua jornada, deve ter turvado ainda mais as coisas.[35] E a missiva que o rei lhes havia confiado foi igualmente calculada para lograr os mongóis, porque ela claramente era mais que uma carta de apresentação. Apesar de ela não ter sobrevivido, sabemos algo sobre seu tom e conteúdo a partir de referências dispersas a ela no *Itinerarium*. Luís felicitava Sartaq por sua conversão ao Cristianismo e exortava-o a ser amigo de todos os cristãos, a exaltar a cruz e a combater todos os seus ad-

---

[31] Jackson, *The Mongols and the West*, p. 135.

[32] K.-E. Lupprian, *Die Beziehungen der Päpste zu islamischen und mongolischen Herrschern im 13. Jahrhundert* (Roma, 1981), p. 147, 148 (no. 21); cf. trad. in Dawson, *Mongol Mission*, p. 76.

[33] Dawson, *Mongol Mission*, p. 53.

[34] P. Pelliot, "Les Mongols et la papauté", part 1, *Revue de l'Orient Chrétien*, 23 (1922-1923), 3-30: ver o texto persa sobre a carta de Güyüg em 17, linhas 5-7 (trad. para o francês em 18-19); trad. para o inglês in de Rachewiltz, *Papal Envoys*, apêndice, p. 213.

[35] Jackson (ed.), *Itinerarium*, p. 66-68; 134.

14. Os franciscanos como enviados reais e papais aos tártaros (1245-1255)

versários.[36] Rubruck mais tarde suspeitou que os armênios que traduziram a carta haviam feito uma versão mais potente – talvez na esperança de que a colaboração latinos-mongóis derrotasse o inimigo muçulmano.

Como consequência, os mongóis concluíram que o rei francês lhes pedia uma assistência militar, e Sartaq, considerando a missão problemática, enviou Rubruck a seu pai, Batu.[37] Batu decidiu enviar o encarregado Gosset de volta para seu filho, provavelmente como refém, despachou os dois frades e seu intérprete ao Kaghan Möngke na Mongólia e, em seguida, enviou sua própria carta ao kaghan. Ao chegar ao acampamento em Möngke, Rubruck foi questionado se tinha ido fazer a paz. Quando ele negou que o Rei Luís estivesse em guerra com os mongóis, eles perguntaram, perplexos, por que ele havia feito a viagem, se não era para fazer a paz. A incompreensão de Rubruck sobre o assunto fica clara a partir de sua afirmação, na presença do kaghan, de que os frades haviam trazido "uma mensagem de paz" de Luís para Sartaq.[38] Sua forma de se expressar estava aberta à mesma intepretação errônea que as frases usadas por Inocêncio IV e Carpini quase uma década antes.

A mudança na percepção dos mongóis pode ser ilustrada pela recepção dos frades. No acampamento de Sartaq, eles inicialmente se isentaram, enquanto homens santos, a fazer a tripla genuflexão perante o príncipe, enquanto que nos quartéis-generais tanto de Batu quanto de Möngke eles precisaram fazê-las – ou seja, eles eram tratados como enviados.[39] Na corte do kaghan finalmente foi aceito que Rubruck não era embaixador; em todo caso, como ele mais tarde descobriu, a carta de Batu havia sido perdida, e Möngke havia se esquecido desse desvio.[40] Ironicamente, ao responder ao Rei Luís, Möngke empregou Rubruck como seu próprio enviado. Nesta função, o frade transmitiu ainda outro ultimato mongol, que denunciava o enviado de Eljigidei de 1248-1249 como um charlatão e exigia a submissão do rei francês.

AS DESVANTAGENS DA POBREZA

Os propósitos dos frades também foram solapados pelas prescrições de sua ordem. Rubruck subsequentemente descobriu que Carpini e seus colegas haviam adaptado as vestes franciscanas para não haver o desprezo de seus anfitriões.[41] Uma desvantagem relacionada era a inadequação dos presentes que eles levavam.

---

[36] Ibid., p. 132.
[37] Ibid., p. 171, 119.
[38] Ibid., p. 172, 179.
[39] Ibid., p. 117, 133, 179.
[40] Ibid., p. 230, 250, 229.
[41] Ibid., p. 132.

2ª Parte - Peter Jackson

Como Carpini admitiu nos acampamentos de Kerancha e Batu, o papa não havia enviado presentes; tudo o que os frades podiam oferecer era o que eles tinham para suas próprias necessidades, junto com as peles que eles haviam comprado na Polônia, a conselho de Vassilko. Mas eles eram assediados com pedidos de presentes em todo acampamento em que paravam e também eram roubados por seus acompanhantes. Resultado disso foi que ficaram sem absolutamente nada com que presentear Güyüg em sua entronização. Como não prestaram tributos, de acordo com a prática mongol, eles receberam apenas provisões escassas.[42]

Rubruck havia comprado frutas, vinho e "biscoitos" em Constantinopla para presentear Sartaq; o que seu grupo levava era destinado, novamente, apenas para seu próprio sustento.[43] Conforme ele contou tanto ao comandante do primeiro acampamento mongol a que chegou e ao secretário-chefe de Sartaq, ele e seus colegas foram privados até de suas próprias posses e, portanto, não tinham presentes para eles, e da mesma forma teve de confessar mais tarde ao kaghan que o grupo não tinha levado ouro nem prata. Isto não melhorou sua imagem aos olhos de seus anfitriões, que estavam à procura de tecidos valiosos.[44] Em sua viagem ao exterior, os frades repetidamente eram assediados por presentes e obrigados a compartilhar suas próprias rações, tanto com os mongóis quanto com os famintos escravos dos mongóis.[45] O próprio Rubruck estava consciente de que ele e Bartolomeu, vestidos em seus hábitos e com mãos e pés nus, foram um grande espetáculo nos acampamentos de Batu e do kaghan. Nem o guia mongol que acompanhou os dois franciscanos de Batu ao kaghan se esforçou para esconder seu desprezo por eles, ao menos até perceber que as orações deles podiam beneficiar a ele e aos outros.[46]

Foi em parte por isso que, quando, em seu retorno através da Armênia, Rubruck encontrou um grupo de dominicanos, ele os avisou de que eles não receberiam atenção caso seu único propósito fosse pregar e que em seu relato ele recomendava que nenhum outro frade fosse enviado à Mongólia; em vez disso, um bispo deveria ser selecionado como embaixador e viajar com algum estilo.[47] Certamente, um embaixador oficial seria designado para se dirigir ao kaghan, sem restrições para responder a suas perguntas.[48] Infelizmente, Rubruck ignorava o fato de que até um enviado dessa alta graduação teria encontrado muitos dos mesmos problemas que os humildes mendicantes encontraram; um bispo não teria necessariamente tido mais sucesso ao pregar o Evangelho a seus anfitriões mongóis.

---

[42] Dawson, *Mongol Mission*, p. 56, 51; 64-66; também 27.
[43] Jackson (ed.), *Itinerarium*, p. 68.
[44] Ibid., p. 101, 115, 179, 100.
[45] Ibid., p. 188, 207-208.
[46] Ibid., p. 132, 173, 141.
[47] Ibid., p. 271, 278.
[48] Ibid., p. 237, 278.

14. Os franciscanos como enviados reais e papais aos tártaros (1245-1255)

A CIRCULAÇÃO E A QUALIDADE DOS RELATOS DOS FRANCISCANOS

O relato de Carpini ao papa não sobreviveu; os manuscritos de sua *História dos Mongóis* que chegaram até nós são endereçados a "todos os fiéis de Cristo". Sua missão parece ter tido uma considerável publicidade. O franciscano Salimbene de Adam, que enquanto jovem encontrou Carpini por duas vezes, logo antes de seu retorno ao papa e novamente em seguida a sua visita a Luís IX, descreve-o exibindo seu livro em casas franciscanas e amplificando seu conteúdo de boca em boca, respondendo a perguntas.[49] E o próprio Carpini nos conta que mesmo enquanto os frades voltavam através da Europa oriental seu relato, mesmo incompleto, estava sendo emprestado e versões resumidas estavam sendo produzidas.[50] Uma dessas certamente foi a "Relação Tártara", esboçada na Polônia em julho de 1247 por um franciscano que assina "C. de Bridia" e endereçada a seu superior, Ministro Provincial Boguslaw. De Bridia muito provavelmente era um dos grupos que havia sido deixado no acampamento de Mochi durante a viagem e se reuniu a Carpini apenas durante sua volta.[51] A "Relação Tártara" portanto é, em algum grau, um relato em primeira mão, por direito próprio, mesmo que o autor tenha utilizado extensas passagens da *História dos Mongóis*, de Carpini.

A *História* nos chegou em duas versões. A última (menos bem representada na tradição manuscrita) inclui um capítulo adicional narrando a viagem e várias outras mudanças e interpolações, destinadas a colocar uma ênfase mais forte no perigo representado pelos mongóis.[52] Também temos uma segunda narrativa, relativamente curta, sobre a missão que Benedito ditou a um *scholasticus* em Colônia sobre o retorno dos frades no começo do outono de 1247 – mas que não tem dedicatória. A "Relação Tártara" sobreviveu em apenas dois manuscritos.[53] Devemos ao enciclopedista dominicano Vincent de Beauvais, intimamente associado com a corte real francesa, o fato de as descobertas de Carpini terem circulado de forma tão abrangente. Ele incorporou uma proporção considerável da primeira recensão – junto com seções da *Historia Tartarorum*, o relato da missão de Ascelino por Simon de Saint-Quentin – em seu *Speculum Historiale* (c. 1253).

Em contraste, o *Itinerarium* de Rubruck era destinado simplesmente para o Rei Luís e parece ter chegado bem menos longe do que o relato de Carpini. Bacon é a única pessoa que o leu com certeza. Ele encontrou Rubruck, provavelmente em Paris

---

[49] Salimbene, p. 196-201.

[50] Dawson, *Mongol Mission*, p. 71-72.

[51] M. Plezia, "L'Apport de la Pologne à l'exploration de l'Asie centrale au milieu du XIIIe siècle", *Acta Poloniae Historica*, 22 (1970), 18-35, em 20-21.

[52] D. Ostrowski, "Second-Redaction Additions in Carpini's *Ystoria Mongalorumï*, in F. E. Sysyn (ed.), *Adelphotes: A Tribute to Omeljian Pritsak by His Students*, Harvard Ukrainian Studies 14, pts. 3-4 (Cambridge, Mass., 1990), p. 522-550.

[53] Em Yale (o MS usado para a edição impressa) e em Lucerna (apenas recentemente descoberto): G.G. Guzman, "The Vinland Map Controversy and the Discovery of a Second Version of the *Tartar Relation*: The Authenticity of the 1339 Text", *Terrae Incognitae*, 38 (2006), 19-25.

243

2ª Parte - Peter Jackson

vários anos depois, discutiu seu relato com ele e inseriu em sua própria *Opus Maius* (c. 1267) não apenas materiais do *Itinerarium*, principalmente de interesse geográfico, mas também um ou dois detalhes colhidos diretamente da boca de seu autor.[54] Até mesmo a obra de Bacon teve uma circulação muito restrita, entretanto. Apesar de o relato de Rubruck ter definhado em esquecimento até ter sido desenterrado por Hakluyt ao fim do século XVI, podemos agradecer a Bacon ter sobrevivido, já que os poucos manuscritos principais têm, todos, proveniência inglesa.[55]

E a qualidade dos respectivos relatos? Carpini e Rubruck se sobressaem em relação aos outros contemporâneos que escreveram sobre os mongóis – e mesmo sobre outros relatos do século XIII em geral. Ambos fornecem dados etnográficos ricos sobre povos de cuja existência o Ocidente nunca havia nem sequer ouvido. Mas na textura, eles diferem muito um do outro. A *História* de Carpini tem toda a precisão e a estrutura racional que se esperam de um relato diplomático. Uma parte importante se devota, naturalmente, a assuntos militares: armamento e táticas mongóis e as melhores formas de resistência. Ele incluiu um capítulo sobre as boas qualidades dos mongóis, mesmo que tenha falado muito mais de seus vícios, deixando seus leitores sem dúvida alguma do perigo por eles representado.[56] Ele fugiu de generalizações sensacionalistas sobre o canibalismo dos mongóis, generalizações estas muito constantes na Europa desde 1241, observando simplesmente que se sabia que eles comiam carne humana em caso de emergência.[57]

O *Itinerarium* de Rubruck, muito vívido e legível, parece muito menos sistemático, porque a obra é essencialmente uma extensa narrativa sobre suas experiências, apesar de incorporar capítulos específicos sobre o estilo de vida e costumes mongóis, sobre a religião budista (previamente desconhecida) e práticas xamânicas. Ele era mais discursivo que Carpini, interpretando sua nomeação pelo Rei Luís de forma muito vasta. Ele fornece detalhes sobre não apenas povos, sua religião e seus costumes, notadamente oferecendo a primeira descrição ocidental dos caracteres de escrita e das cédulas de dinheiro usados na China, mas também sobre a fauna e a flora. Pode ter sido aqui que o Ocidente soube pela primeira vez a respeito do iaque, do onagro persa ou *qulan* e do carneiro com chifres imensos, o *ovis Poli*, cujo nome científico atual o associa injustamente com o viajante ve-

---

[54] J. Charpentier, "William of Rubruck and Roger Bacon", in A. Wallén (ed.), *Hyllningsskrift tillägnad Sven Hedin på hans 70-årsdag den 19. febr. 1935* (Estocolmo, 1935), p. 255-267.

[55] P. Chiesa, "Testo e tradizione dell' "Itinerarium" di Guglielmo di Rubruck", *Filologia Latina*, 15 (2008), 133-216, esp. 193.

[56] Dawson, *Mongol Mission*, p. 14-15, 16; Hyde, "Ethnographers", p. 173-176, 178-183. Para uma apreciação diversa dos dois relatos, ver F. Fernández-Armesto, "Medieval Ethnography", *Journal of the Anthropological Society of Oxford*, 13 (1982), 275-286.

[57] Dawson, *Mongol Mission*, p. 21.

14. Os franciscanos como enviados reais e papais aos tártaros (1245-1255)

neziano mais celebrado da geração seguinte.[58] Uma vantagem que Rubruck tinha sobre Carpini era sua disposição para desafiar a sabedoria transmitida. Ele corrige a impressão equivocada, corrente desde a antiguidade, de que o Mar Cáspio fosse um golfo ligado com o oceano; e após saber que os povos monstruosos descritos por veneráveis autores como Isidoro e Solino nunca tinham sido vistos, ele começou a duvidar de sua existência.[59]

Os dois relatos deixaram a desejar na avaliação da capacidade militar dos mongóis. Em sua viagem ao exterior, Carpini havia sido instruído por Vassilko, que tirou informações de seus próprios enviados aos mongóis; e no Extremo Oriente, o frade falou com os príncipes da Rus e com seus séquitos, dos quais muitos membros estão listados em seu capítulo final.[60] Mas em sua maioria, seus informantes tendiam a expatriar os cristãos europeus. Quase no começo de seu relato, ele afirma que o que escreveu se baseia tanto na observação pessoal quanto no testemunho de reféns cristãos que devem ser considerados.[61] Duas vezes, quando fornece detalhes do folclore asiático, cita os clérigos russos que viveram entre os mongóis por muito tempo, especificando na segunda ocasião que ele os encontrou no acampamento do kaghan.[62] Ele também devia muito aos europeus escravizados como o ourives russo Cosmas, que deu inestimável apoio aos frades, e outros, incluindo os húngaros, alguns dos quais tinham morado no império mongol por um tempo tão longo quanto 20 anos.[63] Rubruck tinha menos a dizer sobre assuntos militares. Mas em seu caso, também, muito da informação obtida veio dos escravos europeus ocidentais, que haviam sido levados da Hungria no curso da grande invasão de 1241-1242. Ele encontrou os húngaros ao seguir Batu; e no acampamento do kaghan ele encontrou uma mulher de Metz e o ourives parisiense Guillaume Buchier e sua esposa – sem contar um inglês chamado Basil e "uma multidão de cristãos – húngaros, russos, alanos, georgianos e armênios".[64]

Déracinés como esses certamente sonhavam com a liberdade e que ela pudesse encontrá-los por meio de um vitorioso exército católico. Portanto, eles minimizavam a força militar dos mongóis, tanto numérica quanto técnica, enfatizavam a vulnerabilidade dos conquistadores ao levar à revolta os povos que subjugavam e simplesmente inventavam apreensões dos mongóis a respeito do poder latino. Consequentemente, Carpini alega que os mongóis não tinham medo de nenhum

---

[58] Jackson (ed.), *Itinerarium*, p. 158, 142, 85.
[59] Ibid., p. 129, 201.
[60] Dawson, *Mongol Mission*, p. 51, 70-71.
[61] Ibid., p. 4, 71.
[62] Ibid., p. 23, 31.
[63] Ibid., p. 66.
[64] Jackson (ed.), *Itinerarium*, p. 135; 182, 242, 203, 212, 232, 240, 245, 212, 213.

245

2ª Parte - Peter Jackson

país no mundo, fora a Cristandade, que eles eram numericamente menores e que, no nível individual, eram fisicamente mais fracos que as nações cristãs. Ele havia ouvido por não mongóis servindo nas forças imperiais que, em caso de confronto com um exército europeu, eles voluntariamente se uniriam contra seus mestres.[65] Rubruck, por sua vez, tinha cuidado a mencionar todos esses povos que ainda resistiam aos conquistadores.[66] Ele acreditava que se os francos estivessem preparados a tolerar as condições em que os mongóis viviam, poderiam reduzir o mundo inteiro.[67] Ele assegurou ao Rei Luís que se os próprios mongóis entendessem que o papa estava preparando uma Cruzada contra eles, eles bateriam em retirada para seu deserto.[68] Eles nunca haviam conquistado qualquer nação pela força, mas apenas por subterfúgios.[69] Para ele, eles "não eram povo", mas uma "nação insensata" (Deuteronômio 32,21), inferior em força aos hunos do século XV, cuja influência se estendera muito mais profundamente pela Europa – ignorando, logicamente, o fato de que o centro de gravidade dos domínios de Átila estava algumas centenas de quilômetros a oeste do império mongol.[70] Carpini escreveu sobre seus informantes, "Eles nos contaram tudo voluntariamente, e às vezes sem serem questionados, porque eles sabiam o que queríamos".[71] Claramente, tal inteligência e o uso que os frades fizeram dela não compreendiam informações meramente factuais, mas também uma avaliação demasiadamente otimista das fraquezas do inimigo em relação ao mundo latino.

CONCLUSÃO

Tendo em conta o escopo e o caráter detalhado de seus relatos, essas primeiras missões ao mundo mongol cumpriram de forma admirável seu propósito de reunir informações – de particular importância no caso de Carpini. Entretanto, elas não atingiram outros objetivos – desviar os mongóis de outros ataques à Cristandade e espalhar o Evangelho. Para isso, há muitas razões. Uma foi que o ideal abraçado pelos frades, o de pobreza voluntária (e conspícua) e abstinência, era absolutamente alheio aos mongóis e arriscou destruir qualquer crédito que pudessem ter com seus anfitriões. Outra razão – e ao menos tão importante quanto – foi seu fracasso em

---

[65] Dawson, *Mongol Mission*, p. 44, 49.
[66] Jackson (ed.), *Itinerarium*, p. 65, 112, 161, 259.
[67] Ibid., p. 278.
[68] Ibid., p. 107.
[69] Ibid., p. 227.
[70] Ibid., p. 139.
[71] Dawson, *Mongol Mission*, p. 66.

14. Os franciscanos como enviados reais e papais aos tártaros (1245-1255)

compreender as implicações da visão do mundo mongol, notadamente que os mongóis não negociavam em termos iguais com regentes independentes; eles não tinham iguais, apenas dominados ou inimigos. Carpini e seus colegas parecem nunca terem estado conscientes de que sua chegada ao quartel-general de Güyüg indicou um gesto de submissão por parte do papa. Ao contrário de Carpini, Rubruck não se colocou como embaixador; ele sentia a pressão desse status sobre si. Sua relutância em Soldaia em colocar em perigo sua missão significou que os mongóis o trataram como um enviado até que ele chegasse à corte de Möngke; e ele voltou para o Oeste como o próprio embaixador do kaghan. Ambas as circunstâncias tiveram um importante papel na frustração do propósito evangelístico.

No que tange seus escritos, os frades flertaram com o risco de ludibriar seus leitores ao vender a ideia de que os mongóis eram significativamente menos formidáveis do que se pensava antes e que tinham medo dos exércitos cristãos ocidentais. Mas acusar estes observadores de logro é ignorar a grande pressão à qual estavam sujeitos. Dada a suposta iminência de outros ataques mongóis na Europa Oriental, era vital encorajar seus companheiros latinos para maximizar a resistência. Para eles, havia coisas demais em jogo, o que impediu um quadro mais realista.

15. MISSÕES FRANCISCANAS
E. Randolph Daniel

O Irmão Egídio de Assis foi o primeiro franciscano a partir como missionário aos muçulmanos. Ele havia se tornado um dos companheiros de Francisco em 23 de abril de 1208, logo após Bernardo de Quintavalle. De acordo com Tomás de Celano

> [Egídio] teve uma longa vida, justa, piedosa e santa, e nos deixou exemplos de obediência perfeita, de trabalho braçal, de recolhimento e de santa contemplação.[1]

Em 1209, quando o número de irmãos havia aumentado para oito, Francisco os enviou em pares. Bernardo e Egídio viajaram a Santiago de Compostela, ao local de peregrinação na Galícia, no nordeste da península ibérica, onde se considera que o apóstolo Tiago, filho de Zebedeu e irmão de João, foi sepultado. Santiago, como os ibéricos o chamavam, tornou-se um grito de guerra dos guerreiros cristãos que desde o século XI lutavam na Reconquista, a luta para reconquistar e cristianizar a península das montanhas do norte até o sul.[2]

De acordo com a versão mais curta de *A Vida de Frei Egídio*, ele retornou a Assis a partir de Santiago e então foi ao santuário de São Miguel, no Monte Gárgano, e ao de São Nicolau, em Bari. Leão continua:

> quando [Egídio] passava pelas cidades e aldeias, exortava homens e mulheres a temerem e amarem o Criador do céu e da terra, e a fazerem penitência por seus pecados. Um dia, quando estava completamente exausto e sofrendo de forme, dormiu à beira da estrada. Foi acordado do sono pela graça de Deus, que não abandona aqueles cuja esperança está nele, e Egídio encontrou um pedaço de pão perto de sua cabeça. Dando graças a Deus, ele comeu e se sustentou.[3]

---

[1] 1 Cel., 25.

[2] 1 Cel., 30. Duas vidas de Egídio sobreviveram. A versão mais curta, atribuída ao Irmão Leão, foi editada e traduzida por Rosalind Brooke em um apêndice de seu *Scripta Leonis, Rufini et Angeli Sociorum S. Francisci. The* Writings *of Leo, Rufino and Angelo, Companions of St Francis*, OMT (Oxford, 1970, reimpressão corrigida, 1990), p. 305-309. Para a jornada a Santiago, ver *The Life of Blessed Brother Giles*, c. 3, ibid., p. 322-325 (a partir daqui, *Shorter Life of Giles*). A versão mais longa (a partir daqui, *Longer Life of Giles*) agora faz parte da *Chronica XXIV Generalium Ordinis Minorum*, in *Analecta Franciscana* (Quaracchi, 1928), vol. III, p. 74-115; sobre a jornada a Santiago, ver p. 76-77. A autoria da versão mais longa é incerta.

[3] *Shorter Life of Giles*, c. 4, in R.B Brooke (ed.), *Scripta Leonis*, p. 324-325; ver também *Longer Life of Giles*, p. 77-78.

2ª Parte - E. Randolph Daniel

Algum tempo após seu retorno de Santiago, Egídio recebeu permissão para levar uma companhia em uma peregrinação aos locais sagrados da Palestina. Enquanto estava em Brindisi esperando por um barco, Egídio conseguiu uma jarra de água, encheu-a de água e saiu pelas ruas gritando "Quem quer comprar água?". Em troca da água, Egídio conseguiu os recursos de que ele e seu companheiro precisavam. Após sua visita ao local de sepultamento de Jesus e outros lugares sagrados, Egídio ficou em Acre. Ali, conseguiu palha, com a qual fez cestas do tipo usado naquela cidade. Ele também ajudou a carregar os corpos dos mortos ao cemitério e transportou água dos poços para as casas das pessoas em troca de comida e abrigo. Quando seu trabalho não resultava em pão e abrigo, Egídio recorria à mesa do Senhor, pedindo esmolas de porta em porta.[4]

Francisco, perto da morte, falou sobre os dias mais antigos de sua fraternidade, em seu *Testamento*:

> Os que vinham receber esta vida davam aos pobres tudo o que devia ter; estavam contentes com uma só túnica, remendada por dentro e por fora, com um cíngulo e bragas. E mais não queríamos ter. (...)
> E éramos idiotas e súditos de todos. E eu trabalhava com minhas mãos e quero trabalhar; e quero firmemente que todos os outros Irmãos trabalhem num trabalho honesto. Os que não sabem trabalhar o aprendam, não pela cobiça de receber a recompensa do trabalho, mas por causa do exemplo e para repelir a ociosidade. E se não nos terem a recompensa do trabalho, recorramos à mesa do Senhor, pedindo esmola de porta em porta.

O Irmão Leão, na verdade o autor da versão mais longa de *A Vida de Frei Egídio*, claramente tinha o *Testamento* de Francisco em mente quando escreveu ali que Egídio "recorreu à mesa do Senhor", mas Egídio também foi provavelmente um dos exemplos que Francisco tinha em mente quando ditou seu *Testamento*. Como já explicado, Egídio tinha as tarefas mais servis. Devotando-se a tal trabalho, Egídio era, para citar Francisco, "idiota e súdito de todos". Tendo aberto mão de todas as suas posses, Egídio sobrevivia trabalhando com suas mãos e pedindo esmolas. Um irmão leigo, ele empregava linguagem direta e simples para chamar as pessoas ao arrependimento. Seus modos eram gentis, e ele proclamava o Evangelho principalmente por meio de sua pobreza voluntária, sua humildade e sua disposição para trabalhar. Quando ele via uma oportunidade, dispunha-se a chamar os cristãos, e presumivelmente os muçulmanos, ao arrependimento. Se ele alguma vez foi a uma mesquita ou mercado público e em alto e bom som denunciou Maomé e o Corão, não há qualquer referência a isso, e tudo o que sabemos sobre Egídio faz com que tal acontecimento seja muito improvável.

---

[4] *Longer Life of Giles*, p. 77. J. R. H. Moorman, *A History of the Franciscan Order: From its Origins to the Year 1517* (Oxford, 1968), p. 227, data a peregrinação de Egídio à Palestina em 1215.

15. Missões franciscanas

Em 1212, o próprio Francisco partiu para a Síria "para pregar a fé cristã e a penitência aos sarracenos e outros infiéis". Entretanto, ventos contrários fizeram com que ele não conseguisse encontrar um barco que fosse até a Síria, portanto voltou a Assis. Logo depois, ele decidiu ir ao Marrocos para pregar o Evangelho ao soberano almóada. Francisco conseguiu uma audiência com o sultão, al-Malik-al-Kâmal. Relatos sobre essa audiência diferem muito uns dos outros. Não podemos saber com certeza o que Francisco disse, exceto que ele impressionou al-Kâmal com sua humildade, sua pobreza, sua atitude de submissão. Claramente, Francisco não disse nada que pudesse causar sua captura ou condenação. Portanto, apesar de Tomás de Celano manter firmemente que Francisco desejava ir até os muçulmanos por causa de seu desejo de martírio, Francisco nada fez no Egito que compelisse o sultão a ordenar sua execução. Francisco não condenou Maomé ou o Corão.[5]

Do Egito, Francisco foi à Síria. Surgiram problemas entre os frades enquanto Francisco estava no Egito, e seus relatos o alcançaram no Acre. Levando o Irmão Elias, que havia sido ministro provincial da Terra Santa desde 1217, Pedro Catânia e Cesário de Espira, Francisco voltou para a Itália, provavelmente em 1220. Uma vez lá, Francisco pediu a Cesário que trabalhasse com ele para aumentar e refinar a *Regra* de 1221 (ou RNB).[6] Entre as mudanças, estava a inserção de um capítulo chamando "Dos que vão entre sarracenos e outros infiéis", em que diz:

> Diz o Senhor: "Eis que eu vos envio como ovelhas no meio de lobos. Sede, portanto, prudentes como as serpentes e simples como as pombas" (Mt 10,16). Por isso qualquer frade que quiser ir entre sarracenos e outros infiéis, vá com a licença de seu ministro e servo. O ministro dê-lhes a licença e não contradiga, se os vir idôneos para serem mandados; pois deverá prestar contas a Deus se nisso ou em outras coisas proceder indiscretamente. Mas os frades que vão podem comportar-se espiritualmente entre eles de dois modos. Um modo é que não façam litígios nem contendas, mas estejam submetidos a toda criatura humana por Deus e confessem que são cristãos. Outro modo é que, quando virem que agrada ao Senhor, anunciem a palavra de Deus, para que [os infiéis] creiam em Deus onipotente, Pai, Filho e Espírito Santo... e que sejam batizados... E todos os frades, onde quer que estão, lembrem que se deram e cederam seus corpos ao Senhor Jesus Cristo. E por seu amor devem expor-se aos inimigos tanto visíveis como invisíveis (RNB, 16).

---

[5] 1 Cel., 55-57. J. Hoeberichts, *Francis and Islam* (Quincy, Ill., 1997) p. 43-59, argumenta que Francisco foi em missão de paz, não em busca de martírio. Jordão de Jano, n. 10, p. 25-26:
[Francisco], ardendo de amor pela paixão de Cristo, ele mesmo, no mesmo ano que enviou seus irmãos [1219], enfrentou os certos perigos do mar e, atravessando para os infiéis, foi assolado por muitos ultrajes e insultos e, não conhecendo a língua de seus algozes, gritou entre os golpes: "Sultão! Sultão!". E assim ele foi levado ao sultão, recebido com honras e gentilmente tratado de sua enfermidade. Mas como ele não conseguiu colher nenhum fruto entre eles e estava disposto a retomar para casa, foi levado por ordem do sultão por um guarda armado ao exército cristão que à época estava sitiando Damieta.
[6] Jordão de Jano, n. 11-17, p. 26-34; Moorman, *History*, p. 48-52.

2ª Parte - E. Randolph Daniel

Este novo capítulo 16 faz duas coisas. Primeiro, oferece um meio pelo qual os frades que queriam partir como missionários pudessem ser examinados como aptos para a missão. Os ministros não recebiam normas para usar na tomada de decisões, mas simplesmente eram avisados de que Deus os julgaria com base em suas escolhas. Nem a *Regra* beneditina, nem a *Regra* agostiniana para cânones tiveram tal capítulo, e Francisco efetivamente estava em solo novo aqui.

Em segundo lugar, Francisco instrui os irmãos que pedem permissão que eles devem ter o melhor comportamento possível entre os muçulmanos e infiéis. O primeiro dever dos irmãos entre os infiéis é que "não façam litígios nem contendas", mas estejam submetidos às pessoas a sua volta, ao mesmo tempo em que lhes confessem que os frades são cristãos. Em vez de provocar discussões, os irmãos devem agir como Egídio, tomando as tarefas mais humilhantes, carregando jarros de água e caixões, por exemplo, em troca do sustento diário. Os irmãos devem, em outras palavras, ser mesmo os irmãos *minor*, os irmãos menores, os mais mansos entre os mansos e os mais pobres entre os pobres. Apenas quando perceberem que os muçulmanos e os infiéis estão dispostos a ouvir é que os franciscanos podem exortá-los à penitência. Francisco desencoraja – se não proíbe – táticas como denunciar publicamente Maomé e o Corão. Jesus havia se sujeitado às autoridades mesmo quando foi condenado a sua crucificação. Ao exemplificar a submissão, na opinião de Francisco, os frades estavam tornando os muçulmanos conscientes de quem Jesus realmente era e do significado do Evangelho.

Por que Francisco inseriu essas instruções na *Regra* de 1221? A explicação óbvia é que ele queria compartilhar com os irmãos sua experiência perante o sultão. Ele primeiro exibiu sua submissão e sua humildade e então, na presença do sultão, o exortou a se converter e a se batizar. Francisco não denunciou Maomé ou o Corão. Ele não entrou em uma disputa formal. Sem dúvida, Francisco sabia que Egídio se comportara de maneira similar.

J. Hoeberichts argumentou que Francisco tinha a bula de Inocêncio III em mente convocando os cristãos para a quinta Cruzada. Inocêncio havia insistido para que todos os cristãos, homens e mulheres, "negassem a si mesmos e pegassem suas cruzes" em nome de Cristo, alistando-se ou apoiando a Cruzada. Tal como vassalos feudais, todos os cristãos deviam estar a serviço do Senhor. Então Inocêncio denunciou Maomé como um falso profeta e os muçulmanos como pérfidos. Após a morte de Inocêncio, Honório III e depois Gregório IX perpetuaram a política de Inocêncio.[7] Francisco, de acordo com Hoeberichts,

---

[7] L. E J. Riley-Smith, *The Crusades: Idea and Reality 1095-1274*, Documents of Medieval History, 4 (Londres, 1981), p. 118-124.

15. Missões franciscanas

manteve uma política que advogava a abordagem pacífica dos muçulmanos, demonstrando a eles um comportamento como o de Cristo e amor, em vez de ir ao encontro deles com espadas desembainhadas e gritos de denúncia.[8]

No capítulo de Porciúncula, em 1219, durante o qual Francisco decidiu partir para o Egito, ele também enviou seis irmãos para o chefe almóada no Marrocos. Estes irmãos eram: Vital, Berardo, Pedro, Adjuto, Acúrsio e Otão. No reino de Aragão, Vital ficou doente e ordenou que os outros cinco seguissem sem ele. Dirigindo-se primeiro a Portugal, os irmãos seguiram para Sevilha, onde, após ficarem em uma hospedagem cristã por uma semana, decidiram ir à mesquita. Os muçulmanos negaram sua entrada, então eles foram ao palácio, onde disseram ao príncipe: "Somos cristãos e vimos dos distritos romanos. Somos enviados do rei dos reis, o Senhor nosso Deus, para a salvação de suas almas".[9]

De Sevilha, os frades foram levados ao Marrocos, onde foram executados, em 16 de janeiro de 1220.[10] De acordo com a *Passio*, quando Francisco soube da execução dos irmãos ele exclamou: "Agora eu realmente posso dizer que tenho cinco irmãos".[11] Entretanto, Jordão de Jano diz:

> Quando o martírio, a vida e a legenda desses frades foram relatados ao bem-aventurado Francisco, ouvindo dizer que nela ele mesmo tinha sido elogiado e os frades estavam gloriando-se pela paixão dos outros, como era o maior desprezador de si mesmo e desdenhava do louvor e da glória, rejeitou a legenda e proibiu que ela fosse lida, dizendo: "Cada um se glorie de seu sofrimento e não do dos outros".[12]

Francisco tinha esses cinco frades em mente quando esboçou o capítulo 16 da *Regra* de 1221? Nunca saberemos com certeza, mas sim é uma possibilidade. Na regra que Honório III confirmou em 29 de novembro de 1223, o capítulo 16 foi reduzido a estas palavras:

> Qualquer dos frades que, por divina inspiração, quiser ir entre os sarracenos e outros infiéis, peçam daí licença a seus ministros provinciais. Mas os ministros a nenhum concedam licença de ir senão aos que virem ser idôneos para enviar.[13]

---

[8] Hoeberichts, *Francis*, p. 7-134.

[9] *Passio sanctorum martyrum fratrum, Beraldi, Petri, Adiuti, Accursii, Othonis in Marochio martyrizatorum*, in *Analecta Franciscana* (Quaracchi, 1928), vol. III, p. 584. Tradução minha. A *Passio* completa é encontrada na p. 579-596.

[10] Ibid., p. 590.

[11] Ibid., p. 593.

[12] Jordão de Jano, n. 8, p. 24.

[13] *Regra* de 1223, c. 12, in *FAED*, vol. I, p. 106.

2ª Parte - E. Randolph Daniel

Apesar de as instruções de Francisco sobre a submissão e a conduta dos missionários terem sido retiradas da *Regra* aprovada, os franciscanos retiveram a noção de que os missionários primeiro tinham de dar o exemplo por meio de suas obras antes de pregarem.[14]

FRADES COMO ENVIADOS REAIS E PAPAIS AOS MONGÓIS

Os europeus ficaram chocados quando souberam das notícias de que um exército desconhecido havia atacado os principados russos, a Polônia e a Hungria entre 1237 e 1240. Então, em 1241, outro exército atacou a Polônia e derrotou os germânicos antes de parar na costa da Dalmácia, frente ao Mar Adriático. Temujin, o líder mongol, havia nascido nos anos de 1160. Ao morrer, em 1227, já era chamado de "Soberano Supremo" ou Gengis Khan. Seus exércitos assolaram o norte da China, a Ásia central e o norte da Pérsia. Batu, que liderou os mongóis ao Adriático em 1241, era o neto de Temujin. Ele estabeleceu um principado no sul da Rússia, que ele chamou de Horda de Ouro. Sua capital era Sarai, no Rio Volga.

Em 1258, outro neto de Temujin, Hulagu, capturou Bagdá, aboliu o Califado e avançou em direção ao Egito. Entretanto, o mameluco Baibars conseguiu a vitória sobre os mongóis em Ain Jalut, em 1260. De qualquer forma, a Síria, a Mesopotâmia e a Pérsia se tornaram parte de outro principado mongol, baseado na Pérsia. Na China, Kublai, ainda outro dos netos de Temujin, foi eleito khan em 1260. Ele foi regente até sua morte, em 1294. Os mongóis também conquistaram o sul da China e pilharam Hanói em 1258. Então, a autoridade dos khans mongóis se estendeu da Europa Oriental até o sudeste da Ásia, de meados do século XIII até a segunda metade do século XIV.[15]

Desde 1237, Gregório IX e o Imperador Frederico II (morto em 1250) estavam presos em uma guerra em que os dois lados rapidamente se viram em uma batalha mortal apocalíptica. Inocêncio IX precisava desesperadamente frear a ameaça dos mongóis. Ele decidiu enviar duas bulas papais ao grande Khan e as confiou a dois franciscanos, João de Plano Carpini e Lourenço de Portugal. Benedito, o Polonês, juntou-se a eles porque tinha contatos com os príncipes da Europa Oriental e também falava algumas das línguas da área. O trio de frades partiu no começo da Quaresma de 1246. Em meados do verão, eles haviam alcançado o acampamento de Orda, irmão mais velho de Batu. Em 22 de julho, chegaram ao acampamento

---

[14] E. Randolph Daniel, *The Franciscan Concepto of Mission in the High Middle Ages* (Lexington, 1975 e St. Bonaventure, 1992), p. 37-54.

[15] C. Dawson, *Mission to Asia* (Nova York, 1966), originalmente publicado como *The Mongol Mission* (Londres, 1955), p. XI-XV.

254

15. Missões franciscanas

de Güyüg, recém-eleito grande khan. Eles entregaram as bulas papais para Güyüg. Eles se recusaram a levar enviados mongóis de volta junto consigo, mas levaram a carta do khan ao papa. Em 1247, retornaram ao acampamento de Batu no Volga e receberam permissão para seguir a Kiev, de onde puderam voltar à corte papal.[16]

A obra *A História dos Mongóis* de João de Plano Carpini foi escrita logo depois de ele retornar à Itália. A obra é notável por sua perspectiva relativamente objetiva a partir da qual ele foi capaz de enxergar os mongóis e pelo cuidado com que ele fez suas observações e a relatou.

> Os [mongóis] são bem diferentes de todos os outros homens, porque são mais largos que as outras pessoas entre os olhos e ao longo dos maxilares. Suas faces também são bem proeminentes acima das mandíbulas; eles têm um nariz chato e pequeno, seus olhos são pequenos e suas pálpebras levantadas em direção às sobrancelhas. A maioria, com algumas exceções, é esguia na região da cintura; quase todos têm estatura mediana.[17]

Eles praticavam a poligamia e se casavam com seus parentes, exceção feita às mães, às filhas e às irmãs da mesma mãe (eles podiam casar-se com as irmãs nascidas de outras mães). Eles viviam em tendas feitas de galhos e varas delgadas, cobertas com feltro. Um buraco era deixado no centro, para que a fumaça do fogo pudesse sair. Todas essas tendas eram portáteis. Os mongóis eram extremamente ricos em animais, camelos, touros, carneiros, cabras e especialmente cavalos e éguas. Entretanto, não tinham porcos nem gado.[18]

> Eles acreditam em um Deus e acreditam que ele é o criador de todas as coisas visíveis e invisíveis; e que foi ele quem deu as boas coisas ao mundo, bem como as dificuldades; entretanto, eles não o adoram com orações ou louvores, ou nenhum tipo de cerimônia.[19] Eles tinham ídolos, representando homens e também representando úberes, e faziam oferendas de leite.[20]

João ficou impressionado com a lealdade dos mongóis a seus líderes e também com o relacionamento pacífico entre eles. Lutas e assassinatos nunca ocorriam, e roubos eram raros. Os mongóis eram pacientes e desdenhavam o luxo, e não havia litígio entre eles. Sua dieta consistia de carne e leite. As crianças aprendiam a cavalgar a partir dos dois ou três anos de idade, e desde a infância aprendiam a manusear arcos e atirar flechas. Uma das razões para seu sucesso militar era que eles eram capa-

---

[16] Ibid., p. XV-XVIII.
[17] Ibid., p. 6.
[18] Ibid., p. 6-8.
[19] Ibid., p. 9.
[20] Ibid., p. 9.

2ª Parte - E. Randolph Daniel

zes de cavalgar o dia inteiro, todos os dias, sem se cansarem, sobre seus velozes cavalos. Assim, os líderes europeus acreditavam que os exércitos mongóis fossem muito maiores do que realmente eram, porque testemunhas confiáveis relatavam tê-los vistos em lugares tão distantes uns dos outros que nenhum exército europeu, com seus grandes cavalos e cavaleiros com armaduras tão pesadas, poderia percorrer:

> Meninas e mulheres cavalgam e galopam a cavalo com a agilidade dos homens. Também as vimos carregando arcos e flechas. Tanto os homens quanto as mulheres são capazes de suportar longos trechos de cavalgada... Suas mulheres fazem tudo, roupas de couro, túnicas, sapatos, perneiras e tudo feito de couro; também dirigem as carroças e as reparam, abastecem os camelos, e em todas as tarefas são muito ágeis e enérgicas. Todas as mulheres usam bermudas e algumas delas atiram como homens.[21]

Em seguida, João inseriu uma breve história sobre os mongóis que começava com a ascensão de Temujin, destacando suas conquistas. Então ele descreveu a organização, o equipamento e as táticas dos exércitos mongóis e as políticas que eles praticavam em relação aos povos que conquistavam. João deu conselhos sobre como os regentes europeus podiam resistir aos e combater os mongóis à luz da ameaça feita pelo Grande Khan Güyüg de conquistar "o Império Romano e todos os reinos cristãos, e as nações do oeste, a menos que eles obedeçam às instruções que ele está enviando ao Senhor Papa, os regentes e os povos do Oeste".[22]

Finalmente, João contou a viagem em si. Seu livro fez sucesso imediatamente. O cronista Salimbene escreveu:

> Observem, o Irmão João de Plano Carpini retornou do rei, a quem havia sido enviado pelo papa, e tinha com ele o livro que havia escrito sobre os tártaros. Os irmãos então leram o livro em sua presença, e ele mesmo o interpretou e explicou passagens que pareciam complicadas ou difíceis de acreditar. E eu comi com o Irmão João, tanto no convento dos Frades Menores quanto em abadias e outros lugares importantes, não uma ou duas vezes. Porque ele foi alegremente convidado para o almoço e para o jantar, por muitas razões – por ser legado papal, por ser embaixador de um rei, por ter estado entre os tártaros, mas também por ser um frade menor.[23]

João de Plano Carpini havia estado entre os mongóis como um enviado do Papa Inocêncio IV. Sua missão era diplomática e o propósito dela era ter de avaliar a ameaça representada pelos mongóis e se possível abrir negociação entre o Grande Khan e o papa. Em 1252/1253, Guilherme de Rubruck foi enviado por Luís IX da

---

[21] Ibid., p. 18.
[22] Ibid., p. 44. A carta de Güyüg Khan ao Papa Inocêncio IV está traduzida nas p. 85-86.
[23] Salimbene, p. 204.

França a Sartaq, um filho de Baru, Khan da Horda de Ouro. O rei havia ouvido que Sartaq era cristão. Assim, o objetivo de Guilherme era religioso. Ele devia descobrir se Sartaq era cristão e, se fosse, alistar seu apoio para a Cruzada contra os muçulmanos. Bartolomeu de Cremona acompanhou Guilherme. Um caixeiro chamado Gosset era encarregado dos presentes que Luís IX havia enviado a Sartaq. O quarto membro do grupo se chamava Homo Dei ou Abdullah e atuava como intérprete.[24]

Em 7 de maio de 1253, Guilherme e seu grupo embarcaram em Constantinopla, no Mar Negro, e em 21 de maio estavam em Sudak, na Península da Crimeia, onde mercadores os equiparam para a jornada em direção às ordas de Sartaq e Batu. Orda é o nome mongol para os acampamentos em que os khans mongóis mantinham suas cortes. Antes de continuar a traçar sua jornada, Guilherme descreveu brevemente os mongóis. A maior parte de sua descrição é similar àquela de João de Piano Carpini. Entretanto, Guilherme inseriu uma seção sobre a elaboração do *cosmos*, o leite de éguas que servia como principal alimento dos mongóis. O grupo alcançou o Rio Don em 22 de julho de 1253 e chegou à orda de Sartaq em 31 de julho.[25]

Em 1º de agosto, Guilherme entregou a carta do Rei Luís IX a Sartaq e lhe mostrou o Saltério e a Bíblia que havia levado, bem como as vestes sacras. Sartaq manteve a carta que Guilherme havia traduzido em árabe e em sírio, mas mandou os outros presentes de volta com Guilherme e seu grupo. Por causa de questões diplomáticas levantadas na carta, Sartaq disse que Guilherme tinha de viajar de volta a Batu. Deixando o Saltério para trás, Guilherme então viajou para o Leste, para a orda de Batu. O franciscano foi avisado, entretanto, pelos servos de Sartaq:

> "Não diga que nosso mestre é um cristão, porque ele não é cristão, e sim um mongol..."[26] Isto porque a palavra Cristianismo parece para eles ser o nome de uma raça, e eles são tão orgulhosos que, mesmo que talvez creiam em algo sobre Cristo, não estão dispostos a serem chamados de cristãos e querem seu próprio nome, ou seja, mongol, exaltado sobre qualquer outro nome...[27]
>
> Quanto a Sartaq, se ele crê em Cristo ou não, eu não sei. Mas eu sei que ele não quer ser chamado de cristão, já que ele me parece fazer troça dos cristãos.[28]

Guilherme encontrou a orda de Batu às margens do Rio Volga. Sua primeira sensação foi medo:

---

[24] Dawson, *Mission*, p. XX-XXI.
[25] Ibid., p. 89-116.
[26] Ibid., p. 117-121.
[27] Ibid., p. 121.
[28] Ibid., p. 123.

> Pois as próprias casas [de Batu] parecem uma grande cidade estendendo-se a uma longa distância e coroada de ambos os lados de pessoas até três ou quatro léguas. Assim como as pessoas de Israel sabiam, cada uma delas, onde deveriam colocar suas tendas em relação ao tabernáculo, da mesma forma essas pessoas sabem de que lado da orda devem colocar-se quando descarregam suas tendas. Em sua língua, a corte é chamada de "orda", o que significa o meio, porque está sempre no meio de seu povo, com exceção de que ninguém fica ao sul, porque as portas da corte ficam abertas naquela direção. Mas à direita e à esquerda eles se estendem o mais distante possível, como desejam, de acordo com o número de locais necessários, contanto que não se posicionem logo em frente ou do lado oposto da corte.[29]

Batu pediu a Guilherme que lhe contasse quem era o inimigo contra quem o Rei Luís IX estava declarando guerra. Guilherme respondeu que Luís IX estava lutando contra os sarracenos, "que estão violando a casa de Deus em Jerusalém". Batu também perguntou se Luís já lhe havia mandado enviados, e Guilherme respondeu que Luís nunca havia mandado enviados a Batu. Esta reunião entre Batu e Guilherme de Rubruck aconteceu cerca de cinco anos antes de o exército de Hulagu tomar Bagdá, destruir o Califado, seguir para oeste, na Síria, e ameaçar o Egito (1258). Tal ataque sem dúvida já estava nas mentes dos líderes mongóis. Batu, portanto, decidiu que Guilherme devia ser enviado à corte de Mangu, o grande Khan.[30]

Durante sua viagem a Mangu, Guilherme encontrou budistas:

> [Eles] constroem seus templos de leste para oeste, e no lado norte fazem uma alcova, projetando como um coro, ou às vezes, se a construção for quadrada, no meio da construção. No lado norte eles fecham uma alcova, no lugar do coro. E ali eles colocam uma arca, longa e larga como uma mesa, e atrás desta arca eles colocam seu ídolo principal virado para o sul: o que eu vi em Caracorum era tão grande quanto São Cristóvão é retratado.[31]
> Todos os seus sacerdotes raspam suas cabeças completamente e suas barbas e usam vestes cor de açafrão, e observam a castidade a partir do momento em que raspam suas cabeças; vivem juntos, cem ou duzentos em uma só comunidade... Enquanto estão no templo, mantêm sua cabeça descoberta, leem para si mesmos e mantêm o silêncio.[32]

Outra religião que Guilherme encontrou foi o maniqueísmo. Mani, que viveu no império persa na segunda metade do terceiro século depois de Cristo, era um dualista que acreditava haver dois deuses, um representando o bem e outro, o mal. A vida terrena era dominada pela luta entre esses dois princípios. Agostinho de Hipona foi por alguns anos adepto do maniqueísmo, porque este parecia explicar

---

[29] Ibid., p. 126.
[30] Ibid., p. 128.
[31] Ibid., p. 138.
[32] Ibid., p. 139.

15. Missões franciscanas

satisfatoriamente o problema de como o mal podia existir em um mundo bom. O dualismo sobreviveu aos esforços da Igreja de reprimi-lo e apareceu na Europa do século XIII como catarismo.[33] Guilherme chama os maniqueístas de *tuins*.[34]

Os nestorianos eram a principal preocupação de Guilherme, entretanto, porque eram cristãos. Nestório foi consagrado patriarca de Constantinopla em 428, tendo sido escolhido pelo Imperador Romano Teodósio II. Em 429, ele pregou contra a noção de que Maria, a mãe de Jesus, era *theotokos*, "portadora de Deus". Ele foi deposto e condenado em 430; morreu aproximadamente em 451. Nestório defendia a noção de que Jesus Cristo possuía duas naturezas completas, uma divina e outra humana. Seus oponentes o atacaram com a base de que sua teologia não enfatizava suficientemente a unidade dessas duas naturezas em uma só pessoa. Os discípulos de Nestório foram excluídos do Império Romano por seus oponentes, os monofisitas e os calcedonianos. Eles então fugiram para o império persa e de lá para leste, através da Ásia Central, até a China. Às vezes, são chamados de caldeus.[35]

Os muçulmanos logicamente eram numerosos entre os povos regidos pelos mongóis. Os khans mongóis mantinham sua própria religião xamanista, e sua política em relação aos variados grupos religiosos era tolerante. Guilherme, cujo propósito claro era religioso, encontrou-se em uma situação que deve ter sido ao mesmo tempo excitante e assustadora. Ele podia aprender sobre e tentar converter esses povos, mas também podia criar problemas para si mesmo, se desse um passo em falso.

Guilherme e seu grupo alcançaram a orda de Mangu em dezembro de 1253. Mangu quase imediatamente ordenou que fossem até ele e perguntou por que tinham ido. Guilherme respondeu: "Ouvimos que Sartaq era cristão; fomos até ele; o rei francês lhe enviou uma carta particular conosco; Sartaq nos mandou até seu pai; seu pai nos mandou até aqui. Ele deve ter escrito a razão".

Os oficiais mongóis perguntaram: "O rei deseja fazer a paz conosco?". William respondeu:

> Ele enviou uma carta a Sartaq como cristão, e se ele soubesse que Sartaq não era um cristão, jamais haveria enviado uma carta. Quanto a fazer a paz, tudo o que eu posso dizer é que ele jamais vos injuriou; se ele tivesse feito algo para vos dar motivos para guerra contra ele e seu povo, ele com prazer desejaria, como homem justo que é, fazer as pazes e buscar a paz. Se vós, sem causa, desejardes guerra contra ele e seu povo, acreditamos que Deus, que é justo, virá em nosso auxílio.

---

[33] S. Runciman, *The Medieval Manichee* (Nova York, 1961), p. 12-17, 116-180.

[34] Dawson, *Mission*, p. 191-194.

[35] J. Chapman, "Nestorius", *The Catholic Encyclopedia*, 15 vols. (Nova York, 1908), vol. X, p. 755-759; J. Pelikan, *The Christian Tradition*, vol. 1: *The Emergence of the Catholic Tradition (100-600)* (Chicago, 1971), p. 231-256.

Guilherme acrescenta que o orgulho dos mongóis os convencia de que o mundo inteiro queria fazer paz com eles, mas que ele, se "tivesse autorização", pregaria a guerra "pelo mundo inteiro, com todas as minhas forças" contra eles.[36] Pressionado pelos mongóis sobre por que ele havia ido até a orda de Mangu, Guilherme apenas respondeu que havia ido porque Batu assim lhe havia ordenado.[37]

Guilherme ficou na orda de Mangu até junho de 1254. Durante esse período ele repetidamente encontrou Mangu e os representantes de outras comunidades religiosas que viviam na vizinhança da orda. Perto do fim desse período, Mangu ordenou que houvesse um tipo de disputa, presidida por três de seus escribas. Guilherme manteve sua posição durante a discussão. Ao fim, "todos eles ouviram sem uma palavra contrária, mas nenhum deles disse 'Eu creio, eu desejo tornar-me um cristão'".[38] Em sua audiência final com Mangu, o khan disse a Guilherme que os mongóis acreditavam que só havia um Deus. Então ele criticou os cristãos, porque eles têm as Escrituras, mas não as obedecem. Os mongóis, disse Mangu, têm advinhos e seguem seu conselho estritamente, e vivem em paz.[39]

Mangu tinha uma carta escrita que Guilherme tinha de levar de volta a Luís IX, afirmando que havia apenas um deus e um senhor na terra, o khan dos khans (Mangu). Mangu tinha desejado mandar enviados, mas Guilherme se recusou a levá-los, citando os perigos de sua viagem. Assim, Mangu enviou essa carta a Luís, exortando-o a lê-la e, se desejasse, obedecer a Mangu e essar em paz, mandando enviados a Mangu.[40]

João de Plano Carpini e Guilherme de Rubruck haviam sido mandados como enviados de Inocêncio IV e Luís IX, mesmo que Guilherme insistisse que sua única missão era encontrar Sartaq e descobrir se ele era ou não cristão. Odorico de Pordenone parece ter empreendido esta abrangente jornada com não outro incentivo além da possibilidade de fazer conversões ao longo do caminho. Como seu nome sugere, Odorico nasceu em Pordenone, localizado na planície friuliana, ao norte de Veneza, em algum momento entre 1264 e 1268. Ele se tornou um franciscano no fim de sua adolescência ou no começo dos seus 20 anos e mostrou uma preferência bem definida pela vida eremítica. Ele começou sua jornada ao Oriente em 1318, no máximo, mas talvez até quatro anos antes. Ele voltou da viagem em 1330 e morreu em 13 de janeiro de 1331. Ele provavelmente ditou seu *Relatio*, os manuscritos que mostram que a obra havia tido uma história embaraçada e complicada.[41]

---

[36] Dawson, *Mission*, p. 149-150.
[37] Ibid., p. 150.
[38] Ibid., p. 194.
[39] Ibid., p. 195.
[40] Ibid., pp. 202-204.
[41] Moorman, *History*, p. 430-431; Odorico de Pordenone, *The Travels of Friar Odoric*, trad. Sir Henry Yule, intro. P. Chiesa (Grand Rapids, 2002), p. 1-9, 160-164.

15. Missões franciscanas

Odorico saiu de Veneza e foi primeiro até Constantinopla, de onde viajou a Trebizonda, no Mar Negro, e então por terra até Yazd, cerca de 480 quilômetros a sudeste de Teerã. Em algum ponto durante sua jornada, Odorico entrou na área do atual Iraque, onde observou um casamento que mais tarde relatou:

> Vi um jovem que estava desposando uma linda jovem, e ela estava acompanhada de outras lindas donzelas, que estavam soluçando e chorando, enquanto o jovem noivo se apresentava com roupas muito alegres, com sua mão pendia para baixo. E logo o jovem montou em seu asno, e a jovem o seguiu, descalça, e pobremente vestida, e segurando-se no asno, e o pai dela foi atrás, abençoando-os até que eles chegassem à casa do marido.

Claramente, o pai da noiva havia tido um papel importante no arranjo do casamento, um casamento com o qual a noiva não estava feliz.[42] Casamentos arranjados também eram comuns na Europa cristã, mas durante o fim do século XII e o século XIII a Igreja exigia o consentimento particular de ambas as partes à união, exigência que deu algum alívio às mulheres em relação às condições que Odorico descreveu.

O Frade Tomás de Tolentino foi um dos frades da Marca de Ancona que, como Angelo Clareno, foram aprisionados por seu capítulo provincial à época do segundo Concílio de Lyons em 1274. Mais tarde, Tomás e outros três franciscanos, Tiago de Pádua, Pedro de Siena e Demétrio, chegaram a Tana, no sul da Índia. Os quatro irmãos estavam ficando clandestinamente com um casal cristão, mas um dia o casal discutiu e a esposa, com raiva, revelou a presença dos frades ao kadi. Os frades se recusaram a se converter ao Islã, denunciando Maomé e o Corão, e então foram condenados à morte. Eles sobreviveram às tentativas de queimá-los, mas foram finalmente executados em abril de 1321. Odorico chegou a Tana após os mártires terem sido mortos e coletou seus ossos, que então levou aos conventos franciscanos de Zhangzhou, no sul da China.[43]

Odorico visitou Malabar, na costa sudoeste da Índia, de onde vinha a pimenta e cujo cultivo ele descreve com detalhes. Os rios da área também continham crocodilos.[44]

Da Índia, Odorico foi a Sumatra e Java, e dali a um reino que ele chamava de Zamba (Da Nang?), localizado na costa do Vietnã.[45] Do Vietnã, Odorico subiu a costa da China meridional, que ele chamava de Alta Índia. Então ele visitou Can-

---

[42] Odorico, *Travels*, p. 74-75.
[43] Ibid., p. 79-95, 122-123; Daniel, *Franciscan Concept*, p. 117-118; *Passio* foi editada como um apêndice à *Chronica XXIV Generalium Ordinis Minorum*, p. 597-613.
[44] Odorico, *Travels*, p. 96-98.
[45] Ibid., p. 104-112.

tão, onde ficou maravilhado com o fato de que se podiam comprar 135 quilos de gengibre fresco com menos de um groat e de que os gansos eram muito maiores, melhores e mais baratos que em qualquer outro lugar.[46]

Finalmente, Odorico alcançou Pequim:

> Eu, frade Odorico, fiquei três anos inteiros nessa cidade... e frequentemente presente em festivais [do khan mongol]... porque nós frades menores temos um lugar para nós designado na corte do imperador e sempre temos o dever de ir e lhes dar nossa bênção...[47] O grande khan montou um sistema de hospedarias, chamadas de *yams*, por todos os khanatos dos mongóis, onde qualquer viajante pode ter duas refeições gratuitas. O grande khan também estabeleceu um sistema pelo qual notícias importantes podem ser enviadas aos khans por meio de mensageiros montados ou mensageiros que viajam a pé.[48]

Depois de sua estada de três anos em Pequim, Odorico voltou para a Itália, onde seu ministro provincial, Frade Guidotto, ordenou que ele relatasse por escrito o que viu e o que fez em sua jornada. Odorico ditou sua *Relação* (*Relatio*) ao Frane Guilherme de Solagna em maio de 1330, um ano antes de morrer.[49]

JOÃO DE MONTECORVINO E RAIMUNDO LÚLIO

Em 1286, Argun, khan na Pérsia, mandou Rabban Sauna como seu enviado ao Oeste. Sauna chegou a Roma em 1287. Ele era um nestoriano, cujo discípulo, Marcos, havia se tornado chefe da Igreja Nestoriana em 1281, ostentando o título de Mar Jabalaha III. Rabban Sauna foi recebido cordialmente na corte papal. A exigência de Sauna por missionários motivou Nicolau IV, um franciscano, a enviar um missionário para a China.[50] Argun ficou suficientemente contente pelo zelo dos frades em construir uma capela para Sauna que se comunicasse com a tenda real, e Argun também pode ter prometido receber o batismo quando uma aliança de mongóis e cristãos ocidentais tivesse conquistado Jerusalém. Infelizmente, o papado estava preocupado com a luta entre os angevinos e os aragoneses pela Sicília, e apenas Eduardo I da Inglaterra entendeu as possibilidades da aliança, mas seus esforços foram infrutíferos. Acre foi conquistada em 1291 pelos muçulmanos, e nesta época Argun já havia morrido.[51]

---

[46] Ibid., p. 121-122.
[47] Ibid., p. 139.
[48] Ibid., p. 142-144.
[49] Ibid., p. 160-161.
[50] Dawson, *Mission*, p. XXVIII-XXX; Moorman, *History*, p. 236.
[51] Ibid., p. XXX.

15. Missões franciscanas

João de Montecorvino foi o frade escolhido para ir aos mongóis. Nicolau IV deu cartas a João, para Kublai, em Pequim, e para Kaidu, na Ásia central. João partiu de Roma em 1289, visitou Argun, em Tabriz, e depois, em 1291, partiu para Kublai, em Pequim. Por causa das guerras, João teve de passar pela Índia, onde passou um ano em Meliapor, em Madras. Quando chegou a Pequim, Kublai tinha acabado de morrer, mas seu sucessor, Timor, recebeu João, que permaneceu em Pequim até sua morte, em 1327. Depois que o frade superou a oposição inicial dos nestorianos, o khan permitiu que ele construísse uma igreja e um convento perto da residência real, que incluía uma torre com seis sinos. Isto terminou em 1299. Em 1305, João já tinha batizado cerca de seis mil pessoas. Ele também havia comprado no mercado 40 meninos, filhos de pagãos. João os batizou, ensinou-lhes latim e o rito latino. Ele também escreveu para eles cerca de 40 saltérios e hinários, bem como dois breviários. Ele lhes ensinou a cantar e claramente desejou que eles formassem a base de um sacerdócio nativo. Em 1305, João já estava construindo outra igreja. Naquele ano, ele escreveu ao ocidente, relatando o que havia feito e pedindo enfaticamente que outros frades fossem enviados. Em 1306, enviou outra carta aos líderes da ordem, porque não tinha ouvido nada como resultado da primeira. Uma força expedicionária de sete bispos foi enviada como resultado da segunda carta. Eles chegaram a Pequim e consagraram João arcebispo de Pequim.[52]

João morreu em Pequim em 1327 e provavelmente era arcebispo quando Odorico esteve lá. Também sobreviveram cartas de Irmão Peregrinus, bispo de Zaiton, e de outro bispo, Irmão André Perúgia, que também estava em Zaiton. O frade João de Marignollo foi enviado de Avignon em 1338 e chegou a Pequim em 1342. Ele ficou até 1347, quando voltou a Avignon. Tiago de Florença, o último bispo de Zaiton, foi martirizado pelos chineses em 1362, e em 1369 os frades foram expulsos de Pequim. Os frades haviam estado com os mongóis e aos olhos chineses eram associados a eles – portanto, foram expulsos com eles.[53]

Enquanto João de Montecorvino tinha a intenção de construir uma igreja cristã latina entre os mongóis e seus aliados na China, Raimundo Lúlio (1232?–1316?) era um cortesão casado de Jaime I de Aragão quando experienciou uma conversão que o levou a deixar provisões para sua esposa e seus filhos, a vender suas posses e se dedicar a três objetivos: "ser martirizado como um missionário; escrever um livro contra os erros dos infiéis; exortar o estabelecimento de colé-

---

[52] Moorman, *History*, p. 236-238; Dawson, *Mission*, p. XXXI-XXXIII. Dawson inclui uma tradução das duas cartas em p. 224-231.
[53] Dawson, *Mission*, p. XXXIII-XXXIV; Moorman, *History*, p. 237-238, 430-432. Dawson inclui traduções das cartas dos irmãos Peregrinus e André nas p. 232-237.

263

gios missionários".[54] Ele estudou árabe até aprender a falar, ler e escrever nessa língua. Jaime I financiou um colégio missionário que Lúlio fundou em Miramar, Maiorca, que prosperou por pouco tempo (1276-1292). Ele foi para a Tunísia em 1292-1293 e para a Algéria em 1307, sendo deportado de ambas após tentar debater com muçulmanos cultos. Ele escreveu sua *Ars Magna* em 1270 e palestrou sobre ela incansavelmente em cortes reais e também na corte papal, bem como em universidades. Ele também propagandeou pelo amplo estabelecimento de colégios missionários que ensinassem árabe. Lúlio foi responsável pelo decreto do Concílio de Viena em 1311 que ordenava o estabelecimento de tais colégios nas universidades de Roma, Salamanca, Bolonha, Paris e Oxford. Em 1294 ou 1295, Lúlio se tornou um terciário franciscano. A tradição antiga diz que ele foi apedrejado até a morte em Bugia, Algéria, em 1315 ou 1316.[55]

CONCLUSÃO

Das primeiras jornadas de Egídio e Francisco em diante, uma corrente de frades se dedicou às missões, especialmente entre os muçulmanos e os mongóis. O conselho de Francisco de dar um exemplo antes de pregar foi excluído da *Regra*, mas parece, apesar disso, ter sido amplamente ouvido. As conquistas mongóis e o estabelecimento dos khanatos do Volga até a China criaram uma oportunidade que os frades João de Plano Carpini, Guilherme de Rubrick e, mais especialmente, João de Montecorvino agarraram. Eles gozaram de algum sucesso em Pequim e Zaiton, mas seus números eram muito baixos, o tamanho da tarefa muito grande e seus destinos eram muito intimamente ligados à sobrevivência política dos khans mongóis. Em meados do século XIV, a maré havia mudado e os esforços missionários diminuíram, para ser revividos apenas quando Colombo abriu caminho para o Novo Mundo, ao fim do século XV.

---

[54] Daniel, *Franciscan Concept*, p. 66-67.
[55] Ibid., p. 68-72; Moorman, *History*, p. 230-232.

16. O PAPA JOÃO XXII, A ORDEM FRANCISCANA E SUA *REGRA*

Patrick Nold

A *Regra* e vida dos Frades Menores é esta: observar o santo Evangelho de nosso Senhor Jesus Cristo vivendo em obediência, sem próprio e em castidade. (RB, 1)

Aproximadamente um século após a aprovação da *Regra* franciscana por Honório III, membros da ordem clamaram que um papa estava tentando destruí-la. Para uma ordem previamente tão dependente da proteção do papado, além de seu patronato e seus privilégios, esta era uma notável *volte-face*. A culpa da alienação da afeição é invariavelmente dirigida ao Papa João XXII (1316-1334): muitas fontes franciscanas medievais retratam João como herege, e historiadores seguiram o exemplo, caracterizando o papa como um inimigo da ordem, como Guilherme de Saint-Armour, um mestre de teologia parisiense muito crítico da base teológica ao papel pastoral dos mendicantes. Mas pintar João como o arquiteto de um ataque contra os franciscanos obscurece o fato de que as ações do papa eram fundamentalmente reações – respostas a apelos e súplicas legais dos próprios frades, que, como sempre, se voltavam ao papado para resolver seus problemas. A reforma de João da ordem franciscana foi irregular, fragmentada e não planejada.

João XXII começou seu pontificado honrando a ordem ao canonizar um frade, Luís de Toulouse (morto em 1297). A bula de canonização, *Sol oriens* (abril de 1317), revela a boa disposição do papa em relação aos franciscanos. João louvou a pobreza de Luís: seu uso moderado de bens necessários para o exercício do ofício episcopal, seu amor pelos pobres e seu hábito "surrado" (*vilis*), em observância à *Regra*. A pobreza era digna de louvor e não problemática: de forma alguma era fonte de conflito ou controvérsia. Antes de se tornar papa, João havia sido associado à família de Luís, os regentes angevinos de Nápoles. Ele foi eleito em 7 de agosto de 1316, dois anos após a morte de Clemente V (1305-1314). Clemente, no Concílio de Viena (1311-1322), sediou debates sobre a pobreza franciscana. Ubertino de Casale falou para frades unidos pelo desejo de uma observância mais estrita e inspirados

2ª Parte - Patrick Nold

pelos escritos de Pedro de João Olivi (1248-1298): um grupo geralmente chamado de "os espirituais". Este grupo era contestado pela liderança da ordem, falando pela "Comunidade"; estes conventuais ofereceram uma *apologia* pelo *status quo* definido nos comentários da *Regra* papal, como o *Exiit qui seminat* (1279), de Nicolau III. Clemente impôs um compromisso em *Exivi de Paradiso*. Ele decretou que a *Regra* exigia o uso pobre (*usus pauper*) dos bens, mas a liderança poderia decidir em qual grau. Clemente pediu que novos superiores compassivos com os espirituais fossem nomeados, e isto aconteceu nos conventos do sul da França: Narbonne, Béziers e Carcassonne. Quando Clemente morreu, em 1314, seu compromisso se desfez. Velhos guardiões voltaram ao ofício. Logo depois, os espirituais tiraram esses guardiões de Narbonne e de Béziers. Os frades argumentavam que estavam preservando o compromisso de Clemente e apelaram ao papa seguinte que ouvisse o caso. Tudo isso foi possível pelo apoio eclesiástico local e um forte apoio de leigos conhecidos como os beguinos. Os acontecimentos na Toscana foram diferentes. Lá, ao fim do pontificado de Clemente, frades rigoristas também expulsaram os guardiões, mas, sem o apoio das autoridades leigas e eclesiásticas, sua rebelião teve vida curta. Eles fugiram para a Sicília, onde uma audiência mais receptiva os aguardava.

Ao se tornar papa, João XXII herdou um cisma na ordem franciscana. Há numerosas fontes para sua reação, mas as duas mais importantes são narrativas: *História das Sete Tribulações*, de Ângelo Clareno, que lida com a parte mais antiga do pontificado (1316-1322), e *Cronaca di Nicolò Minorita*, que lida com a segunda parte (1322-1334). Ambas as fontes parecem ingênuas; ambas são tendenciosas. A *História* de Ângelo conta como a pobreza de São Francisco foi traída por líderes negligentes, de Irmão Elias até Bonagrazia de Bergamo, que perseguiram os partidários "espirituais" das intenções do fundador. Por muito tempo um defensor da pobreza estrita, Ângelo, obteve permissão de Celestino V (1294) para observar a *Regra* fora da ordem: seu grupo, os pobres eremitas do Papa Celestino, veio a ser chamado de *fraticelli*. Quando Bonifácio VIII (1294-1303) sucedeu Celestino, ele anulou a legislação de seu predecessor, e a companhia de Ângelo partiu para o Leste. Ângelo voltou ao Oeste para testemunhar os debates de Viena. Encorajado pelo compromisso de Clemente, permaneceu em Avignon para ganhar reconhecimento de seu grupo como ordem religiosa. A *História* de Ângelo, portanto, é o relato de um pleiteante, não apenas uma testemunha.

O relato de Ângelo pode ser cruzado com um inventário anotado das polêmicas espirituais-conventuais compiladas por Raimundo de Fronsac, procurador-geral da ordem. Raimundo e Ângelo atestam que, logo após sua eleição, João foi abordado pelo novo ministro-geral, Miguel de Cesena. Miguel designou Bonagra-

16. O Papa João XXII, a ordem franciscana e sua regra

zia de Bergamo, um inimigo dos espirituais, banido da corte papal por Clemente, a apresentar cinco pedidos para o papa: primeiro, que o estado dos *fraticelli* fosse repudiado; segundo, que os frades toscanos que fugiram para a Sicília fossem restaurados à disciplina; terceiro, que os apelos de Narbonne e Béziers fossem anulados; quarto, que Ubertino de Casale fosse censurado; e quinto, que os beguinos não fossem considerados membros da Terceira Ordem de São Francisco. Essas súplicas anteciparam as ações de João.

Raimundo sugere que o papa hesitou em intervir por escrito: ao contrário, deu sua opinião oralmente em consistórios ou reuniões públicas dos cardeais e trabalhou por meio de intermediários. Por exemplo, ele anulou o estado dos *fraticelli* apenas verbalmente, na primavera de 1317 provavelmente. A respeito dos fugitivos toscanos, perguntou aos cardeais "se os cismáticos deviam ser apoiados e se os frades na Sicília deviam ser considerados cismáticos". Após discussões, muitos cardeais escreveram para bispos sicilianos, descrevendo os frades como membros de uma "seita" ou "pseudofrades", e os alertaram a não ajudá-los. Da mesma forma, quando questionado sobre Narbonne e Béziers, o papa ordenou que o ministro instruísse os frades a entregar seus conventos. Ele também celebrou um consistório em que instruiu certos cardeais a escrever seu desejo sobre o hábito. A carta deles evoca o princípio da uniformidade religiosa: "foi bem estabelecido pelos cânones sagrados que não deve haver diferenças no hábito ou observância entre aqueles que pregam um Evangelho e são da mesma profissão, mas todos devem respeitar a mesma regra e hábito, porque de outra forma gera-se muito escândalo, e a unidade é impossível".

Apesar disso, os frades de Narbonne e Béziers desejavam continuar seu apelo, levando pessoalmente o caso ao papa. De acordo com isso, João convocou os frades em uma carta em que, exasperado, se refere a "certos apelos e protestos que não apenas alteram o estado da ordem, mas justamente devem ter encorajado o escândalo e derrogado a honra da sé apostólica". Raimundo atesta que, quando cerca de 60 frades chegaram a Avignon, "o papa tentou induzi-los ao bem da obediência e da caridade" e os encorajou a desistir do apelo. Mas os frades pressionaram e uma audiência no consistório lhes foi concedida. Raimundo e Ângelo confirmam que a liderança levantou questões contra os porta-vozes dos frades: Bernardo Délicieux, por liderar uma revolta contra a Inquisição muitos anos antes, e Guilherme de Saint-Amans, por inapropriadamente descartar bens pertencentes à Santa Sé.

Ângelo sugere que o papa não permitiu que os frades apresentassem seu caso: proibiu Ubertino de falar em seu nome e outros defensores foram desqualificados. Enquanto Ângelo menciona materiais escritos apresentados pela liderança, nada é dito sobre um dossiê "espiritual". Ângelo, portanto, sugere que o papa não estava bem-informado. Raimundo, entretanto, menciona a apresentação de um grande arquivo de queixas. Certamente, em *Quorundam exigit* (outubro de 1317), João mostrou uma boa compreensão a respeito do caso dos frades. Na realidade, ele cuidadosamente destacou como ouviu completamente: "De cada um dos lados, propuseram coisas por escrito, a nós e aos cardeais... Acima de tudo, cuidadosamente ouvimos os argumentos supracitados. Compreendemos a todos completamente e desejamos levar o supracitado debate a um fim definitivo".

Quorundam começa com palavras claras sobre "a escrupulosidade cega de certos [frades... para quem] é preferível reverenciar as próprias ideias sob o disfarce da consciência a seguir prudentemente as decisões dos prelados de sua ordem, pela virtude da obediência". A bula era uma reafirmação da *Exivi* em duas áreas obscuras na *Regra*: primeiro, o que constituía a humildade (*vilitas*) do hábito e, segundo, estocar-se grãos e vinho para o uso comum era permitido. Clemente endossou uma leitura "espiritual" da *Regra* ao dizer que o hábito devia estar surrado e que os frades não deviam ter estoques de consumíveis. Mas Clemente garantiu aos superiores o poder discricionário de fazer exceções com base nas condições locais. Os espirituais contestaram as decisões de seus superiores. Em *Quorundam*, João reafirmou o juízo de Clemente e acrescentou que os frades que discordassem das decisões de seus superiores não deviam acusá-los de violação à *Regra*. Apesar de não mencionar Narbonne e Béziers, João aqui negava o apelo à Santa Sé e à consciência.

Quorandum tinha qualidades conciliatórias. O papa incluiu uma homenagem pessoal à ordem, dizendo, "quando éramos jovens, o fervor de nosso amor e devoção já ardia por esta santa ordem de Frades Menores". O papa não depreciava os apelantes como "pseudofrades" – talvez por reconhecer seu meticuloso seguimento do procedimento legal. Além do mais, João queria reassegurar aos apelantes que eles não sofreriam represálias: ele exortou os superiores a serem "doces e suaves, gentis e amenos" com os "filhos pródigos". De fundamental importância, entretanto, era que a estrutura disciplinar da ordem, baseada em uma hierarquia de votos, fosse mantida: "A ordem franciscana será arruinada se seus membros se afastarem da santa obediência... porque a pobreza é realmente grande, mas maior ainda é a pureza, e a obediência é a maior de todas, se mantida imaculada".

A implementação da constituição de João ficou a cargo da liderança. Quase que imediatamente, Miguel e Bonagrazia reuniram os frades de Narbonne e de Béziers para lhes perguntar se obedeceriam a seus superiores sobre o hábito e o estoque de consumíveis, e, se não, se o papa tinha o poder de ordenar as coisas como fez no *Quorundam*. A segunda questão era uma armadilha bem elaborada, porque se tratava de obediência a uma questão doutrinal, e os rebeldes poderiam

16. O Papa João XXII, a ordem franciscana e sua regra

tornar-se hereges. Uma maioria aceitou a constituição e foi readmitida aos novos conventos, onde muitos, em violação ao *Quorandum*, estavam presos por ordens de Miguel. Entretanto, 25 responderam negativamente, e suas respostas foram apresentadas ao papa com um pedido de procedimento inquisitório. Em novembro de 1317, João providenciou um inquisidor franciscano com um mandado por escrito para ir de encontro aos "pseudofrades" e "falsos professores" da *Regra*, que foram "manchados pela mácula da heresia".

O que era a heresia? O inquisidor de Marselha não tinha certeza e pediu a acadêmicos de Avignon, incluindo quatro franciscanos, que julgassem três premissas. A primeira era se era herético afirmar que um sujeito pode desobedecer a um superior exigindo que seus hábitos simples sejam deixados de lado porque seria contra a *Regra* e, consequentemente, o Evangelho – e todo mundo que pedisse isso seria um herege. A segunda repetia a pergunta de Miguel e Bonagrazia: se era herético dizer que o papa não tinha o poder de promulgar o *Quorundam*. A terceira questionava se era herético dizer que a obediência não era devida ao papa ou aos superiores em relação ao *Quorundam*, já que ele ia de encontro aos conselhos de Cristo na *Regra*, contra os quais o papa nada podia fazer. Todos os especialistas julgaram as premissas heréticas por sua negação ao poder papal. Ao fim, quatro fradres foram condenados e queimados, em maio de 1318. A sentença final do inquisidor corrige a identificação dos frades sobre a *Regra* e o Evangelho:

> O pontífice romano não iria contra o Evangelho e a fé cristã se ele legislasse contra, mudasse ou suprimisse a Regra de São Francisco; a *Regra* não é o mesmo que o Evangelho, mas uma forma de vida religiosa louvável e particular, aprovada e confirmada pelos pontífices romanos e sujeita absolutamente à interpretação, alteração ou outros arranjos por parte deles.

No intervalo entre *Quorundam* e a queima dos quatro de Marselha, o papa começou a agir contra outros dissidentes – sem dúvida convencido da necessidade pela recepção do *Quorundam*. Sua bula seguinte, *Sancta romana* (dezembro de 1317), pode ser vista como uma resposta por escrito à súplica quíntupla da ordem: tendo cumprido duas *desiderata* (Hubertino havia sido transferido aos beneditinos em outurbo de 1317, e os apelos de Narbonne e de Béziers foram rejeitados com o *Quorundam*), João XXII agora se voltava às questões a respeito dos *fraticelli* e das beguinas. O papa nota que esses grupos se comportam como novas ordens religiosas. Alguns "professam observar a *Regra* de São Francisco à carta, apesar de não devotarem atenção à obediência do ministro provincial da mesma ordem" – uma irônica alusão à ênfase da *Regra* à obediência. Os *fraticelli* "fingem ter um privilé-

2ª Parte - Patrick Nold

gio por seu estado de vida dado por nosso predecessor Celestino" para observar a *Regra*, mas isto é impossível, já que Bonifácio VIII anulou todas essas coisas. A bula também segue os pontos de discussão da ordem ao identificar as beguinas como lobos em pele de cordeiro, que, "ao afirmarem ser da Terceira Ordem de São Francisco, chamada 'de Penitência', tentam disfarçar-se sob o véu de tal nome, já que tal modo de vida não é de forma alguma concedido pela regra". Uma vaga alusão é feita a seu desvio da fé católica e seu desprezo pelos sacramentos.

Um mês depois *Gloriosam ecclesiam* (janeiro de 1318) apontou ao último alvo da súplica da ordem: os rebeldes na Sicília. Mas *Gloriosam* trata, na verdade, sobre muito mais que isso. O papa menciona acontecimentos na França ao relatar as discordâncias sobre a pobreza – o aparecimento de facções que "impulsionaram várias questões e reclamações contra toda a ordem a respeito da *Regra*, como se apenas elas e seus cúmplices entendessem e observassem [a *Regra*]". João enfatiza que Clemente consultou especialistas antes de resumir a *Exigi*, novamente destacando suas passagens sobre a obediência e a discrição ministerial. João descreve os frades toscanos em termos reminiscentes de *Sancta romana* e *Quorundam*: eles tentaram estabelecer uma "nova ordem religiosa" elegendo seus próprios superiores; eles também assumiram "hábitos esquálidos, estranhos, justos e curtos, com pequenos capuzes, diferentes daqueles da comunidade da ordem".

Sancta romana aludia ao desvio doutrinal dos beguinos; *Gloriosam* condenava crenças específicas, descritas como "em parte, heréticas, em parte, insanas, e em parte, fantásticas". O erro mais importante é que:

> [Eles] imaginam duas igrejas: uma carnal, submersa em riquezas, transbordante de ornamentos, manchadas de atos malignos, à qual, afirmam, os protetores romanos e outros prelados inferiores estão sujeitos. A outra igreja, uma "espiritual", pura, frugal, decorada de virtudes, modelada em pobreza, da qual apenas eles mesmos e seus cúmplices fazem parte.

O papa reafirma o ensinamento tradicional de que há apenas uma Igreja, de perfeitos e imperfeitos, liderada pelo pontífice romano – e cujas riquezas devem ser para caridade. João também corrige vários corolários eclesiológicos: por exemplo, que o ministro sacramental da Igreja está comprometido por sua corrupção. O último erro concerne à teologia da história: os rebeldes supõem "que o Evangelho só é completo neles, em nosso tempo, e até este ponto, ele estava escondido, ou melhor, extinto... e que a promessa de Nosso Senhor a respeito do Espírito Santo não estava cumprida nos apóstolos, mas neles". *Gloriosam* condenava crenças fundamentais subjacentes à rebelião dentro e em torno da ordem

16. O Papa João XXII, a ordem franciscana e sua regra

franciscana, não apenas dos frades na Sicília, mas também de espirituais e de beguinos em Languedoc. De forma significativa, o primeiro e o último erro ecoam temas presentes no *Comentário ao Apocalipse*.

Este eco certamente é uma razão pela qual, logo após a condenação do quatro de Marselha, João nomeou um painel acadêmico para procurar heresia no *Comentário ao Apocalipse*, de Olivi. O ímpeto pela investigação veio da liderança da ordem, que há muito vilipendiava Olivi como o guru dos dissidentes franciscanos e lutava por sua condenação. Bonagrazia impugnou a ortodoxia de Olivi em seus debates com Ubertino, em Viena, e tais acusações foram repetidas a João XXII. Da mesma forma, a condenação dos quatro de Marselha mencionava a influência venenosa dos ensinamentos de Olivi. Além do mais, o capítulo geral de 1319 condenou Olivi – um movimento cuja provável intenção era encorajar a comissão e o papa.

A comissão para o *Comentário ao Apocalipse* de Olivi fez relatórios um pouco depois do capítulo, e estes seguiam a orientação da *Gloriosam* e a sentença do inquisidor. Foi condenada a identificação de Roma com a Babilônia, a cidade do demônio, e a grande prostituta. Também foi censurada a ideia de que eras anteriores da história foram suplantadas por uma nova "era do Espírito" na revelação de São Francisco de Assis, assim como a era do Filho do Novo Testamento havia suplantado a era do Pai do Novo Testamento. A comissão – que incluía o franciscano Bertrand de la Tour – também condenou a identificação que Olivi fazia entre a *Regra* e o Evangelho.

O desdobramento dos eventos exerceu ainda mais pressão que o relato da comissão. A perseguição provocou uma onda de resistência fora da ordem: os beguinos começaram a ser vítimas de inquisidores dominicanos no sul da França, de 1319 em diante. Mas restavam questões sobre esta "nova" heresia: João XXII foi consultado ao menos uma vez por um bispo que lhe pediu esclarecimentos, e ele delegou o inquisidor dominicano Jean de Beaune para responder. Muitos testemunhos inquisitoriais sobreviveram, e uma afirmação recorrente é a de que a *Quorundam* de João XXII obrigou os franciscanos a aceitar a propriedade comum na forma de estoques de grãos e de vinho. Isto, sustentava-se, seria contra o voto de pobreza da *Regra* e contra o Evangelho, porque "Cristo e seus apóstolos não possuíam nada individualmente nem em comum". Assim, o papa havia se tornado um herege. A identificação entre *Regra* e Evangelho aqui se repete de uma forma mais precisa. E precisamente essa afirmação teológica foi a causa de outro apelo legal franciscano a Avignon. Em 1321, Jean de Beaune estava prestes a condenar publicamente um beguino por heresia quando um leitorado franciscano, Berengar Talon, defendeu a afirmação de que Cristo e os apóstolos nada tinham de forma individual ou em comum e mencionou *Exiit* para apoiar seu posicionamento. Quando lhe foi pedido que se retratasse, o franciscano apelou ao papa.

A história é contada na *Cronaca di Nicolò Minorita*. A obra não é exatamente uma crônica, mas uma coleção de documentos com introduções contextuais, provavelmente primeiro reunidas em um dossiê pelo advogado Bonagrazia. Ele e Miguel de Cesena fugiram de Avignon em 1328, alegadamente por causa de sua fidelidade a uma doutrina de pobreza condenada por um papa "herege". A *Cronaca* serve tanto como uma justificativa para suas ações quanto como uma acusação contra João: é um "caso de processo" que, como em todos os casos, conta a história de um "crime", parcial e unilateral. A *Cronaca* acusa João como um herege isolado e descomprometido, que devia ser julgado por um conselho, porque intencionalmente contradizia uma doutrina da Igreja definida em *Exiit* e porque ele resistia à correção de uma ordem franciscana unida liderada por Miguel e Bonagrazia. Não há neste relato detalhes inconvenientes ao caso, e isto (junto com as ocasionais adulterações de evidências ao não citar corretamente a fala do papa) faz com que a *Cronaca* seja uma fonte que deve ser utilizada com cautela.

A narrativa da *Cronaca* começa de forma abrupta em 1321, não oferecendo contexto ou motivo para a aceitação por parte do papa do apelo de Talon, a não ser "contradizer aquelas coisas definidas na *Exiit*". Ela sugere que esta controvérsia sobre a pobreza "teórica" era algo completamente novo. Mas João provavelmente aceitou o apelo por uma razão clara: distinguir uma afirmação recorrente dos beguinos (gerada como consequência do *Quorandum*) da crença ortodoxa e condená-la. E o processo começava na primavera de 1322, submetendo essa afirmação à consulta de um consistório sobre "se é herege afirmar que Cristo e seus apóstolos não tinham nada individualmente ou em comum".

"Não ter nada individualmente ou em comum" era uma forma distintamente franciscana de se definir a pobreza. Outras ordens exigiam que seus membros renunciassem às posses pessoais, mas de seus membros possuíam coisas em comum – assim como a própria Igreja possuía propriedades corporativamente. Os franciscanos eram a exceção: a *Regra* afirmava que "os frades de nada se apropriem nem casa, nem lugar, nem coisa alguma" (RB, VI). A partir da *Quo elongati* (1230) de Gregório IX em diante, esta destituição física foi abstraída em uma renúncia aos direitos de propriedade. Os franciscanos não deviam apropriar-se de nada para si mesmos nos termos legais: não possuiriam casas nem lugares, nem coisa alguma, mas apenas os "usariam". O proprietário seria o papado: este arranjo começou em 1245 com a *Ordinem vestrum* de Inocêncio IV e alcançou sua apoteose na *Exiit* de Nicolau III, que especificava que os franciscanos gozassem apenas de um "simples uso de fato" dos bens, cujos direitos de propriedade estavam reservados à Santa Sé. Naturalmente, o clero secular e outras ordens não estavam convencidos da ficção jurídica, e Nicolau

16. O Papa João XXII, a ordem franciscana e sua regra

teve de responder às críticas de que a *Regra* era "ilícita, não observável e injusta". Ele o fez dizendo que a "renúncia individual e comum à propriedade (*proprietas*) sobre todas as coisas era meritória e santa" e que "Cristo ensinou sua doutrina por meio de palavras e atos". Uma resposta mais severa era a sentença de excomunhão de Nicolau, proibindo a discussão sobre o conteúdo da *Exiit*.

Em 1322, esta sentença de excomunhão precisou ser levantada para consulta, pelo apelo de Talon. Um suspensão *viva voce* inaugurou um debate consistório em Avignon. Os prelados franciscanos apresentaram defesas qualificadas da posição de que a pobreza franciscana e a apostólica eram relacionadas, se não idênticas. Relata-se que um deles afirmou:

> É difícil para mim afirmar que a profissão do abençoado Francisco, cuja regra propõe que não se possua nada individualmente ou em comum, seja herege. E a Igreja Romana diz no decreto *Exiit*: "Esta é a regra e a vida que Cristo ensina em suas palavras e afirma em seu exemplo".

Prelados de outras ordens e do clero secular, ao contrário, tendiam a reinterpretar o ensinamento tradicional da Igreja sobre a propriedade apostólica com base em Atos 4,32: "Eles [os apóstolos] compartilhavam tudo o que tinham". Já que os debates orais se provaram inconclusivos, João XXII solicitou opiniões por escrito no mesmo dia em que promulgou a *Quia nonnumquam*, que suspendia formalmente a sentença de excomunhão da *Exiit*. O papa justificou esse ato dizendo: "Queremos abrir um caminho de verdade e remover os perigos colocados a homens letrados, particularmente de forma acadêmica, pelas proibições supracitadas, especialmente já que novas dúvidas surgiram, o que poderia abrir caminho ao erro e colocar perigos à verdade". As "novas dúvidas" parecem referir-se às consequências da *Quorundam* e a desacordos teológicos no que se referia às consultas de João.

João ressaltou que *Quia nonnumquam* não era uma *carte blanche* à impugnação da *Regra*. Ainda assim, a liderança da ordem temia a nova liberdade de expressão e considerava a discussão da cúria uma erupção de críticas reprimidas desde 1279. Ela reagiu de forma defensiva, publicando duas cartas do capítulo geral de 1322: a primeira implorava ao papa para restabelecer a excomunhão da *Exiit*; a segunda, uma carta mais audaciosa, a toda a Cristandade, tentava responder de forma definitiva à questão do papa, afirmando que Cristo e seus apóstolos nada tinham individualmente ou em comum por direito de *proprietas* (propriedade) e *dominium* (posse), nem qualquer direito (*ius*), absolutamente – e a *Exiit* era citada, como apoio. Ao escrever a carta, a liderança esperava acabar com o debate.

2ª Parte - Patrick Nold

Enquanto isso, em Avignon gotejavam os documentos de especialistas legais e teológicos. Os escritos por não franciscanos quase que em sua totalidade criticavam a afirmação dos beguines e da pobreza comunitária de forma geral. Mesmo os franciscanos discordavam entre si sobre como definir a pobreza apostólica por direito de propriedade: como uma ideia franciscana de pobreza poderia ser modificada para permitir aos bispos encarregados dos bens da Igreja o status de apóstolos.

Em novembro de 1322, o papa publicou uma constituição, *Ad conditorem*, que começa: "Não há dúvida de que ele os adapte e, ao legislador dos cânones, quando ele toma conhecimento de certos estatutos, publicados por ele mesmo ou por seus predecessores, que causam danos em vez de ajudar, convém evitar que eles causem mais danos". A bula focava no acordo entre o papado e a ordem, que permitia que os franciscanos afirmassem não possuírem nada de uso comum. João XXII nota que a experiência revelou as consequências involuntárias e danosas desse acordo: em vez de liberar os franciscanos das preocupações mundanas, a renúncia do *dominium* comum os fez ficar mais ansiosos sobre as coisas materiais. Ele fez com que eles se gabassem de ser mais perfeitos que as outras ordens, com base em uma "pobreza" mais nominal do que real – como ao afirmar não ter *dominium* sobre sua comida. Esta era a intenção da *Exiit*? Outro dano era dar chance ao surgimento de cismáticos dentro da ordem – um perigo que continuaria enquanto o *status quo* permanecesse. E os franciscanos não eram os únicos afetados: o papado não tinha benefícios da posse de coisas, como a comida dos franciscanos, e foi levado a litígios pouco edificantes com bispos e o clero sobre a propriedade franciscana. Assim, para evitar outros danos, João XXII decretou que doravante a Igreja Romana não mais aceitaria o *dominium* dos bens franciscanos. *Ad conditorem* teoricamente fez o que João já havia sido acusado de fazer na prática: fazer com que os franciscanos aceitassem a propriedade comum, especialmente de consumíveis.

Ad conditorem não foi bem recebida pela liderança da ordem, que, em reação ao *usus pauper* dos espirituais, havia definido a pobreza franciscana em termos legalistas. Bonagrazia apelou formalmente contra a *Ad conditorem* alegando que o papa não estava bem informado. Este apelo continha argumentos legais sobre a legitimidade de se separar o *dominium* do uso, mesmo de consumíveis: Bonagrazia argumentou que Nicolau pretendia reservar o *dominium* de tais coisas e que isto era consistente com a lei natural, canônica e civil. Também estava incluído um argumento teológico: São Francisco, na *Regra*, pretendia que a pobreza fosse a abdicação do *dominium* comum, o que não podia ser danoso porque Cristo e seus apóstolos o praticavam. Com efeito, Bonagrazia negou o *modus operandi* da *Ad conditorem* com verdades legais e teológicas.

16. O *Papa João XXII, a ordem franciscana e sua regra*

João respondeu a Bonagrazia com uma versão mais detalhada e argumentativa de *Ad conditorem*. O papa objetava a ideia de um "simples uso de fato": não se podia separar o uso da posse em consumíveis e, mesmo em coisas não consumidas pelo uso, algum "direito" deve sempre acompanhar o uso de uma coisa para que seja justo. Enquanto João XXII se ocupava dos argumentos legais de Bonagrazia, ele deixou sem resposta a objeção teológica. A consequência da *Ad conditorem* não mudou em sua segunda redação: os franciscanos perderam seu status originalmente privilegiado como a mais pobre de todas as ordens religiosas e começaram a possuir coisas em comum. O papa concluiu: "Agora pensamos ser justo e apropriado que os professores da dita ordem [franciscana] possam basear sua afirmação de serem um estado mais perfeito e de terem uma "maior pobreza" do que outras ordens medicantes em trabalhos claros, auxiliados pela verdade, e não apenas em meras palavras e atos falsos".

Apenas mais tarde João passou para o campo da teologia. Quase um ano após *Ad conditorem*, uma segunda bula, *Cum inter*, apareceu. Em seu começo se lê:

> Como frequentemente surge a dúvida, entre homens eruditos, com várias e contrárias opiniões apresentadas, de se a afirmação obstinada de que nosso Senhor e Redentor Jesus Cristo e seus apóstolos nada tinham, individualmente ou em comum, deve ou não ser condenada como herética, desejamos colocar um fim a essa discussão. Como a Sagrada Escritura afirma em muitos lugares que Cristo e seus apóstolos tinham algumas coisas, a afirmação obstinada desse tipo contradiz expressamente a Sagrada Escritura através da qual os artigos da fé ortodoxa são provados. Ao supor abertamente que a Escritura contém as sementes da falsidade, a referida afirmação consequentemente torna duvidosa e incerta a fé católica, despojando-a de todas as provas nesta questão. Portanto, com base na orientação de nossos irmãos, declaramos por decreto perpétuo que esta proposição deve ser condenada como errônea e herética.

Aqui o papa condena como herética a afirmação dos beguinos de que Cristo e os apóstolos não tinham nada, porque isto explicitamente contradiz a Escritura. Falando de forma acadêmica, o primeiro parágrafo da *Cum inter* era inquestionável: até mesmo os franciscanos reconheciam que Cristo e os apóstolos, literalmente, tinham algumas coisas – o que importava era a definição de "ter".

Uma dificuldade real estava nos direitos de posse – uma questão irritante antecipada na discussão da *Ad conditorem* sobre o "simples uso de fato". Na continuação de *Cum inter* se lê:

> Por sua vez, pode-se obstinadamente afirmar a partir do supracitado que, a respeito dessas coisas que, de acordo com a Sagrada Escritura, Nosso Redentor e seus apóstolos tinham, não se aplicava a elas um direito de uso ou de consumo, nem eles tinham direito de vender ou doar essas coisas e adquirir outras. A Sagrada Escritura, entretan-

> to, atesta que eles faziam tais coisas ou claramente supõe que poderiam tê-las feito. Tal afirmação obviamente condiciona o uso e a conduta de tal forma que os torna injustos. É perverso dizer isso sobre o uso, a conduta ou os atos de Nosso Redentor. Portanto, nós, a conselho de nossos irmãos, declaramos esta afirmação, contrária à Sagrada Escritura e inimiga da fé católica, doravante condenada como errônea e herética.

Rascunhos – sobre os quais João foi aconselhado por Bertrand de la Tour – revelam que no fim o papa adotou uma posição minimalista para refletir o consenso do especialista. O papa queria evitar uma contradição direta de uma afirmação doutrinal da *Exiit*: enquanto Nicolau havia dito que Cristo e os apóstolos renunciaram a todas as *proprietas*, João XXII afirmou que Cristo e os apóstolos devem ter gozado de alguns direitos sobre as coisas. Aqui a noção de um "simples uso de fato" apostólico, definido como uso sem direitos, é implicitamente repudiada. Mas a omissão do termo real abriu caminho à reconciliação através de uma redefinição de "simples uso de fato" para abranger os direitos especificados na bula. E, realmente, Bonagrazia seguiu este caminho em um trecho harmonizando a *Exiit* com a *Cum inter*: a constituição da última sendo interpretada como outra condenação aos espirituais.

O debate poderia ter acabado com tal harmonização, mas houve um impulso inesperado quando os apoiadores do inimigo político do papa, Luís da Baviera, esboçaram a causa da pobreza em sua disputa com João por causa de sua recusa em reconhecer Luís como "rei dos romanos" ou imperador-eleito. No *Apelo de Sachsenhausen* (1324), os imperialistas voltaram-se contra o papa, levantando dúvidas sobre sua legitimidade ao adicionar a sua lista de queixas um "Minorite Excursus", que acusava João de heresia. O *Apelo* relembrava como os oponentes anteriores da pobreza, como Guilherme de Saint-Amour, tinham sido condenados: igualava a negação da pobreza ao erro dos judeus, sarracenos e anticristo, em uma passagem tirada de Olivi. De forma crucial, o *Apelo* clamava: "O que na fé e na moral os pontífices romanos uma vez definiram por meio do conhecimento deve permanecer imutável para que não seja permitido que seus sucessores suscitem dúvidas ou afirmem o contrário". João era acusado de contradizer os ensinamentos de vários pontífices, mais especialmente Nicolau III em *Exiit*. Para sugerir uma hermenêutica da contradição, o *Apelo* se baseava fortemente no texto de *Ad conditorem,* e para o cuidadosamente escrito *Cum inter* ele contextualizava historicamente a suposta hostilidade papal contra *Exiit* – um estratagema mais tarde usado pela *Cronaca di Nicolò Minorita*.

João XXII defendeu-se em *Quia quorundam* (1324). Sua resposta imediata à acusação de heresia foi notar que suas constituições foram promulgadas apenas após consultas de especialistas. O papa então argumentou que *Cum inter* não contradizia doutrinalmente *Exiit* sobre a pobreza de Cristo e que qualquer contradi-

16. O Papa João XXII, a ordem franciscana e sua regra

ção entre *Exiit* e *Ad conditorem* não importava, já que ela lidava com a disciplina da Igreja. Ainda assim, a politização da pobreza reduziu a margem para equívocos em Avignon. O papa endureceu sua posição em *Quia quorundam* para condenar explicitamente a ideia de que Cristo e seus apóstolos tinham apenas um "simples uso de fato". A liderança da ordem, Miguel e Bonagrazia, ficou satisfeita em usar as constituições de João como novas armas para guerras antigas; eles concentraram suas energias em um estímulo renovado à condenação de *Comentário ao Apocalipse*, de Olivi (algo que se tornou desejável pelo uso imperialista de seus escritos), e à punição do beneditino Ubertino. Enquanto isso, João veio a suspeitar deles por rapidamente imporem a aderência a suas regras na ordem e por simpatizarem com Luís. Os acontecimentos atingiram seu ápice em 1328, quando Luís invadiu a Itália, foi coroado imperador, simbolicamente depôs João XXII em Roma e nomeou um franciscano como antipapa. Logo após esses acontecimentos, Miguel e Bonagrazia, junto com Guilherme de Ockham e Francisco de Ascoli, desertaram a cúria papal e foram a Pisa, uma cidade pró-imperial. Miguel e Bonagrazia seguiram o *Apelo de Sachsenhausen*, usando os escritos de Olive, seu antigo bode expiatório, para acusar o papa de heresia. O papa respondeu *in extenso* a um de seus textos, o *Appellatio in Forma Minori*, em *Quia vir reprobus* (1329) – dirigida contra Miguel, refutando sua interpretação de *Ad conditorem*, *Cum inter* e *Quia quorundam*. A mente mais original no grupo de Miguel era Ockham, que ofereceu ao caso do grupo contra o papa um grau de sofisticação filosófico em obras como *Opus nonaginta dierum* e *Dialogus*.

Em sua polêmica, o grupo de Miguel sustentava representar as crenças de toda a ordem franciscana como incorporada na *Exiit*, assim como havia feito em suas polêmicas contra os espirituais. A ordem não seguia, porém, estes líderes no cisma e logo se alinhou a uma nova liderança. Após sair de Avignon, Miguel foi deposto como ministro-geral por João XXII e Bertrand de la Tour foi nomeado vigário até que o capítulo geral de 1329 pudesse eleger um substituto. Eles elegeram um parente de Bertrand, Guiral Ot, que queria publicar novas constituições para a ordem. A reforma abortiva de Guiral sobre o manuseio de dinheiro no capítulo geral de 1331 provocou a última e mais reveladora intervenção de João XXII. São Francisco havia dito em sua *Regra*:

> Mando firmemente a todos os frades que de nenhum modo recebam dinheiro ou pecúnia por si ou por intermediário. Mas, para as necessidades dos enfermos e para vestir os outros frades, os ministros apenas e os custódios, por meio de amigos espirituais, tenham solícito cuidado, segundo os lugares e tempos e frias regiões, como lhes parecer servir à necessidade; sempre salvo, como foi dito, que não recebam dinheiro ou pecúnia. (RB, IV)

2ª Parte - Patrick Nold

Essa proibição se mostrou difícil de ser observada e seu descuido causou escândalo. Guiral propôs a reinterpretação da *Regra* para que a ordem pudesse receber dinheiro através de intermediários para as necessidades de qualquer enfermidade, tanto física quanto espiritual. Sua proposta enfatizava o cuidado da liderança na observância da *Regra*, como os papas haviam feito em *Exivi* e *Quorundam*. Mas a resposta de João em consistório surpreendeu Guiral e impressionou o franciscano Alvarus Pelagius:

> "Esta interpretação... é distorcida e contra a regra, e nós não acreditamos que um entre mil frades concordaria com você nessa interpretação"... E certo cardeal me disse [Alvarus], depois: "Na verdade, quando estávamos com o papa, o próprio São Francisco estava conosco – ou seja, para defender sua regra".

Essa reação foi consistente com as reformas anteriores de João XXII? Inicialmente, o papa seguiu a liderança e as bulas papais prévias, ao enfatizar a autoridade ministerial e o cuidado na interpretação de áreas obscuras e controversas da *Regra*. Em meados de seu pontificado (1322-1324), João se separou da liderança: ele não acreditava que a renúncia aos direitos de propriedade fosse apoiada pela *Regra* ou pelo Evangelho, mas a considerava um acordo descartável de seus predecessores. Perto do fim de seu pontificado, ele rejeitou uma proposta da nova liderança de liberar os frades de uma proibição explícita na *Regra*. A recusa do papa indica que ele levava a *Regra* de São Francisco bem a sério. Na realidade, as reações de João XXII aos apelos e súplicas legais da ordem sugerem que o papa tentou ser um intérprete fiel, mesmo que literal, da *Regra* franciscana, e não um antagonista que tentou destruí-la.

17. O APELO ECUMÊNICO DE FRANCISCO

Petà Dunstan

São Francisco foi por séculos um santo muito reverenciado, mas apenas por católicos romanos. Após a divisão da Igreja entre Ocidente-Oriente em 1054, as igrejas ortodoxas orientais raramente se envolveram com aqueles declarados santos por Roma nos séculos seguintes. Após a fratura da Igreja no Ocidente na época da Reforma, no século XVI, os protestantes incluíram em seu panorama teológico uma rejeição do que viam como falsas alegações de santos e seus cultos, junto com o próprio sistema monástico. Um fundador de uma ordem religiosa medieval como Francisco, portanto, tinha pouco apelo para eles. Mesmo os anglicanos, cuja posição eclesiástica eventualmente se tornou uma mistura de estruturas católicas e visões reformistas, achavam que um santo como Francisco era associado demais com o que eles enxergavam como uma superstição enjoativa e um fervor maldirecionado. Em todo caso, os acontecimentos políticos nos séculos XVI e XVII alimentaram o medo do "papismo", significando que não poderia haver muita atração a qualquer santo intimamente associado com a lealdade a Roma.

Portanto, tanto mais importante foi a acentuada mudança no século XIX, período que acabou com São Francisco sendo o santo medieval mais admirado por anglicanos e protestantes. Adotado de várias formas como uma das figuras religiosas mais inspiradoras na história cristã, sua emergência como ícone ecumênico foi surpreendente.

O MOVIMENTO ROMÂNTICO

A origem dessa mudança pode ser encontrada no Movimento Romântico. A partir dos últimos anos do século XVIII, as pressões sociais e políticas causadas pela ideologia revolucionária e o caos das guerras napoleônicas, e também pelo início da Revolução Industrial, assistiram a uma reação cuja inspiração estava na História. O resultado foi que a defesa contra as consequências negativas da "Idade da Razão" se tornou a imaginação e a fé do período medieval. Escritores e pensadores em países protestantes, bem como católicos, começaram a reavaliar a Idade Média. Por tanto

2ª Parte - Petà Dunstan

tempo desprezada pelos protestantes como uma época de superstição e atrasos – o pano de fundo necessário para justificar a perturbação da Reforma –, ela se tornou então admirada como um período de ordem e cortesia, quando a fé floresceu, mesmo que as instituições religiosas fossem consideradas degradadas. A arquitetura e a arte góticas agora eram louvadas como representantes de um ponto alto da cultura. Suas linhas e decoração se tonaram modernas novamente, e o "neogótico" veio a dominar muito do design do século XIX. Mesmo na Grã-Bretanha, cuja tradição intelectual ser mais cética sobre ideias continentais, a mudança foi inflada por membros jovens das classes mais ricas que viajavam pela Europa – para alguns, o extenso "Grand Tour" –, uma corrente intensificada pelas coleções de arte e artefatos resultantes dessas viagens. A Itália era um de seus principais destinos. A influência do Movimento Romântico então se alastrou e se tornou popular como o modo de uma nova era.

Isto abriu caminho para se olhar São Francisco novamente. Primeiro, escritores católicos e depois os acadêmicos protestantes começaram a assumir o espírito da era, e vários historiadores começaram a "romantizar" a história da vida de Francisco. Johann Joseph von Görres (1776-1848) na Alemanha e Frederick Ozanam (1813-1853) na França eram dois dos principais exemplos dessa corrente entre os católicos. Na Grã-Bretanha, Sir James Stephen (1798-1859), advogado e distinto funcionário público, que em 1854 se tornou Regius Professor de História Moderna, em Cambridge, pediu que um acadêmico britânico avaliasse a vida e a contribuição do santo. Stephen era um anglicano evangélico, casado com uma das filhas do fundador da Sociedade Missionária da Igreja, Revd John Venn. Esta base religiosa, entretanto, não o impediu de defender São Francisco. Ao avaliar duas biografias (francesas) de Francisco para o *Edinburgh Review* em 1845, ele louvou o santo como o maior reformista e pregador antes de Lutero, dizendo que ele havia produzido um "entusiasmo" maior do que Wesley ou Whitfield no século XVIII.[1] Sobre os franciscanos, ele concluiu:

> Em uma era de tirania oligárquica eles eram os protetores dos fracos; em uma era de ignorância, os instrutores da humanidade; e em uma época de prodigalidade, os austeros defensores da santidade do caráter sacerdotal, e das virtudes da vida doméstica.

Stephen estava sugerindo que São Francisco não era apenas uma figura história, mas alguém cujos valores eram relevantes aos assuntos contemporâneos do século XIX, que podiam ser clamados mesmo pelos cristãos fora do rebanho católico romano. Ele terminou o artigo pedindo para se "reavivar a memória de um

---

[1] Análise publicada no n. 73 do jornal; reimpressa como o capítulo 2 de J. Stephen, *Essays in Ecclesiastical Biography*, 5th edn (Londres, 1867), republicada regularmente nas décadas subsequentes.

17. *O apelo ecumênico de Francisco*

Pai da Igreja uma vez famoso, agora obscurecido por uma negligência não merecida e um opróbio indiscriminado entre nós", e para um acadêmico que escrevesse a "história completa de São Francisco, estimando imparcialmente seus atos, suas opiniões, seu caráter, suas obras".

Uma nova biografia em inglês, entretanto, teve de esperar quase duas décadas – e quando foi lançada, não foi por um acadêmico universitário, mas por uma escritora mais conhecida como novelista: Margaret Oliphant (1828-1897). A viúva Sra. Oliphant, sobrecarregada de dependentes impecuniosos durante muito tempo de sua vida, escreveu de forma prolífica para ganhar dinheiro. Sua produção enorme de romances e artigos incluía também algumas biografias e obras de não ficção "populares". Tendo viajado pela Itália na década anterior, não deixou que seu passado na Igreja Livre (Calvinista) da Escócia a detivesse em se interessar por São Francisco. Ela leu tudo o que pôde e em 1868 produziu uma biografia acessível em que louvava o santo como um ideal. Em sua biografia anterior (1862) sobre o pastor protestante Edward Irving, ela louvou Irving por um "estilo mais alto de Cristianismo, algo mais magnânimo, mais heroico que os afetos desta era". O mesmo podia ser dito sobre sua visão sobre Francisco – ele era alguém que inspirava valores cristãos eternos em uma era de incertezas e mudanças. Tais líderes religiosos estão acima da denominação e da controvérsia. Isto se tornou um componente significativo no apelo de São Francisco.

Publicada pela Macmillan em sua série The Sunday Library for Household Reading, um título que expressa de forma eloquente a audiência-alvo de famílias que leem tanto por prazer quanto por conhecimento após a missa de domingo, a obra *Saint Francis of Assisi* de Oliphant foi um sucesso imediato. Uma segunda edição veio em 1871, e reimpressões e reedições se seguiram a intervalos regulares, até o século XX. Este livro se provou influente, criando a "imagem" de São Francisco para leitores britânicos por muitas gerações futuras. Ele se baseava principalmente nas leituras da Sra. Oliphant de autores franceses e alemães, particularmente um livro de 1852, de Ozanam, sobre poetas franciscanos e a obra de Karl August von Hase (1800-1890), um professor protestante de teologia em Jena, que publicou um substancial estudo sobre São Francisco em 1856. Estas fontes estavam mergulhadas no espírito romântico, e a Sra. Oliphant reproduziu sua abordagem em um gênero popular. Na introdução, ela caracterizava o século XIII como um período de transição, quando as crises estavam mudando as bases da sociedade e estabelecendo "todas as nações novamente em uma base alterada", espelhando as perturbações da época atual. Então, ela sugeriu, São Francisco era relevante aos contemporâneos dela. No capítulo 8, São Francisco é idealizado

2ª Parte - Petà Dunstan

como "um homem transbordante de compaixão por homens e animais" e lê-se que "o magnetismo do coração, aquela força que ninguém pode definir, mas que é impossível de ser ignorada, cercava-o como uma atmosfera especial". Então, Francisco é retratado tendo um apelo universal e não sectário, um santo para cristãos, não especificamente católicos.

Os aspectos mais inquietantes da vida do santo para uma audiência anglicana ou protestante foram minimizados. Os estigmas, por exemplo, foram citados no capítulo 16 (perto da conclusão do livro), mas não como centrais na história: "os estigmas, se existiram, parecem ter sido ignorados por seu possuidor". Se eles eram um "milagre", "as evidências não são tão completas ou satisfatórias a ponto de justificar que reconheçamos ou classifiquemos o acontecimento". Era "seguro", então, para os não católicos romanos reverenciarem São Francisco. Você podia admirar o homem sem ter que aceitar o que a Sra. Oliphan percebia como um conjunto de fábulas desnecessárias.

O PODER DA NATUREZA

São Francisco também era atraente ao leitor do século XIX por causa de sua ligação com a natureza. O século não foi apenas de mudanças econômicas e políticas, mas também de avanços científicos. O estudo do mundo natural era visto como uma busca divina, pois a compreensão da criação levaria certamente à compreensão do Criador. A "teologia natural" de William Paley (1743-1805) ainda era influente, especialmente entre aqueles de uma convicção evangélica na Igreja da Inglaterra. Muitos clérigos anglicanos viam a botânica e similares como ocupações sérias. Entretanto, desenvolvimentos como os da geologia e, então, a publicação da teoria da evolução (1859) levaram a ciência ao conflito com algumas ideias religiosas, especialmente o literalismo bíblico. Descobertas e teorias científicas pareciam retratar o mundo físico e suas leis como amorais, aleatórios, severos – então onde estava Deus? Mas São Francisco podia servir como um poderoso antídoto. Ele era valorizado como "afinado com" a natureza e os animais, demonstrando a harmonia em um universo criado por Deus e estragado pelo pecado humano. A Sra. Oliphant expressou isto assim:

> O nobre conceito de um mundo redimido, um universo todo invadido pela presença do Criador e o amor do Salvador. Os homens, então e agora, eram seres tristemente insatisfeitos com tanto amor e cuidado derramados sobre eles... Francisco..., angustiado, deixou para trás as contenções e as lutas de seu tempo, as batalhas nas cidades, os nobres gananciosos, um mundo inteiro de sangue e opressão e, com um inefável alívio, ouviu os gentis pássaros cantando nas florestas, as criaturas inofensivas sussurrando entre as árvores.

17. O apelo ecumênico de Francisco

Esta visão sentimental da natureza e suas propriedades curadoras era imensamente popular, por ser tão reconfortante. Todos podiam gozar da natureza, do poder atrativo dos animais e das plantas. Para as Igrejas Reformadas, ao mesmo tempo em que lutavam com desafios científicos contemporâneos, Francisco era valioso demais para ser ignorado. Elas o interpretavam como portador de uma "ética" da natureza que baseava firmemente a observação científica no teísmo, em vez de no agnosticismo e na dúvida. Podia-se julgar que, nesta área, ele foi mais relevante aos protestantes do que a Roma, porque os primeiros colocavam menos ênfase na tradição e, portanto, eram mais vulneráveis à visão de mundo agnóstica, caso a Bíblia fosse considerada uma verdade não histórica nem literal. Em 1933, Charles Raven (1885-1964), Regius Professor de Divindade em Cambridge de 1932 a 1950, reiterou este ponto no prefácio de um livro sobre Franciscanismo:

> Além do mais, como ultimamente tem sido notado por um católico francês proeminente, São Francisco é o santo entre os santos da Igreja Romana, talvez o único, conhecido, reverenciado e amado pelas Igrejas Reformadas. Seja verdade ou não, como sustenta o mesmo escritor, que a ampla diferença entre o Cristianismo protestante e católico é mais bem ilustrado pelo fato de que o amor à natureza e à vida animal é característico do primeiro e quase sempre completamente ausente no segundo, ao menos o Santo de Assis é uma excelente exceção; e é provável que seu entusiasmo pela fraternidade de pássaros e feras, mais ainda do que os estigmas, é o que nos consagra a sua santidade.[2]

Não conformidade

Entretanto, os católicos não romanos não podiam promover São Francisco como um ideal e simplesmente ignorar seu relacionamento com Roma. Os escritos do santo e outras fontes deixavam clara sua aceitação da autoridade papal e da doutrina tradicional. Escritores reformistas refutaram isto ao enfatizar as críticas de Francisco às atitudes religiosas de seus contemporâneos, e o chamado que ele recebeu para "salvar a Igreja". Ele pode ter sido obediente à autoridade eclesiástica, mas também a desafiava e, portanto, era um "não conformista", um reformista aspirando a mudar a Igreja Católica três séculos antes da tentativa de Lutero. Um exemplo desta interpretação seria encontrado em uma carta ao *The Times* em dezembro de 1870. Arthur Stanley (1815-1891), que foi Deão de Westminster entre 1864 e 1891 e um anglicano da "Igreja Ampla muito lido e influente, referiu-se a Francisco nestes termos:

---

[2] P. Cowley, *Franciscan Rise and Fall* (Londres, 1933), p. VII.

2ª Parte - Petà Dunstan

> Eu arrisquei chamá-lo de "Não Conformista" como um modo simples de expressar que o Não Conformismo tem a mesma relação com a Igreja da Inglaterra que as ordens religiosas tinham com a Igreja de Roma.

Stanley sugeria que Francisco era intimamente ligado à Igreja de Roma – apesar de "fora dela" –, assim como ele via os metodistas próximos à Igreja da Inglaterra – apesar de não "dentro" dela. Este é um juízo peculiar – e simplesmente não verdadeiro –, mas mostra como a reivindicação da influência de São Francisco se tornou importante para um membro da instituição anglicana.

Em outro lugar na Europa, o escritor francês Ernest Renan (1823-1892) produziu um estudo controverso sobre Jesus, em 1862, no qual o sobrenatural foi eliminado e a definição dogmática, descartada. Ele então fez uma análise similar sobre Francisco, colocando-o além de credos ou tradições doutrinais. Seu aluno, Paul Sabatier (1858-1928), um pastor calvinista que mais tarde lecionou na Universidade de Estrasburgo, foi quem escreveria uma biografia *acadêmica* que tornaria São Francisco aceitável à audiência protestante. A obra *Vida de São Francisco* foi publicada primeiro em francês, em 1893, mas rapidamente apareceram traduções por todas as partes. Em seu uso de fontes originais, o livro de Sabatier é mais acadêmico que a maioria das outras biografias do século XIX sobre o santo, mas continua imbuído do espírito romântico infiltrado em todos eles. Mas ele também tem um motivo político mais distinto.

A visão de Sabatier sugeria que, apesar de o Franciscanismo poder ser inegavelmente católico romano, o próprio Francisco, ao contrário, pertencia ao protestantismo tanto quanto Lutero ou Calvino. Na introdução do livro, seu sujeito é posicionado como parte de um movimento que era popular e dos leigos, "arrancando então coisas sagradas das mãos do clero". O sacerdote é "quase sempre o inimigo". Francisco "percebeu a superioridade do sacerdócio espiritual". Ele era leal à Igreja da mesma forma que os primeiros revolucionários franceses de 1789 acreditavam ser "sujeitos bons e leais a Luís XVI". Ele "certamente acreditava que a Igreja havia se tornado infiel a sua missão... Ele esperava um verdadeiro despertar da Igreja em nome do ideal evangélico que ele tinha recuperado". Para Sabatier, portanto, Francisco era um "protestante" reformista. Ele também era um modernista, dispensando dogmas e ortodoxia por uma liberdade radical baseada na pobreza e na unidade com a natureza. Assim como outros escritores mencionaram, pode-se julgar que Sabatier estava projetando em São Francisco os valores e as crenças que ele mesmo tinha. Entretanto, esse livro estimulou uma erupção de outros estudos pelos protestantes, tanto populares quanto acadêmicos, e não apenas sobre Francisco, mas sobre a espiritualidade, a história e a arte franciscanas também.

17. O apelo ecumênico de Francisco

O DESAFIO DA POBREZA

À medida que o século XIX corria, o apelo ecumênico de São Francisco foi impulsionado por outro fator: a questão da pobreza. A Revolução Industrial mudou o cenário, especialmente à medida que pequenas e modestas cidades cresceram e viraram grandes cidades; e tanto um acentuado crescimento da população quanto o advento de fábricas e cortiços urbanos baratos para abrigar seus trabalhadores produziram uma nova gama de problemas sociais urbanos. Eles apareceram muito rapidamente e eram impossíveis de serem ignorados. Como a Grã-Bretanha tinha sido o primeiro local da Revolução Industrial, a Igreja da Inglaterra logo se confrontou com a necessidade de responder a ela. Em particular, a construção de igrejas em áreas recém-construídas e o desafio de evangelizar o crescente número de pessoas pobres que lotavam os cortiços urbanos pressionaram seus líderes, de forma urgente. Muitos reconheceram que apenas o sistema de paróquias não conseguiria lidar com todos esses problemas. Alguns se voltaram às campanhas políticas, e seguidores do "Socialismo Cristão" apareceram nos anos de 1840, mas não se uniram em um movimento distinto, alguns estando mais envolvidos politicamente enquanto outros se concentravam na educação dos trabalhadores. Todos, portanto, acabaram fazendo campanha como indivíduos e não como parte de uma organização definida, limitando seu impacto. Para outros, a resposta não está na atividade política, mas na fundação de comunidades religiosas dedicadas ao alcance social, uma aspiração que se articulava com os desenvolvimentos teológicos da igreja.

Os tractarianos nos anos de 1830 reacenderam entre os anglicanos a perspectiva de reclamar sua herança católica, um aspecto da qual era a renovação da vida religiosa. Apesar de argumentos entre os bispos e outros sobre a validade e o status dos votos em tais comunidades, as fundações para mulheres começaram a ser formadas a partir de meados dos anos 1840. Estas cresceram rapidamente, e as fundações para homens as seguiram, a partir dos anos 1860. Ao fim do século XIX, a renovação da vida religiosa tinha se espalhado aos anglicanos do mundo inteiro. Numericamente pequenas em relação aos padrões dos católicos romanos ou ortodoxos, essas comunidades eram, entretanto, influentes. Na Conferência de Lambeth de 1897, elas já eram aceitas como um elemento permanente no Anglicanismo.

O movimento anglo-católico também encorajou o estudo sobre santos. São Francisco, sendo um dos mais atraentes pelas razões supracitadas, logo se tornou o foco de atenção também por causa de seu amor pela pobreza. Diante de problemas sociais esmagadores, um santo que abraçou a pobreza com alegria era um modelo tanto para os próprios pobres quanto para aqueles que queriam aliviar o sofrimento e as privações das "classes inferiores". São Francisco ofereceu o carisma de viver com os pobres e compartilhar de sua pobreza, em vez de ministrar de um lugar de segurança e relativo conforto. Não era uma questão apenas de serviço, mas também de identificação. As comunidades religiosas pareciam uma forma de conseguir isso.

FUNDANDO COMUNIDADES RELIGIOSAS FRANCISCANAS

Da perspectiva de fundações especificamente franciscanas, o primeiro impulso era seguir as noções de Francisco colocadas pelos biógrafos protestantes românticos, ou seja, separar o santo da Igreja institucional. A Igreja da Inglaterra era fortemente considerada a "instituição", ligada a estruturas políticas e redes de poder. Então, um dos primeiros pioneiros, James Adderley (1861-1942), estava determinado a estar "fora" dessa "instituição". De base privilegiada, com uma família proeminente no Parlamento e na Igreja, após sua própria ordenação ele não obstante se virou contra o conforto material e prestígio. Ao contrário, ele partiu para missões na estrada e vagou sem destino com os andarilhos. Suas ideias não eram, no começo, franciscanas no nome, mas ele desenvolveu uma visão, expressa em um romance, *Stephen Remarx*, que delineou uma comunidade de pessoas que juraram à *Regra*, mas que trabalhavam individualmente, em empregos humildes. A vida comunitária seria intermitente, centrada em um convento rural que serviria como um local de orações e retiro para os membros, quando eles necessitassem de períodos de descanso. A ideia tinha uma similaridade com um grupo de Regulares da Terceira Ordem Franciscana. Este arranjo, acreditava Adderley, permitiria que os membros escapassem da armadilha de servir diretamente a Igreja institucional, que ele acreditava embotar sua capacidade potencial de testemunhar, fazendo com que compactuassem com os sistemas sociais e econômicos que criaram a pobreza, em primeiro lugar. Eles seriam profetas *fora* das estruturas da Igreja, capazes de servir aos pobres ao mesmo tempo em que eram livres da associação com o poder e o controle. Em São Francisco e sua *Regra*, Adderley veio a enxergar um esquema a partir de dentro da tradição cristã para suas próprias ideias. Mas a pobreza pessoal do próprio Adderley só podia ser uma noção "romântica", já que ele nunca deixaria para trás suas bases, especialmente sua educação e a segurança que ela proporcionava.

Para fundar a Sociedade da Divina Compaixão (SDC) em 1894, James Adderly, a princípio, foi forçado a se comprometer com a implementação de sua visão completa. Ele e seus companheiros, Henry Chappell (1867-1913) e Andrew

17. O apelo ecumênico de Francisco

Hardy (1869-1946), assumiram um distrito de missões em Plainstow, no East End de Londres, para conseguir uma casa física e uma pequena renda para a nova comunidade religiosa. No ano seguinte, Andrew se tornou o primeiro homem em quase 480 anos a ser ordenado sacerdote na Igreja da Inglaterra vestido com um hábito franciscano.[3] Henry e Andrew tinham uma visão mais paroquial que a de James, acreditando que os franciscanos precisavam trabalhar com a Igreja e mostrar de *dentro* das estruturas como testemunhar o Evangelho em meio aos pobres. Neste sentido, eles eram muito mais verdadeiros em relação ao carisma do santo e mais conectados com o que consideravam a visão original. O compromisso acabou sendo demais para Adderley, que renunciou como superior em 1897 e, frustrado, deixou a SDC. Ele tentou fundar outra comunidade, que não vingou, e ironicamente passou o resto de sua vida como padre de paróquia.

Os irmãos que ele deixou para trás em Plainstow cresceram em número, implementando duas expressões práticas de sua política: eles evitavam todas as comodidades materiais negadas a seus paroquianos; e seus irmãos leigos trabalhavam em indústrias locais, como na reparação de relógios e na tipografia, compartilhando, portanto, das ansiedades e pressões de seus próximos. Em vez de testemunhar a Igreja como rebeldes do lado de fora, eles testemunhavam em nome da Igreja, de dentro de suas estruturas. Era uma diferença crucial.

A ideia de frades itinerantes não foi completamente esquecida, entretanto. Um dos noviços da SDC, Egídio, pediu permissão para percorrer as "casual wards", os abrigos fundados pelo governo para os andarilhos. Estes locais ofereciam alojamento para apenas duas noites, com alimentação em troca de um dia de trabalho, após o que o andarilho tinha de seguir para a próxima "casual ward", o que significava uma vida em completo movimento, o que, especialmente no inverno, era difícil. Dormir na rua ou nos campos era ilegal até 1935, e então a alternativa a ser andarilho era ser preso e sentenciado. O chamado de Egídio era a solidariedade com quem lidava com este padrão de vida, mas o capítulo da SDC acreditava que ao mesmo tempo em que São Francisco "abraçou literalmente a pobreza", se vivesse no começo do século XX ele estaria preocupado com a dignidade do trabalho, "não em pedir com o mendigo, mas em trabalhar com o trabalhador... Amor aos pobres – ou melhor, os oprimidos e famintos – é mais bem expressado quando os ajudamos a trabalhar".[4]

---

[3] Sou grata ao Dr. Micahel Robson pela seguinte referência a tal ordenação anterior: 28 de março de 1517: (Quat. Temp.), ordens sacerdotais conferidas por Nicholas (West), bispo de Ely, na capela do Ely Palace em 28 de março de 1517 em Walter Leger: Ordinis Minorum jurisdictione Cant. (CU.EDR.G/1/7, fol. 84r, West, in J. R. H. Moorman, *The Grey Friars in Cambridge 1225-1538* (Cambridge, 1952), p. 191).

[4] A. Clifton Kelway, *A Franciscan Revival* (Plaistow, 1908), p. 10.

2ª Parte - Petà Dunstan

Egídio se sentiu compelido a sair da comunidade e então se tornou um frade solitário nas estradas, mas sua esperança por uma casa religiosa, onde os andarilhos que encontrara em suas viagens pudessem ser convidados e onde, através do trabalho na terra, eles pudessem recuperar a confiança e a autoestima, continuou sendo um desejo não realizado. Após servir nas forças armadas na Primeira Guerra, ele retomou sua vida, mas com tantos antigos soldados nas estradas como andarilhos, o humor público havia mudado. Em vez de serem dispensados como "errantes" desempregados, agora eles eram heróis de guerra, revoltantemente negligenciados por um governo ingrato. Egídio recebeu a oferta de apoio, de patronos importantes. Inicialmente, ele considerou a fundação de um convento nos arredores de Oxford, mas em 1921 ele se mudou para Flowers Farm, perto de Hilfield, em Dorset, para uma propriedade que pertencia ao conde de Sandwich. Outros se juntaram a ele para fundar a Brotherhood of St. Francis of Assisi (Fraternidade de São Francisco de Assis), BSFA, com o total apoio da Igreja. Entretanto, ele não conseguiu sustentar seu compromisso e deixou a comunidade; a empreitada foi retomada por outra pessoa em 1922.[5]

Esta pessoa era, inesperadamente, um pastor anglicano evangélico, criado metodista, um homem que suspeitava das práticas anglo-católicas e dos costumes da vida religiosa, como o uso de hábitos. Douglas Downes (1878-1957) não era alheio ao ministério dos pobres, entretanto. Enquanto curador, ele havia vivido no teto de um abrigo de trabalhadores, com caixas de laranja como mobília. Então, enquanto professor na Índia, ele viveu com seus estudantes em um albergue, evitando todos os privilégios do raj britânico. Depois de ser capelão na Primeira Guerra, ele ministrou em Oxford, onde encontrou Egídio e encorajou sua obra. Incapaz de lidar com o fracasso do projeto de Dorset, ele assumiu a administração da BSFA, apesar de não se considerar um frade na tradição católica, contentando-se de ter voluntários de outras tradições, como quakers e congregacionalistas, envolvidos. Nos anos 1920, Douglas aprenderia o valor das tradições da vida religiosa, mas a preocupação dominante em sua liderança era o trabalho social. Casas para andarilhos, e mais tarde para refugiados, foram levantadas em diferentes países, e Douglas ajudou a lançar uma campanha para a reforma do sistema das "casual wards", finalmente realizada sob o Governo Trabalhista, entre 1929 e 1931. Muito foi conquistado. Mas a comunidade como ordem religiosa não cresceu.

Entretanto, o envolvimento de Douglas e outros cristãos de mentalidade evangélica demonstrou a ampla simpatia que os 50 anos anteriores haviam gerado por São Francisco. O Irmão Douglas não estudou a vida do santo, nem leu muitos estudos franciscanos, porque não havia sido criado como um anglo-católico, nem educado nesta vertente da

---

[5] Para relatos detalhados sobre esses acontecimentos e os que se seguem no resto desta seção, ver os relevantes capítulos de Petà Dunstan, *This Poor Sort* (Londres, 1997).

17. O apelo ecumênico de Francisco

tradição anglicana. Mas Francisco era o seu santo. O homem de Assis com braços abertos, rodeado de pássaros e outros animais, era um ícone para aqueles que ministravam para os pobres, mesmo quando pouco conheciam de sua história ou de suas crenças. Entretanto, para anglicanos com mente mais católica, a BSFA era um exemplo do Franciscanismo "pop" que eles acreditavam solapar as oportunidades de desenvolver o que consideravam uma ordem franciscana mais rigorosa e autêntica em sua Igreja.

Gerou-se interesse também por parte das universidades, especialmente com a aproximação do 700º aniversário da morte de São Francisco, em 1926. Em Cambridge, foi fundada uma Sociedade Franciscana na Universidade, tendo como presidente F. C. Burkitt (1864-1935), o Norris-Hulse Professor of Divinity (Professor de Divindade Norris-Hulse).[6] Seu aluno secretário, John Moorman (1905-1989), seria mais tarde um bispo e um notável acadêmico franciscano. Em Oxford, um grupo de estudantes se reuniu e fez um retiro já em 1924, ansiosos por encorajar uns aos outros a considerarem um futuro como frades anglicanos, mas o clero anglo-católico desencorajou seu entusiasmo inicial de construir uma comunidade com base ao redor da BSFA. Outras comunidades franciscanas também foram fundadas em outros lugares.[7] Em um caso, uma confraternidade evoluiu em 1913 para a Order of St. Elizabeth of Hungary (Ordem de Santa Isabel da Hungria), outra irmandade não claustral ativa em missões, no ensino e nos retiros, no Reino Unido e na Australásia. Na Índia, a Christa Seva Sangha (CSS) em Pune testemunhou a necessidade da igualdade entre as diferentes nacionalidades diante do racismo inerente ao sistema colonial. O fundador, Jack Winslow (1884-1974), liderou um ashram multirracial, incluindo membros casados ou solteiros. Desde o começo (1922), ele tinha um ethos franciscano, e São Francisco se tornou formalmente seu copatrono (junto com São Barnabé) em 1928. Um membro, Algy Robertson (1894-1955), estabeleceu uma filial em St. Ives, Cambridgeshire, quando, não conseguindo lidar com o clima indiano, teve de voltar à Grã-Bretanha. Algy foi um dos membros da CSS que desejou que a comunidade se desenvolvesse em uma Primeira Ordem, em vez de simplesmente uma Terceira Ordem.

---

[6] N.T. Norris-Hulse Professor of Divinity" é uma das cátedras principais nos estudos de Divindade da Universidade de Cambridge.

[7] A Brotherhood of the Holy Cross (fundada em 1923) tinha uma casa para meninos em Peckham. Nos EUA, os primeiros irmãos franciscanos, a Society of the Atonement (Congregação Franciscana do Atonement) ou SA (1898) se tornou católica romana em 1909, mas outra comunidade, a Order of St Francis (Ordem de São Francisco) ou OSF (1919), estabeleceu-se nos anos de 1920 em Long Island, Nova York. Tanto a SA quanto a OSF tinham fundações paralelas para mulheres. Entre as mulheres na Igreja da Inglaterra, o ramo da Society of the Most Holy Trinity (Sociedade da Santíssima Trindade), no Priorado de Ascot, assumiu aspectos de um ethos franciscano no fim do século XIX. A Society of the Incarnation of the Eternal Son (SIES) foi fundada em Plaistow nos anos de 1890, uma irmandade feminina trabalhando junto à fraternidade da SDC. Entretanto, as irmãs da SIES seguiram James Adderley e se estabeleceram em Birmingham, quando para lá ele se mudou. A Community of St. Francis (Comunidade de São Francisco) foi fundada em 1905; nos anos de 1920 as irmãs já cuidavam de mulheres pobres em Dalston, Londres. A Community of St. Giles (Comunidade de São Egídio) (1914) cuidava de leprosos sob a direção da SDC, e os Franciscan Servants of Jesus and Mary (Servos Franciscanos de Jesus e Maria) (1930) faziam trabalho paroquial.

2ª Parte - Petà Dunstan

Durante os anos de 1930, vários grupos de terciários de todas essas comunidades foram os catalizadores para unir muitos dos experimentos diversos dos franciscanos anglicanos em uma Sociedade de São Francisco (SSF). Esta comunidade unificada cresceu consideravelmente após a Segunda Guerra e estabeleceu províncias na Austrália e no Pacífico. A Ordem de São Francisco, ou OSF, nos EUA, amalgamou-se com a SSF para se tornar sua província nas Américas. Há também casas há algumas décadas na Zâmbia e na Tanzânia. Todas as províncias fundadas anexaram comunidades contemplativas das Clarissas da Segunda Ordem, apesar de nem todas terem sobrevivido.[8]

Foram fundadas também comunidades entre os luteranos. Um frade da SSF ajudou com o começo a Heliga Korsets Brodraskap na Suécia, em 1960, mas, após fundarem uma casa comunitária em 1965, os irmãos adotaram uma *Regra* beneditina em vez de franciscana. Inaugurada em 1971 em Rättvik, a Franciskus Tredje Orden, na Igreja Sueca, é pater da província europeia da Terceira Ordem da SSF anglicana. Uma nova tentativa (com o auxílio da SSF anglicana) de criar um convento luterano franciscano nos anos de 1970 também não teve sucesso. Entretanto, antes de os membros deixarem a Igreja da Suécia, ajudaram a criar uma irmandade feminina, que ainda existe: a Helige Franciskus Systraskap, localizada no convento Klaradal, em Sjövik. Entre os luteranos alemães, enquanto a Irmandade Evangélica de Maria, fundada em 1947 pela Mãe Basilea Shlink em Darmstadt não é franciscana, a comunidade masculina paralela afiliada a ela o é: os Evangelische Kanaan Franziskus-Bruderschaft. Os terciários são representados pelo Evangelische Franziskanerbruderschaft der Nachfolge Christi, fundado em 1927 dentro da Hochkirchliche Vereinigung. Na Dinamarca, a Assisi-Kredsen é uma sociedade ecumênica, fundada em 1974, que organiza viagens a Assis e outros locais franciscanos. Na América do Norte, também há comunidades franciscanas luteranas. A inspiração ecumênica de São Francisco, portanto, não se restringe a anglicanos.

O fim do século XII viu menos vocações a comunidades franciscanas da Primeira Ordem Anglicana na Europa e na América do Norte, uma corrente vista em quase todas as comunidades religiosas, exceto em algumas áreas do mundo em desenvolvimento, como Melanésia. As Ilhas Salomão e a Papua Nova Guiné são hoje províncias distintas da SSF, e também há vocações na Coreia do Sul. Entretanto, a contínua inspiração encontrada em São Francisco é demonstrada de forma mais significativa pelo crescimento na Terceira Ordem SSF, em 2009, com o número de mais de três mil pelo mundo, incluindo um noviciado substancial, o que sugere uma expansão ainda maior.

---

[8] Estas incluíam as Poor Clares of Reparation and Adoration, em Long Island (agora extinta); e a Community of St. Clare em Freeland, perto de Oxford, e uma vez também em Stround, New South Wales, na Austrália. Alguns irmãos na Austrália fundaram uma comunidade contemplativa separada para homens, a Little Brothers of Francis, em 1987, inspirada na *Regra para os Eremitérios*, de São Francisco.

RELEVÂNCIA CONTEMPORÂNEA

Isto levanta uma questão: se o apelo ecumênico de São Francisco se originou no Romantismo, no estudo da natureza e na luta contra a pobreza, por que esse apelo continuou em uma era de pressões e desafios diferentes?

O desafio da pobreza continua a maior constante: a área de preocupação está mais ampla, entretanto. Apesar de ainda haver bolsões de pobreza, particularmente nas cidades, no mundo desenvolvido o apoio social do Estado é mais disponível do que no passado. Assim, muitos da Igreja nas nações mais ricas agora focam seu senso de solidariedade àqueles nas partes do mundo em desenvolvimento, cuja pobreza é revelada de forma gráfica pela mídia moderna. Seja este o resultado de estruturas sociais injustas ou consequências da guerra, ou desastres naturais, a situação dos pobres pelo mundo não pode ser escondida na era da televisão e da internet. Os anglicanos, os luteranos e outras denominações protestantes são mundiais, e portanto os canais para ajuda e apoio já estão estabelecidos. A compaixão pelos pobres e a adoção da pobreza em solidariedade com eles, que marcaram o testemunho de Francisco, podem portanto falar a uma geração moderna tanto quanto àqueles do passado.

A questão da "natureza" ainda é relevante, mas com uma ênfase diversa. O dano ecológico trazido pelas atividades humanas, especialmente indústria e transporte, causou um novo movimento daqueles preocupados em salvaguardar o delicado equilíbrio dos biossistemas da Terra. Em particular, a questão das mudanças climáticas se tornou uma ansiedade importante para muitos. Sob essas ameaças, São Francisco, com sua simpatia ao mundo natural em sua totalidade, foi adotado como um óbvio "santo patrono" para aqueles que rezam e fazem campanha para questões ambientais. Não é mais a natureza em sua riqueza, mas agora em sua fragilidade, o que faz com que o apelo via Francisco ainda seja relevante.

O declínio da prática religiosa em partes do mundo aumenta o impulso pelo evangelismo em todas as igrejas. São Francisco como santo não está sozinho ao advogar a evangelização dos indiferentes e dos descomprometidos com a mensagem do Evangelho, mas sua abordagem tem um apelo imediato em contextos contemporâneos. Por exemplo, advogar a liberdade do poder, particularmente o poder institucional, é especificamente importante para aqueles das tradições cristãs onde há uma suspeita histórica de hierarquia. Também é atraente para o individualismo da sociedade ocidental moderna, onde as abordagens feitas por representantes institucionais podem parecer mais um recrutamento a uma organização do que um convite para se compartilharem valores. São Francisco pode ser interpretado mais facilmente do que muitos santos ao advogar o contato pessoal e a conquista dos corações através do exemplo, em vez de através da explicação de regras ou crenças.

2ª Parte - Petà Dunstan

Em outras partes do mundo, onde a prática religiosa continua difundida e onde a rivalidade com outros grupos religiosos pode ser intensa, o exemplo de diálogo com outras fés dado por São Francisco tem uma aplicação contemporânea. Seu desejo de fazer amizade entre as divisões, ilustrado por sua viagem até os muçulmanos, e portanto de testemunhar a necessidade da paz, ressoa em um dilema do século XXI. Como se pode mostrar respeito para com as tradições e crenças de outras fés (uma demanda necessária da democracia liberal) e ainda testemunhar as próprias crenças religiosas do outro, que por sua vez precisa de um alcance evangelístico? Esta é uma questão para todos os cristãos de qualquer denominação, e São Francisco encontra uma forma de respondê-la.

Finalmente, a flexibilidade da *Regra* franciscana, permitindo o testemunho de uma Terceira Ordem, é algo que tem muito apelo para a sociedade ocidental contemporânea. Um comprometimento com a Terceira Ordem permite a identificação com um conjunto de valores sem a inflexibilidade compreendida de ser parte de uma instituição. Assim como se prefere o engajamento a campanhas sobre questões específicas ao comprometimento de se ser membro de um partido político, as vocações terciárias à vida religiosa são mais prováveis do que a uma Primeira Ordem em uma sociedade individualista. Muitos também interpretam a abordagem de São Francisco como algo que torna a vida religiosa "leiga", trazendo-a para dentro da sociedade em vez de levando as pessoas para uma forma de vida mais intensa e separada. Uma Terceira Ordem franciscana pode ser rapidamente adaptada para ser bem distinta – e, se necessário, separada e independente em seu governo – de uma Primeira Ordem, por exemplo, entre os luteranos suecos.

Por todas essas razões, o apelo ecumênico de São Francisco continua forte um século e meio depois de sua redescoberta por aqueles fora da Igreja Católica Romana.

CONCLUSÃO

As raízes do apelo ecumênico de São Francisco estão nas condições sociais, econômicas e políticas do fim do século XVIII e do começo do século XIX, de onde surgiu o Movimento Romântico. Cristãos fora da Igreja Católica Romana puderam abraçar Francisco em parte por causa de seu amor pela "Natureza" em uma era em que a ciência estava tornando-se mais forte e ameaçando as posições religiosas tradicionais. Também, ao enfatizar suas críticas sobre sua própria Igreja em vez de sua profunda lealdade a ela, os anglicanos e protestantes puderam ver Francisco como um percursor de sua própria rebelião contra Roma. Finalmente, a identificação do santo com os pobres foi muito significativa para aqueles que lidavam com as privações sociais advindas da Revolução Industrial. Consequentemente, São Francisco se tornou possivelmente o mais reverenciado dos santos medievais entre os cristãos não católicos romanos.

ÍNDICE REMISSIVO

Adam Marsh, frade e teólogo 306

Agnelo de Pisa, frade 115, 192

Agostinho de Hipona, bispo e doutor da Igreja 24, 70, 71

agostinianos, frades de 192, 193

Alberto de Pisa, ministro provincial e ministro-geral 88, 124, 169, 183

Alemanha 25, 40, 44, 83, 86, 116, 117, 122,189, 190, 191, 195, 276

Alexandre IV, papa 134, 136, 218-220. Ver *Reinaldo de Segni, cardeal protetor*

Alexandre de Hales, frade e teólogo 78, 214

al-Malik-al-Kâmil, sultão do Egito 25, 42, 44, 45, 60, 83, 93, 122, 140, 216, 247

André de Longjumeau, dominicano 230, 233

Ângela de Foligno, membro da Terceira Ordem ou terciária 27, 153, 166, 167, 205, 304

Ângelo Clareno, frade e cronista 7, 110, 257, 262, 304, 309

Ângelo de Rieti, companheiro de São Francisco 57, 88, 90, 99, 103

anglicanos. Ver *Igreja da Inglaterra*

Anselmo, teólogo e arcebispo de Canterbury 27, 47,56, 175

Antão do Egito 24

Antônio de Lisboa ou Pádua, frade e pregador popular 13, 26, 27, 51, 77, 86, 107, 111, 147, 173, 174, 178, 180, 181, 192, 205

Aquino, Tomás de, teólogo dominicano 160

Armstrong, Regis, J., frade e historiador 9, 15, 56, 82, 127, 129-136, 220, 300, 302

Ascelino, dominicano 230, 239

Assis

    Guido I, bispo de Assis 18, 54, 55, 56

    Guido II, bispo de Assis 59, 128, 129, 132, 157

    Igrejas e instituições religiosas:

        a catedral de São Rufino e seus cânones 25, 56, 66, 129

        São Bento no Monte Subásio 66

        São Damião 13, 17, 18, 25, 35, 50, 58, 66, 90, 94, 127, 130-138

        São Francisco, basílica 14, 53, 60, 64, 72, 76, 88, 91

        São Jorge e sua praça 13, 14, 23, 51, 56, 82, 83, 134, 136

        São Gregório 29

        São Nicolau 13, 53, 85, 249

        São Rufino d'Arce e seu hospital 50, 68

        Santa Maria dos Anjos 18, 23, 36, 39, 53, 68, 72, 77, 84, 87, 94, 95, 131, 136, 141, 161, 189

        Sant'Angelo em Panzo 130

        Santo Estevão 150

Podestà, Oportulo di Bernardo 59

Rivo Torto 52, 54, 185

Rocca Maggiore 33

Atanásio, *Vida de Antônio* 84

Avignon, corte papal e convento 92, 259, 263, 265, 267-270, 273

Francisco de Assis

Bacon, Roger 149, 153, 163-165, 167, 234, 239, 240

Bartolomeu de Cremona, frade 233, 238, 253

Bastia, São Paulo das Abadessas 71, 129

Batu, Mongol khan 229-231, 234, 237, 238, 241, 250, 251, 253

Beatriz de Favarone, irmã de Santa Clara 130, 132

beneditinos 198, 269

Benedito, frade e companheiro de João de Plano Carpini 234, 239, 243, 254

Bento de Núrsia, monge 72, 73

Bernardo de Claraval, abade de Clairvaux 73, 179

Bernardo de Quintavalle, frade 91, 112, 121, 125, 191, 249

Bertrand de la Tour, frade e cardeal bispo 8, 271, 276, 277, 314

Boaventura Berlinghieri, artista 26, 83, 94, 97, 101, 102, 108

Boaventura de Bagnoregio (1217x21-74), biografo, teólogo e cardeal bispo de Albano 26, 108, 139, 155, 160, 162

Bologna, cidade e universidade 49

Bonagrazia de Bergamo, frade e canonista 266, 268, 269, 271, 272, 274-277

Bonifácio VIII, papa 201, 266, 270

Bougerol, Jacques, frade e historiador 222, 225

Branca de Castela, rainha da França 218, 227

Brooke, Rosalind B., historiadora 29, 49, 103, 106-109, 190, 249, 303, 305-307, 313

Cambridge, convento e universidade 196, 198, 280, 283, 289

cânones agostinianos 252

Canterbury, convento franciscano 118, 194

capetiana, santidade 217. Ver capítulo 13.

capítulos gerais da ordem franciscana:

    Assis em 1217 41

      em 1219 43, 45, 123, 253

      em 1220 48, 124

      em 1221 45, 72, 77, 118

      em 1222 126

      em 1227 88

      em 1230 28, 48

    Gênova em 1244 91, 117, 127

    Lyons em 1247 93

    Narbonne em 1260 173, 197

    Paris em 1266 96

      em 1329 277

    Pisa em 1263 108

    Roma em 1239 28, 90

Carlos de Anjou, conde da Provença e rei da Sicília 229

carmelitas 192, 193

cátaros/albigenses 144, 149, 156, 179, 206, 259. Ver heresia.

Celestino V, papa 266, 270

Cenci, Cesare, frade e historiador 91, 100

Cesário de Espira, frade e missionário na Alemanha 119, 193, 251

Chesterton, G. K. 52, 306

China, missões franciscanas 244, 254, 259, 261-264

cidades e o ministério dos frades Ver o capítulo 11

cistercienses 20, 57, 60, 73, 74, 134

Clara di Favarone di Offreduccio, abadessa de São Damião 8, 13, 25, 40, 47, 54, 71, 90, 120, 129-140, 186, 203, 204, 215, 224

294

Índice remissivo

Clemente IV, papa 166, 199

Clemente V, papa, *Exivi de paradiso* 265, 266-268, 270

Collestrada 13, 17, 34-36, 143

Concílio de Latrão, quarto, Roma, novembro de 1215 13, 40, 41, 58, 71, 73, 134, 210

Crescêncio de Jesi, ministro-geral 91, 95,117

Crônica dos 24 (XXIV) Generais 149, 150, 191, 249, 261

Dalarun, Jacques, historiador 89, 93, 94, 97, 174

Damieta (Egito) 28, 141, 142, 144, 145,147, 148, 150, 151, 251

Dante Alighieri, poeta 54, 55

Dominic de Caleruega (Domingos de Gusmão), fundador dos dominicanos 73

dominicanos 59, 73, 101, 185, 192, 193, 223, 225, 227, 234-236, 242, 271

Dulcelina de Digne 209, 230

Edmund de Abingdon, teólogo e então arcebispo de Canterbury 304

Eduardo I, rei da Inglaterra 27, 198, 262

Eduardo II, rei da Inglaterra 229

Elias de Cortona, ministro provincial na Terra Santa e ministro-geral 28, 42, 45, 84, 86, 90, 119, 121, 124, 173, 186, 187

Escrituras 18, 20, 46, 50, 51, 60, 70, 74, 101, 107, 109, 147, 160, 166, 175, 260

Espanha 40, 41, 116, 118, 144, 173, 193-195

Esser, Kajetan, frade e historiador 49, 66, 177, 180-184, 207, 210, 215, 303, 306

estigmas. Ver *São Francisco*

Eudes de Rosny, frade e teólogo 221, 223-225

Eudes Rigaud, frade, mestre de teologia e então arcebispo de Rouen 80, 219, 221, 225, 310

Eustáquio de Arras, frade 221, 222, 225

Feliciano, bispo martirizado de Foligno 17

Flood, David, frade e historiador 34, 35, 43, 66, 180, 190, 208, 305, 310

Florença, convento e cidade 42, 134,191, 200, 209

Foligno, cidade e igrejas, 18. Ver *Ângela de Foligno*

Fortini, Arnaldo, historiador 143, 303

França 26, 28, 41-43, 74, 120, 121, 144, 149, 173, 193-195, 201, 202, 206, 209, 215, 217-231, 237, 238, 257, 266, 270, 271, 280

Francisco de Assis,

    Admoestações 57, 144, 145, 177, 180, 182, 184

    ambições militares 17

    atitudes no aprendizado ver capítulo 10

    canonização 21, 23, 24, 33, 84, 85, 87-90, 93, 136, 138, 175, 194, 205, 209, 265

    Cântico das Criaturas 29, 47, 61, 62, 135, 152, 157, 158

    Carta a Antônio de Pádua 177, 181

    Carta a Toda a Ordem 146, 152, 156

    Carta aos Fiéis, duas versões 19, 45, 51, 52, 55, 56, 60, 207, 208

    Carta aos Governantes dos Povos 61

    conversão 13, 59, 67, 85, 92, 159

    educação 100, 107, 130, 173, 180

    enterro 90, 208, 225

Francisco de Assis

estigmas de São Francisco. Ver *Testamento de La Verna*

Exortação ao Louvor de Deus 157

guerra civil 13

morte 13, 19, 21, 23, 84-91, 93, 95, 135, 136, 140

Louvores para Todas as Horas 157

nascimento e primeiros anos 13, 34, 53

Ofício da Paixão 157, 180

piedade eucarística 61, 146, 153, 156, 157

pregação 25, 36, 40, 84, 86, 87, 89, 95, 103, 104, 107, 112, 144, 147-151, 154, 166, 181

prisioneiro de guerra em Perúgia 13, 17. 25

Regra de forma de vida aprovada por Inocêncio III 13, 37, 38, 44, 58, 63, 68, 69, 71, 80, 126, 129, 133, 135, 144, 177, 206

Regra de 1221 65, 144, 145, 147, 150, 180, 182, 183, 193, 251-253

Regra de 1223 65, 183, 253

Regra para os Eremitérios 57, 290

respeito pelas Escrituras 18, 101, 109

Saudação às Virtudes 182

Senhora Pobreza 54, 80, 81, 106, 107, 143

transporte de seu corpo a São Francisco 88-90, 92, 93

vida como ermitão 18, 52, 68, 121, 189

Frederico II, imperador 27, 46, 87, 121, 122, 198, 199, 210, 254

Gautier (Walter) de Brienne, cruzado 17, 35

Gêngis Khan 233, 239, 254

Geoffrey de Brie, ministro provincial da França 219

Gerard de Borgo San Donnino, frade, leitor, controversialista 222

Gilberto de Tournai, frade e teólogo 221, 222, 228

Glassberger, Nicolas de, frade e historiador 124

Gratien de Paris, historiador 177, 303

Greccio 13, 40, 46, 58, 85, 86, 92, 93, 142, 152, 153, 161, 162

Gregório IX 14, 24, 27, 28, 72, 75, 78, 84, 85, 87-90, 93, 120, 127, 128, 136, 137, 197, 210, 235, 252, 254, 272, 300. Ver *Hugolino*

Gregório de Nápoles, ministro provincial na França 43

Gregório Magno (ou o Grande), papa 24, 86

Guido I, bispo de Assis. Ver *Assis*

Guido II, bispo de Assis. Ver *Assis*

Guilherme de Meliton, frade e teólogo 221, 224

Guilherme de Ockham, frade e acadêmico 277

Guilherme de Rubruck, frade e enviado de Luís IX 28, 237, 256, 258, 260, 264, 276

Guilherme de Saint-Amour, teólogo na Universidade de Paris 222, 265

Guilherme de Saint-Pathus, frade e biógrafo de Luís IX 226, 228

Güyüg, Kaghan 234, 236, 237, 240, 242, 247, 255, 256

Haymo de Faversham, ministro provincial da Inglaterra e ministro-geral 79, 108, 125, 173, 187, 196

Henri d'Avranches, poeta e biógrafo 89

Henrique III, rei da Inglaterra 121

heresia 26, 40, 73, 74, 181, 205, 207, 211, 269, 271, 276, 277. Ver cátaros/albigenses

Honório III 13, 15, 28, 44, 46, 49, 66, 71, 73, 74, 78, 81, 86, 88, 94, 124, 134, 138, 210, 252, 253, 265

Hugo de Digne, ministro provincial da Provença e pregador celebrado 66, 209, 220, 230

Hugolino dei Conti di Segni, cardeal protetor e bispo de Ostia 13, 14, 24, 41, 42, 45, 46, 57, 71-75, 77, 78, 84, 86, 134-138, 175, 210

Humiliati (Umiliati) 67, 179, 205, 210, 304

Hungria, húngaros 43, 45, 193, 194, 233, 238, 245, 254

Igreja da Inglaterra/Igreja Anglicana 29, 282, 284-287, 289

Illuminato, companheiro de São Francisco 43, 62, 92

Inês, sobrinha de Salimbene, no convento de Santa Clara em Parma 120

Inês de Favarone (anteriormente Catarina), irmã de Santa Clara 130, 132

Inês de Harcourt, biógrafa de Isabel de França e abadia de Longchamp 224, 226, 229

Inês de Praga, correspondente de Santa Clara 137

Inglaterra 25, 29, 51, 117, 121, 125, 173, 193, 195, 197, 198, 221, 222, 229, 262, 282, 284, 289

Inocêncio III, papa 13, 21, 28, 37, 39, 40, 58, 66, 67, 69-71, 73, 74, 80, 85, 92, 129, 131, 134, 137, 144, 179, 190, 205, 206, 252

Inocêncio IV, papa 27, 28, 92, 121, 138, 199, 219, 222, 223, 233, 234, 240, 241, 256, 260, 272. Ver *Ordinem vestrum* e *Lyons, primeiro concílio em 1245*

Irlanda 116, 194

Isabel de França, filha de Filipe IV e esposa de Eduardo II da Inglaterra 229

Isabel de França, filha mais nova de Luís IX 223-225, 229, 231

Isabel de Hungria, membro da Terceira Ordem ou terciária 27, 209, 229, 289

Jacopa (ou Jacoba) dei Settesoli, senhora 40, 208

Jacopone da Todi, frade e poeta 176, 309

Jacques de Vitry, bispo de Acre e então cardeal bispo de Frascati 54, 93, 134, 141, 190, 204, 209

Jean de la Rochelle, segundo mestre regente na escola de frades em Paris 218

Joana de Navarra, rainha da França 226-229

Jerusalém 20, 28, 40, 53, 152, 153, 167, 258, 262

Jesus Cristo 19, 37, 39, 41, 47-49, 65, 75, 80, 81, 135, 139, 148, 156, 160, 165, 167, 214, 251, 259, 265, 275

Joaquim de Fiore 7, 180, 305

João XXII, papa. 28, 212. Ver capítulo 16

    Ad conditorem 274-277

    Cum inter nonnullos 275-277

    Quia nonnumquam 273

    Quorundam exigit 268-271, 273

Francisco de Assis

João Duns Scotus, frade conhecido como o doutor sutil 155, 165, 168

João de Montecorvino, frade e arcebispo de Pequim 262-264

João de Parma, ministro-geral 93, 96, 108, 127, 219, 230, 237

João de Plano Carpini (Piano ou Pian di Carpine), frade e emissário papal 28, 121, 234, 254-257, 260, 264

João de São Paulo, cardeal diácono de Santa Sabina 58

João Parenti, ministro-geral 136, 187

João Paulo II, papa 62, 141, 154, 216

João, o Simples, frade 102, 113

Joinville, biógrafo de São Luís 220, 237

Jordão de Jano, frade e cronista 15, 16, 25, 42, 43, 45, 88, 117-120, 122-125, 191, 193, 196, 233, 251, 253

Juliano de Espira, frade e biógrafo 60, 88, 92, 108, 179, 218, 228

Knowles, David, M., historiador 24, 58, 303

La Verna e os estigmas de São Francisco 13, 40, 46, 47, 85-87, 89,152, 153

Lawrence, C. H., historiador 20, 21, 219, 303, 310

Le Goff, Jacques, historiador 201, 202, 217, 222, 304

Leão X, papa 212, 214, 215

Leão XIII, papa 213

Leão, companheiro de São Francisco 47, 49, 59, 83, 90, 92, 94, 101, 105, 106, 109, 115, 127, 186, 215, 249, 250

Leão de Perego, frade e depois arcebispo de Milão 79

Leprosos e hospitais para leprosos 26, 35, 36, 38, 39, 44, 46, 50-52, 63, 68, 94, 144, 196, 204, 289

Little, Andrew George, historiador franciscano 29, 308

Londres, cidade e convento 127, 128, 193-197, 200, 201, 229, 287

Lourenço de Portugal, frade 254

Luís IX, rei da França 27, 28, 121, 209, 217, 218, 223, 225, 227-230, 237, 243, 256, 257,258, 260

Luís de Toulouse, bispo de Toulouse e frade canonizado 265

Luís da Baviera, imperador 276

Lyons, cidade e primeiro concílio em 1245 233. Ver *Inocêncio IV*
  segundo concílio em 1274 261

Manselli, Raoul, historiador 36, 176, 186

Mansueto de Castiglione Fiorentino, penitenciário papal e capelão 222

Margarida de Cortona, membro da Terceira Ordem ou terciária 27

Margarida de Provença, esposa de Luís IX 221, 226, 227

Marrocos 13, 28, 40, 43, 144, 149, 150, 251, 253

Martinho de Tours, monge e bispo 24, 54, 86

Matthew Paris, historiador 24, 62, 233, 314

Miguel de Cesena, ministro-geral 266, 268, 269, 272, 277

mongóis 119, 121, 233-247, 254-260, 262-264

Moorman, J. R. H., historiador e bispo de Ripon 29, 52, 176, 250, 251, 260, 262-264, 287, 289

Índice remissivo

muçulmanos, Maomé e o Corão 8, 43, 70, 142, 144, 146-151, 181, 236, 238, 249-253, 257, 259, 262, 264, 292

Niccolò da Calvi, frade, confessor e biógrafo de Inocêncio IV 235
Nicolau III, papa, *Exiit qui seminat* 28, 266, 272, 276
Nicolau IV, frade e papa 209-212, 214, 215, 262, 263
Nicolò Minorita, cronista 266, 272, 276
Nimmo, Duncan, historiador 65, 304

Odorico de Pordenone, frade e cronista 260-263
Oliphant, Margaret, biógrafa 281
Orderic Vitalis, monge e cronista 51
Ordinem vestrum 92, 272. Ver *Inocêncio IV*
Ortulana, mãe de Santa Clara e subsequentemente irmã em São Damião 13, 130
Oxford, convento e universidade 15, 22, 118, 167, 194, 196, 198, 264, 288, 289

Pacífico, antigo poeta que se tornou frade e ministrou na França 42, 136
Pádua, santuário de Santo Antônio 26
Paolazzi, Carlo, frade e historiador 49, 66, 142, 178, 180, 182, 183, 306
Parenti, João, ministro-geral 136, 187
Paris, convento, cidade e universidade 42, 60, 88-90, 100, 104, 108, 126, 162, 167, 176, 187, 189, 193, 197, 201, 217, 219, 221, 222, 224, 225, 228-231, 243, 264, 265
Paulo VI, papa, e o segundo Concílio Vaticano 79, 212, 213, 215
Perúgia 13, 17, 35, 85, 87, 134, 143, 190

Pedro Bernardone, pai de São Francisco 13, 18, 34, 68
Pedro de Catânia (Catanii), frade e ministro-geral 36, 44, 45, 69, 124, 251
Pedro Lombardo, autor de *Setenças* 162
Pedro de La Celle, abade de Saint-Remi 59
Pedro de João Olivi, frade, teólogo e reformista 266
Pedro, o Venerável, abade de Cluny 49
Pedro Valdo 204. Ver *Valdenses*
Pica, mãe de São Francisco 13, 34
Polônia, príncipes da 116, 194, 234, 242, 243, 254
Porciúncula (Porziuncula). Ver *Assis, igrejas – Santa Maria dos Anjos* 13, 47, 73, 131, 191, 195, 253

Quinta Cruzada. Ver referencias a al--Malik-al-Kâmil, especialmente Capítulo 8 13, 25, 41, 62, 142, 154, 252
Quo elongati, a primeira interpretação papal das *Regras* dos frades 14, 75, 78-80, 105, 272. Ver *Gregório IX*

Reinaldo de Segni, cardeal protetor 136, 138. Ver *Alexandre IV*
Rainiero Capocci, cardeal diácono de Santa Maria in Cosmedin 60, 83,88
Raimundo Lúlio, membro da Terceira Ordem 211, 262, 263
Robert de la Bassée, frade 80
Robert Grosseteste, teólogo e bispo de Lincoln 22
Roma, a cúria papal, o bispo de Roma e a basílica de Latrão. Ver *Concílio de Latrão, o quarto, e Paulo VI, papa e o segundo Concílio Vaticano.*

Francisco de Assis

Rosa de Viterbo, membro da Terceira Ordem ou terciária 27, 209

Rufino, primo de Santa Clara e antigo frade 59, 90, 92, 101, 105, 106, 127, 129, 130, 249, 305

Rufino, bispo martirizado de Assis 59, 130, 150

Sabatier, Paul, historiador 29, 83, 106, 112, 174, 176, 178, 186, 192, 284

Salimbene de Adam, frade e cronista 15, 25, 117, 120-123, 125, 187, 219, 220, 230, 237, 243, 256

Sartaq, príncipe mongol 238, 240-242, 257, 259, 260

Silvestre, sacerdote de Assis que se tornou frade 53Simone da Collazione, frade 26

Sociedade de São Francisco 29, 286-290

Spoleto 17, 34, 35, 37, 46, 118, 143, 144, 190

Suécia 116, 290

tártaros ou mongóis 233, 235, 236, 240, 256

Temujin 254. Ver *Gêngis Khan*

Terceira Ordem/franciscanos seculares 8, 27, 45, 60, 147, 203, 205, 207-216, 230, 267, 270, 286, 289, 290, 292. Ver também *Ângela de Foligno, Isabel de Hungria, Margarida de Cortona, Raimundo Lúlio, Rosa de Viterbo.*

Terra Santa 13, 28, 40, 41, 43, 46, 61, 62, 120, 123, 124, 130, 149, 151-153, 167, 194, 220, 237, 238, 251

Tomás de Capua, cardeal bispo de Santa Sabina 88

Tomás de Celano, frade e biógrafo 14, 16, 24, 26, 27, 35, 40, 49, 57, 62, 66, 67, 71, 77, 78, 85-90, 92, 93, 95, 97, 99, 101-106, 108, 116, 117, 124, 143, 145, 155, 158, 159, 175, 177, 178, 189, 192, 208, 218, 249, 251

Tomás de Eccleston, frade e cronista 15, 25, 115, 117, 118, 120, 125, 127, 196, 197

Tomás de Split, cronista que presenciou o sermão de São Francisco em Bologna em 1222 49

Ubertino de Casale, frade e polêmico 94, 109, 111, 265, 267, 271, 277

Urbano IV, papa 139, 224

Valdenses 179, 180, 204, 205

Vauchez, André, historiador 27, 205, 212, 304, 307, 309, 314

Viena, concílio de 94, 111, 264, 265

Wadding, Luke, frade e historiador 66, 136

York, convento e custódia 198, 311

GUIA PARA LEITURAS FUTURAS

ESTUDOS GERAIS SOBRE A ORDEM E SUA HISTÓRIA

Brooke, R. B., *Early Franciscan Government: Elias to Bonaventure*, Cambridge Studies in Medieval Life and Thought, 2nd Series, 7 (Cambridge, 1959)

Brooke, R. B. e Brooke, C.N.L, *Popular Religion in the Middle Ages: Western Europe 1000-1300* (Londres, 1984).

Carmody, M., *The Franciscan Story: St Francis of Assisi and His Influence since the Thirteenth Century* (Londres, 2008).

Esser, K., *Origins of the Franciscan Order* (Chicago, 1970).

Fleming, J.V., *An Introduction to the Franciscan Literature of the Middle Ages* (Chicago, 1977).

Fortini, A., *Francis of Assisi*, trad. do italiano, *Nova Vita di San Francesco*, por H. Moak (Nova York, 1981).

Gratien de Paris, *Histoire de la fondation et de l'évolution de l'ordre des frères mineurs au xiiie siècle* (Roma, 1926), reimpresso com uma bibliografia atualizada por M. D'Alatri e S. Gieben, Bibliotheca Seraphico-Capuccina cura istituti istorici ord. Fr. Min. Capuccinorum, 29 (Roma, 1982).

Grundmann, H., *Religious Movements in the Middle Ages: The Historical Links between Heresy, the Mendicant Orders, and the Women's Religious Movement in the Twelfth and Thirteenth Century, with the Historical Foundations of German Mysticism*, trad. do alemão, *Religiöse Bewegungen im MIttelalter: Untersuchungen über die geschichtlichen Zusammenhänge zwischen der Ketzerei, den Bettelorden un der religiösen Frauenbewegung im 12. und 13. Jahrhundert und über die geschichtlichen Grundlagen der deutschen Mystik*, por S. Rowan (Notre Dame, Ind., 1995).

House, A., *Francis of Assisi* (Londres, 2001).

Iriarte, L. de A., *Franciscan History: The Three Orders of St Francis of Assisi*, trad. do espanhol, *Historia Franciscana*, por P. Ross (Chicago, 1982).

Jeffrey, D.L., *The Early English Lyric and Franciscan Spirituality* (Lincoln, Nebr., 1975).

Knowles, D., *From Pachomius to Ignatius: A Study in the Constitutional History of the Religious Orders* (Oxford, 1966).

The Religious Orders in England (Cambridge, 1948).

Lawrence, C.H., *Medieval Monasticism: Forms of Religious Life in Western Europe in the Middle Ages*, 3rd edn (Londres, 2001).

St. Edmund of Abingdon: A Study of Hagiography and History (Oxford, 1960).

The Friars: The Impacto f the Early Mendicant Movement on Western Society (Londres, 1994).

301

Le Goff, J., *Saint Francis of Assisi,* trad. do francês, *Saint François d'Assise,* por C. Horne (Londres, 2004).

Manselli, R., *Saint Francis of Assisi,* trad. do italiano, *San Francesco d'Assisi,* 2nd edn por P. Duggan (Chicago, 1988).

Merlo, Grado G., *In the Name of Saint Francis: History of the Friars Minor and Franciscanism until the Sixteenth Century,* trad. do italiano, *Nel nome di san Francesco: Storia dei Frati Minori e del francescanesimo sino agli inizi del secolo*

Monti, D.V., *Francis and His Brothers: A Popular History of the Franciscan Friars* (Cincinnati, Ohio, 2009).

Moorman, J.R.H., *A History of the Franciscan Order: From Its Origins to the Year 1517* (Oxford, 1968).

Saint Francis of Assisi (Londres, 1950, 1979).

Nimmo, D., *Reform and Division in the Medieval Franciscan Order: From Saint Francis to the Foundation of the Capuchins,* Bibliotheca Seraphico-Capuccina cura istituci istorici ord. Fr. Min. Capuccinorum, 33 (Roma, 1987).

Robson, M.J.P., *The Franciscans in the Middle Ages* (Woodbridge, 2006).

Short, W.J., *Poverty and Joy: The Franciscan Tradition,* Traditions of Christian Spirituality (Londres, 1999).

Vauchez, A., *The Laity in the Middle Ages: Religious Beliefs and Devotional Practices,* ed. D. Bornstein, trad. do francês, *Les Laïcs au Moyen Âge: pratiques et expériences religieuses,* por M.J. Schneider (Notre Dame, Ind., 1993).

PARTE I: ESTUDOS SOBRE FRANCISCO DE ASSIS

Fontes primárias

Consulte as notas e a edição dos escritos e das biografias de Francisco de Assis já citadas ao longo do texto, com as abreviações para as biografias particulares.

Andrews, F., *The Early Humiliati,* Cambridge Studies in Medieval Life and Thought, 4th Series, 43 (Cambridge, 1999).

Armstrong, R. J. (ed. e trad.), *Clare of Assisi: Early Documents,* revisto e expandido (Nova York, 2006).

Bartoli L. A., *Gli autografi di frate Francesco e di frate Leone,* Corpus Christianorum Autographa Medii Aevi, 4 (Turnhout, 2000).

Brooke, R. B. (ed.), *Scripta Leonis, Rufini et Angeli Sociorum S. Francisci. The Writings of Leo, Rufino and Angelo, Companions of St Francis,* OMT (Oxford, 1970, reimpressão corrigida, 1990).

The Coming of the Friars, Historical Problems, Studies and Documents, 24 (Londres, 1975).

Cusato, M. F., "An Unexplored Influence on the *Epistola ad fideles* of Francis of Assisi: The *Epistola universis Christi fidelibus* of Joachim of Fiore", *FS,* 61 (2003), 253-278.

Guia para leituras futuras

"Francis of Assisi, the Crusades and Malek al-Kamil", in Cusato, *Early Franciscan Movement*, p. 103-28 (versão levemente diferente orig. publ. in *Daring to Embrace the Other: Franciscans and Muslims in Dialogue*, Spirit and Life, 12 (St. Bonaventure, 2008), p. 3-37, esp. 8-37).

"Guardians and the Use of Power in the Early Franciscan Movement", in Cusato, *Early Franciscan Movement*, p. 249-81.

"Of Snakes and Angels: The Mystical Experience behind the Stigmatization (orig. publ. in *The Stigmata of Francis of Assisi: New Studies, New Perspectives* (St. Bonaventure, 2006), p. 29-74).

The Early Franciscan Movement (1205-1239): History, Sources and Hermeneutics, Saggi, 14 (Spoleto, 2009).

"The Early Franciscans and the Use of Money", in D. Mitchell (ed.), *Poverty and Prosperity: Franciscans and the Use of Money*, Spirit and Life, 14 (St. Bonaventure, a ser publicado).

"The Letters to the Faithful", in Cusato, *Early Franciscan Movement*, p. 153-207 (a ser publicado in *Essays on the Early Franciscan Sources*, vol. 1, ed. M. Blastic, J. Hammond e W. Hellmann (St. Bonaventure, a ser publicado)).

"The Tau", in Cusato, *Early Franciscan Movement*, p. 69-80 (orig. publ. in *The Cord*, 57.3 (2007), 287-301).

"The *Umbrian Legendo f* Jacques Dalarun: Toward a Resolution of the Franciscan Question", *FS*, 66 (2008), 479-510.

"To Do Penance/*Facere penitentiam*", in Cusato, *Early Franciscan Movement*, p. 49-67 (orig. publ. in *The Cord*, 57.1 (2007), 3-24).

Flood, D., "Assisi's Rules and People's Needs: The Initial Determination of the Franciscan Mission", *Franziskanische Studien*, 66 (1984), 91-104.

Francis of Assisi and the Franciscan Movement (Quezon, Filipinas, 1989).

"Peace in Assisi in the Early Thirteenth Century", *Franziskanische Studien*, 64 (1982), 67-80.

e Matura, T., *The Birth of a Movement: A Study of the First Rule of St Francis*, trad. Paul Lachance e Paul Schwartz (Chicago, 1975).

Johnson, T. J., "Lost in Sacred Space: Textual Hermeneutics, Liturgical Worship and Celano's *Legenda ad Usum Chori*", *FS*, 59 (2001), 109-132.

Paolazzi, C., "La 'Regula non bullata' dei Frati Minori (1221), dallo 'stemma codicum' al testo critico", *AFH*, 100 (2007), 5-148.

"Le *Admonitiones* di frate Francesco, testo critico", *AFH*, 102 (2009), 3-88.

"Le *Epistole* maggiori di frate Francesco, edizione critica ed emendamenti ai testi minori", *AFH*, 101 (2008), 3-154.

"Nascita degli 'Scritti' e costituzione del canone", in A. Cacciotti (ed.), *Verba Domini Mei: Gli Opuscula di Francesco d'Assisi a 25 anni dalla edizione di Kajetan Esser*, OFM, Medioevo, 6 (Roma, 2003), p. 55-87.

"Per gli autografi di frate Francesco: dubbi, verifiche, riconferme", *AFH*, 93 (2000), 3-28.

Francisco de Assis

FONTES SECUNDÁRIAS

CAPÍTULOS 1-4

Armstrong, R. J., *St Francis of Assisi: Writings for a Gospel Life* (Nova York, 1994).

Brooke, R. B., *The Image of St Francis: Responses to Sainthood in the Thirteenth Century* (Cambridge, 2006).

"The 'Legenda antiqua S. Francisci', Perugia Ms.1046", *Analecta Bollandiana,* 99 (1981), 165-168.

"The Lives of Saint Francis of Assisi", in T.A. Dorey (ed.), *Latin Biography,* Studies in Latin Literature and Its Influence (Londres, 1967), p. 177-198.

"Recent Work on St Francis of Assisi", *Analecta Bollandiana,* 100 (1982), 653-676.

Brown, R., *The Roots of St Francis: A Popular History of the Church in Assisi and Umbria before St Francis as Related to His Life and Spirituality* (Chicago, 1982).

Chesterton, G. K., *St Francis of Assisi* (Londres, 1923, 1996).

Cunningham, L. S., "Francis Naked and Clothed: A Theological Meditation", in J. M. Hammond (ed.), *Francis of Assisi: History, Hagiography and Hermeneutics in the Early Documents* (Nova York, 2002), p. 164-178.

Cusato, M. F., *Francis of Assisi: Performing the Gospel Life* (Grand Rapids, Mich, 2004).

"Francis of Assisi, Deacon? An Examination of the Claims of the Earliest Franciscan Sources 1229-1235", in Cusato e G. Geltner (eds.), *Defenders and Critics of Franciscan Life: Essays in Honor of John V. Fleming,* The Medieval Franciscans, 6 (Leiden, 2009), p. 9-39.

"Francis of Assisi, the Crusades and Malek al-Kamil", in Cusato, *Early Franciscan Movement,* p. 103-128 (versão levemente diferente orig. publ. in *Daring to Embrace the Other: Franciscans and Muslims in Dialogue,* Spirit and Life, 12 (St. Bonaventure, 2008), p. 3-37.)

The Early Franciscan Movement (1205-1239): History, Sources and Hermeneutics, Saggi, 14 (Spoleto, 2009).

Frugoni, C., *Francis of Assisi: A Life,* traduzido do italiano, *Vita di un uomo: Francesco d'Assisi,* por J. Bowden (Londres, 1998).

Moorman, J. R. H., *Richest of Poor Men: The Spirituality of St Francis of Assisi* (Londres, 1977).

Robson, M. J. P., *St Francis of Assisi: The Legend and the Life* (Londres, 1997).

Short, W. J., "Francis, the 'New' Saint in the Tradition of Christian Hagiography: Thomas of Celano's Life of Saint Francis", in Jay M. Hammond (ed.), *Francis of Assisi: History, Hagiography and Hermeneutics in the Early Documents* (Nova York, 2004), p. 153-163.

Thomson, W. R., "The Earliest Cardinal-Protectors of the Franciscan Order: A Study in Admnstrative History, 1210-1261", *Studies in Medieval and Renaissance History,* 9 (1972), 21-80.

Vauchez, André, *François d'Assise* (Paris, 2009).

304

Guia para leituras futuras

Capítulos 5-9

Alberzoni, M. P., *Clare between Memory and Silence* (Cincinnati, Ohio, 2010).

Clare of Assisi and the Poor Sisters in the Thirteenth Century (St. Bonaventure, 2004).

Bartoli, M., *Clare of Assisi* (Quincy, Ill., 1993).

Brooke, R. B. (com Brooke, C.N.L.), "St Clare", in D. Baker (ed.), *Medieval Women, Dedicated and Presented to Professor Rosalind M.T. Hill on the Occasion of Her Seventieth Birthday*, Studies in Church History, Subsidia, 1 (Oxford, 1978), p. 275-287.

Carney, M., *The First Franciscan Woman: Clare of Assisi and Her Formo f Life* (Quincy, Ill., 1993).

Cotter, F. J., *The Friars Minor in Ireland from Their Arrival to 1400*, ed. R.A. McKelvie, Franciscan Institute Publications, History Series, 7 (St. Bonaventure, 1994).

Delio, I., Warner, K. D., Wood, P., e Edwards, D., *Care for Creation: A Franciscan Spirituality of the Earth* (Cincinnati, Ohio, 2008).

Emery, R. W., *The Friars in Medieval France* (Nova York, 1962).

Frances, T., *The Living Mirror: Reflections on Clare of Assisi* (Londres, 1995).

Freed., J. B., *The Friars and German Society in the Thirteenth Century* (Cambridge, Mss., 1977).

Godet-Calogeras, J. F., "A New Look at Clare's Gospel Plano f Life", *Greyfriars Reviw*, 5: Supplement (1991).

Johnson, T., "Reading between the Lines: Apophatic Knowledge and Naming the Divine in Bonaventure's *Book of Creation*", *Franciscan Studies, 60* (2002), 139-158.

Kehnel, A., "The Narrative Tradition of the Medieval Franciscan Friars on the Birtish Isles: Introduction to the Sources", *FS*, 63 (2005), 461-530.

Knox, L. S., *Creating Clare of Assisi: Female Franciscan Identities in Later Medieval Italy*, The Medieval Franciscans, 5 (Leiden, 2008).

McMichael, S. J. e Myers, S. E. (eds.), *Friars and Jews in the Middle Ages and Renaissance*, The Medieval Franciscans, 2 (Leiden, 2004).

Millet, B., "The Friars Minor in County Wicklow, Ireland, 1260-1982", *AFH*, 77 (1984), 110-136.

Moorman, J. R. H., *The Franciscans in England* (Londres, 1974).

Nothwehr, D. M. (ed.), *Franciscan Theology of the Environment: An Introductory Reader* (Quincy: Franciscan Press, 2002).

Peterson, I., *Clare of Assisi: A Biographical Study* (Quincy, Ill., 1993).

Saggau, E. (ed.), *Franciscans and Creation: What is Our Responsibility?* (Saint Bonaventure, 2003).

Sorrell, R., *St Francis of Assisi and Nature: Tradition and Innovation in Western Christian Attitudes toward the Environment* (Nova York e Oxford, 1988).

The Life of Saint Douceline Beguine of Provence, Library of Medieval Women, trad. do occitano por K. Garay e M. Jeay (Woolbridge, 2001).

Tolan, J., *Saint Francis and the Sultan: The Curious History of a Christian-Muslim Encounter* (Oxford, 2009).

Tugwell, S., "The Original Texto f the Regula Hugolini (1219)", *AFH*, 93 (2000), 511-513.

Francisco de Assis

PARTE II: A HERANÇA DE FRANCISCO DE ASSIS

FONTES PRIMÁRIAS

Ângela de Foligno, *Complete Works*, trad. e intro. Paul Lachance, pref. Romana Guarnieri, Classics of Western Spirituality (Nova York, 1993).

Ângelo Clareno, *A Chronicle or History of the Seven Tribulations of the Order of Friars Minor*, trad. do latim por David Burr e E. Randolph Daniel (Nova York, 2005).

Bonner, A., *Coming of the Friars Minor to England and Germany, being the chronicles of Brother Thomas of Eccleston and Brother Jordan of Giano*, trad. das edições críticas de A.G. Little, MA, FBA, e H. Boehmer por E.G. Salter (Londres, 1926).

Doctor Illuminatus: A Ramon Llull Reader (Princeton, 1993).

Cousins, E. trad. e intro., *Bonaventure: The Soul's Journey into God, The Tree of Life, The Life of St Francis*, Classics of Western Spirituality (Nova York, 1978).

Field, S. L., "Marie of Saint-Pol and Her Books", *English Historical Review,* 125 (2010), 255-278.

The Writings of Agnes of Harcourt: The Life of Isabelle of France and the Letter on Louis IX (Notre Dame, Ind., 2003).

Fratris Thomae vulgo dicti de Eccleston Tractatus de advento Fratrum Minorum in Angliam, A.G. Little (ed.) (Manchester, 1951).

The Seventh Crusade, 1244-1254: Sources and Documents, Crusade Texts in Translation, 16 (Farnham, 2007).

Jackson, J. (ed.), *William of Rubruck Itinerarium: His Journey to the Court of the Great Khan Möngke,* trad. Jackson e D. Morgan, Hakluyt Society, 2nd Series, 173 (Londres, 1982).

Jacopone da Todi, *The Lauds,* trad. S. e E. Hughes, Classics of Western Spirituality (Londres, 1982).

Maier, C. T., *Crusade Propaganda and Ideology: Model Sermons for the Preaching of the Cross* (Cambridge, 2000).

Marston, T. E, e Painter, G. D., *The Mongol Mission: Narratives and Letters of the Franciscan Missionaries in Mongolia and China in the Thirteenth and Fourteenth Centuries,* trad. do latim por C. Dawson (Londres, 1955).

Mazzoni, C., *Angela of Foligno, Memorial,* trad. J. Cirignano (Woodbridge, 2000).

Mokry. R. J., "The *Summa de sacramentis* of Henry Wodestone, O.Min., A Critical Edition", *AFH,* 94 (2001), 3-84.

Pieper, L., "A New Life of St Elizabeth of Hungary: The Anonymous Franciscan", *AFH,* 93 (2000), 29-78.

Skelton, R. A., Marston, T. E., e Painter, G. D. (eds.), *The Vinland Map and the Tartar Relation,* 2nd edn (New Haven e Londres, 2995).

Vauchez, A., *Sainthood in the Later Middle Ages,* traduzido do francês, *La sainteté en Occident aux derniers siècles du Moyen Âge,* por J. Birrell (Cambridge, 1997).

Guia para leituras futuras

Fontes secundárias

Capítulos 10-13

Callus, D. A., *Robert Grosseteste Scholar and Bishop: Essays in Commemoration of the Seventh Centenary of his Death* (Oxford, 1955).

Cannon, J. e Vauchez, A., *Margherita of Cortona and the Lorenzetti: Sienese Art and the Cult of a Holy Woman in Medieval Tuscany* (Pensilvânia, 1999).

Carney, M., Godet-Calogeras, J.F. e Kush, S. (eds.), *The History of the Third Order Rule: A Source Book* (St. Bonaventure, 2008).

Courtenay, W. J., *Adam Wodeham: An Introduction to his Life and Writings*, Studies in Medieval and Reformation Thought, 21 (Leiden, 1978).

Schools and Scholars in Fourteenth-Century England (Princeton, 1987).

"The Instructional Programme of the Mendicant Convents at Paris in the Early Fourteenth Century", in P. Biller e R.B. Dobson (eds.), *The Medieval Church: Universities, Heresy and the Religious Life. Essays in Honour of Gordon Leff*, Studies in Church History, Subsidia, XI (Woodbridge, 1999), p. 77-92.

"The Parisian Franciscan Community in 1303", *FS*, 53 (1993), 155-173.

Cross, R., *Duns Scotus*, Great Medieval Thinkers (Oxford, 1999).

Metaphysic of the Incarnation from Thomas Aquinas to Duns Scotus (Oxford, 2002).

Cullen, C. M., *Bonaventure*, Great Medieval Thinkers (Oxford, 2006).

Davis, A. J., *The Holy Bureaucrat: Eudes Rigaud and Religious Reform in Thirteenth-Century Normandy* (Ithaca, 2006).

Field, S. L., *Isabelle of France: Capetian Sanctity and Franciscan Identity in the Thirteenth Century* (Notre Dame, Ind., 2006).

Flood., D., "The Franciscan and Spiritual Writings of Peter Olivi", *AFH*, 91 (1998), 469-473.

Gaposhkin, M. C., *The Making of Saint Louis: Kingship, Sanctity, and Crusade in the Later Middle Ages* (Ithaca e Londres, 2008).

Gecser, O., "The Lives of St Elizabeth: Their Rewritings and Diffusion in the Thirteenth Century", *Analecta Bollandiana*, 127 (2009), 49-107.

Havely, N., *Dante and the Franciscans: Poverty and the Papacy in the Commedia*, Cambridge Studies in Medieval Literature, 52 (Cambridge, 2004).

The Lyf of Oure Lady: The ME translation of Thomas of Hales' Vita Sancte Marie, Middle English Texts, 17 (Heidelberg, 1985).

Horrall, SC., M., *Thomas of Hales, OFM: His Life and Works, Traditio*, 42 (1986), 287-298.

Labage, M. W., *Saint Louis: The Life of Louis IX of France* (Londres, 1968).

Lawrence, C. H. (ed.), *The Letters of Adam Marsh*, 2 vols., OMT (Oxford, 2006 e 2010).

"The Letters of Adam Marsh and the Franciscan School at Oxford", *Journal of Ecclesiastical History*, 42 (1991), 218-238.

Levy, B. J., (ed.), *Nine Verse Sermons by Nicholas Bozon: The Art of the Anglo-Norman Poet and Preacher*, Medium Aevum Monographs, New Series, 11 (Oxford, 1981).

Little, L. K., "Saint Louis' Involvement with the Friars", *Church History*, 33 (1964), 125-148.

McEirath, D. (ed.), *Franciscan Christology*, Franciscan Institute Publications, *Franciscan Institute Publications*, Franciscan Sources, no. 1 (Nova York, 1980).

McEvoy, J., *Robert Grosseteste*, Great Medieval Thinkers (Oxford, 2000).

"Robert Grosseteste and the Reunion of the Church", *Collectanea Franciscana*, 45 (1975), 39-84.

"Robert Grosseteste's Greek Scholarship: A Survey of Present Knowledge", *FS*, 56 (1998), 255-284.

The Philosophy of Robert Grosseteste (Oxford, 1982).

McKelvie, R. A., *Retrieving a Living Tradition: Angelina of Montegiove, Franciscan, Tertiary, Beguine* (St Bonaventure, 1997).

Moorman, J. R. H., *The Grey Friars in Cambridge 1225-1538* (Cambridge, 1952).

Musto, R. G., "Franciscan Joachism at the Court of Naples 1309-1345: A New Appraisal", *AFH*, 90 (1997), 419-486.

O'Carroll, M., (ed.), *Robert Grosseteste and the Beginnings of a British Theological Tradition*, Bibliotheca Seraphico-Capuccina cura istituti istorici ord.Fr.Min. Capuccinorum, 69 (Roma, 2003).

Osborne, K. B. (ed.), *The History of Franciscan Theology* (St Bonaventure, 1994).

Raedts, P., *Richard Rufus of Cornwall and the Tradition of Oxford Theology*, Oxford Historical Monographs (Oxford, 1987).

Robson, M. J. P., "Queen Isabella (c.1295-1358) and the Greyfriars: An Example of Royal Patronage Based on Her Accounts for 1357-1358", *FS*, 65 (2007), 325-348.

"The Franciscan Custody of York in the Thirteenth Century", in N. Rogers (ed.), *The Friars in Medieval Britain: Proceedings of the 2007 Harlaxton Conference*, Harlaxton Medieval Studies, XIX (Donington, 2010), p. 1-24.

Roest, B., *A History of Franciscan Education (c. 1210-1517)*, Education and Society in the Middle Ages and Renaissance, 11 (Leiden, 2000).

"Franciscan Educational Perspectives: Reworking Monastic Traditions", in G. Ferzoco e C. Muessig (eds.), *Medieval Monastic Education* (Leicester, 2000), p. 168-181.

Franciscan Literature of Religious Instruction before the Council of Trent, Medieval and Early Modern Studies, 117 (Leiden, 2004).

"The Role of Lectos in the Religious Formation of Franciscan Friars, Nuns and Tertiaries", *Studio e studia: le scuole degli mendicanti tra XIII e XIV secolo*, Società Internazionale di studi francescani, Atti del XXIX convegno Internazionale, 2001 (Spoleto, 2002), p. 83-115.

Röhrkasten, J., "Early Fourteenth-Century Franciscan Library Catalogues: The Case of the Gubbio Catalogue (c. 1300)", *Scriptorium*, 59 (2005), 29-50.

"Friars and the Laity in the Franciscan Custody of Cambridge", in N. Rogers (ed.), *The Friars in Medieval Britain: Proceedings of the 2007 Harlaxton Conference*, p. 107-124.

Guia para leituras futuras

"Local Ties and International Connextions of the London Mendicants", in J. Sarnowsky (ed.), *Mendicant, Military Orders, and Regionalism in Medieval Europe* (Aldershot, 1999), 446-477.

"Londoners and London Mendicants in the Late Middle Ages", *The Journal of Ecclesiastical History*, 47 (1996), 446-477.

"Mendicants in the Metropolis: The Londoners and the Development of the London Friaries", in M. Prestwich, R.H. Britnell e R. Frame (eds.), *Thirteenth-Century England*, vol. VI (Woodbridge, 1997), p. 61-75.

"Reality and Symbolic Meaning among the Early Franciscans", in A. Müller e K. Stöber (eds.), *Self-Representation of Medieval Religious Communities: The British Isles in Context*, Vita Regularis, 40 (Münster, 2009), p. 21-41.

"The Creation and Early History of the Franciscan Custody of Cambridge", in M. Robson e J. Röhrkasten (eds.), *Canterbury Studies in Franciscan History* (Canterbury, 2008), vol. 1, p. 51-81.

The Mendicant Houses of Medieval London 1221-1539, Vita Regularis, 21 (Münster, 2004).

"The Origin and Early Development of London Mendicant Houses", in T.R. Slater e G. Rosser (eds.), *The Church in the Medieval Town* (Aldershot, 1998), p. 76-99.

Şenocak, N., "The Earliest Library Catalogue of the Franciscan Convento of St Fortunato of Todi c. 1300", *AFH*, 99 (2006), 467-505.

Sheehan, M. W., "The Religous Orders 1220-1370", in J. I. Catto (ed.), *The History of the University of Oxford, The Early Oxford Schools* (Oxford, 1984), vol. 1, p. 193-223.

Southern, R. W., *Robert Grosseteste: The Growth of an English Mind in Medieval Europe* (Oxford, 1986).

Stewart R. M., *"De illis qui faciunt Penitentiam", The Rule of the Secular Franciscan Order: Origins, Development, Interpretation*, Bibliotheca Seraphico-Capuccina cura istituti istorici ord. Fr. Min. Capuccinorum, 39 (Roma, 1991).

Swanson, J., *John of Wales: A Study of the Works and Ideas of a Thirteenth-Century Friar*, Cambridge Studies in Medieval Life and Thought, 4th Series (Cambrdge, 1989).

Williams, T. (ed.), *The Cambridge Companion to Duns Scotus* (Cambridge, 2003).

FONTES SECUNDÁRIAS

CAPÍTULOS 14-17

Bordua, L., *The Franciscans and Art Patronage in Late Medieval Italy* (Cambridge, 2004).

Brooke, R. B., "St. Bonaventure as Minister General", in *S. Bonaventura franciscano*, vol. XIV, Convegni del Centro di Studi sulla Spiritualità Medievale (Todi, 1974), p. 75-105.

Burnham, L., *So Great a Light, so Great a Smoke: The Beguin Heretics of Languedoc* (Ithaca, 2008).

Burr, D., "History as Prophecy: Angelo of Clareno's Chronicle as a Spiritual Franciscan Apocalypse", in M.F. Cusato e G. Geltner (eds.), *Defenders and Critics of Franciscan Life: Essays in Honor of John V. Fleming* (Leiden, 2009), p. 119-138.

Olivi and Franciscan Poverty: The Origins of the Usus Pauper Controversy (Filadélfia, 1989).

The Spiritual Franciscans: From Protest to Persecution in the Century after Saint Francis (University Park, PA, 2001).

Coleman, J. "Using, Not Owning – Duties, Not Rights: The Consequences of Some Franciscan Perspectives on Politics", in M.F. Cusato e Geltner (eds.), *Defenders and Critics of Franciscan Life: Essays in Honor of John V. Fleming* (Leiden, 2009), 65-85.

Cusato, M. F., "Whence The Community?", *FS*, 60 (2002), 39-92.

Denis, Fr., *Father Algy* (Londres, 1964).

Dunstan, P., "The Twentieth-Century Anglican Franciscans", in G.R. Vans (ed.), *A History of Pastoral Care* (Londres, 2000), p. 328-344.

This Poor Sort: A History of the European Province of the Society of St Francis (Londres, 1997).

Etzkorn, G. J., "Ockham at Avignon: His Response to Critics", *FS*, 59 (2001), 9-19.

Fisher, M., *For the Time Being* (Leominster, 1993).

Francis, Fr., *Brother Douglas: Apostle of the Outcast* (Londres, 1959).

Geltner, G., "William of St Amour's *De periculis novissimorum temporum*", in M. F. Cusato e G. Geltner (eds.), *Defenders and Critics of Franciscan Life: Essays in Honor of John V. Fleming* (Leiden, 2009), p. 105-118.

William of St Amour's De Periculis Novissimorum Temporum: A Critical Edition, Translation and Introduction (Paris, 2008).

Jackson, P., *The Mongols and the West, 1221-1410* (Harlow, 2005).

Kelly, S., *The New Solomon: Robert of Naples (1309-1343) and Fourteenth-Century Kingship* (Leiden, 2004).

Lambert, M. D., *Franciscan Poverty: The Doctrine of the Absolute Primacy of Christ and the Apostles in the Franciscan Order 1210-1323* (Nova York, 1998).

Lambertini, R., "Poverty and Power: Franciscans in Later Medieval Political Thought", in J. Kraye e R. Saariren (eds.), *Moral Philosophy on the Threshold of Modernity* (Dordrecht, 2005), p. 141-63.

Maier, C. T., *Preaching the Crusades: Mendicant Friars and the Cross in the Thirteenth Century*, Cambridge Studies in Medieval Life and Thought (Cambridge, 1994).

Mäkinen, V., *Property Rights in the Late Medieval Discussion on Franciscan Poverty* (Leuven, 2001).

Nold, P., "Bertrand de la Tour OMin: life and Works", *AFH*, 94 (2001), 275-323.

Pope John XXII and His Franciscan Cardinal: Bertrand de la Tour and the Apostolic Poverty Controversy (Oxford, 2003).

"Pope John XXII's Annotations on the Franciscan Rule: Content and Contexts", *FS*, 65 (2007), 295-324.

Guia para leituras futuras

"Two Views of John XXII as a Heretical Pope", in M.F. Cusato e G. Gelmer (eds.), *Defenders and Critics of Franciscan Life: Essays in Honor of John V. Fleming* (Leiden, 2009), p. 139-158.

Piron, S., "Censures et condamnation de Pierre de Jean Olivi: enquete dans les marges du Vatican", in *Mélanges de L'École française de Rome: Moyen Âge,* 118/2 (2006), 313-373.

Shogimon, T., *Ockham and Political Discourse in the Late Middle Ages* (Cambridge, 2007).

Szittya, P. R., *The Antifraternal Tradition in Medieval Literature* (Princeton, 1986).

Thomson, W. R., *Friars in the Cathedral: The First Franciscan Bishops 1226-1261,* The Pontifical Institute of Mediaeval Studies, Studies and Texts, 33 (Toronto, 1975).

"The Image of the Mendicants in the Chronicles of Matthew Paris", *AFH,* 70 (1977), 3-34.

Vauchez, A., *The Laity in the Middle Ages: Religious Beliefs and Devotional Practices*, ed. e intro. Daniel Bornstein e trad. do francês, *Läics au Moyen Âge,* por M.J. Schneider (Notre Dame, c. 1993).

Walsh, K., *A Fourteenth-Century Scholar and Primate: Richard FitzRalph in Oxford, Avignon and Armagh* (Oxford, 1981).

Williams, B., *The Franciscan Reviavel in the Anglican Communion* (Londres, 1982).